# 北京城

## ——中国历代都城的最后结晶

朱祖希 著

正阳书局 编

北京联合出版公司
Beijing United Publishing Co.,Ltd.

# 编 委 会

谨以此书纪念先师

历史地理学家、中国科学院院士、北京大学教授

侯仁之

有人说：

如果没有他，人们不可能像现在这样了解北京。

北京城的许多古迹，因他而留存下来。

他是“中国申遗第一人”。

侯仁之先生说：

北京是我心中的圣城，我一生都在研究北京。

知之愈深，爱之愈切。

# 正阳文库 启

古都北京，背山面海，水甘土厚，自金肇都，垂八百余载，人文渊薮，财物阜充，实为首善。古往今来，史志文献于阐扬文化、发皇民族精神二者并重。而记述北京地方文献者卷帙浩繁，数量之巨，居举世之冠。其中，以西周之《燕春秋》为始，见于正史者，又以《燕十事》为首，自元以降，有《析津志》，明之《顺天府志》，有清一代之《日下旧闻》，堪称北京历史文献集大成之作，此后《光绪顺天府志》、1940 年编纂完成的《北京市志稿》，皆为考据北京历史案头之必备者。

图书馆界前辈杜定友先生有言："良以地方文献，非特为掌故史料之宝藏，亦且读之发人深省，使祖述先贤，爱护乡邦之念，油然而生。其影响于一国之文化，至深且巨也。"

今正阳书局承袭先辈之志，主张以事业参与历史文化保护工作，致力于历史文献的保护、研究与利用，进而增进民族文化之自信。自 2009 年创办迄今，多蓄典章文物，并于甲午马年启动"正阳文库"暨北京文化系列丛书出版计划，设古籍活化、口述历史、美术作品、影像资料、史地民俗、语言文学，共六大门类。其著作者既有学界巨擘，又有普通百姓，选题既含学术专著，又有坊间珍闻。假以岁月，以期构建北京学知识体系，供后世研索。

唐太宗有云："以铜为镜，可以正衣冠；以古为镜，可以知兴替；以人为镜，可以明得失。"地方志及地方文献，以"资政、教化、存史"为三大要务，编史修志功在当代，利在万世。正阳文库亦将赓续传统，补典章之得失、史乘之缺遗，为北京地方文献再续新篇。

# 序言

中国位于亚欧大陆的东部、太平洋的西岸，陆地总面积约960万平方千米，是世界上陆地国土面积较广大的国家之一。

我国的国土北起漠河以北的黑龙江主航道中心线，南至南沙群岛的曾母暗沙，南北相距5500千米，纵跨纬度49度多。西自新疆维吾尔自治区乌恰县西边的帕米尔高原，东到黑龙江省抚远县境内黑龙江与乌苏里江汇合处，东西相距5200千米，横跨经度62度，东西两端时差达4小时以上。当松花江上正午烈日当空的时候，帕米尔高原却刚刚迎来黎明的曙光；当北国已是千里冰封的隆冬时节，南海诸岛依然是郁郁葱葱、蓝天白云的夏日。

在这广袤的版图中，有巍峨的群山、雄壮的高原、辽阔的盆地；有坦荡的平原、奔腾的江河、晶莹的湖泊、漫长的海岸线、星罗棋布的岛屿；同时，还有宽广的近海海域和大陆架。中国广阔的国土使生活在其上的中华儿女，时刻能感受到大尺度的空间变化和变化中的万千景象。而独特的地理位置，错综复杂的地质地貌条件，以及典型的季风气候等，又造就了我国复杂多样的地理环境和异彩纷呈的自然景观。由南向北，因太阳辐射和温度的变化，分布着赤道带、热带、亚热带、暖温带、温带和寒温带等纬度地理带，自然景观依次呈现出雨林、季雨林、常绿阔叶林、落叶阔叶林及针叶林等变化。自东南而西北，受东亚季风和青藏高原的影响，降水分布呈现出十分明显的规律性，形成湿润、半湿润、半干旱和干旱等经度地理带，自然景观也依次呈现出森林、草原、半荒漠和荒漠等变化。此外，在高山和高原地区，因海拔高度和所处地理基带的不同，自然景观还呈现出明显的垂直变化。

雪峰皑皑，群山巍峨，高原雄壮，盆地辽阔，丘陵起伏，平原坦荡，戈壁浩瀚，沙漠似海，森林寂静，草原葱郁，河川蜿蜒，峡谷幽深，湖泊晶莹，海域蔚蓝，景观殊异，美不胜收。大自然的恩赐，让中华民族拥有了如此多样的大好河山。

在复杂多样的地理环境中。我国旧石器时代的远古祖先，就活跃在这个广阔的舞台之上。目前，已发现的旧石器时代文化遗址有近 20 处，包括直立人阶段、早期智人阶段和晚期智人阶段的遗址。随着新石器时代生产技术的进步，以秦岭—淮河为界，在长江中下游地区和黄河中下游至辽河上游的广大地区之间，“南稻北黍”的格局日渐形成并渐趋稳定，其他地区或正向逐水草而居的粗放游牧经济过渡，或仍处在以采集、狩猎为主的渔猎经济形态。因而，保留下来的文化类型和文化遗址也较多。

正是由于我们的祖先不断地在中华大地上挥洒着勤劳的汗水，不断地开发他们的智慧，中华民族才得以逐渐形成，并进而开创了五千年的文明史。

“天人协和，穷极造化”。当时以炎黄部落联盟为核心的华夏族，最早在黄河中游的汾、渭等支流地区形成。此后，华夏族不断与周边地域其他民族进行长期的交流与融合，最终形成了由数十个民族构成，且活动地域仍存在差异的多民族共同体——中华民族。同时，在这一过程中，也创造了博大精深、延续五千年之久、闪耀着璀璨光芒的中华文化和中华文明，并保存了不计其数、无与伦比的物质和非物质文化遗产。

城的出现是氏族制度瓦解、人类进入文明时代的标志，而城市的出现则是由于生产力的发展，有了剩余产品并发生交换。至于都城，更是统治者为了巩固政权、维护统治而设置的特殊城市。它是国家的政治中心，是行使国家权力的首脑机关的所在地。对它的称谓亦极其纷繁，如京、都、国、都城、京城、帝京、帝都、京华、京师、帝居、帝乡、帝邑、皇州等，还有的称为日下、春明、宸垣、天咫、天阙、天京、天都、辇下、首善、首都等。

中国古代都城的发展，大体经历了夏商周的“萌芽期”、春秋战国的“雏形期”、秦汉隋唐的“发展期”和宋元明清的“成熟期”。而都城的地理位置则又经历了自东而西，自西而东，自北而南又自南而北的迁移过程。这是因为都城位置的选择，总是根据当时政治、经济或军事的主要矛盾，选择对统治者最有利的地点。所以，历代首都的迁移，是诸多因素综合的结果。

殷商以来，黄河中下游，即我们平常所说的“中原地区”，自然条件优越，气候温和、雨水适中、土地肥沃，农业经济发达。掌控了这一片土地就能掌控全国。在《史记》中司马迁这样说：“昔唐人都河东，殷人都河内，周人都河南，夫三河在天下之中。”这里所说的“三河”就是指伊河、洛河与黄河。汾河、渭河与黄河相汇合后所形成的三角形地带，即“汭”位。这里有肥腴的冲积沃土，交通便利，在地理上称为“关中之地”，自然成为古代都城的首选之地。所以司马迁又说：“关中之地，于天下三分之一，而人众不过什三，然量其富，什居其六。”可见，当时的关中乃全国最富庶的地区。汉刘邦定都关中是既考虑了其坚实的经济基础，又考虑了其重要的战略地位——左有崤函，右有陇蜀，沃野千里，南有巴蜀之饶，北有胡苑之利，阻三面而守，独以一面东制诸侯，此所谓“金城千里，天府之国也”。

商人最早居住在山东半岛，大约在公元前14世纪，长期流动不定的商人在商朝第十代君主盘庚的率领下，从奄（今山东曲阜）迁徙并定都于殷（今河南安阳西北小屯村），商人的居住中心转移到了黄河中游。

安阳殷墟是目前所确认的中国最早的古都，而且是“中国历史上最早一个长期稳定的都城”。殷王朝在这里统治了273年。“自五帝以来，都邑之自东方而移于西方，盖自周始”。西周在丰、镐，秦在咸阳，西汉、新莽、前赵、前秦、后秦、西魏、北周、隋、唐均在长安（今西安）立都。自周至唐，西安一带作为都城的时间前后达1191年。位于河南西部、黄河支流“洛水之阳”的洛阳，西周时的周公就曾在此营建洛邑以屏卫东方。从东周起，洛阳历经东汉、曹魏、西晋、北魏、后梁、后唐六朝，隋炀帝与唐代武则天也曾从长安迁都于此。而地处黄河以南豫东平原上的开封，曾为战国时期的魏国都城，五代时期的后梁、后晋、后汉、后周以及北宋，又以此为京师。后期的金朝，为回避蒙古人强劲的南侵，亦曾从燕京迁都开封。

到了公元3—6世纪，位于长江下游，人称“江南佳丽地，金陵帝王州”的南京，曾是孙吴，东晋，南朝宋、齐、梁、陈及五代南唐的都城所在地。明代洪武、建文年间，乃至永乐的前、中期也曾立都于此。19世纪中叶的太平天国在此设都，号称天京。辛亥革命后，孙中山领导的中华民国又建都于南京。此外，五代吴越国和南宋曾依凭长江下游杭嘉湖平原的富饶，在“水光潋滟晴方好，山色空蒙雨亦奇”的临安（今杭州）立都。

位于黄河下游、华北平原北端的北京，曾是春秋战国时代的燕都蓟城、五胡十六国时期前燕的首都、辽朝的陪都南京、金朝的中都、元代的大都，以及明、清两代的京师所在地。

概而言之，中国古都的此消彼长，大体是沿着东西、南北两条轴线移动的。如果以宋代作为时空的分界，那么在此之前，中国古代都城主要在东西轴线上移动；此后，则主要在南北轴线上移动。而从中华大地的整个地貌态势来看，它们都在黄河、长江中下游这块既平坦，又肥沃的土地上。

作为国家政治中心的首都，其城址的迁徙无疑与自然环境的变迁，经济、军事、文化重心的转移有着密切的关系。金、元、明、清四朝，尽管中国的经济、文化重心仍在江南，但是为了适应民族斗争形势，即政治、军事形势的需要，却均以北京为都。总之，自秦至清（前221—公元1911年），全国统一和基本统一的有秦、汉、西晋、隋、唐、北宋、元、明、清九朝，共2100多年。而在唐以前的1128年中，国都在西安的有秦、西汉、隋、唐四朝，共564年；五代以后的1000年中，国都在北京的有元、明、清三朝，共580年。自西安向北京迁移，是我国2000多年都城变迁的主要轨迹。

根据已故历史地理学家、陕西师范大学教授史念海先生的研究，作为一个独立的王朝和政权，不受外界的控制，其都城已建成为政治中心的，就皆应视为古都。据此，自夏、商、周三代以下，我国共有古都217处，涉及的王朝或政权277个。这里包括建立在内地的古都164处，建立在周边各地的古都53处 。

北京自辽代建为陪都，金代升为中都（首都），历元、明、清三代，共1000余年。古都北京不仅集中国历代都城建设的大成，并且集中传承了中华民族自古以来文化艺术的精华。它既是一座伟大的艺术宫殿，也是一座文化荟萃的博物院。

美国汉学家艾恺（Gay S.Alitto）曾撰文说：“我惊讶于中国文化的延续性及历史的悠久，而这两项特质是除了中国以外，人类其他文明所无有的。世界上其它的古老文明在历史文化的传承上均经历过剧烈的断裂，直接导致文化传承的消失。当然，我的意思并非指中国文明在历史上未曾出现类似其它文明所发生的文化断裂的现象，重要的是历史上只有中国能持续地从这些重大考验中重新组织、调整自己，并恢复元气。我由此领会到一个文化体系历经数千年，仍能维持其格局与自尊的精髓所在。”

他还把这个“精髓”归结成为中国文化的整体观和包容性。他说:“中国古老的一部书《易经》，它讲的是宇宙观，并认为宇宙是一个有机和谐的整体，各个部分是互相依存的。比如阴阳，你把这个阴拿掉就没有阳；阳拿掉也没有阴。意思是说在宇宙中每一部分有时看起来似乎是矛盾的，甚至是格格不入的。但是，它们都是整个有机体的组成部分。依我看，这是中国文化、中国思想的一个重要特征——整体观和包容性。”[1]

中华五千年的文明史和中国历代都城的发展史，乃至北京城自身的发展历程，都向人们表明了它的这样一个特质：整体性、包容性、连续性。

本书旨在传承先师、学习有关学者研究成果的基础上，全面论述北京作为中国古代都城的最后结晶所拥有的城市特征，包括它原始城址的产生、演进的轨迹、明清北京城规划建设的特征及其文化艺术成就，进而追索它的文化渊源，希冀为热爱北京、探索北京的读者，提供一个实实在在的读物，以不负先师的教诲。

“中华统绪，不绝如线”，北京是中国历代都城的最后结晶。明人梁潜曾这样说过：“京师，天下之本也，本固则邦宁……京师首善之地，万国之表，制作之示于天下，必由内以达外，教化之渐被于四方，必自近以及远也。”首都之于一国，不唯发号施令的政治中心，实亦文化精华之所荟萃。

愿古都北京的文明之光，永远绽放它的光华。

[1] 详见《新京报》2015 年 9 月 5 日“书评周刊”《对话艾恺：中国文化走向世界，要先走向自身传统》。

# 目　录

第二章

## 明清北京城——中国封建帝都的最后成果 / 153



第三章

## 北京城的文化之源 / 239

# 第一章

# 北京城的起源及其演进的轨迹

随着社会主义祖国的日益强大，首都北京也越来越为世人所瞩目。同时，我们又会自觉不自觉地这样发问：北京城究竟是从哪里起源，又是怎样从一个原始的聚集点，进而发展成为我国北方的一个贸易、军事重镇，最后成为中华多民族、大一统国家的政治中心的？它经历了一个怎样漫长而复杂的过程，遵循了一条怎样的演进轨迹？为什么会在这里出现如此宏伟壮丽的城市，乃至成为中国古代都城的最后结晶？

诚如众所周知，任何一个城址的确定绝不是偶然的。它是在一定的历史条件下，由特定的空间关系所决定的。这就是客观存在的自然地理环境和在历史的发展中逐渐形成的人文地理环境。

北京位于华北大平原的北端，地处华北大平原、东北辽河平原、内蒙古高原三大地理单元的交接之处。同时，它也是农耕文化、游牧文化、渔猎文化的相互交流、融合之地。就中国的都城而言，它是中国两千多年封建社会帝都建设的最后结晶，是集大成者。

## 一、北京湾——孕育北京城的摇篮

人类历史发展的事实证明，人类最初的文明总是首先在河套地区开始发展的。尼罗河流域、两河流域（即底格里斯河和幼发拉底河所形成的美索不达米亚平原）、印度河流域是这样，中国的黄河流域、长江流域也是这样。这是因为，这些由河流冲积而成的平原地区，不仅地势平坦，而且土壤肥沃，雨量也适中，农业的耕作会首先发展起来，进而出现城市。广阔的平原，正是城市发展所需要的地理空间。

如前所述，北京位于我国华北大平原的北端。由西南而来的太行山脉，层峦叠嶂，绵亘数百千米；燕山山脉屏障其北，峻岭崇山，巍峨壮丽；其东南一面便是坦荡辽阔的华北大平原。它南接中原，直趋江淮，东濒渤海。海河水系的北运河、永定河、大清河、子牙河、南运河等，形成了一个巨大的扇形水系，汇流天津，东注渤海。

源自山西、内蒙古，流经河北、北京、天津的永定河，“切”开了北京西北山地的重峦叠嶂，在今三家店附近出山并荡涤于平原之上。永定河与源自燕山山地的潮白河、温榆河等，共同铸就了一个面积颇为广阔的洪、冲积扇。这便是人们日后所见的“北京小平原”。

自西向东绵延起伏的燕山山脉，横亘在北京小平原的北部。它与南面的太行山山脉，在南口的关沟附近相会合，形成了一个弧形的山弯。其状若围屏，只在东南一面开向平原。这样，就在地貌上形成了一个半封闭的“海湾”，人们形象地把它称为“北京湾”。

北京湾是华北大平原的一部分，而华北大平原又是由滦河、海河、

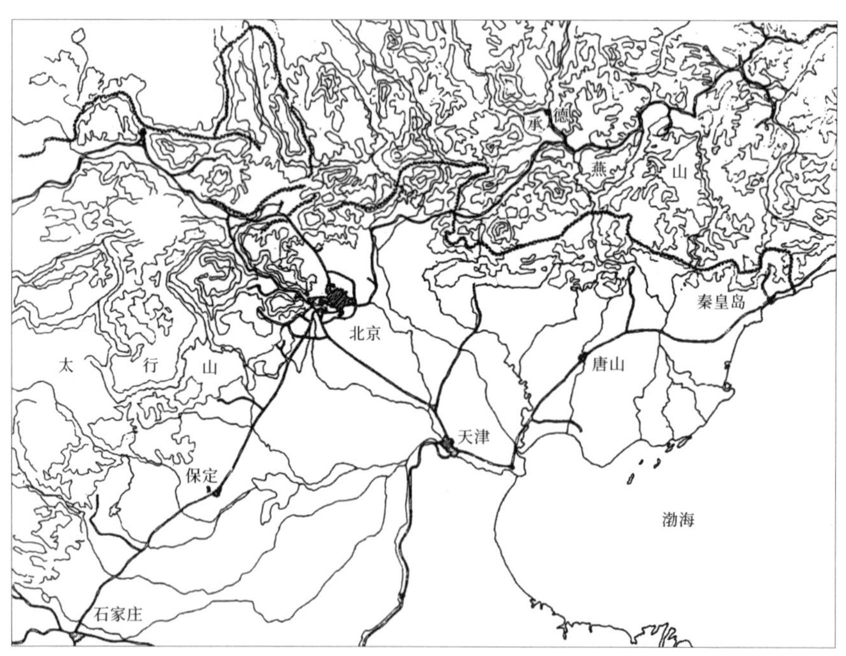


北京的地理环境

黄河及淮河诸水合力冲积而成的。其中以黄河的营力最大、贡献最多。所以，华北大平原又称“黄淮海平原”或“黄河大三角洲”。它是我国最大的平原，面积达37万平方千米。其顶端大致在河南孟津附近。其北、西、南三面则由燕山、太行山和伏牛山环绕。黄河在历史上亦一直“摆动”在这一区域之内。但由于华北平原北部凹陷，黄河下游在历史上的主要流向还是在“黄河大三角洲”的北侧（包括豫北、冀南、冀中、鲁西北），并在渤海西岸入海。换言之，当时的黄河是沿着太行山东麓的平原即今冀中平原的西部，于天津附近入海的。

华北平原在《禹贡》里所划分的“九州”中属兖州之地。由于保留了黄河从黄土高原携带来的大量物质，这里的土壤具有结构疏松、颗粒均匀、透水性强的特点。而且，还保留有大量的腐殖质、矿物质。“厥土黑坟，厥草惟繇，厥木惟条。”这里不仅土壤肥沃，而且草木繁盛、高大，具有从暖温带湿润森林带向半湿润森林草原和温带半干旱草原地带过渡的景观特征。

正是这个水甘土厚、水源丰沛的北京湾，成了北京城孕育、萌生、发展的“摇篮”。以后的事实也证明，北京城在它的发展过程中虽也有所迁徙，但都没有离开过永定河所形成的洪、冲积平原。

## 二、永定河——哺育北京城的母亲河[1]

永定河是华北地区仅次于黄河的第二条大河。其上源分为两支：南支以桑干河为主源，发源于山西省宁武县管涔山的北麓，东流至朱官屯附近，与源自内蒙古兴和县以北山麓的北支——洋河相汇合后，始称永

[1] 1996年4月14—18日，我以“左犀”的笔名在《北京晚报·百家言》连续发表了5篇题为“北京的母亲河”的文章。首次明确提出了：“永定河——北京的母亲河。”

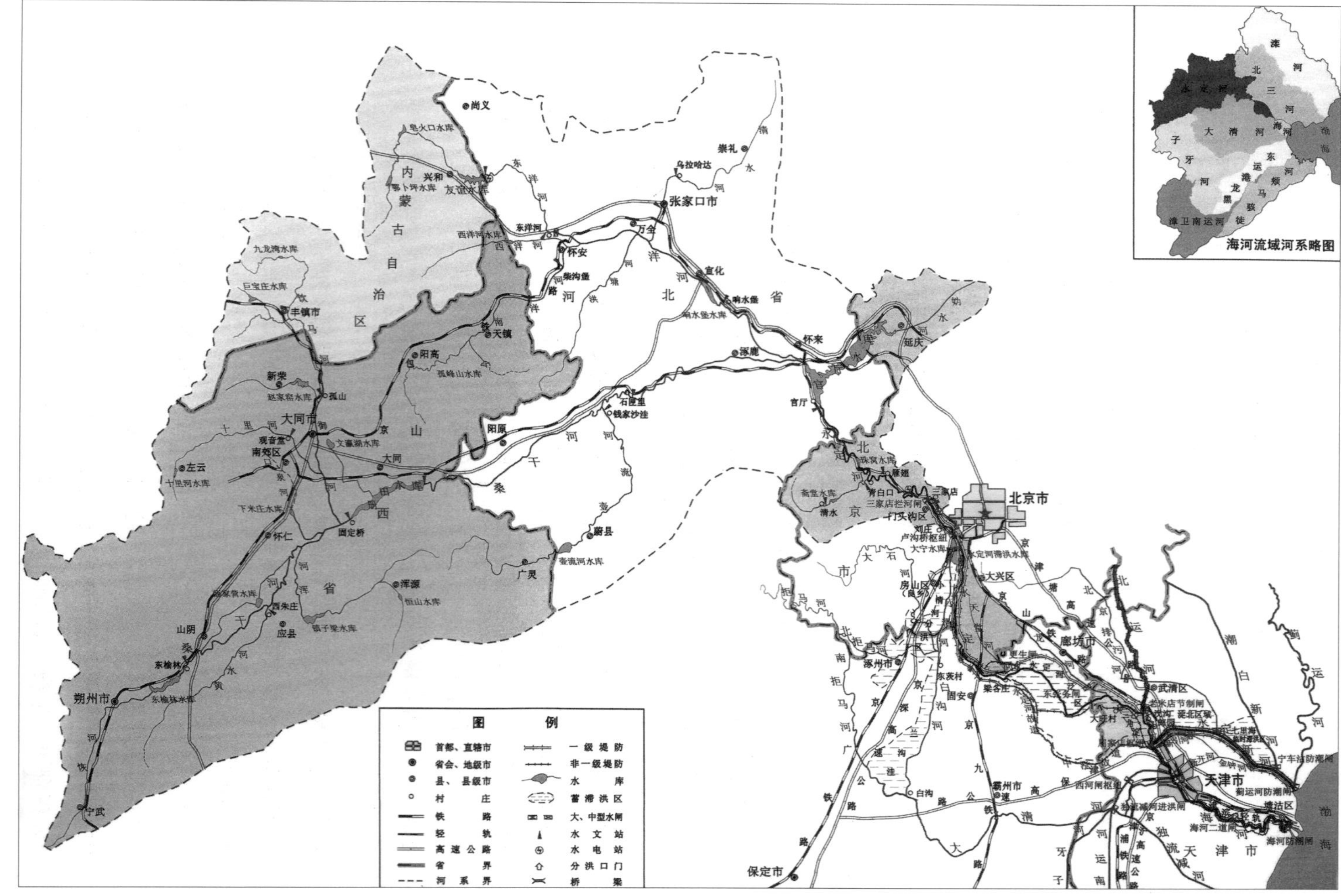

永定河流域图（引自尤书英《永定河史话》）

定河。它在切穿北京西部山地时形成了嵌入曲流，在地貌上称为“官厅山峡”，出三家店进入平原，继而向东南流至天津附近汇入海河，注入渤海。其干流长 740 多千米，流域面积约 4.7 万平方千米。

冀北山地是一个由华北平原向蒙古高原过渡的，由山地和山间盆地组合而成的山区。它由数列北东、北东东走向的，地垒式的平行山岭所组成，山间夹有许多狭长的地堑或盆地。在这些构造盆地中，大同盆地及其往东延伸的阳原盆地、宣化盆地、怀来盆地都覆盖有厚达数百米的黄土或黄土状物质。冀北山地的气候属半湿润向干旱草原过渡类型，区内降水和气温的变化都很大。年降水量约 500 毫米，多雨年份可超过 800 毫米，但 60%—70% 集中于夏季，7 月最多，8 月次之，而且雨量集中，强度也大。由于冀北山地地形陡峻，很容易产生地表径流，造成山区的片蚀、沟蚀，并将大量的黄土挟至下游，形成巨大的冲积扇。由于受地质构造运动的强烈影响，也由于永定河本身所特有的水文特征，永定河在三家店附近出山后迁徙无定，沉积下许多砾石、泥沙等沉积物，也储存下了丰富的地下水源。

永定河在全新世期大体是由北向南迁徙的。镶嵌在北京洪积、冲积平原内的古河道有古清河故道、三海（北海、中海、南海）大河故道、漯（lěi）水故道三条。据碳 14 数据测定、历史文献记载和沉积的物相分析，古清河故道是永定河全新世早期（距今 10000—7500 年）、中期（距今 7500—2500 年）的行水主道。三海大河故道（即高梁河故道）和漯水故道，则是中全新世后期、晚全新世早期永定河的行水主道。

永定河洪、冲积扇大致以石景山附近为顶点，北始自今清河流域，南达小清河，前沿可达通州一带，面积近 2000 平方千米。在其冲积扇顶部和脊部，由于沉积层较厚，碎屑物的颗粒也较大，透水性好，其地下水埋藏得较深；而在洪、冲积扇的边缘，由于受到不透水层的阻隔，又往往形成流泉。

水是生命的源泉，水资源是人类赖以生存、须臾不可或缺，又无可代替的资源。水流还给人类以舟楫之利。自“北京人”从山顶洞人定居到北京小平原上来，特别是在北京从一个原始的聚落逐渐成长为全国的政治中心——都城之后，其城址虽略有变动，但始终都未曾离开过北京小平原。更确切地说，北京城正是仰仗着永定河铸就的北京小平原及其源源不断供给的地表水和地下水，才得以成长、发育，以至成为全国的政治中心的。不仅如此，水还是中国古典园林的灵魂。北京历代园林、行宫、苑囿的兴建和废弃，也无不与永定河在流动过程中所留下的古河道有着密切的关系。

## 三、特定的空间格局——形成城市的重要条件

作为城市，其兴起的地点可以在任何适宜的地方。但是，作为都邑营建的城市却有着严格的规定。

《吕氏春秋·慎势》篇说："古之王者，择天下之中而立国，择国之中而立宫。"

《管子·乘马》说："凡立国都，非于大山之下，必于广川之上。高毋近旱，而水用足;下毋近水，而沟防省。因天材，就地利。"也就是说，都邑的所在地，地点要适中，位置应重要，物产要丰富，水源要充沛等。

如前所说，一个城市城址的确定，是在一定的历史条件下，由特定的空间关系所决定的。这种空间关系既包括自然地理方面的，也包括人文地理方面的。而区域内和区际间的交通关系，便是这种空间关系的具体体现。它与城市的起源和成长有着直接的关系。

北京大学历史系教授李孝聪先生认为："历史上任何一个发展壮大起来的城市，其城址无不具有交通方面的合理性"，"北京城市聚落的起源就是由于它处在与东北、西北、西南几条古代大道的交会点上。在北京地区考古发现的新石器时期器物，并不具有一种独立成长、比较发达，并向外传播的原始文化特点，而容易看到的却是周围文化向这里传入，并通过北京地区相互影响的特点，也正可以说明早期人类交通对形成北

京城市聚落所起的作用”。他认为“蓟辽走廊”有三条：1. 卢龙道：北京—蓟县—遵化—卢龙口（喜峰口）—平泉—凌源—大凌河—朝阳—辽河流域；2. 古北口道：北京—顺义—密云—古北口—滦平—承德—平泉—宁城（辽中京大定府）—潢水（西拉木伦河）—巴林左旗（辽上京临潢府）—松嫩平原；3. 傍海道：北京—潞河—通州—三河—蓟州—玉田—石城（唐山）—滦州—平州（卢龙）—营口州（昌黎）—迁州（抚宁）—山海关—锦州—沈阳。[1] 就已有的考古发掘成果来看，在北京地区周围发现的新石器文化主要有：仰韶文化、龙山文化、红山文化和草原细石器文化。这些文化各具特征，且各自有其分布地域。仰韶文化和龙山文化主要分布在北京西南部沿太行山东麓一带。显然，这是强大的中原文化向北辐射的结果。红山文化主要分布在北京的东北方，即河北省北部和辽宁省西部，以及内蒙古东南部地区。而草原细石器文化主要分布在北京的北方和西北方，辽阔的草原地带是这类文化的主要分布区。

不同的新石器文化在北京周围的分布，是对北京地区四周不同自然地理环境的反映。如果说位于不同的自然地理带之间，是北京自然地理位置的一个重要特点，那么处在不同的原始文化之间，则是北京人文地理的一个重要特点。不过与自然现象略有不同的是，人类不同文化之间是可以互相交流、融合的。例如，红山文化的泥质红陶钵（红顶碗式）和平行的斜线组成的三角形纹彩绘，与仰韶文化后岗类型的钵和彩绘相似。这表明两者有着一定的联系，其年代也可能大体相近[2]；“辽宁一带的弧线纹及弧线篦点可能与中原有渊源关系，结合红山文化的彩陶因素，更可说明这个问题”[3]。早在新石器时期，黑龙江流域的文化同黄河流域

[1] 李孝聪：《中国区域历史地理》，北京大学出版社，2004 年，第 411 页。

[2] 中国社会科学院考古所内蒙古工作队：《赤峰蜘蛛山遗址的发掘》，《考古学报》，1979 年第 2 期，第 241 页。

[3] 安志敏：《裴李岗、磁山和仰韶——试论中原新石器文化的渊源及发展》，《考古》，1979 年第 4 期，345 页。

的文化已有了密切联系。其后，我国嫩江流域的齐齐哈尔昂昂溪、杜尔伯特旗官地、肇源望海屯、扶余长冈子等遗址都发现了陶鬲。鬲是我国自龙山文化至商周时期在中原地区广泛出现的一种颇具特色的器形。它们的分布所及，北至黑龙江流域，并远达尼布楚以西的广大地区。上述事例说明，东北与中原地区的文化之间的联系是紧密的，交流是频繁的。但是，由于古代华北平原有大面积的湖泽洼淀，阻碍了原始人在这一带的交往，南北之间的交流活动也只能通过燕山山脉的众多山口至北京小平原，然后再沿太行山东麓南下。河北省平原区新石器文化遗址大多分布在与太行山东麓相毗连的西部地区，而山东境内高度发达的新石器文化——大汶口文化和山东龙山文化并没有像中原的新石器文化那样大量地、持续地传入北京地区，也正反映了这一情况。继新石器时代之后，在北京发现的夏家店下层文化遗址中，则含有浓厚的商文化因素。如 1977 年 8 月在平谷县刘家河发掘了一座夏家店下层文化的墓葬，除发现了夏家店下层文化所特有的金耳环和金臂钏外，还“出土了一组青铜礼器，计有小方鼎、兽面纹鼎、鬲、爵、卣和三羊罍各一件，盉与盘各两件，这些礼器都具有中原典型商文化青铜器的风格”。青铜文化是比石器文化更先进的文化，而当时北京地区所表现出的文化互相交融的面貌，便是自新石器时代以来就已存在的那种空间关系的再度反映。因此，北京地区自古以来就是北方民族同中原民族交流融合的枢纽和桥梁。这种桥梁作用的一个重要体现，便是北京城的诞生和成长。

## 四、营建都邑——封建王朝的立国大计

人类曾在很长的时间内，没有也不需要国家和城市。在整个人类历史的长河中，城市出现在距今约 5000 年前。恩格斯在《家庭、私有制和国家的起源》一书中揭示了国家和城市产生的原因。他说：“国家是

社会在一定发展阶段上的产物。国家是表示：这个社会陷入了不可解决的自我矛盾，分裂为不可调和的对立面，而又无力摆脱这些对立面。”他又说：“在新的设防城市的周围屹立着高峻的城墙并非无故：它们的壕沟深陷为氏族制度的墓穴，而它们的城墙已经耸入文明时代了。当社会经济发展到一定阶段，而使社会分裂成为对立的阶级时，国家和城市才因这种分裂而成为必要。”[1]

在我国，夏代是由原始公社向奴隶社会转变的过渡时期，也是我国古代城市开始产生的时期。近几十年考古发掘的成果说明，河南安阳是我国历史上有文字记载和实物证据的最早的国都。而中国古代都城的大量兴起主要还是在周以后的时代。这是因为周初是中国古代农业开始大发展的时代，同时社会制度也有了很大变化。这时，奴隶主阶级通过剥削农奴积累了大量的财富，阶级对立矛盾日益尖锐。因此，城郭沟池的防御保护作用也显得越来越重要了。所以，当时的统治者把营建都邑看作是立国的根本大计。所谓立国，便是在自己的封域内，选择适当的地点来营建足资防守的城池，而在立国之后，便要小心翼翼地保持其作为政权基础和统治中枢的地位。对于历代统治者来说，丧失城池等于丧失一切，故而他们从来都把保城作为保国的代名词。“倾城就是倾国，城破就是国破”，城池的存亡直接关系着国家的兴亡。

《释名》说:“都者，国君所居，人所都会也;邑，犹俋，聚会之称也。”据《水经注》记载，我国历代列国的首都有 180 余处。如果加上《水经注》之后的各代都城，总数在 200 座以上。可以说，若论都城数量之多，世界上没有任何一个国家可以与中国相比。如前所述，我国都城的名称自有文字以来便有京、都、国、邑、京师、京辇、京城、京阙、国都、日下等称谓。而且，在全国范围内还经历了一个由东向西，由西而东南，再由南而北的演变过程。

---

[1] 恩格斯：《家庭、私有制和国家的起源》，人民出版社，1962 年，第 162 页。

## 五、北京原始城址的确立

如前所述，城市并不是一个自给自足的生活聚落，自然也就不可能是孤立的、与外界隔绝的。因而城市一开始出现，便是外部联系起决定性作用的居民点。

在古代的华北平原上，虽然河流众多，但大多很浅，而且善徙善淤，不利于航行。更重要的是，当时最早开发的地区主要在西侧，即从南到北分布在太行山东麓一带，中原与东北、蒙古高原地区的交往主要也是靠太行山东麓这条大道的陆路交通。华北平原上最早的一批城市，就是在这条大道上成长起来的。其最南端的城市是郑州的前身“隞”，正处在古代黄河渡口的位置；最北端的城市就是北京城的前身“蓟”。

已故历史地理学家侯仁之先生曾对古代北京周围的大道做了如下推测：向南一路是太行山东麓大道；西北一路出南口直上蒙古高原；东北一路出古北口，穿越平缓的山地丘陵，通向松辽平原；此外还有正东一路，横穿小平原，沿燕山南麓直趋海滨，然后出今山海关直下辽河平原[1]。而如果沿太行山东麓的大道北进，必须越过从太行山注入大平原的许多大小河流。其中最后也是最大的一条河流就是永定河。从永定河的古代渡口进入小平原之后，大路开始分岔。同样，如果从山后地区南下华北大平原与中原取得联系，无论走哪一条路，都必须先汇集在北京小平原，再经由古代永定河的渡口，合为一路，径直南下。这样，以卢沟桥为代表的古代渡口，就成了南来北往的必经之地。

古人类学家贾兰坡先生认为，永定河河谷也是古人类沟通华北平原和蒙古高原的重要通道。因此，卢沟桥渡口既是南北交通交会之地，也是最适宜一个城市诞生、成长的地方。但是，永定河是一条流量很不稳定的河流，在夏季经常洪水暴涨、泛滥无常，这就严重地威胁着一个

[1] 侯仁之、金涛：《北京史话》，上海人民出版社，1980 年，第 11 页。

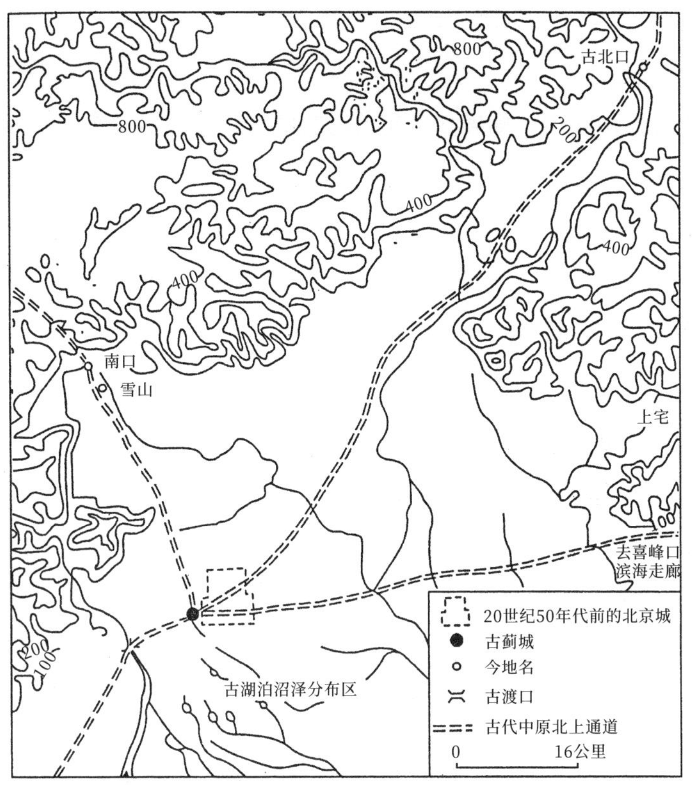


北京古代交通形势图

城市的成长。因此，古代由南而北的大路在穿越永定河进入北京小半原之后，仍然继续前行，只有在距离渡口最近而又最不容易遭受洪水威胁的一个原始的居民点上，才开始分道扬镳，朝着不同的方向前进。

关于蓟城城址确立的原因，侯仁之先生认为："这个古代大路分歧之处的居民点，便成为当时沟通南北交通的枢纽。当社会经济的发展具备了一个城市诞生的条件时，处在这个枢纽位置的居民点，就十分自然地迅速地发展起来，终于凌驾于附近其他居民点之上，成为当时一个小奴隶制国家的统治中心。"[1]

[1] 同前注，第 12—13 页。

## 六、蓟城——北京最早的城邑

公元前1046年，即周文王死后第四年春，武王在牧野（今河南汲县）率兵车300乘、虎贲（勇士）3000人，并联合庸、蜀、羌、髳、微、卢、彭、濮等国，誓师伐纣，攻入纣都朝歌（今河南淇县），灭商，并建立西周王朝，定都于镐（今西安市西南部）。

周武王在灭商以后，其疆域城邑已南达汉江、长江，西至今甘肃，东北至今辽宁、山东、江苏。但在燕山南北还有不少部族，并未立即归附于武王麾下。为了控制北方地区，武王便利用原来的燕、蓟两国，在幽燕地区建立起自己的据点。《礼记·乐记》云：“周武王克殷，反商，未及下车，而封黄帝之后于蓟。”

《史记·燕召公世家》又云：“周武王之灭纣，封召公于北燕。”《史记·周本纪》还说：“武王追思先圣王，乃褒封……帝尧之后于蓟……封召公于燕。”关于周初被封于蓟的黄帝的后人，目前尚无可稽考，仅知其建都于蓟城。周初蓟城的位置虽多有分歧，但据郦道元《水经注》和考古发掘，其遗址应在今广安门一带，且“蓟、燕二国，俱武王立，因燕山、蓟丘为名，其地足自立国，蓟微燕盛，乃并蓟国居之，蓟名遂绝焉”。“其城自为燕都以来，至于北魏，一直相沿不改。”[1]

《水经注·㶟水》载：“（㶟水）过广阳蓟县北。”郦道元注云：“㶟水又东北，迳蓟县故城南。《魏土地记》曰：蓟城南七里有清泉河，而不迳其北，盖《经》误证矣。昔周武王封尧后于蓟，今城内西北隅有蓟丘，因丘以名邑也，犹鲁之曲阜、齐之营丘矣，武王封召公之故国也。秦始皇二十一年（公元前226年）灭燕，以为广阳郡。汉高帝以封卢绾为燕王，更名燕国。王莽改曰广有，县曰伐戎。城有万载宫、光明殿。东掖门下，旧慕容儁立铜马像处……㶟水又东，与洗马沟水合。水上承蓟城

[1] 曲英杰：《先秦都城复原研究》，黑龙江人民出版社，1991年，第293页。

西之大湖。湖有二源，水俱出县西北平地导泉，流结西湖。湖东西二里，南北三里，盖燕之旧池也。绿水澄澹，川亭望远，亦为游瞩之胜所也。湖水东流为洗马沟，侧城南门东注，昔铫期奋戟处也。其水又东入瀿水。瀿水又东迳燕王陵南。陵有伏道，西北出蓟城中。景明中，造浮图建刹，穷泉，掘得此道。王府所禁，莫有寻者。通城西北大陵而是二坟，基址磐固，犹自高壮，竟不知何王陵也。瀿水又东南，高梁之水注焉。水出蓟城西北平地，泉流东注，迳燕王陵北，又东迳蓟城北，又东南流，《魏土地记》曰蓟东十里有高梁之水者也。其水又东南入瀿水。”

如前所述，“三海大河”（即今流经北海、中海、南海的高梁河故道）和瀿水故道，曾是永定河在全新世行水的主道。当时的永定河自石景山、衙门口一带东流，至八宝山北折至田村，向东流经紫竹院、德胜门、积水潭，再东南折向什刹海、北海、中南海、石碑胡同、高碑胡同、正阳门、鲜鱼口、长巷三条、芦草园、红桥，经龙潭湖西部，在贾家花园流出城

在侯仁之先生呼吁下修复的莲花池

外，流向马驹桥。自东汉以后，㶟水改道，经由今衙门口，东南流向小井，至马家堡南下[1]，即《魏土地记》所称之“清泉河”，而旧河道又为高梁之水所流经。古蓟丘大致在今白云观以西。

洪茂沟（今钓鱼台东）出土的《辽济阴董府君夫人王氏墓志铭》“咸雍五年（1069 年）八月三日归葬于蓟丘之外，高梁之阴，平岗后隐，广陌西临”可说明：蓟城环于蓟丘之外，汉时㶟水正经其城北，可知《水经注》所记不误。而郦道元所引《魏土地记》称“清泉河”者，系东汉以后改道之㶟水，其经蓟城之南。古蓟丘以西与今八宝山、老山，乃至西山相连。古时由蓟城北上、南下、东行之路非经绕此丘而过不可。今白云路、三里河东路、展览路至西直门火车站一线（即原京张铁路环城段）很可能即为古时经蓟丘、过㶟水、趋南口、西进蒙古高原之路。而今广安门内、外大街，则分别是经蓟丘、过㶟水、沿燕山南麓东行至渤海之滨，或入古北口至东北平原之路，经蓟丘、沿太行山东麓南下华北平原之路。古㶟水绕蓟丘流过，又可作为此地通向东南的水行之路。这种交会四方通道的地理环境，对于促进其地早期聚落的形成和保持蓟城城址的长期稳定，无疑具有重要的意义。

唐时幽州有天长观，后废；金又于其西重建，名太极宫，金末被毁；元于其地建长春宫。该宫乃元代统治者为优礼丘处机而在其地修建的，费时二十载，规模宏大，元时大都人往往登长春宫远望。迄明代宫废，其地高台仍存。登之可东望京地全貌，南望大平原，北望雄关壮峙，西望西山连绵起伏，此地位于今白云观之西，疑即古蓟丘的所在。考古学家苏天钧说：“白云观以西，以前有很大的土丘。但土丘已被破坏，附近地面上散落有很多战国时期的陶片。白云观以西的高地一向被人认为是蓟丘。蓟丘东南之地，则被认为是蓟城。”[2] 另据史书记载，唐幽州城

[1] 苏天钧：《试论北京古代都邑的形成和发展》，《中国古都研究》第三辑，浙江人民出版社，1987 年。

[2] 北京市文物工作队（苏天钧执笔）：《北京西郊的白云观遗址》，《考古》，1963 年第 3 期。

内西北隅还有蓟丘楼，而且幽州城的官员还常来蓟丘楼邀宴赋诗，故后来又改名为“宴设楼”。

20 世纪 50 年代，在今广安门外桥南约 700 米处，曾发现战国和战国以前的遗址，出土有饕餮纹半瓦当等，乃燕宫城所用的瓦屋构件。其中，出土器物年代最早者近于西周[1]。由此可知，周初所封蓟国都城当营筑于此，而后再以此为基础进行扩建，并相沿至北魏[2]。

《读史方舆纪要》卷十一“宛平县蓟城下”，曾引《元和志》:“蓟城，南北九里，东西七里，开十门。”曲英杰认为，此条“亦当本于袁山松之《郡国志》，其所记当为汉晋之制，而不为唐制。如此，则可以就见于记载的两汉魏晋时蓟城之制，推知燕蓟城之方位”[3]。

20 世纪 60 年代中期，曾于今八宝山革命公墓西 1000 米处，发现有西晋时幽州刺史王浚妻华芳之墓。其墓志铭中云:“假葬于燕国前城西廿里。”[4] 依墓中所出晋 1 尺合今 24.2 厘米推算，墓志铭中所记之“廿里”约合今 8712 米。由此可知，此墓以东 20 里即今会城门附近，当为蓟城西垣。而莲花池在会城门之西，亦正与郦道元所记相合。1974 年春为配合基建工程，在白云观西发现有古城墙，墙基下面压有东汉晚期的墓葬[5]。此段城墙很可能是唐蓟城之西垣[6]。

据《魏土地记》载，蓟城南 7 里有清泉河。以晋 1 里即 1800 尺，约合今 435.6 米计，7 里约合今 3049.2 米。自清泉河所流经的马家堡向北测得此数，恰当北京外城南垣的内侧一线，此即当为蓟城的南垣所在。蓟城之东垣又据《郡国志》所记蓟城“东西七里”可以推知。晋 7 里约合今 3049.2 米，即自会城门、北蜂窝一线向东测得此数，恰当今牛街和

[1] 赵正之:《北京广安门外发现战国和战国前的遗址》，《文物参考资料》，1957 年第 7 期。
[2] 曲英杰:《先秦都城复原研究》，黑龙江人民出版社，1991 年，第 292—296 页。
[3] 同前注。
[4] 北京市文物工作队:《北京西郊西晋王浚妻华芳墓清理简报》，《文物》，1965 年第 12 期。
[5] 北京市文物研究所:《北京考古工作四十年》，北京燕山出版社，1990 年，第 118—119 页。
[6] 曲英杰:《先秦都城复原研究》，黑龙江人民出版社，1991 年，第 292—296 页。

右安门内大街一线。而由此一线再向东 10 里（魏时 10 里，以晋尺计约合今 4356 米）即今金鱼池、红桥一带，为魏时高梁水所流经之灅水故道，此亦正与《魏土地记》所记“蓟东一十里有高梁之水”相合。蓟城之北垣则仍可依《郡国志》所记“南北九里”推知。晋 9 里约合今 3920.4 米，而自明清北京城外城的内侧向北测得此数，恰为今白云观北、头发胡同一线。此与辽南京城和金中都之北垣基本重合。此一线在蓟丘之北，与《水经注》所记“城内西北隅有蓟丘”亦相符。燕人在扩建蓟城时已将蓟丘包围在内。唐代诗人陈子昂在《蓟丘览古赠卢居士藏用之一 · 轩辕台》中写道：“北登蓟丘望，求古轩辕台。应龙已不见，牧马空黄埃。尚想广成子，遗迹白云隈。”此诗说明蓟丘至唐代仍然存在。

综上所述，燕都蓟城西起今会城门、北蜂窝一线，东至牛街、右安门内大街一线，东西长约 3000 米；北起头发胡同一线，南至明清北京城外城南垣内侧一线，南北长约 4000 米[1]。

自中华人民共和国成立以来，在北京城西南部不断发现古代瓦井，其地有陶然亭、姚家井、广安门内大街北线阁、白云观、宣武门南顺城街、和平门外海王村等处。

瓦井分布最密集的则是宣武门一带，而且在已经发现的瓦井中，有的还带有文字，这些文字中有典型的燕国陶文。经考古学家鉴定，这些瓦井的年代，大致从东周开始，一直延续到西汉以后。

水是人们日常生活须臾不可缺少的，古代人“凿井而饮”，或用于灌溉。因此，有城邑必有井。上述井群的分布足以说明这一带的居民是很稠密的。“人住邑中必须饮水，因此邑中必有井。”另外，在白纸坊以北发现有东汉墓葬[2]。这些都可以作为这一带原为蓟城所在地的佐证。

蓟城城门的设置当如《郡国志》所记“开十门”。据《晋书》记载，

[1] 同前注。

[2] 苏天钧：《十年来北京市所发现的重要古代墓葬和遗址》，《考古》，1965 年第 3 期。

主朝政的成都王司马颖密使幽州刺史和演杀王浚并其众，“演与乌丸单于审登谋之，于是与浚期游蓟城南清泉水上。蓟城内西行有二道，演、浚各从一道。演与浚欲合卤薄，因而图之。值天暴雨，兵器沾湿，不果而还”，“诸避乱游士多归于浚。浚日以强盛，乃设坛告类。建立皇太子，备设百官。……使其子居于王宫”[1]。

又据《晋书 · 石勒传》记载 :“（勒）于是轻骑袭幽州……晨至蓟，叱门者开门，疑有伏兵，先驱牛羊数千头，声言上礼，实欲填诸街巷，使兵不得发。……勒升其厅事，命甲士执浚……使其将王洛生驿送浚襄国市斩之。于是分遣流人各还桑梓……迁乌丸审广、渐裳、郝袭、靳市等于襄国。焚烧浚宫殿。”[2]

由上述引文可知，晋时蓟城的概略情况如下 : 其间建有王宫，有南北和东西大道[3]。文中“蓟城内西行有二道，演、浚各从一道”，即今广安门内、外大街和其南的白纸坊街一线，此乃蓟城内贯通东西的两条大道。那么，其与东垣、西垣相接处当分别设有城门。此外，在上述两大道之间即枣林前街—南横街一线应为另一条东西大道，其与东垣、西垣相接处亦当设有城门。如此，则蓟城东、西垣各开三门。蓟城内贯通南北之路，当为今白云路及其南北延伸线和西便门大街及南线阁街一线，其与南垣、北垣相接处亦当分别设有城门，即蓟城南、北垣各开有两门，连同东西垣所设城门，正合“开十门”之数[4]。蓟城内之宫城则在广安门以南。1957 年，北京的文物考古工作者在广安门外桥南 700 米处，曾发现战国和战国以前的文化遗址，其古文化层厚达 1 米以上，出土器物年代最早者接近于西周时代。由此可知，不仅周初所封蓟国都城当营筑于此，战国时期，燕人迁蓟当亦先居于此，而后以此为基础进行扩建，

---

[1]《晋书 · 王浚传》。

[2]《晋书 · 石勒载记》。

[3] 北京市文物研究所 :《北京考古工作四十年》，北京燕山出版社，1990 年，第 118—119 页。

[4] 曲英杰 :《先秦都城复原研究》，黑龙江人民出版社，1991 年，第 292—296 页。

并一直沿袭至辽金时期。南线阁街北口，清末称“燕角儿”，很有可能即为辽南京城东北角燕角楼之所在，并由此而判定蓟城宫城之东垣在南线阁街以西，北垣在广安门内、外大街之南，而宫城之西垣则在今手帕口南街一线以东，南垣在今白纸坊西街以北。其形制当亦如外城为东西扁长的方形，规模在方千米左右。宫城之北为燕市，这不仅是因为此种布局符合“面朝后市”之制，而且今广安门内、外大街和白云路交会处，亦正是蓟城“南通齐赵，东北边胡”之路的交会点。

燕王喜二十九年（公元前 226 年），秦攻拔蓟城，燕王喜徙居辽东。该地在战国晚期燕将秦开破东胡后设郡，治所在襄平（今辽阳市）。四年后，秦又拔辽东并虏燕王喜，燕亡。但是，据史料记载，在漫长的历史过程中，蓟城的城郭、宫殿曾屡遭焚毁破坏。例如公元前 215 年，秦始皇为防止六国旧贵族据城作乱，曾下令“坏城郭，决通堤防”。当时秦始皇正东临碣石，近在身边的燕都蓟城城郭当在所难免。此外，十六国时期，羯族首领石勒攻陷蓟城，杀西晋幽州刺史王浚，“焚烧城邑，害万余人”，城中宫殿，付之一炬。时隔 70 余年，后秦幽州刺史王永屡为后燕将军平规所败，临逃跑前“遣昌黎太守宋敞焚烧和龙（今辽宁朝阳）、蓟城（今北京）宫室”，蓟城又一次遭到毁坏。

### 1. 蓟城始建年代的确定

如前所述，对于成熟的城市形态的确立，往往以国家的建立为重要条件，即要有政权对城市的支撑和推动。

在夏、商时期，中原地区（即今山西省南部、河南省北部、山东省西部、河北省南部）是当时王朝的中心区域，而北京地区至今尚未发现夏、商时代筑城的确凿证据。那么，西周初年，周王朝先后在这里分封的两个诸侯国——蓟与燕，究竟始于何年？学术界对此众说纷纭，莫衷一是。

1995 年，在有关单位组织的国际学术研讨会上，120 多位来自各地的专家学者，根据琉璃河董家林燕都遗址出土的刻有铭文的青铜礼器——克盉、罍、堇鼎等，结合历史文献考证，确认史书所记“周武王灭纣，未及下车，封召公奭于燕”为公元前 1045 年更接近史实，并进而确定：北京建城始于公元前 1045 年。自 1997 年以来，“夏、商、周断代工程”研究课题组，运用考古学、文献学、天文历法、碳 14 测试等社会科学与自然科学相结合的方法和手段，确定周武王灭纣的年代在公元前 1046 年。此研究是从检验武王克商的最可靠的依据——《武成》《世俘》中的历日记载开始的，即先逐一排比不同的月相与克商年的对应关系，再对《周语》伶州鸠语的每月情况进行分析和排列，最后再用“岁在鹑火”作为筛选条件。《尚书》记有武王在“既克商二年”的某日得病，又“后二年而崩”。此处所记的克商年当是公元前 1046 年，且与天文推算的公元前 1046 年正好相符。而史书又记有武王克商之后，未及下车就分封诸侯。那么，这一年也就自然是北京建城之始的年份。

此说，也被后来在临潼出土的周代青铜利簋底部的铭文所证实。全文共 32 字，其中说:“武征商，唯甲子朝，岁鼎，克昏夙有商。”意思是说：周武王征伐商朝时，在一个吉利的甲子日清晨，出现木星上中天的天象。于是，武王战胜纣王并占有了他的国土和政权。这里的“甲子日”正是牧野之战的时间。它也印证了《尚书·牧誓》中所记载的“时甲子昧爽，王朝至于商郊牧野”。所以，“利簋”也被称为“武王征商簋”。

利簋

据北京大学历史地理研究中心唐晓峰先生的研究，今北京地区在夏、商时代尚未发现有筑城的证据。周武王灭商之后，为巩固姬周王朝的统治，便进行了大规模的分封。周初分封，文献记录有70多个诸侯国。其中比例最多的是周王的兄弟和周王的亲戚，其次是古帝王之后，还有一些是表示归顺的各部落首领。而西周初年周王朝在北方地区先后分封了两个诸侯国——蓟与燕。蓟在北，燕在南。据《左传》《史记》记载，周武王灭商之后立即分封了一些“先圣王”的后裔为诸侯，其中的蓟国为黄帝（一说尧帝）之后，其统治范围主要在今永定河以北，同时受封的还有神农氏之后、帝舜之后、大禹之后，又封召公奭于燕、尚父吕望于齐、弟周公旦于鲁、叔度于蔡等。蓟国的都城“蓟”就是北京地区最早出现的城市。燕国的分封略晚于蓟国，它的统治范围主要在今永定河以南的拒马河流域。燕国的都城“燕”，是北京地区继蓟之后出现的城市。唐晓峰先生认为：“蓟、燕，并不是同时受封，而是武王时封蓟，成王时封燕，两者一前一后，相隔大约不到10年。”并认为对《史记》记载的有关蓟、燕分封问题的笼统性，历代学者早有察觉，如《左传·昭公二十八年》孔疏曰：“由武王克商得封诸国，功归于武王耳。”功虽归于武王，但不一定是武王所为。因武王灭商之后两年即病死，其子成王诵即位。武王同母兄弟周公旦摄王位，代行国政，并继续分封诸侯。这就是说分封不一定均为武王所为。近代学者如王国维也发现了这一情况。他在《殷论》一文中指出：武王克殷之后，只是立武庚置三监而去，而未能抚有东土。直到成王时出了武庚之乱，在周公的率领下始以兵力平定东方，克商残奄，灭国五十，随后便封康叔于卫、伯禽于鲁、太公望于齐、召公之子于燕。当代专门研究西周分封问题的学者，也多持这种看法，认为文、武、成、康时期是周初盛世，分封之事一直在进行，而主要诸侯国的分封过程，基本上完成于周公东征后的一段时间。由康王息民开始，基本进入守成时代。昭穆之后，少见分封诸侯之事。

周武王伐纣灭殷之后，周初的分封是随着西周王朝所能控制地区的逐步扩大而不断进行的，而召公封燕、太公封齐、周公封鲁，正是针对“控制北方”的政治要求所做的重要部署。它既表明了周王朝政权在中原的兴起和日益强盛，也标志着其对北京地区的正式统辖。这是具有特别意义的事件。而褒封蓟国一事，也说明今北京地区在商末周初之时存在一股较强的当地势力，且根基久远。蓟国，这个在北京地区发展起来的独立的政治群体，其核心当是位于永定河之北、燕山山脉南麓、北京小平原上的蓟城。

西周初年建立的蓟城，因其地理位置优越，后又在同一地点反复修建城市，所以早期蓟城的遗址很难保存下来。而燕城则因“蓟微燕盛，乃并蓟居之”，废弃之后，再无人在这里建立大型城镇，因此遗址得以保存至今。但是，北京城的前身是蓟城，则是确定无疑的[1]。

有关蓟、燕分封的问题，司马迁的《史记·周本纪》还有这样的记载：“武王追思先圣王，乃褒封神农之后于焦，黄帝之后于祝，帝尧之后于蓟，帝舜之后于陈，大禹之后于杞。于是封功臣谋士，而师尚父为首封。封尚父于营丘，曰齐。封弟周公旦于曲阜，曰鲁。封召公奭于燕，封弟叔鲜于管，弟叔度于蔡，余各以次受封。”只是，到西周以后，在文献资料中却难以找到有关蓟国活动的记载了。只在《史记·周本纪》中保存有如下一段记载：“蓟燕二国俱武王立，因燕山、蓟丘为名，其地足自立国，蓟微燕盛，乃并蓟居之，蓟名遂绝焉。”这就是说，原来的蓟国在后来终被燕国所灭，原属于蓟国统治的地区，也都归属于燕，且把原本建于“燕山之野”即琉璃河附近的燕都，也迁到了蓟城。

1995 年 10 月，中科院院士、历史地理学家、北京大学教授侯仁之先生，为矗立在今广安门立交桥北侧滨河公园内的“蓟城纪念柱”题写了《北京建城记》：

北京建城之始，其名曰蓟。《礼记·乐记》载，孔子授徒曰：“武王克殷反商，未及下车而封黄帝之后于蓟。”《史记·燕召公世家》称：“周

[1] 唐晓峰：《蓟燕分封与北京早期城址的确立》，《北京城市地理》，北京燕山出版社，2000 年，第 19 页。

矗立在今广安门外滨河公园内的“蓟城纪念柱”和“北京建城记”碑

武王之灭纣，封召公于北燕。”燕在蓟之西约百里。春秋时期，燕并蓟，移治蓟城。蓟城核心部位在今宣武区，地近华北平原北端，系中原与塞上来往交通之枢纽。

蓟之得名源于蓟丘。北魏郦道元《水经注》有记曰：“今城内西北隅有蓟丘，因丘以名邑，犹鲁之曲阜、齐之营丘矣。”证以同书所记蓟城之河湖水系，其中心位置在今宣武区广安门内外。

蓟城四界，初见于《太平寰宇记》所引《郡国记》。其书不晚于唐代，所记蓟城“南北九里，东西七里”，呈长方形。有可资考证者，即其西南两墙外，为今莲花河故道所经；其东西墙内有唐代悯忠寺，即今法源寺。

历唐至辽，初设五京，以蓟城为南京，实系陪都。今之天宁寺塔，即当时城中巨构。金朝继起，扩建其东西南三面，改称中都，是为北京正式建都之始。惜其宫阙苑囿湮废已久，残留至今者惟鱼藻池一处，即今宣武区之青年湖。

金元易代之际，于中都京北郊外更建大都。明初缩减大都北部，改称北平；其后展筑南墙，史称北京；及至中叶，加筑外城，乃将古代蓟城东部纳入城中。

历明及清，相沿至今，遂为人民首都之建设规划奠定基础。

综上所述，今日北京城起源于蓟，蓟城之中心在宣武区。其地承前启后，源远流长。立石为记，永志不忘。

## 2. 燕都蓟城的城市功能

燕国定都于蓟之后，确立了蓟城的历史地位——成为燕国的政治、经济、文化中心。到了春秋时期，中华大地上出现了大国争霸、小国被吞并的局面，到战国时便出现了秦、楚、齐、燕、赵、魏、韩“七雄”并立。其中的燕国是位居北部的一个诸侯国，其“东有朝鲜、辽东，北有林胡、楼烦，西有云中九原，南有呼陀（即今滹沱河）、易水”[1]，“北迫蛮貉，内措齐晋”[2]。它以今北京地区为中心，据有河北北部、山西省东北以及辽西等广大地区。由此可见，当时燕国的疆界还是比较广阔的。

燕国势力的强大，与整个社会生产力的发展是分不开的。当时金属制造工具的改进和冶铁鼓风炉的使用，促进了冶铁手工业的发展，使得铁制的生产工具逐渐普遍应用于农业和手工业生产，因而大大提高了生产力。铁制农具和牛耕技术的逐步推广，以及水利事业的发展，使大批未经开垦的荒野被辟为肥沃的农田，农业生产有了很大发展。蓟城附近的一片平畴沃野，在这时得到了进一步开发。

这时各种手工业的生产技术在长期操作和经验积累的基础上，有了长足的进步，而从已经出土的燕国青铜器形制灵巧、花纹细致、图案纤细等特点来看，当时青铜冶铸的技术已经相当高超。陶器的种类更多，各种仿青铜器制作的鼎、壶、簋等，样式大方美观，花纹也很精致。燕国

[1]《战国策》。

[2]《史记·燕召公世家》。

的煮盐业也比较发达，“燕有辽东之煮”[1]已见于古籍的记载。

春秋之前的城市是政治、经济和军事统治的核心，城市里的手工业主要为统治阶级服务，商业还没有充分发展起来。因此，城市的规模都比较小。在经济生活中起较大作用的城市，是从春秋末期到战国中叶随着手工业、商业的发展而出现的。这时的城市日趋繁荣，城市的规模也日益扩大。

正是在这样的历史条件下，燕国的都城蓟城作为富冠天下的名城之一，堪与赵国的邯郸、齐国的临淄、楚国的宛（今河南南阳）和著名的洛阳等大城齐名。汉初，除三河（河东、河内、河南）富庶之区以外，著名的大都市有八个，蓟城即其一。《史记·货殖列传》云:“汉兴……海内为一，开关梁、驰山泽之禁，是以富商大贾周流天下……”“夫燕亦勃、碣之间一都会也。南通齐、赵，东北边胡……有渔盐枣栗之饶，北邻乌桓、夫余，东绾秽貉、朝鲜、真番之利”[2]。据《盐铁论》所记，“燕之涿、蓟，富冠海内，为天下名都”，蓟城作为北方的交通枢纽，这时已成为南北商业贸易的较大中心之一。它南与齐、赵之地交易，直至关中；北与东北诸部交易，直至辽东；与中原大地的交易是输入丝绢布帛，输出筋角马匹、枣栗等物；与东胡交易，则是输出盐铁，而输入各种畜牧产品。

货币是进行交易的媒介，没有大量的需要是绝不会大规模铸造货币的。“燕明刀”是当时燕国通行的货币，燕明刀的大量出土，又从另一个方面反映出燕国经济发达的程度及其贸易往来的地区范围。这从考古学的资料中可以大致了解。

据统计，出土燕明刀的地点除了北京地区以外，还有以下一些地区：

河北省：易县（燕下都）、石家庄、邯郸、承德、栾平、怀来

天津市

山西省：原平、永济

[1]《管子·地数》。

[2]《史记·货殖列传》。

内蒙古：赤峰、宁城、凉城

辽宁省:沈阳、朝阳、敖汉旗、锦州、鞍山、义县、抚顺、辽阳、营口、金县、貔子窝、堂城子、旅顺

吉林省：辑安（今集安）

此外，在朝鲜、日本也有燕明刀出土[1]。

由此可以看出，燕明刀的分布范围是以北京（蓟）和易县（燕下都）为中心，南至河南，西至山西，东至山东，东北至吉林、辽宁，最远可达朝鲜、日本。这足以反映当时燕国经济往来范围之广以及其南北交流的枢纽地位。

不仅如此，燕国除都城之外，还设有“中都”和“下都”。燕“中都”之称，见于《太平寰宇记》，不仅如此，其卷六九“幽州良乡县”记：“在燕为中都，捍卫良乡县，属涿郡。”1959 年房山县窦店西曾发现一座土城址，其城内外两层，呈长方形。外城堆积土围，为古城外郭；内城东西长 1100 米，南北宽 800 米;其间设有子城。据考，此即汉代良乡县城，燕中都应当在这一带[2]。

燕昭王时所设的燕下都武阳城遗址，位于今河北省易县东南，地处北易水和中易水之间。城址以两个方形做不规则的结合,平面略呈倒凸形，东西长约 8000 米，南北长约 6000 米。城墙用黄土版筑而成，残存遗址宽 7—10 米。中间有一道纵贯南北的城垣，将古城隔为东西两城。东垣长 3980 米，宽 40 米；有城门一座，城外有护城河，宽约 20 米。南垣残长 2210 米，宽约 40 米。西垣残长 4630 米，宽 40 米，城外有古河道，称“运粮河”，其河北段宽约 40 米，中段宽约 80 米，南段宽约 90 米，流入中易水。东部主要是宫室、官府和手工业作坊（包括炼铁、制骨、制陶等），西南是居住区，西北是墓葬区。宫室位于东部北端的

[1] 曹子西：《北京通史》第一卷，北京燕山出版社，1994 年。

[2] 刘光之、周恒：《北京周口店区窦店土城调查》,《文物》，1959 年第 9 期。

中央，有高大的夯土台，长 130—140 米，高 7.6 米，成阶梯状。附近还发现附属建筑的遗址。这组建筑之北散布着若干夯土台，连同城内外其他大小台址共计 50 余处，说明当时燕国的宫室是建在高台之上的。整个布局合理得当，特别是城内设有给排水等管道设施，这些既说明燕下都规模的宏伟，又反映出燕国城市建设的水平。此外，在燕下都城址内还出土有大批的燕、赵、魏、韩等国的货币。据统计，自 1945—1978 年间共出土燕国刀币 33315 枚，其中既有战国前期流行的弧背刀币，又有战国中晚期流行的折背刀币，表明武阳城内的经济活动亦颇为活跃。[1]《史记 · 刺客列传》还记载有 :“荆轲嗜酒，日与狗屠及高渐离饮于燕市，酒酣以往，高渐离击筑，荆轲和而歌于市中，相乐也。已而泣，旁若无人。”这说明燕下都不仅有市场，而且很繁华。

燕下都武阳城位于太行山东麓，地处南北之间的军事要冲。燕昭王所营建的下都并不是一般的都城，而是扼制南方的一个重要军事重镇，也是立志伐齐、招揽人才的所在。“昭王礼宾，广延方士，至如郭隗、乐毅之徒，邹衍、剧辛之俦，宦游历说之民，自远而届者多矣。不欲令诸侯之客伺隙燕邦，故修连下都，馆之南陲。”[2] 其在军事上与上都蓟城互为掎角之势而又唇齿相依，燕人曾多次抵御南来之师于下都，而使上都免遭破坏。燕王喜“二十年（公元前 235 年），燕太子丹患秦兵至国，恐，使荆轲刺秦王”[3]，并以此为据点从事谋刺秦王的活动。荆轲由此渡易水而至秦都咸阳，刺杀秦王不成。燕王喜二十八年（公元前 227 年），秦王“使王翦、辛胜攻燕。燕、代发兵击秦军。秦军破燕易水之西”[4]。武阳城遂遭破坏。至此，其为燕之下都时间当在百年以上。

---

[1] 中国历史博物馆考古组:《燕下都城址考古报告》，《考古》，1962 年第 1 期；王素芳、石永士：《燕下都城遗址》，《文物》，1982 年第 8 期。

[2]《水经注校正》卷十一。

[3] 司马迁 :《秦始皇本纪第六》，《史记》卷六，中华书局，1975 年，第 233 页。

[4] 同前注。

战国时代，由于列国之间战事频繁，刀兵不息，因此各国争相加强防御工事。燕国大将秦开大破东胡之后，为防东胡、匈奴再度骚扰入侵，便在蓟城迤北，凭借燕山山脉的险阻，营建了西起造阳（今河北省怀来县境内）、东抵襄平（今辽宁省辽阳县境内）、东西蜿蜒千里的北长城。《史记 · 匈奴列传》记载："燕有贤将秦开，为质于胡，胡甚信之。归而袭破走东胡，东胡却千余里……燕亦筑长城，自造阳至襄平。置上谷、渔阳、右北平、辽西、辽东郡以据胡。"[1] 此外，为了抵御齐、赵的进攻，又在燕国南境，从武阳以南沿易水北岸，在扩建堤防的基础上，跨过易水斜向东南，修建了长达百里的南长城。当时称为"易水长城"。

广阳郡治蓟，上谷郡治沮阳（今河北省怀来县大古城村北），渔阳郡治渔阳城（今北京市怀柔区梨园庄东南），右北平郡治无终（今天津市蓟县），在蓟城与武阳之间有位于富庶的"督亢"地区的涿城，其东南还有韩城、方城、临乐等[2]。以上这些城的设置，虽然在很大程度上出于军事防御的目的，但实际上却已经在燕国境内形成了以蓟城为中心的城镇体系。

### 3. 关于琉璃河董家林的燕都遗址

西周初燕国的始封地，经过考古证明，现已确定为房山区琉璃河董家林遗址。这个遗址占地广阔，规模宏大，内涵十分丰富。范围包括琉璃河乡北部的洄城、刘李店、董家林、黄土坡、立教、庄头，东西长约 3.5 千米，南北宽约 1.5 千米，整个遗址面积约 5.25 平方千米[3]。

这里曾有较为完整的城墙。在考古发掘中，根据地下墙基遗存，测出北城墙长约 829 米，东、西城墙的北半段长约 300 米。南城墙由于被破坏，确切位置不详。东、西两面城墙的南半段，因地面上已无存，长度不明。在东、西、北三面城墙外，发现有深 2 米多的护城壕沟。因此，

[1] 司马迁：《史记》，卷一一〇《匈奴列传》，中华书局，1975 年，第 2885—2886 页。

[2] 侯仁之主编：《北京历史地图集》，北京燕山出版社，1988 年，第 14 页。

[3] 郭仁、田敬东:《琉璃河南国遗址为商初燕都说》,《北京史论文集》，1980 年，第 61—75 页。

琉璃河董家林西周燕都遗址博物馆

据已知城坡长度和东北角、西北角的位置，可推测古城平面大体呈长方形。城墙有主墙、内附墙和城外平台。主墙宽 26 米，内附坡在主墙内侧，紧贴主墙面；城外平台在主墙外侧，低于主墙，呈平面状。城墙均是夯土版筑而成，其土质紧密、纯净而坚硬。城墙外的护沟口略宽于沟底，在沟底有一层厚约 10 厘米的淤土。在城外东南方不远处的黄土坡村，发现并发掘了大规模的商代和西周两个时期的墓葬[1]。

在古城址内发掘了大量居住地的生活遗迹，如房屋、窑穴、陶窑，以及陶器、骨器、蚌器、石器等，而在墓葬区则发掘出了大量的铜制兵器和礼器。如琉璃河第 1100 号车马坑，埋葬有 14 匹马、5 辆车，作为墓主的陪葬品。第 53 号墓前葬的车马坑里，有 1 辆马车、6 匹马、2 条狗，还有 1 名青年奴隶被埋在马车后面。这里还出土了大量的随葬品，有陶器、漆器和铜器等。尤其是这里出土了很多带有“匽侯”铭文的

[1] 同前注。

铜器，比较重要的有伯矩鬲、复等。其中的攸簋，造型奇特，文饰华丽，形饰精美，堪称珍品；伯矩鬲，体态森严，雕饰精美，结构和谐，技艺高超；堇鼎，通高 62 厘米，口径 48 厘米，重 41.5 公斤，体态浑厚凝重，纹饰古朴雅丽，是目前北京地区发现的商周青铜礼器中最大的一件。其内壁铸有铭文 25 字，“匽侯令堇馔太保于宗周，庚申，太保赏堇贝，用作太子癸宝隮䵼”，记述了堇奉燕侯之命，去宗周见太保（召公）并受到赏赐，堇为记其光宠，乃作此器[1]。

除青铜礼器铸有“匽侯”铭文之外，有的铜兵器上亦铸有如“匽侯舞戈”“匽侯戈”等阳文，还有的铜泡上有“匽侯舞易”的铭文。现已确定，所谓“匽侯”即“燕侯”，也就是西周王朝分封在今北京地区的燕国的国君。“太保”即召公奭。《尚书·序》中说：“召公为保，周公为师，相成王左右。”这就是说，召公奭乃周初重臣，随武王伐纣有功而封于北燕。“堇鼎”是周初时的重器，而铭文载燕侯命“堇”谒见太保召公奭于宗周，说明其时召公虽受封于燕，但仍供职于宗周，统治燕地的乃是他的子辈。因此，今日所见的琉璃河董家林遗址，是周初燕国的都城当无疑义。

周武王伐纣灭商在北京地区先后分封了蓟、燕两个诸侯国。考古学家们在对燕都的故地——今北京市房山区琉璃河董家林的考古发掘中收获颇丰，但在前城的故地却并未有骄人的发现。有人由此而得出了这样的结论：“北京城的源头在琉璃河。”

对此，侯仁之先生是这样解释的：“燕灭蓟后，燕国之所以废其原有都城而迁都于蓟，主要是考虑到蓟城地处华北大平原的北端，是华北大平原、东北大平原、蒙古高原三大地理单元的交接之地，交通地理位置至为重要，其生态环境、人文环境等均优于燕城，所以才会做出这样的一种决定。”他又说：“燕都故地由于早已湮废，尘封千余载，让我们的考古工作者喜得收获。而一个长期作为城市心脏，经历千百年，不断

[1] 周有“三公”之设，即太师、太傅、太保，均为权倾朝野的重臣。

处于城市建设之中的地下，还可能有三千多年前的历史遗存吗？”[1] 再说，北京也不可能肇始于100多里地以外的董家林。

我曾经在北京市地质地形勘测处，见到过一幅依据“基勘”（即房屋建筑地基勘探）的钻孔资料汇集之后绘制而成的“北京城近郊区人工扰动土等深图”。我们从这幅图上的等深线分布和疏密程度可以看到，广安门内外一带是北京城近郊区中原始土层扰动得最严重的一个地区。人工扰动土分布的面积不仅广，而且深。这又从另一个方面佐证了侯仁之先生的上述论断。

毫无疑义，在有关北京蓟城遗址的研究中，尊重考古发掘的实物是非常重要的，也是必要的。但是，如果就因为在广安门内外一带尚未发掘出早期蓟城（即燕迁都蓟之前）的遗址、器物而不承认蓟城的存在，进而否定蓟城是北京城的肇始之地，恐怕也有悖于历史文献的记载和已有的一些勘探研究成果。事实上，1955年后，在琉璃河遗址继续进行的考古发掘中，也有了新的发现——带字卜甲：在96G11H108出土了三片刻字卜甲。其中的4号腹甲甲首正面刻有“成周”二字。众所周知，“成周”是西周时的东都（今洛阳），为成王所建。这也就说明了琉璃河出土“成周”卜甲的灰坑，其年代当不会早于“成周”。而“克盉（hé）”“克罍（léi）”的发现，则是探究真正到燕地就封的第一代燕候名字的有力佐证。在地域上，燕都遗址地处北京城西南百余里之遥，属大清河白沟水系，1952年划归北京之前系河北省所辖。

## 七、幽州城——隋唐两代在北京的边贸中心和军事重镇

秦灭六国，结束了长期诸侯割据的局面，建立了我国历史上第一个

[1] 白杰：《宣南文脉》，中国商业出版社，2005年12月，第11—12页。

统一的多民族的君主集权国家。秦国的版图包括了黄河、长江和珠江的中下游流域；在东北地区则承袭了旧日燕的疆土，把统治范围一直伸展到现在的辽河下游和整个辽东半岛。原先燕国的都城——蓟城，则成为一个经由华北平原进入我国北部和东北地区的重要城市。

为了巩固封建统治，秦始皇采纳了廷尉李斯的建议，在全国废除自西周以来奉行的分封制度而推行郡县制。据北魏郦道元所著《水经注·漯水》记载：秦在蓟城及其以南地区置广阳郡，治所蓟城；在广阳郡以北原燕国地区沿长城一线自西而东置上谷、渔阳、右北平、辽西、辽东五郡。今北京地区分属上谷、渔阳、右北平、广阳四郡。蓟城虽然从过去燕国的领地中心，转变成为秦王朝的北方军事重镇和交通枢纽，但由于其所处的地理位置，在沟通汉族统一封建国家和东北地区少数民族之间的关系上起着非常重要的作用。可以这样说，自秦汉到隋唐的1000多年间，每当中原的汉族统治者政权稳固，势力强大，内足以镇压农民的反抗，外足以发展势力、开拓疆土的时候，就必定要以蓟城作为经略东北的基地；每当中原的汉族统治者内部争斗剧烈，游牧民族就常常乘机内侵，于是蓟城又成为汉族统治者军事防守的重镇，而一旦防守失效，东北地区游牧部族长驱直入之后，蓟城因为地处华北大平原的门户，遂成为双方统治者的必争之地，甚至还会成为入侵者进一步南下的据点。这期间也经常会出现一些比较安定的局面，于是蓟城又会很快地发展起来，成为中国北部的一个经济贸易中心，促进汉族与北方游牧部族之间物资以及文化的交流。[1]

### 1. 北方的边贸中心和军事重镇

秦都咸阳，其统治范围东至大海，南至五岭。在北方的广大地区，与当地少数民族——匈奴、东胡、肃慎等游牧部族相接壤。秦始皇嬴政

[1] 侯仁之、金涛：《北京史话》，上海人民出版社，1980年，第22—23页。

为了巩固其中央集权的封建统治，便以咸阳为中心，在全国修筑驰道。驰道宽 50 步（6 尺为一步），“东穷齐燕，南极吴楚，江湖之上，濒海之观毕至，道广五十步，三丈而树，厚筑其外，隐以金椎，树以青松”[1]。这就是说，北端以蓟城为中心，向东经渔阳而到达碣石（秦皇岛）、辽阳；向北经今密云的古北口而达承德、柳城；向西北经军都县过居庸关抵达云中、上谷郡。毫无疑义，驰道的修筑不仅加强了中央政权对地方的政治控制，促进了南北的经济贸易往来，而且具有重要的军事上的意义。

与此同时，为了抵御北方匈奴等游牧部族的南侵，又命大将蒙恬主持，驱使由军士、民夫、囚徒组成的近百万的劳力，自西北的临潼（今甘肃岷县）起，大体沿着战国时代秦、赵、燕所筑的旧长城至东北的辽东，筑长城万余里。北京城西北的居庸关乃是长城的一个重要关口，是古代北京西北的屏障。“居庸关”这个名字取自“徙居庸”一词，传说秦始皇修筑长城时将强迫征来的民夫士卒徙居于此，故而古文献中有“徙居庸”的记载。这里地势险要，为历代兵家必争之地，修长城时也成为一个重要关口。

司马迁在《史记 · 货殖列传》中这样描写蓟城一带的形势：“夫燕亦勃、

修复后的居庸关城楼

[1]《汉书 · 贾山传》。

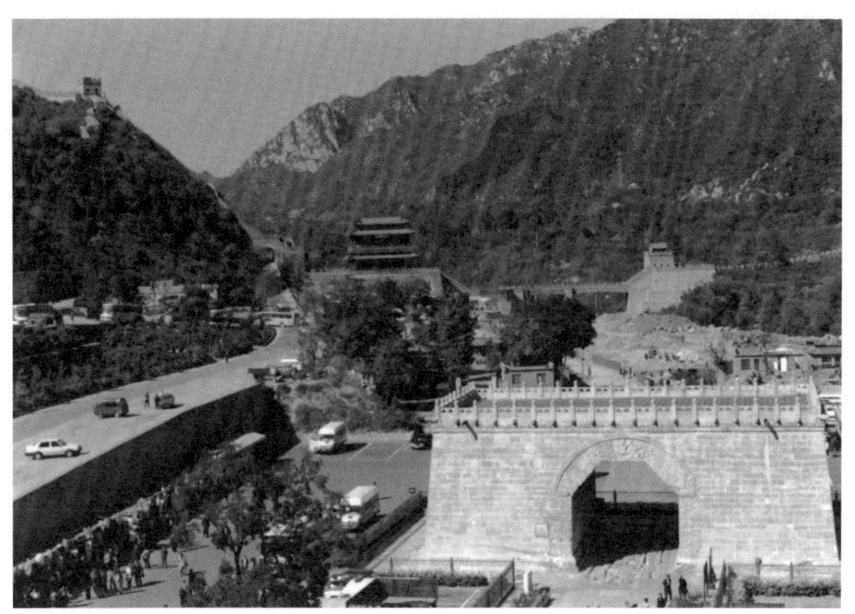

北京西北的重要关隘——居庸关

碣之间一都会也，南通齐（今山东）、赵（今河北省南部），东北边胡……有鱼、盐、枣、栗之饶。北邻乌桓、夫余（今内蒙古东部和辽宁以北、吉林一带），东绾秽貉、朝鲜、真番（都在今朝鲜半岛北部）之利。”他扼要地说明了蓟城在我国北方的重要经济地位和军事形势。秦代的广阳郡治蓟城，在西汉时实行郡国并行制度。广阳地区有时为封国，有时为郡，共辖四县。蓟城既是这里的政治中心，也是汉族与少数民族进行经济贸易活动的中心。当时，中原和东北游牧部族之间的贸易往来相当频繁。这里的市场除了出售本地所产的农产品和手工业产品之外，还有来自中原各地的布帛、漆器和来自乌桓、夫余、秽貉、朝鲜、真番的皮毛、牲畜及其他产品。蓟城的金属制品、粮、布、盐等，也由此转销到东北地区。隋代开凿的永济渠，其南段利用黄河支流沁水，使其分流东北与清河、淇河相连，再从东北入白沟；北段则利用沽河（今白河）和一段桑干水（今永定河），凿成运河。这样，河南地区的来船，就可以经永济渠直达蓟城。

隋朝时蓟城为涿郡治所；唐初改涿郡为幽州，治所仍在蓟城，因此蓟城又称幽州。隋和唐统一全国之后，都曾利用蓟城的战略地位，将其作为向东北征讨的军事基地。早在隋朝开皇四年（584年），为运关东之粟，隋文帝命宇文恺自大兴城（长安）东至潼关开广通渠。

隋朝大业年间，隋炀帝开凿了以东都洛阳为中心的运河，西通长安，南达余杭（今杭州），北至涿郡。

隋炀帝于大业元年（605年）自洛阳浪荡渠故渎至山阳（今淮安），开凿通济渠，利用邗沟和淮水，把长江与黄河连通起来，其目的是广收江淮之粟以供关中。之后于大业四年（608年）又开凿永济渠，并利用现在河南省西部的沁水，南通黄河，北达涿郡蓟城，其目的是为远征辽东运输军用物资。不过其通达蓟城的最后一段，并不是经由所谓的北运河（即潮白河下游故道），而是沿着当时永定河（时称桑干河）的故道（今北京城南的凉水河）直抵蓟城南郊的。

《隋书·炀帝纪》载："大业四年（608年），正月乙巳，诏发河北诸郡男女百余万凿永济渠，引沁水，南达于河，北通涿郡。"这就是隋炀帝令阎毗修建的"北通涿郡（蓟城），南达于河"的永济渠。

就在永济渠开凿以后三年即大业七年（611年），隋炀帝亲自领兵，远征高丽。其时远在江都（今江苏扬州市）的船只可直行抵达蓟城，所经行的正是这条水道。当时征调的兵马辎重都集中到蓟城。"发江淮以南民夫及船，运黎阳洛口诸仓米至涿郡，舳舻相次千余里。"大业八年（612年）正月又有记载说："四方兵皆集涿郡，凡一百一十三万三千八百人，号二百万，其馈运者倍之。宜社于南桑干水上，类上帝于临朔宫南，祭马祖于蓟城北。"可悲的是，这次规模浩大的军事行动，是以隋朝军队的彻底失败而告终的。在此之后，隋炀帝又曾发动两次征服高丽的战争，但亦均以失败告终。

不仅如此，隋炀帝还在隋大业六年（610年）开凿江南运河，即从与邗沟南端的江都（今扬州）隔岸相望的京口（今镇江）至余杭的运河，这样便使永济渠、通济渠、邗沟、江南运河连通一气。这便是中国历史上有名的“大运河”。大运河进一步沟通了南北经济、文化，但由于随后发动的征辽战争终归于失败，其作用并未得到充分发挥。到了唐代，大运河才真正发挥了其沟通南北经济、文化的作用，即“在隋之民，不胜其害，在唐之民，不胜其利也”[1]。唐代由于把幽州城与江淮、关东的富庶之区联系了起来，幽州的商贸往来比往日更为繁盛。所谓“自九河之外，复有淇（永济渠）、汴（通济渠），北通涿郡之渔商，南通江都（今扬州）之转输，其为利也博哉”[2]。唐代江南地区的经济已经相当发达，江都更是著名的商贾城市。江淮以南的椒、笋、粳米、茶叶以及布帛沿着运河源源不断地北上，也极大地刺激了唐代幽州商业经济的发展。

在唐代，幽州地区的农业生产有了很大的发展，尤其是在开元、天宝年间。幽州的私人手工业也逐渐发展，绫、绢、绵等相当有名，且成为贡品。铁的开采和冶炼也是幽州城的重要手工业生产部门之一。农业和手工业的发展，活跃了幽州的城市经济和商业贸易，各行各业均十分发达，城区北部设有商业和手工业区，称为“幽州市”。市设各类店铺，见于房山云居寺唐代石经题记中的有30多种行业：米行、白米行、粳米行、屠行、肉行、染行、油行、布行、五熟行、果子行、椒笋行、炭行、生铁行、磨行、绢行、大绢行、小绢行、彩绢行、绵行、丝织行、幞头行、靴行、杂货行、新货行等。

当时从幽州至都城长安可经太行山东麓南下；或进娘子关，经太原，或经洛阳西行抵达。这两条路线的沿途都有店肆、驿驴，以便商旅的往来。而从幽州到东北，则可经古北口出长城至奚王牙帐（今辽宁宁城东），亦可沿燕山南麓东行出山海关至东北，还可以出居庸关至妫州和山西北

[1]《皮子文薮》卷四《汴河铭》。

[2] 同前注。

部。水路可由永济渠从幽州直达洛阳，或从海上通往江南、东北各地。发达的交通和幽州的地理位置决定了幽州在唐代国内和国外商业贸易上的重要地位。它是内地商品输出和北部、东北部地区商品输入的集散地。马匹、皮毛等关外畜产品源源不断地涌入这里，再由这里输往我国中原和江南各地；内地的粮食等农产品、铁器等手工业产品，乃至文化典籍则由这里输往我国东北和朝鲜。所以，幽州集中了不少胡商和高丽商人，当时曾记载范阳节度使安禄山“分遣商胡诣诸道贩鬻，岁输珍货数百万”[1]。可见，当时的胡汉贸易是相当可观的。

隋朝之后的唐朝国势强盛，唐太宗曾于贞观十八年（644 年）出兵远征高丽。当时除去海上一路大军外，他还亲自统率主力，从陆路经蓟城直赴辽东，并在蓟城南郊誓师。结果唐朝大军遭到了高丽军队的顽强抵抗，加之天寒地冻，粮草不济，将士阵亡不少，最后被迫撤退，无功而返。唐太宗退兵蓟城之后，为了安抚军心，便命令在蓟城东城墙内偏南的地方，建造一座悼念阵亡将士的庙宇，名“悯忠寺”，即今法源寺。史书曾有“悯忠高阁，去天一握”的文字记载。

到唐开元、天宝年间，河运已经不能满足幽州经济生活的需求。于是，又开海运，即从山东登、莱二州自海道将百货运至幽州。唐朝著名诗人杜甫的《后出塞》一诗中有这样的描写：“渔阳豪侠地，击鼓吹笙竽。云帆转辽海，粳稻来东吴。越罗与楚练，照耀舆台躯。”《昔游》又云：“幽燕盛用武，供给亦劳哉。吴门转粟帛，泛海陵蓬莱。”这些诗歌生动地描绘了江南财货给幽州带来的繁荣景象。

### 2. 幽州城的城市形态

隋唐时期的幽州城，作为封建王朝控制东北少数民族地区的重镇，已具有封建社会城市的一般特点。

[1]《资治通鉴》卷二六。

幽州城是仿照当时都城大兴城（长安）改建而成的。

据《旧唐书·地理志二》载："自晋至隋，幽州刺史皆以蓟为治所。"实际上自汉代就已经如此。东汉初年朱浮为幽州刺史，治蓟城；东汉末年刘虞为幽州牧，亦治蓟城。唐玄宗开元十八年（730年）分割幽州东部的渔阳、玉田、三河三县另置蓟州（今天津市蓟县）。此后"蓟"的名称便用来表示今天天津的蓟县，原来的幽州蓟城大多称幽州城，而少称蓟。

据《太平寰宇记》载："蓟城南北九里，东西七里，开十门。"唐幽州城是一座南北略长、东西略短的城池，其周32唐里，约合今24里。其东垣在今西城区南部（原宣武区）烂缦胡同和法源寺之间的南北一线；南垣在今姚家井以北，白纸坊东西大街一线；西垣在莲花河（古洗马沟）过甘石桥以下河道的东侧和会城门村以东至原北京钢厂东侧的南北一线；北垣在今白云观至西单南头发胡同一线。头发胡同原有受水河（原名臭水河），往西与白云观北墙外的小河相连，即为唐幽州城北城壕[1]。

幽州城内有子城之设。据史料记载，这种设置始于南北朝时期。唐代各州军府与城内筑子城已成为常制。幽州城内子城设于城内西南隅。其东、北向城垣在城内；南、西向城垣傍幽州城垣。

采师伦《重藏舍利记》碑称，子城有东门。估计北面也有一门。《太平寰宇记》引《郡国志》称，幽州城"开十门"。如果除去子城的二门，则唐幽州城的外城应有八门，即东西南北四方各开二门。这也与《辽史·地理志》中所记载的辽南京（即幽州城）的城门数相一致。

按我国古代城市的一般规划，对应的两座城门之间应有直道相通，全城街道呈棋盘状。幽州城10座城门中有8座为幽州外城的城门，即每面城垣各开两座城门。另两座城门则为子城的城门：一在子城东垣，即子城东门；一在子城北垣，即子城北门（略称为"子北门"）。这两座城门均在幽州城内，而子城南门和子城西门，同时也是幽州城的城门。

[1] 会昌六年（846年）采师伦《重藏舍利记》云："智泉寺……子城东门东百余步，大衢之北面也。"

城内的道路分布呈棋盘状。由于大城有 8 座城门，所以全城有东西向主道两条，南北向主道两条，在主干道之间另有小巷通行。

“里坊”是唐代城市的基本单位，是一个呈封闭状态的居民区。其制乃承袭秦汉时的“闾里”制度，其名称定于隋。

坊的格局为“田”字形，即棋盘形。四面有坊墙，各开一门，相对两门之间有巷相通，呈十字交叉形。幽州城共 26 坊，其坊名是：罽宾坊、卢龙坊、蓟宁坊、肃慎坊、铜马坊、花严坊、蓟北坊、燕都坊、军都坊、招圣坊、归仁坊、劝利坊、时和坊、平朔坊、遵化坊、显忠坊、棠阴坊、辽西坊、东通圆坊、归化坊，隗台坊、永平坊、北罗坊、齐礼坊、归厚坊、大田坊[1]。

坊门晨启夜闭，闭门后禁止夜行，违者谓之犯夜。唐律规定“犯夜者笞廿”。每年只有正月十五开放宵禁一日，许人观灯。后来改为三日。这三日“金吾弛禁，特许夜行”。幽州城的这种制度一直沿用至辽、金。

幽州城内还有纵横贯通的经略军街、燕州街、檀州街等，有总管幽州地区和幽州城的军事、政治事务的衙署、官邸。唐幽州城盛时拥有居民 1 万余户，人口 6 万余人[2]。

另据《太平寰宇记》载，唐末幽州蓟县有 22 乡，幽都县有 12 乡。属于蓟县者有燕夏乡、会川乡、燕台乡、招贤乡、归仁乡、广宁乡等；属于幽都县的有礼贤乡、房仙乡、保大乡、归义乡、丰乐乡、太平乡、幽都乡、美兜帽乡、效德乡等。上列乡名与《太平寰宇记》中所列相去甚远，尚有待日后通过考古发掘来完善。但我们可以从上述资料看出唐时幽州城的概略和规模[3]。

---

[1] 常征、劳允兴：《北京市发展史略》（铅印稿），“五 隋唐五代的幽州城”。关于幽州城内的坊里名，《北京通史》《北京城市历史地理》《北京城市发展史略》所记均略有出入，本书从《北京城市发展史略》所记。

[2] 韩光辉：《各时期北京市人口》，载侯仁之主编《北京城市历史地理》，北京燕山出版社，2000 年，第 252 页。

[3] 赵其昌：《唐幽州村乡初探》，载《中国考古学会第一次年会论文集》。

### 3. 唐幽州城的重要道观、寺庙

两汉时期由印度传入中国的佛教，经历三国、两晋、南北朝数百年，直到唐朝时才开始和中国文化有较多的融合，并逐渐发展，与儒、道成鼎足之势。幽州地处中国的北方边陲，佛教的传入和发展从时间上看比中原、江南略迟，但其发展速度却并不比其他地域逊色。在隋唐五代的时候，多有名僧云游全国各地或西游各个崇尚佛教的国家，当然也有不少名僧在燕蓟弘扬佛法，使燕地的佛教得到大规模的发展，也使城市的形态和功能有了不小的变化。

汉唐时期，今北京地区规模较大又颇具特色的寺观主要有白云观、法源寺、引佛寺、潭柘寺、云居寺、房山十字寺、天宁寺、灵光寺等（以上均为现在的观名和寺名）。

#### 白云观

唐玄宗时期，是唐王朝最繁盛的时期。这一时期尊崇道教，抑制佛教，对于中国道教的发展有着重要的意义。唐玄宗竭力神化“玄元皇帝”，并追尊太上老君玄元皇帝为“大圣玄元皇帝”，后来又尊为“祖大道玄元皇帝”。他还下令在天下各州普建玄元皇帝庙。

唐开元二十七年（739年），唐玄宗又下令在幽州建了一座天长观。这就是历代几经重修、改建、扩建的白云观。该观坐北朝南，南北长280米，东西宽160米。殿堂分中、东、西三路和后院四部分。

中路：有照壁、牌坊、山门、灵光殿、玉皇殿、老律堂、丘祖殿、三清阁、四御殿等正殿，以及东西两侧的钟鼓二楼，配殿廊庑。

东路：从丘祖殿前向东过“体元洞府”门，有南极殿、斗姥阁、罗公塔、斋堂、斋厨等。

西路：从丘祖殿堂前向西过“会仙福地”，有吕祖殿、八仙殿、元君殿、元辰殿、祠堂院等。

在三清阁、四御殿以北便是白云观的后院，即“云集园”。园内有戒台、云集阁、云华仙馆、友鹤亭、妙香亭、退居楼和假山回廊等。身临其中，宛如仙境，故有“小蓬莱”之称。

金正隆五年（1160 年），天长观遭遇兵燹，金世宗完颜雍于大定七年（1167 年）敕命重建，并由户部尚书张仲愈督办，直到大定十四年（1174 年）三月竣工。重建后的天长观比以前宏大。落成时，观内举办三天三夜的盛大道场。世宗及皇太子莅临观礼，道士阎德源开坛说戒，从而开创了道教丛林传戒的制度。是年，天长观改名为“十方天长观”。

《宫观碑记》引《中都十方天长观重修碑》曰：“前三门榜曰：十方天长观，中三门曰玉虚之门，设虚皇醮坛三级。中大殿曰玉虚，以奉三清；次有阁曰通明，以奉昊天上帝。次有殿曰延庆，以奉元辰众像。翼于其东者有殿曰澄神，翼于其西者有殿曰生真，以奉六位元辰。东有钟阁曰灵音，兼奉玉皇上帝、虚无玉帝。次有阁曰大明，以奉太阳真君。次有殿曰五岳，以奉诸岳帝及长白山兴国灵应王。西阁曰云玄，以秘《道藏》兼奉三天宝君。次有阁曰清辉，以奉太阴皇君。次有殿曰四渎，以奉江河淮济之神。洞房两庑及方丈凡百六楹有奇。”

天长观于金章宗明昌三年（1192 年）遭兵燹焚毁。翌年，又在天长观旧址西面重建。金泰和三年（1203 年）改名太极宫，并接纳四方云游道士。

金末元初，长春真人丘处机应元太祖成吉思汗之邀西行归来之后，便受命主持太极宫，掌管天下道观，并依其道号诏改太极宫为长春宫。丘处机羽化之后，其弟子便于长春宫东侧和下院建处顺堂（今丘祖殿），安葬丘处机。

明洪武二十七年（1394 年）长春宫又遭遇兵燹。永乐年间（1403—1424 年）敕命重修，并以“处顺堂”为中心进行扩建。建成后改名“白云观”。

正统八年（1443 年）正式赐匾额“白云观”。清朝和民国年间，及至新中国成立之后，白云观均有进行重修或修缮的记载，现在所见的建筑大多为明清两代所建。如牌坊、山门、老律堂、灵宫殿、三清阁、四御殿系明代所建；钟鼓楼、玉皇殿、祠堂、元君殿、云集阁为清代所建；丘祖殿、元辰殿乃金代所建。

如上所述，丘祖殿原名“处顺堂”，其楹联“悟道藏玄机四海驰名朕信宠，见君礼稽首一言止杀救苍生”乃玉溪道人所书。元辰殿建于金明昌元年（1190 年），又被称为“六十甲子殿”。

### 法源寺

前文已述及，唐太宗曾应朝鲜半岛新罗要求出兵征讨高丽，但遭到了高丽军队的顽强抵抗，加之天寒地冻，给养迟缓，将士冻饿而死者甚众，遂惨败而归。为平息死难将士家属和国人的怨怒，或许也有一点点隐隐的平复自责之心，唐太宗遂许愿建寺以抚慰死难将士的忠魂，在贞观十九年（645 年）下令“将建寺”，为“殁于戎事”的“忠义之士”荐福。但是，还没有开始建筑，唐太宗就去世了。其子高宗于上元二年（675 年）又曾下令建寺亦未竟，直到武则天登基下诏建寺，于武后万岁通天元年（696 年）建成，赐名“悯忠寺”。

“安史之乱”是幽州地区将领安禄山、史思明兴兵叛唐称王之乱。他们曾先后在悯忠寺内建塔、刻碑立传。唐玄宗天宝十四年（755 年），安禄山在该寺的东南隅建塔。唐肃宗至德二年（757 年），史思明在该寺西南隅建塔，名为“无垢净光宝塔”。现寺内尚存《无垢净光宝塔颂》碑。其时，还曾将寺名改为“顺天寺”。唐中和二年（882 年）该寺被烧，后又重建。

唐昭宗景福元年（892 年），幽州节度使李匡威修复该寺，并建起了供奉观音的高达三层的塔阁，“悯忠高阁，去天一握”的谚语就是因此而生的。

至辽代，悯忠寺成为辽南京城很重要的寺庙。辽代的皇帝、皇后曾多次在该寺内斋僧建道场，多次下诏修葺或局部改建。辽道宗咸雍六年（1070 年）在对该寺进行修葺之后赐名“大悯忠寺”。不仅如此，金兵克汴梁，俘获徽、钦二帝，在北上押解途中曾将徽宗囚禁于悯忠寺内，钦宗囚禁于延寿寺内，父子俩还可以不时会面。金元之际，该寺曾因地震和火灾被毁，直到明朝才被修复，并赐名“崇福寺”，建大藏经阁。

清雍正十一年（1733 年）重修后，赐名“法源寺”。清乾隆四十三年（1778 年），乾隆帝亲临法源寺，并赐匾“法海真源”，进一步弘扬了“法源寺”寺名中“法源”的含义：千条万条戒律都是“流”，内心存诚才是“源”。

法源寺占地 6700 平方米，坐北朝南，在长达 230 米的中轴线上依次排列着山门、天王殿、大雄宝殿、悯忠台、毗卢殿、大悲坛、藏经阁等，构成了该寺的主体建筑群。山门为三开门，并以殿堂式的建筑形制寓意佛家“三解脱”，石门额上雕有“法源寺”三个金字。朱红色的山门之后是天王殿，殿前有一对铜狮，左右两侧是钟、鼓二楼。殿内供奉明代铜铸的弥勒佛和四大天王像。

其北便是全寺的主殿——大雄宝殿，殿东西宽五间，进深三间。殿前有六座明、清两代的石碑，包括清雍正十二年（1734 年）刻的《法源寺碑》。内抱厦梁上悬挂着乾隆御书的“法海真源”匾。大雄宝殿的檐下用五彩斗拱、灰筒瓦，檐坊和檐檩均饰以和玺彩画。殿内供奉明代塑造的释迦牟尼像和普贤、文殊菩萨像。

殿北即为悯忠台，又称观音阁。这是法源寺特有的建筑物。该台外墙以十二柱为架，室内用十二柱支撑。现在这里陈列着历代法源寺的石刻文物，如唐代的《无垢净光宝塔颂》和唐昭宗景福元年（892 年）的《唐悯忠寺重藏舍利记》、辽代的《燕京大悯忠寺观音地宫舍利函记》、金大定十八年（1178 年）的《北部令史题名记》等碑刻。台的外壁、东墙上嵌着翁方纲复制的唐代李邕所书的《云麾将军李公（秀）碑》和《京都古悯忠寺今法源寺龙王菩萨灵井记》；西墙上嵌有清代张陶绘、石韫玉撰的《西方接引佛像赞》《法源八咏》石刻。

悯忠台后是毗卢殿（原名净业堂），殿前的双层石座上置有一个大石

唐幽州城悯忠寺（清改法源寺）内的悯忠台

钵，钵体周围雕着海水江崖花饰和海兽。该钵又称“玉海”，为明代所制。殿内曾供奉唐朝玄奘法师顶骨舍利，现供奉着明代铸造的“五方佛”铜像。铜像的最下层为千叶瓣莲巨座，每一瓣莲上镂刻着一尊佛像；中层是“四方佛”，分别是东南西北四个方向的佛；最上层的是毗卢佛，铜像坐落在石须弥座上，通高 5.65 米[1]。

在毗卢殿之后便是大悲坛。里面陈列着历代佛经版本，例如唐朝和五代时期的写经，宋版《开宝藏》《思溪藏》《碛砂藏》，元代的《普宁藏》，清代的《龙藏》《北藏》和《嘉兴藏》，以及唯一传世的残本《武林藏》等[2]。此外，这里还收藏有少数民族文字的经典和一些贝叶经书。例如西夏文经、回鹘文经、蒙古文经、傣文经和藏文经等。大悲坛的横

[1] 赖永海：《中国佛教百科全书》第八册，上海古籍出版社，2001 年，第 153 页。

[2] 同前注。

梁上还悬挂着清康熙帝为该寺住持授玺和尚题写的“存诚”匾额。另外，殿内还陈列着清乾隆年间所制的三座高 2.4 米的珐琅塔。

法源寺中轴线上最后的一座建筑便是藏经楼。藏经楼分上下两层，两层的布局相近似。主楼的下层陈列着历代佛的造像。进门首先看到的是一座长 7.4 米的明代木雕卧佛像，这是北京现存明代木雕佛像中最大的一尊（原存于广渠门内卧佛寺）。另外，还陈列着唐代咸亨三年（672 年）的造像，高 1.25 米，并刻有题记 [1]；元代的青铜自在观音像，高 1.6 米（原存于护国寺内）。此外，还有唐代的石雕佛像、金代的木雕菩萨像、明代的木雕伏虎罗汉像和清代的菩萨像等。藏经楼上层供奉的是明代泥塑的三大力士像。四周经柜里还收藏着明代的《南藏》《北藏》《嘉兴藏》等珍贵经书。

整座经楼均饰以朱红色梁柱和斜方格隔心的门窗，檐坊和檩条饰以彩绘，图案以人物故事或花卉为题材。楼顶覆青灰色庑殿顶，两侧配以转角小楼，扶廊又巧妙地把小楼和主楼连在一起，使人感觉疏朗而不离，错落而有致。楼前一棵有数百年树龄的银杏和两棵清乾隆时期种植的西府海棠，更把藏经楼点缀得肃穆而又不乏灵秀。

## 八、南京城——辽代的陪都

在北京的城市发展史上，辽代的南京（也称燕京）是一个重要阶段。因为正是从这时开始，北京从一个北方军事重镇向政治、文化中心城市转变，揭开了北京首都地位的序幕。

契丹人从其崛起到夺取燕云十六州，并升幽州为南京，把它变为辽朝的陪都，便是这种转折的标志。从公元 938 年契丹正式建立南京，

[1] 同前注。

到1122年金人入主燕京，前后长达180多年。在这段时间里，辽朝的首都虽然仍在草原上的上京临潢府（今内蒙古巴林左旗），但实际上燕京是辽朝五京中经济、文化最发达的城市，也是唯一能与北宋都城开封相抗衡的城市。

从表面上看，辽代的南京与过去的幽州相比，变化不大，城垣如故，街市依旧，只是在城的西南角增加了一座在今天看来不大的皇城。但从城市性质看，却发生了根本转变。辽朝的南部疆域已越过长城，到达今河北中部的拒马河一带。这种形势所带来的直接结果是燕京战略地位的转变，它由中原政权防范北方民族的军事基地，变成新兴的北方民族政权契丹进入中原的头等中心城市，以及契丹继续向中原腹地进击的前哨中枢。统一北方的辽朝政权，以燕京为辽代五京之一的南京，先后经营了180多年，不仅使这座城市获得了发展，最重要的是给这座城市注入了新的生机。

## 1. 契丹族的兴起与南下

契丹是我国北方的一个游牧民族，其祖先为东胡人。战国时期，东胡在燕国东北一带活动，并与燕国发生过摩擦和冲突。汉初，东胡为匈奴所灭，以后分为乌桓、鲜卑等部。契丹是鲜卑的一支，最初生活在潢水（今西辽河上游西拉木伦河）和土河（今老哈河）流域。契丹最早见于史籍是在北齐人魏收所撰的《魏书》之中。该书不仅记载了契丹人与北魏王朝交往的情况，而且记载了契丹八部的名称。据载，契丹当时生活在“和龙（今辽宁朝阳）之北数百里”，常以名马、毛皮入贡北魏朝廷，并在密云、和龙等地与北魏进行贸易交换。

从记载中可看出，早在6世纪前后，契丹就与幽州地区发生了经济联系。天保四年（553年），北齐曾大败契丹，“虏获十万余口、杂畜数十万头”[1]。这就反映出契丹在后来又有了很大的发展。隋朝时，契丹已

[1]《旧唐书》，卷一九九《契丹传》。

发展到 10 个部落，并开始形成松散的部落联盟。唐贞观年间，契丹曾举部附唐。贞观二十二年（648 年），唐朝在契丹人居住集中的地区设立松漠都督府，并按唐制将其部落改为“州”，各部首领称刺史。这时，契丹在政治上成为唐统辖下的一级地方行政机构。但实际上，州和刺史都只是唐廷所加的称呼，契丹内部实行的仍是传统的部族管理方法。据记载，契丹当时有“胜兵四万三千”[1]，若加上老弱人口，总人口数应当逾十万。到武则天时，由于唐朝经管契丹事务的营州都督赵文翙的错误态度和做法，激起契丹大规模反抗，曾大举进攻幽州（今北京）、瀛州（今河北河间）等地。当时唐朝依靠燕山北部奚族的力量，才击败契丹。由此也可以看出，当时的契丹已有相当的实力。此后契丹一度发生内乱，依附突厥。唐开元年间（713—741 年），又恢复了与唐王朝的关系。

辽太祖耶律阿保机先祖所在的部落由于“喜稼穑，善畜牧，相地利以教民耕”[2]，农业得到了较大的发展。社会的进步使奴隶主地位更为显贵。阿保机利用强大的军事力量，连年对邻近的其他民族和云、朔、幽、蓟等汉族地区大肆征讨和掠夺，同时费尽心机铲除内部的异己势力，终于在公元 907 年一举登上了部落联盟长的宝座。此时唐王朝灭亡，中原已经进入“五代十国”时期。辽太祖耶律阿保机废除了原始的部落选汗制，燔柴告天，夺取契丹部的最高权力。阿保机统治的地区也扩展至“东际海，南暨白檀（今河北滦平），西逾松漠（一说为今西拉木伦河流域及老哈河中、下游一带），北抵潢水（今西拉木伦河）”的广大地域。阿保机于公元 916 年称帝建元，都临潢。公元 938 年，其子耶律德光（辽太宗）进据燕云十六州，升幽州为幽都府，立为“南京”，实为陪都。公元 947 年改国号曰辽。公元 960 年宋朝继五代之后定都汴梁，遂形成宋、辽对抗的局面。

[1] 同前注。

[2]《辽史》卷五九《食货志》。

契丹早期对幽燕地区作战的主要目的是进行掠夺，并未有长期占领的打算。但到阿保机登基之后，随着国家的建立，契丹在对待幽州的态度上也发生了明显的转变，即从一般的掠夺转为攫取土地、占领城池。而从幽州所在的地理位置而论，有两处生死攸关的咽喉要地：一是东部的辽西走廊及平、营诸州，二是西部的居庸关和山后诸州。这两处是北方游牧民族南下的主要通道。

幽州东北700里有渝关（今山海关，辽称渝关），下有渝水通海。自渝关沿海向北，最狭处仅数尺。这里西临群山，东濒渤海，是辽西走廊的西北出口。因此，自唐以来常驻重兵扼守关口以防范东北民族入塞。五代初，今军都山以西称“山后”，那里的中原驻军被称为“山后八军”。此地是北方民族南下幽燕的又一通道。草原骑兵常自今河北康保、张北、万泉一线南下，经今张家口等地进攻山后诸州，然后入居庸关攻幽州。山后诸州又是幽州与大同之间的中间地带。古往今来，幽燕与云朔一直是互相接应的联防区。山后诸州一旦失守，幽州便失去了大同的增援，立即陷于孤立的境地。因此，燕云十六州始终是中原王朝抵御北族南下的前哨基地。所谓“燕云十六州”，即幽（今北京）、蓟（今天津蓟县）、瀛（今河北河间）、莫（今河北任丘）、涿（今河北涿州）、檀（今北京密云 ·带）、顺（今北京顺义）、妫（今河北怀来）、儒（今北京延庆）、新（今河北涿鹿）、武（今河北宣化）、云（今山西大同）、应（今山西应县）、朔（今山西朔县）、寰（今山西朔县东北）、蔚（今河北蔚县）诸州。它既是中原王朝的屏障，也是北方少数民族入主中原的必争之地，契丹人当然也深知其战略价值。后唐节度使石敬瑭以此作为交换条件，希望契丹支持他的后晋夺权，并甘心充当契丹的儿皇帝。契丹人欣然接受了这一优厚条件。当会同元年（938年）石敬瑭遣使送来燕云十六州图籍之后，契丹国太宗皇帝耶律德光立即决定升幽州为契丹国的南京，不久即将其国号改称“大辽”。

事实上，辽太宗野心勃勃，其军事目标不仅是幽燕和云朔地区，而是整个中原。他之所以升幽州为南京，正是想把这里当作一个前哨，以便继续进击中原。幽燕地区人口稠密，农业经济发达，物产丰饶，其经济文化和生产发展水平远远高于契丹本部，将幽州建为陪都南京也就更有利于统治广大汉族人民居住的地区。可以这样说，如果没有燕云地区，没有辽南京城的设置，便不可能有辽代的兴盛。当然，也会直接影响到以后金、元等朝的南北交融和全国的大一统。所以，契丹升幽州为南京，又称燕京，对北京这个古老的城市来说，是在其历史的发展中翻开了新的一页。

《辽史 · 地理志四》专门讲述了南京道的设置，其中“南京析津府”条这样写道：“城方三十六里，崇三丈，衡广一丈五尺。敌楼、战橹具。八门：东曰安东、迎春，南曰开阳、丹凤，西曰显西、清晋，北曰通天、拱辰。坊市、廨舍、寺观，盖不胜书。其外，有居庸、松亭、榆林之关，古北之口，桑干河、高梁河、石子河、大安山、燕山。中有瑶屿。”

自辽太宗耶律德光占领燕京以后，其间经世宗、穆宗、景宗，到圣宗中期以前，燕京主要是辽朝南部边境的军事指挥中枢和基地。

上京临潢府（今内蒙古巴林左旗），建于神册三年（918 年），称皇都。天显元年（926 年）扩展城郭，起建开皇、安德、五銮三大殿，这里是契丹的发祥地与心腹地带，也是契丹的总政治中心、有辽一代的都城所在地。其次是东京辽阳府（今辽宁辽阳），这里原是渤海国故地，阿保机平渤海国之后改称东平府，太宗天显三年（928 年）于此置南京，当幽州称南京后，这里便改称东京，其主要任务是管理渤海国旧地。南京析津府（幽州，又称燕京）的设立是在公元 938 年以后，南京城在辽朝圣宗时达到了鼎盛时期，经济发展很快，人口也大量增加。由于上京与南京之间相距过于遥远，无论从行政管理，还是与奚族地区的联络来说，都需要在上京和南京之间设置一座中心城市。于是，便在圣宗统和二十五年（1007 年）在前奚王牙帐地建立了中京大定府（今内蒙古赤峰市宁县），一来成为上京和南京的衔接地，二来以此为中心管理奚族地区。

至于西京大同府（今山西大同），则是在辽朝中后期，为联络西夏、控制西南招讨司而设的。西京建于兴宗重熙十三年（1044 年），从战略上看正好与燕京成犄角之势。

辽以幽州为南京，不仅是将其作为陪都，而且它还起着统领整个幽燕地区的作用。《辽史·百官志》载："以国制治契丹，以汉制待汉人。"当时辽朝中央政府实行"南北院"的双轨制，南院治理新占领的汉族地区。仿效内地设枢密院，设中书省、门下省、尚书省；地方政权亦设州、县两级，州设刺史，县设县令。辽占幽州就是要把它作为南方的一个政治中心，以经营南侵事务。因此，辽朝在这里设置了南京道。

道的建置始于唐朝贞观年间（627—649 年）。初根据全国形势将全国分为十道，后增为十五道。辽袭唐制，分全国为五道。五京分别为各道首府，又称五京道。辽南京道是在唐代范阳镇的基础上建立起来的，曾兼领卢龙军。所以，辽南京最初军号卢龙。石敬瑭割让"燕云十六州"之初，曾有 7 个州划归卢龙统属，即幽、蓟、瀛、莫、涿、顺、檀。另外，东部的平州（今河北卢龙）和营州（今河北昌黎）早在辽太祖天赞年间（922—926 年）就被契丹占领，并建立了滦州，统归卢龙管辖。会同九年（946 年），易州守将孙方简又以该州及所属三县归附。这样，辽初南京所辖地区，南部边界达保定、高阳一线（即河北中部），北抵燕山，西界军都山，东至大海。

辽圣宗开泰元年（1012 年）以后的南京道共辖府一（析津府）以及节度州一（平州）。析津府和平州之下又有刺史州 8 个。这样，在辽南京道的周围便形成了这样一种态势：在它的西部是辽朝西京大同府的管辖区，即所谓云朔之地和山后地区。这个地区既是辽南京的军事联防区，又是经济上相互支援的重要地带。北部以燕山为界，是辽的中京地区，包括现在的河北承德和内蒙古赤峰市南部，是中原的农业经济向北方的游牧经济过渡的地带。南京道的东北穿过辽西走廊即与辽朝的东京辽阳府衔接，南部则直接与中原的宋朝接壤。历史上的幽燕地区，向为中原北部边塞，而进入辽代以后，它反而成为辽朝的南大门和南方的军事重镇。因此，辽朝南京以及南京道的设立与经营，亦为以后的金、元两代确立中心都城奠定了较好的基础。

契丹人久居地域辽阔的北方草原，生活在境内的不同民族有着各自的习俗。辽朝为了加强契丹政权的统治，施行了契丹皇帝四时巡抚的“捺钵制度”：契丹皇帝在每年的春、夏、秋、冬四季，以到各地狩猎或者避寒暑的名义，召集臣僚商议军政大事。这种制度称作“四时捺钵”。辽朝的“五京制”就是据此而设的“统一管理和区域自治相结合的政策”。五京即南京幽州府（后又改为析津府）、东京辽阳府、西京大同府、上京临潢府、中京大定府，是辽朝设在各地的政治中心，但皇帝处理政务并不完全在五京之内，而是随着“捺钵”活动，在各地郊野的“行在”处决定军机大事。

由此可见，辽代五京的建设是随着政治、军事形势的变化和需要而逐步建立起来的，并各自成了所在地区的政治、军事中心。而从辽朝所统治的范围看，五京实际上已构成了既相对独立，又互有联系的城镇体系。

### 2. 辽南京城的空间格局

南京道是辽朝人口最多的地区，计有24.7万户，人口有100多万。南京城郊人口约30万。从其民族成分来看，有汉、契丹、奚、渤海、室韦、女真等民族，但仍以汉族为主，契丹人次之。

叶隆礼《契丹国志》记：“南京户口三十万，大内壮丽。城北有市，陆海百货聚于其中。僧居佛寺，冠于北方。锦绣组绮精绝天下，膏腴蔬蓏（luǒ）果实稻粱之类靡不毕出，而桑柘麻麦羊豕雉兔不问可知。水甘土厚……既筑城后，远望千里间，宛然如常，回环缭绕，形势雄杰，真用武之国也。”

辽南京城的位置在今北京西城区广安门内外一带，沿袭幽州旧城。其北垣在今白云观西北不远处至受水河胡同（臭水河胡同，今西长安街南侧不远处）一线；东垣在今西城区烂缦胡同（烂面胡同）和法源寺东侧至校场五条一线；西垣在今白云观西侧；南城墙在今右安门内西街。其城周长约 23 里。由于久为军事重镇，所以城墙高大而坚实。

关于辽南京城的城门，《辽史 · 地理志》载 ："南京城有八门 ：东曰安东（东面偏北之门，简称东北门）、迎春（东南门）；南曰开阳（南东门）、丹凤（南西门）；西曰显西（西南门）、清晋（西北门）；北曰通天（北西门）、拱辰（北东门）。"另据《辽史 · 太宗纪下》载 ："会同三年（940 年）四月，辽太宗耶律德光至燕，备法驾，入自拱辰门。"如上所述，拱辰门即辽南京（燕京）北东门。耶律德光自塞外西行入东北口，经牛栏山，渡白河而向西南行，正直入此门。考证证明，辽南京城不但城池沿袭唐幽州城之旧，其城门名称也多承袭旧号。如辽南京城东北门称"安东"，意即"安抚其东"之渤海国人。幽州之东即是契丹之地，因此，契丹人不可能在此立安东门。在幽州地，"安东"只可能是"安抚"包括契丹在内的"东夷"之意。此外，"开阳坊"当得自唐幽州城的开阳坊；清晋门的名称亦仍旧。迎春、丹凤等门大约也是仿唐长安、洛阳宫苑的名称而立的。如唐长安大明宫的正门称丹凤门，辽南京城丹凤门的方位正与之相仿。又如，唐洛阳的城郭的东中门称建春门，神都苑的东南门称望春门，与其相对应的称迎秋门。辽南京的迎春门和唐洛阳的建春门、望春门，命名意义一致，且都在城东南隅，亦显示出移袭唐城的痕迹。

宋大中祥符五年（1012 年），王曾出使辽国，其《上契丹事》称："渡卢沟河，六十里至幽州，伪号燕京。子城就罗郭西南为之。"

辽南京城的建立，使古老的幽州在城市地位和性质上都发生了重大的变化。但当时就城市的规模和建筑而言，除在城的南部正式建了一座皇城，城内增添了一些新的衙署，近郊增添了一些皇帝的行宫、御园和辟治了一些风景园林之外，城垣、街巷的变动都不大。

### 3. 皇城和宫室

辽南京的皇城，实即原幽州子城（亦称内城）。《辽史》中关于皇城的记载有两次。第一次在辽太宗会同三年（940 年）十二月，“丁巳，诏燕京皇城西南堞建凉殿”。第二次在兴宗重熙五年（1036 年）五月，“诏修南京宫阙府署”[1]。在澶渊之盟后，当时辽朝国力还相当强盛，可能对皇城内的建筑有一次大的修缮，而且建造得很朴实坚固，如仁政殿，至金世宗大定二十八年（1188 年）时，已届 150 年，世宗对其宰臣说：“宫殿制度苟务华饰，必不坚固，今仁政殿辽时所建，全无华饰，但见他处岁岁修完，惟此殿如旧，以此见虚华无实者不能经久也。”[2]

一般的城市，皇城在城正中偏北，而辽南京的皇城却在西南。这是因为南京城西南自古燕国始便是宫殿区，后来又是幽州藩镇衙署。唐朝中期，安禄山叛乱，史思明在幽州称帝，这里已变为临时的小皇城；五代初刘守光建大燕，又在此增修宫室。辽太宗会同三年（940 年）修建凉殿时在“皇城西南堞”[3]。可见这座子城和其中的宫殿在割让幽州前已经存在。契丹人不大拘泥于中原礼数，占领幽州之初又没有进行大规模改建，于是利用原来的子城和宫室作为自己的皇城。这种设置，避免了割断城市主要交通干线。

《辽史·地理志》载：“内门（殿门）曰宣教”，“外三门（宫门）曰南端、左掖、右掖”。辽圣宗统和二十四年（1006 年）改“南京宫宣教门为元和门，左掖门为万春，右掖门为千秋”，南端门改称启夏门。其北的外朝门——元和门，犹如清紫禁城的太和门，其内即正殿元和殿。

皇城建于西南隅，俗称“大内”。路振《乘轺录》云：“内城（即皇城）幅员五里，东曰宣和门，南曰丹凤门，西曰显西门，北曰衙北门。”衙北门乃唐幽州节度使衙署所在，故称“衙北”，实即“子北门”。

---

[1]《辽史》卷一八《兴宗本纪》。

[2]《金史》卷七《世宗本纪》。

[3]《辽史》卷四《太宗本纪》。

值得注意的是，辽南京城的西南门也称显西，南西门也称丹凤，与皇城的西门、南门名称相同。这也再一次证明，辽南京城的皇城是傍着大城的西南隅而建的，其南墙也就是南京城垣。

辽南京皇城城门的设置和使用方式，反映了契丹族文化与汉文化的融合。契丹族限于唐、五代幽州城子城的旧格局，同时又受汉族“面南而王”文化观念的强烈影响，宫殿皆面南而立，并以南门（元和门、启夏门）为正门。但在皇城四门的实际功能上，“内城三门不开，只从宣和门出入”。而宣和门是辽南京城东门，这是因为契丹族有拜日之俗，以东为上。

皇城的正门启夏门两侧有两个小门，即左掖门和右掖门。左掖门后改名为“万春”，右掖门后改名为“千秋”。皇城平日只开东门宣和门出入，其余门一般不开。皇城内有巍峨的宫室殿堂、楼台。早在唐代，幽州子城就有紫微殿、听政楼、逍遥楼。辽太宗于会同初年入燕，曾在元和殿理事，可见元和殿也是以前旧有。燕京归辽后，宫殿更为完备，除原有宫殿外，又有永兴宫、积庆宫、延昌宫、章敏宫、长宁宫、崇德宫、兴圣宫、永昌宫、延庆宫、太和宫、延和宫；还有清凉殿、嘉宁殿，又有景宗、圣宗两座御容殿，并有五花楼、五凤楼、迎月楼、乾文阁、天膳堂等。在这些宫殿中，元和殿是皇帝莅临南京举行大典的地方。皇帝平时在这里接见群臣，打了胜仗在此受百官朝贺。皇帝御试进士的典礼也在这里举行。

皇城西南角还建有“凉殿”，东北隅有燕角楼。《辽史·地理志》载，辽南京城“西城巅有凉殿，东北隅有燕角楼”。据记载，辽代曾在各地广建凉殿。所谓“凉殿”，据考证与后世建于宫城四角的角楼相似。辽太宗于会同三年（940 年）到南京时，下诏建凉殿于皇城西南堞。张家口地区文物工作者曾在今沽源境内闪电河畔发现一座砖砌的高台建筑，坐西朝东，上为半圆券顶，西面封闭，其余三面敞开通风，似现在体育场之观礼台，当地人称为萧太后梳妆台。这符合契丹族东向朝日的习俗，因而有人认为这就是辽代的“凉殿”。如果这个推测不错，那么设在南京皇城西南角上的凉殿，当是一座居高临下的建筑。此凉殿为会同三年（940 年）所建，很可能就建筑在皇城的城墙之上。站在凉殿上，东北可望皇城内起伏的宫室、殿宇及燕京全城；东南可观滔滔的桑干河及郊外风光。当时，越过皇城南墙有一块很大的空地，这是契丹贵族端午射柳、打马球的地方，又是皇帝的阅兵场。站在凉殿上还能看到场地里的各种活动。南京城的其他建筑多按照中原皇室格局，唯这座凉殿建筑可以说是独具契丹风格。

今北京西城区广安门以东不远处的南线阁、北线阁，据明人张爵《京师五城坊巷胡同集》记，今南线阁在明时称“燕角儿”。“线阁”是“燕角儿”的转音。因此，该“燕角儿”应是辽燕角楼的遗址。具体来说，今日的南线阁稍东、地势较高的老君台，即可能是燕角楼的基址。而由燕角楼的方位，我们可以大致推测出辽南京皇城的东界，即在今北京西城区菜园街南线阁偏东的南北一线。

丹凤门外是契丹皇室的球场。契丹人善于骑射，素以马上击鞠，即所谓马球为戏。辽统和四年（986 年）十月，圣宗幸南京，“甲子，上与大臣分朋击鞠”[1]，即在丹凤门外球场进行。不仅如此，由于这里毗邻皇城，所以南京城的几件重大政治事件都发生在这里。辽末，保大二年（1122 年），金军南下逼近南京，天祚帝出居庸关西奔，辽南京城诸臣立秦晋国王耶律淳为帝，号宣宗。同年六月，耶律淳崩，太尉李处温欲挟持萧后降宋，四军大王萧干“先集辽骑三千，陈于球场，会百官，议立燕王（淳）妻萧氏为皇太后，权主军国事”[2]，萧太后遂即位。同年十二月，金军攻陷辽南京。金主阿骨打遣使催促（辽南京）宰相文武官僚僧道父老出丹凤门球场内投降，“皆拜服罪”[3]。

丹凤门外、球场之东有永平馆，是辽朝接待宋使的驿馆。宋使王曾

---

[1]《辽史》卷十一《圣宗本纪二》。

[2]《契丹国志》卷十一《天祚帝中》。

[3]《亡辽录》，引自《三朝北盟会编》卷十二。

的《上契丹事》云："南门外永平馆，旧名碣石馆，请和后易之。"即是说永平馆原名碣石馆，宋辽澶渊之盟（1005 年）以后改称永平馆，取太平之意。

辽南京皇城内有数座宫殿，乃契丹主巡幸南京时的驻跸之所。契丹主经常在这里举行朝贺、议政和邀宴等活动。《辽史·太宗纪下》载，会同三年（940 年）四月庚子，辽太宗至南京，"入自拱辰门，御元和殿，行入阁礼。壬子，御史殿，宴晋及诸国使。壬戌，御昭庆殿，宴南京群臣"。

综合史书记载，辽南京皇城内有元和殿、昭庆殿、便殿、内殿、嘉宁殿、弘政殿、紫宸殿等，还有供奉辽景宗耶律贤、圣宗耶律隆绪二帝御像的两座御容殿。

元和殿当为皇宫内的正殿。《辽史·仪卫志四·仪仗》载："会同三年（940 年），上（辽太宗）在蓟州（今天津市蓟县）观导仪卫图，遂备法驾幸燕，御元和殿，行入阁礼。"《辽史·太宗纪下》也有同样的记载。《五代史》曾有记："唐制，前殿谓之衙，有仪仗。便殿谓之阁，无仪仗。"辽太宗既入元和殿而行入阁礼，其处为正殿当无疑。

在南京元和殿举行的最隆重的仪式，是统和二十四年（1006 年）册上圣宗及其母承天萧太后尊号的盛典。《辽史·圣宗纪五》载："统和二十四年（1006 年）九月，幸南京。十月庚午朔，帝率群臣上皇太后尊号曰睿智神略应运启化承天皇太后，群臣上皇帝尊号曰至德广孝昭圣天辅皇帝。"关于册上尊号的仪式，《辽史·礼志五·册皇太后仪》备有详载，至为繁缛。

其他各殿也各有专用：昭庆殿是辽帝与南京群臣欢宴之所；辽景宗、圣宗两座御容殿亦在皇城内，是契丹皇室供奉景、圣二先帝御像以为祭奠的宫殿。当然，辽诸先帝的御容殿也在南京皇城内。据《辽史·地理志》载，辽上京宫室有开皇、安德、五鸾三大殿，中有历代帝王御容；辽东京宫墙北有让国皇帝（名倍，太祖阿保机长子）御容殿；中京皇城中有祖庙，景宗、承天皇后（景宗后）御容殿等。每逢朔望、节辰、忌日，在京文武官员，并赴御容殿致祭。《辽史·圣宗纪二》载："统和四年（986 年）十月乙卯，幸南京，十一月戊寅，日南至（即太阳向最南偏斜），上率从臣祭酒景宗御容。”这是在冬至日，圣宗率南京文武官员至景宗御容殿致祭。

## 4. 衙署

辽朝在南京城内设有数量众多的军队和政府机构，且大多部署在城的南部。《辽史·百官志》载，这些机构包括南京兵马都总管府（重熙四年，即 1035 年，改称南京都元帅府）、南京马步都指挥司、侍卫控鹤都指挥使司、燕京禁军详稳司、南京都统军司（统和十二年，即 994 年，复置南京统军都监）、南京宰相府、南京三司使司、南京转运使司、南京留守司、南京都总管府、南京都虞候司、南京警巡院、南京处置司、南京宣徽院、南京侍卫亲军都指挥使司、南京栗园司。此外，还设有南京太学等。辽朝历代帝王宫卫在南京也都设有提辖司。上述这些机构设在南京城内，以为处理政务之所。

辽初，以幽州为南京，并置幽都府处理当地政务。辽圣宗开泰元年（1012 年）改幽都府为析津府，蓟北县为析津县，幽都县为宛平县。明《顺天府志》载："崇孝寺，辽乾统二年（1102 年）沙门了铢作碑铭，谓析津府都总管衙署。宛平县衙在城西侧，析津县衙在城东侧。"

不仅如此，辽南京城里还有不少契丹贵族的府第。王曾在他的《上契丹事》中说："城南门内有于越王廨，为宴集之所。"这里面的"于越"是契丹的官号，其位相当于汉制的"三公"。

《尚书·周官》载："立太师、太傅、太保，兹惟三公，论道经邦，燮理阴阳。"这就是周之"三公"。西汉以大司马、大司徒、大司空为"三公"。东汉则以太尉、司徒、司空为"三公"。"三公"是辅助国君掌握军政大权的最高官员。南京城内的"于越王廨"即圣宗时总管南面军务的于越王耶律休哥的衙署。因耶律休哥后来被封为宋国王，故又称于越王，甚至在其死后还建有"耶律休哥祠"。另外，还有"秦越大长公主府第"（后捐赠为"昊天寺"）、"晋国公主府第"（后世舍为佛寺）等。

### 5. 坊和市

辽南京城坊和市的布局，基本承袭了唐幽州之旧制。我国古代城市规划建设的一般规则，是在城的南北和东西门之间都设置宽阔的大街，以便相互沟通。因此，燕京城内应有沟通八门的四条大街，相互交叉呈井字形，布置在城市的中间。它们是南京城内的主要交通干线。此外，又有许多大大小小的街道沟通四方。这些街道的名称大部分已无法稽考，但在辽代寺院碑刻和应县出土的佛经题记中，发现经常出现的街名有檀州街、燕京左街和燕京右街。上述三条街临近南京城东墙北部的安东门，是东去三河、蓟州的要道；其西是燕京的城北三市，这是商业活动十分集中的地带，与显忠坊、蓟北坊相邻。这里还有达官贵人的府第，有著名的竹林寺，有刻印书籍的作坊。应县出土的《妙法莲华经》就是在檀州街显忠坊门南的“冯家”刻造的；云居寺《大般若波罗蜜多经》又刻有“大唐幽州蓟县蓟北坊檀州街西店”的字样。可见，此地由唐至辽，既能刻石版经，又能印经书。

南京城东南部迎春门内悯忠寺前，也是一条通衢大道。当时的悯忠寺（今法源寺），既是宗教活动中心，又是政治活动的场所。宋朝的官员到燕京，常在这一带进行游览活动。辽朝皇帝由皇城去东南郊延芳淀游幸、打猎，也常从这条街上经过。

燕京西部最繁华的街道在今南线阁、北线阁一带。这里有著名的燕角楼，向南可看皇城内壮丽的宫殿楼阁，向北可通向大市场。这一带是市民进行文化活动的地点。当时，燕京街市相当繁华，各族人民衣着多样，男女老幼东来西往，车辆、驼马络绎不绝。路振在《乘轺录》中说：“（燕京）居民棋布，巷端直，列肆者百室，俗皆汉服，中有胡服者，盖杂契丹、渤海妇女耳。”

由此可见，在辽朝统治南京城的180余年间，仍保持着坊里的旧制。城内街道布局井井有条，宽阔端直。城内八门至少有四条东西、南北交叉的直道。只是辽南京城的迎春门和显西门之间，丹凤门和通天门之间，因中间隔着皇城而不能直接相通。

众多的街道把城市切成一些方块，中间布列着居民住宅，组成“坊”。唐代幽州就有 26 坊，辽代坊数未变，大多数坊名亦沿用唐代，仅有少数名称可能有所变更。根据唐、辽文献及考古资料，可找出 26 坊的名称，分别是：罽宾坊、卢龙坊、肃慎坊、归化坊、隗台坊、蓟北坊、燕都坊、军都坊、铜马坊、花严坊、劝利坊、时和坊、平朔坊、招圣坊、归仁坊、棠阴坊、辽西坊、东通寰坊、遵化坊、显忠坊、永平坊、北罗坊、齐礼坊、归厚坊、大田坊、骏马坊。

从这些坊名中我们可以窥测出辽南京这座城市所经历的种种历史变革，以及丰富的社会内容。

北京历史上一向为多民族混居。辽南京的某些坊巷，可能就因少数民族集中而得名。“罽宾”为唐代西域国名，位于今阿富汗东北，盛产铁铜等多种金属，也是我国佛教重要来源地之一。“肃慎”是女真先人，为我国东北的一个古老民族。“罽宾坊”“肃慎坊”很可能集中居住着这两个民族的人。燕京在五代以前，是中原政权联系东北民族的重要地点。“归化坊”即取“夷狄来归，顺服教化”之意；“辽西坊”也反映了幽州与辽西地区的密切关系。

还有些坊名反映了燕京历史演进的过程。如“燕都坊”可能是为了纪念古老的燕国都城；“平朔坊”反映了对北方民族的用兵；“铜马坊”因慕容儁建前燕时，立铜马于蓟城而得名。至于“军都坊”“蓟北坊”则与燕京历史上的县治设置有关。燕京在历史上从来都是南北贸易的商业城市，“劝利坊”便反映了这种特点。

“坊”不只是居民地区的一般划分，它的布局、建筑、管理都有十分严格的规定。每个坊周围筑有墙，坊与坊之间有小巷和街道。坊的出口处有门通街，门上有楼，并悬挂坊额。坊门昼开夜闭，以便对居民进行管理。路振《乘轺录》曾记载辽南京坊巷情况：“城中凡二十六坊，坊有门楼，上署其额。”王曾《上契丹事》亦云：“城中坊门皆有楼。”坊门有额、有楼可能是燕京城市的独特之处，所以宋人十分关注。

关于这些坊的具体位置，大多数已难考证，可以找到线索的有如下几个：

时和坊：《元一统志》云：“归义寺在旧城时和坊内。”归义寺在今广安门大街北，时和坊当在此附近。

棠阴坊：辽代有大昊天寺，为燕京名刹，系秦越大长公主舍棠阴坊私第所建。《日下旧闻考》卷五九载：“昊天寺故址在西便门大街之西。”这也是棠阴坊之所在。

显忠坊：《元一统志》记载，辽代竹林寺是道宗清宁八年（1062 年）宋楚国大长公主以左街显忠坊之赐第为寺。《日下旧闻考》又说该寺在笔管胡同。因此，显忠坊亦应在笔管胡同附近。它的具体位置，当在闷葫芦罐北、文义园东、下斜街西一带。

蓟北坊：云居寺《大般若波罗蜜多经》题记有“大唐幽州蓟县蓟北坊檀州街西店”的字样，可见蓟北坊与显忠坊都临近檀州街，两坊相连或相对，其地亦应在广安门内大街附近。

铜马坊：据说因慕容儁立铜马而得名。郦道元《水经注》云：“东掖门下，旧慕容儁立铜马像处。”东掖门当是辽代皇城南的万春门。辽代皇城在今广安车站附近，铜马坊应在菜园街一带。

唐代幽州西部为幽都县；东部为蓟县，后又称蓟北县。辽开泰年间改幽都县为宛平县，改蓟北县为析津县。因此，唐代墓志凡属幽都县的坊名，辽代墓志凡属宛平县的坊名，皆在东城。由此可知，“辽西坊”“劝利坊”“平朔坊”“归化坊”等在东城，“军都坊”“招圣坊”“归仁坊”“遵化坊”“东通寰坊”亦应在东城。

辽南京是辽朝五京中最繁华的一座城市，由于皇帝常来南京驻跸，经常有高丽、西夏等各国使节到这里活动。辽宋议和之后，双方每逢节日或有重大庆典都要派使节道贺。宋朝每年有不少官员从南京经过，前往辽朝内地。为了接待这些往来的使者，便在南京城内外建了不少馆舍。当时的悯忠寺，不仅是佛教活动的中心，也是接待宋使和举行重要典礼的场所。

辽南京城的“市”也是承袭唐、五代之旧，仍在城北。辽末宋军和郭药师部攻入辽南京，与辽军“战于三市”，即为其地。宣和七年（1125年），许亢宗途经南京城，称其地物产丰富，“锦绣组绮精绝天下，膏腴蔬蓏果实稻粱之类靡不毕出，而桑柘麻麦羊豕雉兔不问可知”“城北有市，陆海百华聚于其中”[1]。

辽朝初年，辽与后晋有密切的经济关系，除岁币外还遣使驻大梁（今河南开封）贸易。960年宋朝建国以后，初与辽“沿边市易而未有官署”[2]。太平兴国二年（977年），宋在镇、易、雄、霸、沧州设置榷场，以犂香、药、犀、象、茶与契丹交易。宋真宗景德元年（1004年），订立“澶渊之盟”之后，宋、辽经济交流正常化。宋在雄、霸、安肃军设置三榷场，贸易商品除旧有的以外，又增加缯帛、漆器等，“所入者有银钱布羊马橐驼，岁获四十余万”[3]，贸易额很大。南京城在实际上已成为当时重要的工商贸易城市。由于辽南京商业经济繁荣，辽太宗“命有司治其证”，收税以益国库。

南京城在辽代成为五京之一，前后相沿近200年，由原先的军事重镇逐渐演变成为区域的政治、经济、贸易中心。辽南京城内众多的军、政衙署和专为王室服务的各种职司的衙署，还有诸亲王、公主的府第，构成了其城市建设中与秦汉以来不同的特色，并初步具备了京师的功能。

### 6. 南京城与天宁寺塔

幽州地区的佛教肇始于魏晋，兴盛于北朝、隋唐。契丹人崇尚佛教，南京地区便屡有佛寺兴建。据宋朝使臣许亢宗在《宣和乙巳奉使行程

[1] 许亢宗：《宣和乙巳奉使行程录》。
[2]《宋史》卷一八六《食货志》。
[3] 同前注。

录》中所记，南京城内“僧居佛宇冠于北方”。宋人洪皓的《松漠纪闻》也说，仅燕京城内和近郊地区，大的寺院就达36座之多，小的寺院则不计其数。在辽朝所统治的领域之内，佛塔、经幢、碑刻等，竟有近一半分布在南京（燕京）所属的各个州县。辽帝诏建佛寺、临幸寺庙、御题寺额等几乎不绝于史。众多的佛寺大都为临街建筑，不仅显示了南京城宗教文化中心的功能，其形形色色、规模不一的寺庙建筑亦为南京城平添了一份壮丽的色彩。特别值得一提的是，辽代的建筑多保留有唐代的建筑艺术风格和特点。现存的辽代建筑，如天津蓟县的独乐寺观音阁和山西省应县释迦塔等所使用的平座暗层的做法，斗拱宏大健硕，檐出深远，具有殿堂和厅堂混合的结构，都有着唐代的遗风。

今广安门外的天宁寺，最初名为光林寺。该寺相传建于北魏孝文帝时期，至隋文帝仁寿年间（601—604年），光林寺改名宏业寺，并受命安置佛舍利，建佛塔；唐开元年间（713—741年），宏业寺又改名为天王寺；金大定二十一年（1181年），改名为大万安禅寺；元朝末年，该寺遭遇兵燹，仅存孤塔座；明朝初年燕王令重建、扩建，至宣德十年（1435年），改名天宁寺。但建筑学家梁思成、林徽因和史学家史树青先生均否认“天宁寺是北魏光林寺”的观点。

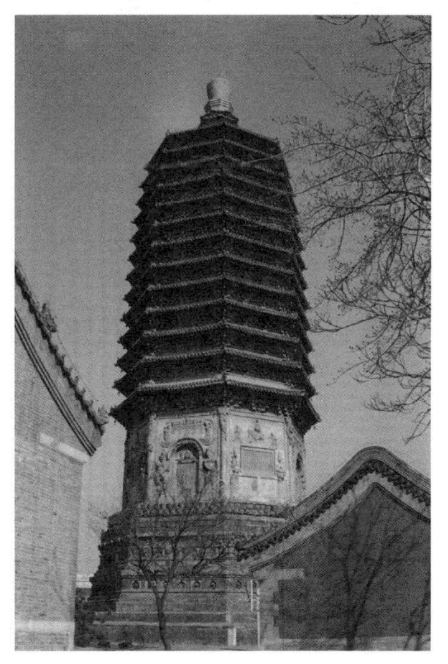

辽天宁寺塔

经考证，认为北魏、北齐时期的光林寺是一座尼庵。国家博物馆收藏有北齐天统四年（568年）光林尼寺静妃石造佛像一尊。座背题记：“天统四年三月一日，光林尼静妃为亡娣造玉像一区，皇帝陛下，一切众生，居间成佛。”

1991—1992 年间大修天宁寺塔，在拆塔刹（宝顶）时，由刹座内拆出一块辽建塔碑，称："大辽燕京天王寺建舍利塔记。皇叔、判留守诸路兵马都元帅府事、秦晋国王，天庆九年五月二十三日奉旨起建天王寺砖塔一座，举高二百三尺，相计共一十月了毕。（以下'提点''勾当'建塔僧、俗人名从略）"

由此可知，天宁寺塔建于天祚帝天庆九年至十年（1119—1120 年），塔名"天王寺舍利塔"。即或是在明清，乃至民国年间，该塔仍称"天王寺舍利塔"或"天王宝塔"。碑文中主持建塔的皇叔即耶律淳，其父耶律和鲁斡为辽兴宗第二子，乾统初为天下兵马大元帅。耶律淳在其父死后继任，是为皇叔。他在天庆六年（1116 年）被加封为"秦晋国王，天下兵马大（都）元帅"，其爵、职、时间，均与碑文相符。由此亦进一步证明，唐代宏业寺并非辽代的天王寺。《顺天新志》卷七"寺"中说："天王寺，在旧城延庆坊内，始建于唐，殿宇碑刻皆毁于火。元朝至元七年（1270 年）建三门，而梵宇未能完集。"明永乐帝下令重修天王寺，至明宣德十年（1435 年）改名"天宁寺"。嗣后，明正德、嘉靖年间，清乾隆时期都曾修缮或重修。

天宁寺坐北朝南，规模宏大。全寺平面分中、东、西三路。现仅存中路，有山门殿（韦陀殿），上书"敕建天宁寺"。殿内前供奉弥勒佛，后站持杵韦陀。山门殿后即为前院，正北为接引殿，面阔五间，进深三间，供奉接引佛。殿后为舍利塔院，高大的舍利塔矗立在院中。塔院东西两侧各有配殿，东为药师殿，西为弥陀殿。塔院之后是极为清幽的兰若院。

关于天宁寺塔高，辽代建塔碑已明确记载为 203 尺，约折合今 67 米（明清两代的文献都是估计数）。1991 年修缮时实测为 55.38 米。现已知塔上的宝刹顶为清代所改，高度实测为 3.04 米。这就是说，天宁寺塔总高为 58.42 米。

天宁寺是一座以塔为主体的寺庙。洛阳白马寺、永宁寺等也都是建

天宁寺塔的雕塑艺术

塔于寺的中心。建于辽代、位于内蒙古奉陵邑庆州的舍利塔寺也是如此。这种把主体建筑佛塔建于寺院中心、寺与塔中点重合的布局，乃是古代大型纪念建筑物的一种建造法则。

天宁寺塔为平面呈八角形的密檐式实心砖塔。塔基为方形平台，底部为须弥座，束腰处的壶门内雕有狮兽头，间柱上浮雕缠枝莲纹饰，转角处雕金刚力士像，塔门层以上为十三层密檐塔身。十三层密檐的交角处有铃，每层密檐的椽子上也都有一铃，大小共 3400 个。清风徐来，铃儿叮当作响，蔚为壮观。塔的须弥座上还挂有铁灯，三层共 360 盏。飞檐叠拱逐层收束，使塔的外形轮廓形成缓和的弧线，造型稳重、挺拔雄伟，是辽代建筑和雕刻艺术的精品。它既是辽代建筑的代表作，也是研究中国古代佛塔的重要实物。

天宁寺塔的存在，不仅为燕京城增添了独特的风采，而且突破了原先低平的天际线，改变了南京城平缓单调的空间格局。

## 7. 萧太后运粮河

辽南京城虽然只是辽朝五京中的一个，但其战略地位却为人所共识。上京临潢府是辽朝的政治中心，但偏居北方，鞭长莫及。若要巩固其统治并进而南下中原，南京城的战略地位无可替代。何况，南京城的经济实力非常雄厚，非其他四京可比。从辽太祖耶律德光占领南京后，历经世宗耶律阮、穆宗耶律璟、景宗耶律贤，直到圣宗耶律隆绪中期以前，燕京一直是辽代南部边境的军事、经济中心，起着统领整个幽燕地区的重要作用。所以，辽在这里设有一整套代表国家行政权力的机构，如宰相府和负责管理南京城军政事务的南京留守司、负责财政经济的三司使、南京兵马都总管府等。其后还设有太学等众多地方行政机构。

如前所述，《契丹国志》曾记述："南京户口三十万，大内壮丽。城北有市，陆海百货聚于其中。僧居佛寺，冠于北方。锦绣组绮精绝天下，膏腴蔬蓏果实稻粱之类靡不毕出，而桑柘麻麦羊豕雉兔不可问知。"尽管如此，由于南京城庞大的行政机构和众多的城市人口，所以每年不得不从西京（今大同）和地处辽河平原的东京（今辽阳）等地运调粮食。从西京调运粮食无疑需要驴骡乃至骆驼，从陆路运抵南京城。而从辽河平原征集来的粮食，则需要先从陆路运抵天津，再换驳船河运至潞县（今通州），然后再陆运到南京城。

事实上，从潞县到南京城的数十里路程，人赶畜驮亦非易事，尤其是夏秋之际，雨量丰沛，致使道路泥泞，多有艰难。这样不仅误时，而且所费不赀。辽圣宗统和二十二年（1004 年），当时已逾知天命之岁的萧太后决定开凿南京城至潞县之间的运河，以通漕运。

**萧太后其人**　公元 926 年，耶律阿保机在灭了渤海国、班师回朝的途中不幸病故，其子耶律德光即位，是为辽太宗。在此之前，亦即耶律阿保机在位期间，由于追慕汉高祖，竟让自己兼姓刘氏。他还认为凡追随自己左右的乙室、拔里，都应以萧何为榜样，遂又将后族一律改姓

“萧”。自此以后，“萧氏”的子女都许配给耶律氏，耶律氏的子女又都许配给“萧氏”。因此，有辽一代，萧氏共有13位皇后、13位王储、17位北府宰相、20位驸马。萧氏成了辽国仅次于耶律氏的权贵势力。辽代虽也有异姓后妃，但是太后却清一色姓萧，即萧太后。本节所述的萧太后，是辽景宗耶律贤的皇后——萧绰。

萧绰，又名“燕燕”，生于辽穆宗应历三年（953年），乃是皇家内亲、北府宰相萧思温之女。萧绰自幼聪颖美丽，在她入宫为妃之后，很得景宗宠爱。对辽代日渐衰微的国势，景宗虽很想励精图治，但又力不从心，遂极力扶持业已成为皇后的萧绰出来理政。于是，《契丹国志》卷六中记载：“燕燕皇后以女主临朝，国事一决乎其手。大诛罚，大征讨，番汉诸臣集众共议，皇后裁决，报之帝知而已。”随着时间的推移，年轻的萧绰已经锤炼成一位成熟的治理国家的政治家。辽国一切日常政务几乎都由她来裁决，甚至还能“亲御戎车，指麾三军，赏罚信明，将士用命”。这也说明萧绰在军事上已显露出非凡的才能。

辽乾亨四年（982年）九月，年仅35岁的景宗在出猎途中，病卒于云州（今大同）焦山行宫。12岁的耶律隆绪即位，为辽圣宗。景宗遗诏：“梁王隆绪嗣位，军国大事听皇后命。”因此，圣宗在登上皇帝宝座不久，将其年方30岁的母后萧绰尊为“承天皇太后”，并由她总揽辽的军国大政，时间长达27年（983—1009年）。开凿运河的时间在辽宋签订“澶渊之盟”之后。辽圣宗统和二十二年（1004年）以前，辽国倾力征战，无暇顾及；而此后的六年，辽宋既和，辽国军民得以休整，国力强盛，萧太后遂专心经营南京城。

历史上家喻户晓的杨家将故事就发生在萧绰摄政期间。故事中的杨老令公（杨业）战败被俘。究其原因，固然是由于北宋皇帝的软弱无能以及潘美的见死不救，致使杨老令公所率军队陷入孤军奋战、寡不敌众的境地——被辽国的20万大军团团围住，继而被俘，直至拒降，绝食而死。但这也充分显示出萧太后出众的军事才能。不仅如此，她一方面下令将杨老令公的头颅割下装入匣中，传送边关各地，以振士气；另一方面，她又非常钦佩杨老令公忠贞不屈、视死如归的英雄气节，遂下令在军事重镇古北口为其修祠，且四时祭祀不断。这就是古北口镇“杨老令公祠”的由来。这两件事既显示出萧太后的豁达，又表现出其长于心计的政治手腕。

“萧太后运粮河”的开凿，使漕运畅通，辽河平原的粮食可由海运至天津，再经运河直抵南京城中。运粮河的成功开凿，对于巩固辽的统治、繁荣南京城的经济，乃至加强军事上的储备，都起着至关重要的作用。同时，也是萧太后在北京历史发展中的重大贡献。

**萧太后运粮河的开凿**　公元 997 年，宋太宗赵匡义在“高梁河战役”中箭伤复发，不治身亡。其子赵恒继位，是为宋真宗。辽统和二十二年（1004 年）闰九月，萧太后和辽圣宗耶律隆绪倾辽国的精锐部队，率 50 余万之众攻宋，其气势异常凶猛。十一月中旬直逼黄河北边的重镇澶州（也称“澶渊”，今河南濮阳）。当时的澶州城横跨黄河，分南北二城，其间以浮桥相通，为鼓舞士气、安定军心，宋真宗御驾亲征抵达澶州。然而，宋真宗却抱定了“我应当卑躬屈膝，为天下苍生着想”的念头，苟求平安，遂派人与辽媾和，缔结“澶渊之盟”。

“澶渊之盟”有如下要点：

（1）宋辽结为兄弟之盟，宋真宗年长为兄，辽圣宗年幼为少弟，宋真宗称萧太后为“叔母”。

（2）维持原有疆界，以白沟河为国界，双方撤兵（辽归还宋遂城及涿、瀛、莫三州）。此后，凡有越界盗贼逃犯，彼此不得停匿。两朝沿边城池，一切如常，不得创筑城隍。

（3）宋方每年向辽提供绢 20 万匹，白银 10 万两。

（4）双方于边境州驻守边界，人户不得越界。

萧太后正是抓住了这样一段相对稳定的“和平时期”，调集军士修凿了“萧太后运粮河”。这条专为漕运开凿的运河西起辽南京城东垣迎春门外（今西城区南横街西街迤东大、小川淀和平渊里一带），往东经今陶然亭、龙潭湖、十里河至老君堂，再经过今西直河、台湖、高力庄，在今张家湾入潞河，全长20多千米。或者说，这条“萧太后运粮河”西起迎春门，与护城河相接，东至通州张家湾。其遗迹至今尚存。

萧太后运粮河不仅为巩固辽代的政权统治和繁荣南京城起到了非常重要的作用，也成为北京历史上为漕粮运输而开凿运河的先声。

## 九、中都城——金代的政治中心

金在中国北方建立的少数民族政权，在历史上并不是第一个。但把北京作为少数民族政权的首都，并使其政治、军事势力遍及淮水之北，成为中国北方政治、文化中心，却是从金代建立金中都城开始的。

金中都城是我国历史上由崛起于东北松花江畔的一支兄弟民族——女真族兴建的。它的规划建设不仅是北京城市发展史上的重要转折，就是在中国都城发展史上也占有重要的地位。因为，它是中原汉文化与女真族文化相互融合的结晶。既有传承，也有发展。

如前所述，在中国古代都城的发展史上，先后出现过几个历史悠久的、重要的都城。其中一个是陕西的西安，一个是北京。西安是从先秦时期到唐代为止的全国性政治、文化中心，历时数千年；北京则是从元代一直到现在为止的全国政治、文化中心，历时数百年，其间很少有变更。而金中都正是从西安转移到北京来的过渡性都城，既开辟了北京作为全国政治、文化中心的先河，也奠定了北京作为全国政治、文化中心的基础。不仅如此，金以燕京为中都，将中原汉族都城的规划、建设和营国制度引进了北方的幽燕。

金中都“制度如汴”，它是在辽南京城的基础上进行扩建而成的。改造后的中都城，包括外郭城、皇城和宫城，即由南京城的方形“子母式城”格局（即皇城套于外郭城的西南隅）改建成“三套方城”的格局，皇城套于外郭城中央略偏西南，东、南、北三面形成套式，西面是皇城与外郭城共用一城墙。城内的总体布局乃至宫阙制度都法自汴京（今开封）。

宋朝的汴京法自汉、唐，金中都则法自汉、唐和汴京，在宫门的作画施彩等装饰上则直接仿自汴京；在都城内外营建的中央官署（如内阁六部、尚书馆、会同馆等）、内省（皇帝的近侍官署）、宗庙、祖陵、学府、寺院、苑囿、园林等均仿自汴京。金中都在中国都城的规划建设上起着承上启下的作用。

金迁都中都城之前，其治国制度就已经进行了多项改革，但在上京继续推进汉化受到自然环境和人文环境的限制。迁都之后金把宗室贵族、猛安谋克户移至中都，以中都为中心，在礼乐、仪卫、职官、文化教育等方面，都采取了一系列强化改革的措施。金朝统治者全面采用中原传统礼乐、仪卫制度，“日修月葺，粲然大备”[1]。在官职设置上，大量采用唐、宋制度而略有调整，中央政府置“三师”“三公”“三省”，独置“尚书”而罢“中书”“门下”。两省以下院、台、府、司、寺、监、局、署、所等，大多参照唐、宋设置，“各统其属，以修其职。职有定位，员有常数，纪纲明，庶务举，是以终金元世守而不敢变焉”[2]。地方各级设置官员（包括新扩中原地区）多承袭唐、宋制度。在文化教育方面，设进士、律、经童、制举、武举、试举、士院官、司天医学等科，“皆因辽、宋制”[3]。在政治、经济、生活习俗、衣冠等方面，亦进行了大量同中原传统制度保持一致的改革。可以这样说，金中都的规划建设是金全面改革旧制度、采用中原传统制度的重大转变，也是促进民族间互相交流融合的重大举措。

---

[1]《金史》卷二八《祀志一》、卷三九《乐志上》、卷四一《仪卫志上》。

[2]《金史》卷五五《百官志一》。

[3] 同前注。

不仅如此，金中都的规划建设，特别是它的总体空间格局，还为元大都、明清北京城提供了诸多有益的借鉴。中都城四周有东、南、西、北四苑。北苑即位于金中都城东北，以琼华岛为中心建设的万宁宫，规模宏大，有多处亭台楼阁。另外，金中都宫城西门外的同乐园、西郊的玉泉山行宫、南苑的建春宫等，经过海陵王、世宗、章宗几代的经营，也都成了以后元、明、清三代的御苑。

总之，自金迁都中都城之后，北京便成为一代王朝的正式帝都。这不仅在北京城的发展史上开启了其成为中国淮水、秦岭以北半个中国都城的先河，使之成为北部中国的政治、文化中心，亦为元、明、清三代大一统的王朝定鼎于此，奠定了良好的基础。金国的迁都燕京，进一步促进了中华“北雄南秀”的文化交流，提升并丰富了多元一体的华夏文明。

### 1. 女真族的兴起和辽南京城的扩建

当辽朝与北宋缔结“澶渊之盟”，形成南北对峙的局面时，在东北松花江流域的一支号称“女真”的少数民族，日益强盛了起来。

女真族当时备受辽朝统治者的压榨和勒索，他们不仅要定期向辽廷进贡各种特产，如人参、貂皮、名马、北珠、蜜蜡、麻布等，而且遭受残酷的民族压迫以及契丹贵族的欺压和奴役。这迫使女真的各个部落逐渐联合起来，纷纷归附于完颜部酋长阿骨打，对辽廷进行武装反抗。

阿骨打为了最终推翻辽朝，遂经营农业，厉兵秣马，积蓄雄厚的物质基础。此后，阿骨打举兵击辽，在不断取得军事胜利的基础上，正式建国称帝，国号为金，并建都于会宁府（今黑龙江省哈尔滨市阿城）。

辽保大二年（1122 年），金已经占领了辽大部分国土。金在占领了燕山府后，又把它改名为南京，并把原设在平州的南京中枢密院移到了这里。以后金的南部国界扩展到了淮河和陕西宝鸡西南大散关一带。这样，其在华北平原上的统治，也就转入了相对稳定的状态。而原先设立的会宁府，虽地处女真族的发源地，但已远不能满足庞大帝国的需要。换而言之，金都城必须设立在既适合统治关内新领地，又便于控制后方的地区。燕京作为辽的陪都时已具备了封建国都的条件，而且燕京所处的地理位置十分优越，金在灭北宋之后又取得了内地的大片领土，其统治的范围包括东北、华北、西北的近半个中国。因此，迁都燕京已势在必行。

早在熙宗时期（1136—1148 年），吸取先进的汉文化、改革女真落后旧俗的政治革新工作已在积极地进行，并取得了很大的成绩。而海陵王完颜亮不仅是一位汉文化的向往者，而且是以庶长通过谋弑而取得帝位的国君，宗室对他多怀不满之心。这种情况更使海陵王下定了借迁都而彻底打击守旧派贵族，以摆脱他们的阻挠而加速政治革新的决心。

金统治集团内也有人主张迁都。《元一统志》载：“上书者咸言上京临潢府僻在一隅，官艰于漕运，民艰于赴愬，不如都燕以应天地之中。”降金的宋人也纷纷献计，据《炀王江上录》:“内臣梁汉臣本宋内侍，进曰：‘燕京自古霸国，虎视中原，为世之基。陛下应修燕京，时复巡幸。’”

天德三年（1151 年），金帝完颜亮在《议迁都燕京诏》中说：“昨因绥抚南服，分置行台。时则边防未宁，法令未具。本非永计，只是从权。”在行台既撤之后，“又以京师粤在一隅，而方疆广于万里。以北则民清而事简；以南则地远而事繁。深虑州府申陈，或至半年而往复；闾阎疾苦，何由期月而周知；供馈困于转输，使命苦于驿顿；未可时巡于四表，莫如经营于两都。眷惟全燕，实为要会，将因宫庙而创官府之署，广阡陌以展西南之城。勿惮暂时之艰，以就得中之制”[1]。遂下令迁都。

天德五年（1153 年），海陵王正式迁都至燕京，并将其改名为中都；改析津府为大兴府；改汴京为南京开封府；改中京大定府为北京大定府。这样连同原有的东京辽阳府、西京大同府，合称五京，并尽毁上京宫殿、宅第，夷为平地，所有宗室乃至王陵也都被迁到中都。

海陵王的迁都不仅在金朝的历史上标志着一个新阶段的开始，就是

[1] 李心传：《建炎以来系年要录》卷一六二，中华书局，1956 年，第 2650 页。

在北京的历史上也是一个有重大意义的新纪元。从此，北京成为一代王朝的正式首都，并一直延续了元、明、清三代。

金王朝在金皇统元年、宋绍兴十一年（1141 年）与宋王朝议和以后，确立了版图，其建制“袭辽置，建五京、置十四总管府，是为十九路”[1]。以“路”统辖府州，府州下辖县镇。中都附近特设中都路，其中近畿部分为大兴府。中都城内仍沿唐幽州、辽南京城的建置，实行东西部两县分治。辽南京城东部为析津县，西部为宛平县。金中都建立之后，城池扩大，东部为大兴县，西部仍称宛平县。事实上，大兴、宛平两县的属境，并不只是中都城区，还包括了与其相邻的近郊地区。

### 2. 金中都城的政治功能和规划建设

海陵王完颜亮为了进一步谋求向中原扩展，决定迁都燕京，并在辽南京城的基础上，按照北宋汴京的规制加以改建。《元一统志》载，天德元年（1149 年）“乃命右丞相张浩、张通，左丞蔡松年，调诸路民夫筑燕京，制度如汴”。同时“令百工写京师（汴京）宫室制度，阔狭修短，尽以授之左丞相张浩辈，按图修之”[2]。

张浩为渤海人，其祖仕辽而更汉姓。他受汉文化影响甚深，且有政治才能，曾为完颜阿骨打（金太祖）谋划，任承应御前文字，即皇帝的随从秘书。金太宗将去东京，张浩为其“提点缮修大内”，有主持修建的经验。《金史 · 张浩传》载：“天德三年广燕京城，浩与燕京留守刘筈、大名尹卢彦伦监护工作，命浩就拟差除。”天会二年（1124 年）卢彦伦在新城任地方官时曾设计修城，《金史 · 卢彦伦传》载：“城邑初建，彦伦为经划，民居、公宇皆有法。”实为有修城经验之人。具体负责修建的是梁汉臣、孔彦舟。梁做计划，孔督工，强征人民服役。

[1]《金史》卷二四《地理志》。

[2]《日下旧闻考》卷二九。

到了北宋，中国内地的都城已发展到了一个新的阶段。在布局上，北宋以前都城内的皇城多偏在一隅或一方，如唐长安城中的皇城即偏居城北，而到了宋代的开封城，皇城则居于城的中央位置。金中都是在原有的辽南京城的基础上按照汴京制度扩建的，因之，必须先解决南京城“子城就罗郭城西南为之”的格局，即要改成如同汴京的三套方城那样的格局，就需要把外郭的西城墙向西迁移。《夷坚志》载：“虏天德二年（1150年）五月，以燕山城隘人众，欲广之，其东南隅曰通州门，西南曰西京门。”这说明了金统治者行将迁都前的计划，即向东、西、南三个方向扩展，并于东南、西南预先标定两个新城门的基址，后为避开燕王陵而改变位置。其中的“通州门”“西京门”估计是修城前暂标的门名。

整个工程分为城池扩建与宫殿兴修两大部分。“炀王亮始营此都，规模多出于孔彦舟，役民八十万，兵夫四十万，作治数年，死者不可胜计。”[1] 另据《析津志》载：“金朝筑燕城，用涿州土，人置一筐，左右手排立定，自涿至燕传递。空筐出，实筐入，人止土一畚，不日成之。”涿州在京南百里，取土筑城是否确有其事虽尚无其他记载佐证，但其城墙高厚，城围又有扩展，远远超过了辽代的燕京，则是事实。修筑宫殿的木材，则取自真定（今河北省正定）潭园。据史书记载，当时曾役使军士民夫达120万人，运一根大木的费用多至20万两，拖拉一辆满载木材的大车的人数多至500人。所有宫殿都用黄金五彩加以修饰，一殿之成以亿万计。其穷奢极侈连宋人见了也为之惊叹。宋范成大在其《揽辔录》中这样写道：“遥望前后殿屋，崛起处甚多，制度不经，工巧无遗力，所谓穷奢极侈者。”[2]

1153年，宫城竣工，海陵王正式下诏迁都，改南京为中都，西京（大同府）仍旧，另以汴京（开封府）为南京，中京（大定府）为北京，所有宗室也都迁来中都，并尽毁上京宫殿、宅第，将其夷为平地。

---

[1]《揽辔录》。

[2] 见赵翼《廿二史札记》卷二七“金广燕京”条。

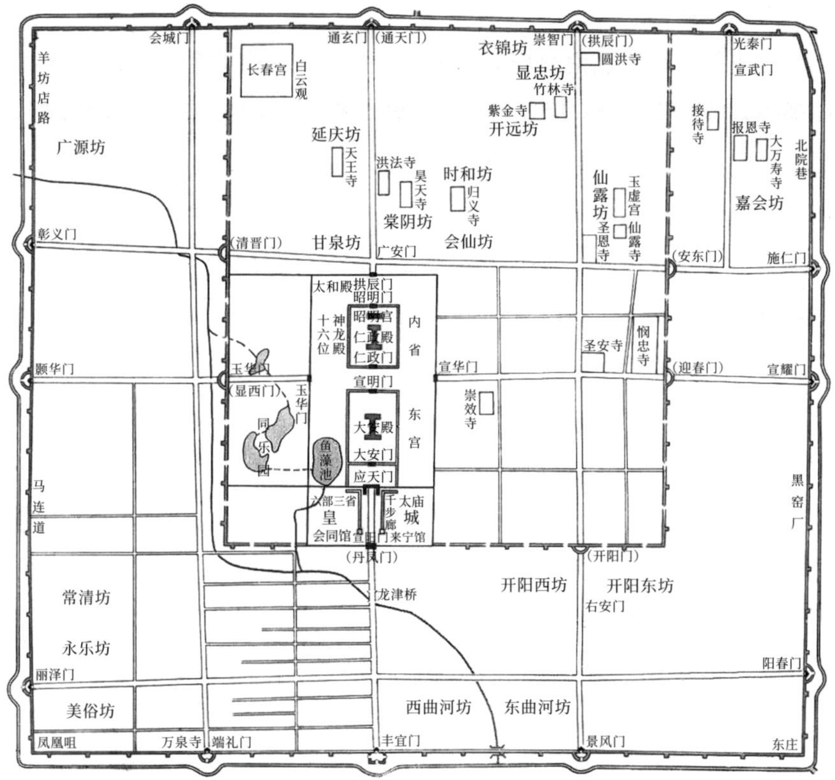


金中都城复原图

建成后的中都城，皇城略居城的中心，宫城居中略偏东；在其前，左有太庙，右有金廷的中央政府和地方衙署；宫城之西有御苑、池沼，这些都是模仿汴京的。中都城门也多沿用汴京的名称，如汴京正北门名通天，金中都正北门为通玄；汴京皇城北门为拱宸，金中都亦设拱宸门；宫城的东华门、西华门之名也都是仿效北宋宫城城门命名的。

总之，金帝完颜亮正是在经营多年的辽南京城的基础上，采用北宋都城汴梁的营建制度，将其扩建成中都城。中都城内皇城、宫城等的布局、设计，博采内地都城建筑的精华，开创了元朝建都城、皇宫的先河，在我国都城和宫殿营造上起着承上启下的作用。

## 城垣和城门

金中都是在原辽南京城的基础上，按照宋汴京的营建制度扩建的。中都的皇城大体上是沿用辽南京的皇城，其中的主要宫殿如仁政殿还是辽的旧殿，但是辽南京城的结构，如前文所述是“子城就罗郭西南为之”，而皇城又偏在外郭城的西南隅，要改成如同汴京三套方城那样的格局，就需要把外郭的西城墙西移，东南两面的城墙也因此向外扩展了1000—2000米，只有北城墙仍然依辽南京城之旧。

扩建后的金中都城近似正方形，其东西较南北稍长。经实测，西城墙长4530米，南城墙长4750米，东城墙长4510米，北城墙长约4900米。四面城墙合计18690米，约合宋制35里[1]。就目前的实地所见，中都城外城郭的东、南、西三面城墙有遗址可寻：东南城角在今永定门火车站西南的四路通，由此向北经今潘家河沿、魏染胡同、大沟沿胡同至翠花湾，即东北城角，这便是金中都的东城垣；西南城角在今凤凰嘴村，由此向东经鹅房营以北、万泉寺以南、祖家庄南、三官庙南，此一线的南侧正好是与之相平行东流的凉水河，这便是金中都的南垣和南护城河；其西城垣即由今凤凰嘴及其以北一线，与其相平行南流的莲花河即为金中都城的西护城河。

值得注意的是，关于城门的记载屡见歧义，有“十二门”和“十三门”之说。一般认为，大定十九年（1179年）在今北海的琼华岛处兴建大宁宫，后改寿宁宫，又改寿安宫。章宗明昌二年（1191年）再改万宁宫。金帝为幸此宫方便，遂增辟了光泰门，其时大约在世宗中期，抑或在章宗时才有。因此，金亡后的史籍中不仅记有此门，而且还有“光泰门街”之说[2]。

金中都的外郭城东、西、南面各开三门，北面开四门：东城墙门，北为施仁，中为宣曜，南为阳春；西城墙门，北为彰义，中为颢华，南

[1] 阎文儒：《金中都》，《文物》，1959年第9期。

[2] 于杰、于光度：《金中都》，北京出版社，1989年，第23—24页。

金中都城墙遗迹（丰台区凤凰嘴村）

为丽泽；南城墙门，东为景风，中为丰宣，西为端礼；北城墙门，东为光泰和崇智，中为通玄，西为会城。各门的具体位置分述如下：

施仁门为辽南京城安东门外之中都城门，当在今虎坊桥之西，骡马市大街的魏染胡同南门处。

彰义门在广安门外大街湾子处，湾子之东的深州馆，应在金城之内。

宣曜门在今西城区南横街东口与贾家胡同南口交会处。

颢华门为中都正西门，在广外马连道蝎子门处。

崇智门在今南闹市口内的东太平街西口和西太平街东口交会处略偏南。

通玄门在白云观东北方、真武庙之南，当时的通玄门内大街即位于今广外滨河路西侧，北至通玄门。

会城门据文献记载当在今玉渊潭（钓鱼台）流出之河流入中都城北护城河交叉点之东，亦即今木樨地南河流向东拐弯处的河湾稍南处。

景风门在今右安门关厢南，右安门外大街与凉水河交叉处稍北。

会城门是金中都城的西北门，遗址无存。现建有“会城门公园”，也算是金中都城西北门的标识

丰宜门在祖家庄南、石门村东、西铁匠营村北的凉水河岸。

端礼门在万泉寺偏西南处。

阳春门在今四路通以北东庄村处，北京南站永定门火车站北，南岗子土垣之南。

丽泽门在凤凰嘴村以北，其向西通水头庄路即为关厢一带[1]。

中都城各正门为三洞，其他各门为一洞。

### 皇城的规模和布局

皇城位于大城的中心部位而略偏西南。东西南北开门四座，即东面的宣华门、南面的宣阳门、西面的玉华门，以及北面的拱宸门。其东墙大致在今广安门南、北线阁街偏东的南北线上；南墙在今广安门南鸭子

[1] 同前注。

桥东、西的延长线上；西墙则在今广安门外甘石桥南北向河流即莲花河的东岸一线上；其北墙就在今广安门外大街南侧的东西一线上。皇城内的第二重门就是宫城的正南门即应天门（原称通天门），宫城实际上占据了整个皇城 2/3 的地方。从外郭城正南的丰宣门，经过皇城正南的宣阳门、宫城正南的应天门，出宫城北面的拱宸门，直到外郭城正北的通玄门就是全城纵贯南北的、正中的驰道，其也是金中都城南北向的中轴线。中都城中所有的重要建筑物，都安排在这条中轴线的正中和两侧。经考古发掘证实，今西二环路广安门南段的辅路即是昔日金中都城中轴线所在，大安殿即在今"北京建都纪念阙"西侧的位置。

南宋乾道六年（1170 年）即金大定十年，宋臣范成大为"奉使大金国信使"，后写有《揽辔录》，对在这条中轴线上见到的建筑有较为具体的描写。楼钥的《北行日录》以及《事林广记》卷二《燕京图志》的"帝京宫阙图"，对该中轴线及其两侧的重要建筑物做了形象的描绘。其平面布局可大致叙述如下：

皇城南门宣阳门内，正中是御道，御道两侧是长廊（称千步廊）。东长廊之东是太庙，太庙之南有一小广场，称球场；西长廊之西，是金廷中枢机构尚书省及其六部（吏、户、礼、兵、刑、工部）所在地。东西长廊的南端，分别有文楼和武楼，峙立于宣阳门内的两侧。长廊正北方为东西向广场，它与御道组成"T"字形广场。广场正北是宫城，内即宫殿群。宫城东部、宣华门以内，南部是东宫，北部是内省；宫城西部是御苑——"鱼藻池"的所在地。"鱼藻池，瑶池殿位，贞元元年建"。宫城之外即为同乐园的所在地，其中的湖泊即称太液池或西华潭。而"T"字形广场的西部宫城之外，设有登闻鼓院、登闻检院，是受理向朝廷上书的机构。皇城正南门宣阳门内的东侧、太庙和街心球场之南，设有来宁馆；西侧尚书省及六部之南，则有会同馆。上述两馆都是接待外国使节的所在。

这里有几点值得注意。一是在宫城前由宫城广场和长廊组成的"T"

字形广场，乃是唐长安宫城前用横街做广场与北宋汴京宫城前用纵街做广场的一种结合体，是宫城广场的新形制。二是长廊中间共有三条横街，就是宫城正南应天门和左右掖门前有一条宽阔的横街，长廊的中间有一条宽阔的横街，宣阳门内侧沿城墙则有一条狭窄的横街。中间一条横街的东侧，是皇城以内的街市所在地。三是金中都皇城驰道两侧的长廊结构与汴京宫城前的千步廊不同，它是以数以百计的一间间廊屋接连而成的。这正如范成大在《揽辔录》中所说的，东御廊“凡二百间，分三节，每节一门”，“将至宫城，廊即东转又百许间”。实际上两百多间廊屋分成两节。东西长廊南端的两侧，东为文楼，西为武楼。文楼即钟楼，武楼即鼓楼。这是对唐长安宫城南门建有鼓楼的制度的发展。唐长安宫城南门每天于天明和日落时击鼓，作为早晚报时的信号，且随着各条街上街鼓的敲动，城门和坊门可随之开闭。金中都在皇城南门左右设有钟鼓楼用作早晚报时，这成为后来元代大都城中建设钟鼓二楼的先声。

## 壮丽的宫城

中都城内的宫城建设得非常富丽堂皇，穷奢极侈。

南宋乾道六年（金大定十年，即 1170 年）闰五月，资政殿大学士范成大奉命出使金国。他在《揽辔录》中对其见闻做了比较详细的描述：

> 丰宜门即外城门也。过石玉桥，燕石色如玉。上分三道，皆为栏楯隔之。雕刻极工；中为御路，亦栏以杈子（朱栏）；两旁有小亭，中有碑曰龙津桥。入宣阳门，金书额，两头有小四角亭，即登门路也。楼下分三门，中门为御路，常阖，皆画龙；两旁门通行，皆画凤。入门北望其阙……东西廊中，驰道甚阔，两旁有沟，沟上植柳。两廊屋脊，皆覆以青琉璃瓦。宫阙门户，即纯用之。驰道之北，即端门，十一间，曰应天之门。旧常名通天，亦开两挟，有楼，如左右升龙之制，东西两角楼，每楼次第攒三檐，与挟楼接，极工巧。端门之内，有左右翔凤门，日华、

> 月华门。前殿曰大安殿……东宫；墙内亭观甚多。直北面南列三门，中曰集英门，云是故寿康殿，母后所居；西曰会通门……宣明门，即常朝后殿门也……入仁政门，盖隔门也，至仁政殿下。大花毡可半庭，中团双凤，两旁各有朵殿，朵殿之上两高楼，曰东西上阁门，两旁悉有帘幞，中有甲士。东西两御廊，循檐各列甲士：东立者，红茸甲，金缠杆枪，黄旗画青龙。西立者，碧茸甲，金缠杆枪，白旗画青龙。直至殿下皆然。惟立于门下，皂袍持弓矢……由露台北行入殿堂，金主幞头，红袍玉带，坐七宝榻，背有龙水大屏风，四壁帘幕，皆红绣龙，拱斗皆有绣衣。两槛间各有大出香金师蛮，地铺礼佛毯可一殿。两旁玉带金鱼，或金带者十四五人，相对列立。遥望前后殿屋，崛起处甚多，制度不轻，工巧无遗力，所谓穷奢极侈者。

他还特别指出："炀王（即金海陵王）亮始营此都，规模多出于孔彦舟，役民夫八十万，兵夫四十万，作治数年，死者不可胜计。"并说："制度强效华风，往往不遗余力。"

宋使范成大的描写虽未及宫城全貌，但由此亦足可见中都宫城的壮丽景观。根据《揽辔录》《大金国志》《金史·地理志》《北行日录》等文献的记述，中都城中的建筑及其格局大体可归纳如下：

中都的宫城是在辽南京城（燕京）子城中宫殿区的基础上扩建而成的。这已被史书记载和考古发掘所证实，据实测，城周长约5000米。这与《金虏图经》(《日下旧闻考》卷二九引)、《大金国志》卷三三《燕京制度》中所说的"城之四周凡九里三十步"之数相符。在宫城之内又有多座宫殿，如皇帝所居的昭明宫、帝后居住的隆微宫、皇后所居的中宫（蕊珠宫）、太后居住的寿康宫、太子所居的东宫、妃嫔所居的西宫（又称十六位）、皇帝处理政务的泰和宫等。每座"宫"又有多座殿、阁、楼、亭等。除正殿大安殿、正便殿、仁政殿之外，宫城里还有寿康殿、承华殿、泰和殿、庆宁殿、崇庆殿、神龙殿、鱼藻殿、安仁殿、隆德殿、临芳殿、广武殿、勤政殿、庆和殿、广仁殿、庆春殿、清辉殿、天香殿、芳明殿、光德殿、皇武殿、贞元殿、垂拱殿、厚德殿、崇政殿、福安殿、枢光殿、睿思殿、瑶池殿、横翠殿、昭明殿、隆微殿、瑞像殿、蕊珠殿、瑞宁殿、回春殿、鸾翔殿、承微殿、崇义殿、迎晖殿、嘉福殿、滋福殿、咨正殿、迩英殿、集贤殿等，总数达 46 座之多。其宫殿之多，规模之宏伟，在北京地区的历史上是空前的[1]。“宫阙壮丽，延亘阡陌，上切霄汉，虽秦阿房、汉建章不过如是”[2]。对此，金统治者很是得意。金章宗曾用绝句表达他的心迹：“五云金碧拱朝霞，楼阁峥嵘帝子家。三十六宫帘尽卷，东风无处不扬花。”[3]

宫城正南的应天门，高八丈，阔十一间，下列五个门道，左右并有行楼。应天门后则为仁寿门，左右为日华门、月华门，门内即是大安殿。

《荀子·王霸》:“得道以持之，则大安也。”“大安”有长治久安之意，大安殿是皇帝举行盛大庆典的地方。《金史 · 礼志》写得很明白：“凡受尊号，百官受于大安殿庭，皇太子册立，设御座于大安殿。”大安殿也是宫中规模最大、规制最高的建筑，其殿门九间开阔，大殿为十一间开阔，朵殿各五间，行廊各四间，东西廊各六十间，中起二楼各五间：左曰广祐，后对东宫；右曰弘福，后有数殿。

大殿以后为宣明门，再后为政和门（仁政门），门内为仁政殿。大殿九楹，前设露台，殿两旁有朵殿。朵殿上两高楼称东西上门，中有钟鼓楼，其规模比大安殿要小得多。

应天门东为左掖门，其后为敷德门，再后为会通门和承明门。东通城外有集禧门，西通中路有左嘉会门（到宣明门以内）；直北为昭庆门，再北即为宫城北墙。

应天门西为右掖门，隔一间院子，东通中路有右嘉会门（到宣明门

[1] 曹子西：《北京通史 · 金代卷》，中国书店出版社，1994 年，第 53 页。

[2]《日下旧闻考》卷二九，引自《海陵集》。

[3] 同前注。

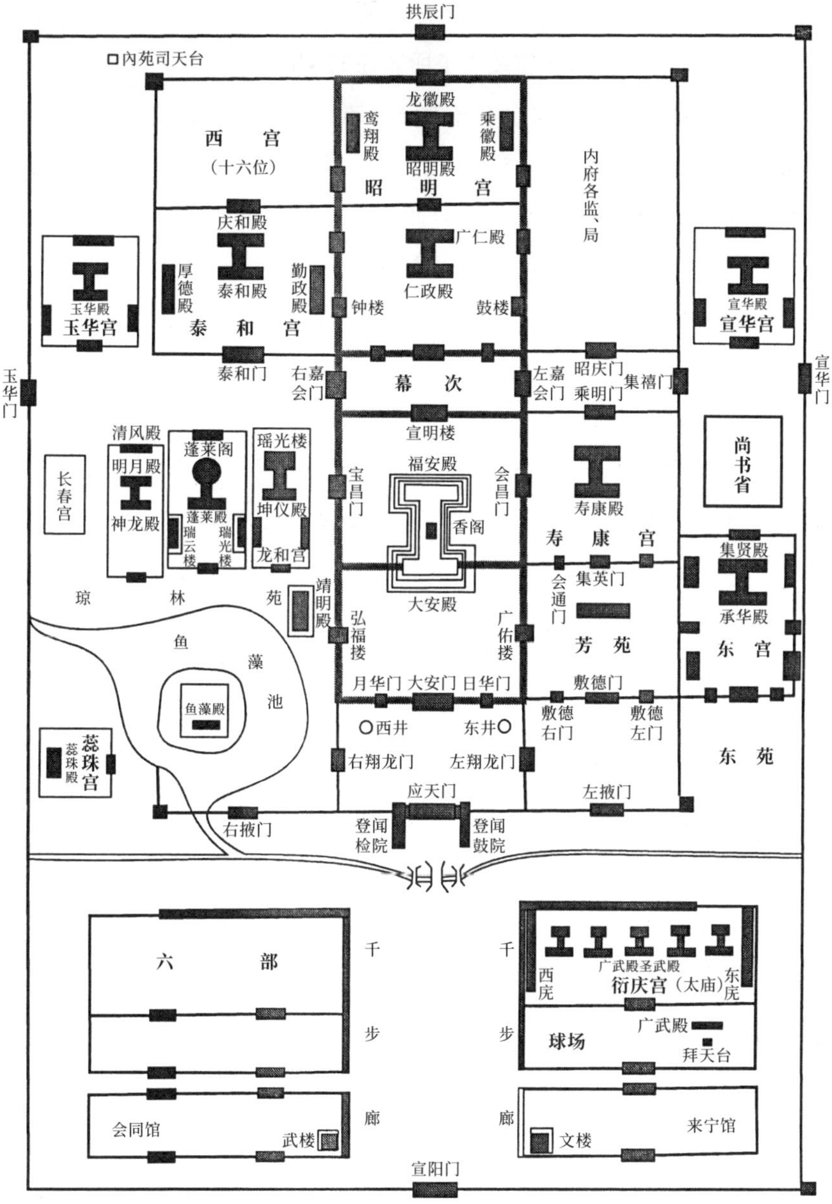

拱辰门
内苑司天台
龙徽殿
鸾翔殿
乘徽殿
昭明殿
昭明宫
西宫
（十六位）
内府各监、局
庆和殿
厚德殿
泰和殿
勤政殿
泰和宫
广仁殿
仁政殿
钟楼
鼓楼
玉华殿
玉华宫
宣华殿
宣华宫
泰和门
右嘉会门
幕次
左嘉会门
昭庆门
乘明门
集禧门
玉华门
宣华门
清风殿
明月殿
神龙殿
蓬莱阁
蓬莱殿
瑞云楼
瑞光楼
瑶光楼
坤仪殿
龙和宫
长春宫
宣明楼
福安殿
宝昌门
会昌门
香阁
大安殿
寿康殿
寿康宫
尚书省
集贤殿
承华殿
东宫
琼林苑
靖明殿
弘福楼
广佑楼
会通门
集英门
芳苑
鱼藻池
鱼藻殿
月华门
大安门
日华门
敷德门
敷德右门
敷德左门
西井
东井
右翔龙门
左翔龙门
东苑
蕊珠宫
蕊珠殿
应天门
左掖门
右掖门
登闻检院
登闻鼓院
六部
千步廊
千步廊
广武殿圣武殿
西庑
衍庆宫（太庙）
东庑
球场
广武殿
拜天台
会同馆
武楼
文楼
来宁馆
宣阳门

金中都皇城、宫城复原示意图

以内），靠西有长方形水池，西北有蓬莱阁，再北到宫城北墙。会通门以东还有太后所居的寿康宫及太子所居住的东宫。

值得注意的是，金代原本并不设宗庙，只是到了建设金中都城时，才在千步廊之东建太庙，并命名为衍庆宫。据《金史·礼志》载，天德四年（1152年）于燕京建原庙，名其宫曰衍庆，殿曰圣武，阁曰崇圣。大定十七年（1177年）在圣武殿以西起建世祖神御殿，圣武殿以东起建太宗、睿宗神御殿。大定二十一年（1181年）又将许多祖先御容奉安到崇圣阁和燕昌阁。另外建有大圣安寺，寺中有金世宗、章宗二像，亦有原庙性质，明正统以后改名普济，地点在今右安门内南横街西口[1]。

金从天德以后，开始有了南北郊祭和祭日月的礼制，设南郊祭坛于丰宜门外，北郊置方丘于通玄门外，朝日坛（坛名“大明”）于施仁门外，夕月坛（坛名“夜明”）于彰义门外。明昌五年（1194年）、明昌六年（1195年）又先后在景风门外建风师坛、高禖（méi，求子用）坛等。

社稷坛是帝王祭祀土神谷神的地方，也是都城建设中不可或缺的。大定七年（1167年）又建社稷二坛。“社为制，其外四周为垣，南向开一神门，门三间，内又四周为垣，东西南北各开一神门，门三间，各列二十四戟。四隅连饰罘罳（fú sī，古代的一种屏风，设在门外），无屋，于中央覆以黄土，其广五丈，高五尺。其主用白石，下广二尺，剡其上，形如钟，埋其半。坛南，栽栗以表之……近西为稷坛，如社坛之制而无石主。四壝门各五间，两塾三门，门列十二戟。壝有角楼，楼三面皆随方色饰之。馔幔四楹，在北壝门西，北向。神厨在西壝门外，南向。廨在南围墙内，东西向。有望祭堂三楹，在其北，雨则于是堂望拜。堂下南北相向有斋舍二十楹。外门止一间，不施鸱尾……祭用春秋二仲月上戊日，乐用登歌，遣官行事。”[2]

[1]《日下旧闻考》卷六三。

[2]《金史》卷三四《礼志》。

金代的郊祀，依女真旧俗有“拜天”之礼，如金太宗即位就告祀天地，但仅设位而祭。天德后期迁都中都城之后，才开始制定郊祀的制度。至大定、明昌年间，在中都举行各种郊祀的礼仪才完备起来，如南郊祭坛“圆坛三成，成十二陛，各按辰位。壝墙三匝，四面各三门。斋宫东北，厨库在南。坛、壝皆以赤土圬之”。北郊方丘“方坛三成，成为子午卯酉四正陛。方壝三周，四面亦三门”。朝日坛“曰大明……门壝之制皆同方丘”。夕月坛“曰夜明……掘地污之，为坛其中”，而且是“冬至日合祀昊天上帝、皇地祇于圜丘，夏至日祭皇地祇于方丘，春分朝日于东郊，秋分夕月于西郊”[1]。

这些建筑显然是承袭、融合了汉、女真习俗的结果，也是北京在城市发展中一个值得注意的史实。

### 宫城的空间格局[2]

由宫城的正南门应天门直北为金中都城内的中路，亦即中国宫城建设的中轴线。宫城的主要建筑物如殿、门等都位于这条中轴线上。

应天门是一座阔十一间（即十一楹）的门楼，建筑雄伟，两旁有侧楼（行楼），其东一里为左掖门，西一里为右掖门。进左掖门即为宫城之东路；进右掖门即为宫城之西路。应天门内，左侧行廊三十间，中开一门，名左翔龙门，东向通向东路；右侧亦为行廊三十间，中亦开一门，名右翔龙门，与左翔龙门相对，西向通向西路。左、右翔龙门之间的空地（庭院）中有东西两小亭。正对应天门，北面列三门。中为大安门，即大安殿正门，此门面阔九间，东侧有三间游廊。其东为日华门，面阔三间，其东又有七间走廊，与左翔龙门北之十五间西向游廊衔接。大安门的弘福楼，有三间游廊，又西为月华门，亦南向，面阔三间。其西亦

[1]《金史》卷二八《礼志》。

[2] 于杰、于光度：《金中都》，北京出版社，1989 年，第 71—99 页。

有七间南向走廊，与右翔龙门北之十五间东向走廊衔接。

大安门内，东侧有西向（面西）之行廊六十间，中间有一高楼，名广祐楼，面阔五间。西侧亦为面东（东向）之行廊六十间，中间亦设有一五间面阔的高楼，名弘福楼。上述二楼均在大安门内、大安殿前，呈东西对峙之势。大安门正北为大安殿，是金宫城内的重要建筑，为金宫主殿，规模雄伟。《北行日录》载："露台三层，两旁各有曲水。石级十四，最上层中间又为涩道。"由此可见，大安殿是建筑在三层露台之上的，其周围有曲水环绕，登殿石阶为十四阶。大安殿面阔十一间，其两旁各有朵殿五间，东、西两朵殿旁各有行廊四间，各与东、西两侧的行廊相衔接。殿内陈设甚为豪华，中间"七宝为之榻""后照壁画龙，顶为大金龙盘其上。余十间皆结罘罳。顶小拱三层，皆以金为龙，间置其中。曲折（处）皆顶以绣额。壁柱衣绣，帏中各有龙"。大安殿后设有便殿，与正殿直通，即"香阁楼"，是皇帝单独召见大臣议事之处。大安殿之前，东西各有小亭一座；殿后有大安后门。后门之外（北）为一小型广场，此乃平日在仁政殿设朝时，朝臣待班之处。广场东侧为左嘉会门，东向通东路；西侧为右嘉会门，门外通向西路。

北侧，正对大安殿后门的即是宣明门，也就是仁政殿的外门。其北即是仁政门。门内西侧行廊三十间，中间有一楼，名钟楼；东侧亦有行廊三十间，中间亦有一楼，名鼓楼。正北为仁政殿，即常朝便殿。其规制比大安殿略小，实为金宫城内的第二大殿，面阔九间。

《金史·世宗本纪》载："世宗谓宰相曰：'宫殿制度苟务华饰，必不坚固，今仁政殿辽时所建，全无华饰，但见他处岁岁修完，惟此殿如旧，以此见虚华无实者不能经久也。'"由这段记载所叙述的情况看，仁政殿是在辽南京原宫殿的基础上改建的。

仁政殿之后即为后宫（正宫），南为皇帝正位，北为皇后正位。皇帝正位及皇后正位亦有宫、殿等建筑，即昭明殿和隆微殿。按金宫惯例，昭明宫、隆微宫也应有相应的宫门，其名当亦同宫名。

金宫城中轴线（即中路）两侧的东路和西路并不对称。西路在右掖门内便是鱼藻池。中有小岛（瑶屿），岛上有鱼藻殿。周围还有瑶池殿、瑶光台、瑶光殿、横翠殿等多处建筑。鱼藻池及其周围的殿宇实际是宫城之内的一座御花园，又称琼林苑，设有官属机构并加以管理。琼林苑之北即为蓬莱院，内有蓬莱殿、蓬莱阁，还有蕊珠殿。过右嘉会门和玉华门东西相对围合而成的院子，经泰和门进入泰和宫，内有泰和殿。其北还有东西相对峙的神龙殿、厚德殿，以及为妃嫔居住之地的“十六位”（即西宫），有以福位、温芳位、惠妃位、瑶华位、柔则位、嘉福位（殿）、崇妃位、温妃位、顺仪位等。进左掖门即为左翔龙门外之院落。正北开列三门：中为敷德门，左为敷德东门，右为敷德西门。入敷德门即为东宫。东宫是太子居住之地，内有芳苑、承华殿、凉楼等。往北经集英门即进入太后居住的寿康宫，宫内有寿康殿及其他附属建筑。

在集英门的正北，亦即泰康宫的北边设有承明门，其与大安殿后门正处于东西一线上。出承明门往北即进入左嘉会门外（东）的小院落。此院落北为昭庆门。

入昭庆门往北即宫内的衙署所在地——“内省”（相当于明、清政府的内务府）。“内省”有下列各种机构：

宣徽院宫闱局：管理各宫宫门之禁，统辖各殿都监、同监，各守其职。

宣徽院内侍局：专管正宫（正位）各殿都监、同监，各守其职。

记注院：负责修皇帝起居注。

益政院：皇帝顾问，负责讲解《尚书》《资治通鉴》及《贞观政要》等书。

卫尉司：负责宫中护卫及仪仗队等事务，下设给事局（管司宝，即监印）、掖庭局（管理皇后宫中事务，设有食官、饮官、医官等）。

修内司：管理宫中营建、制作等事务。

此外还有东宫师府（太子府衙），其内设有一整套的官僚机构及护卫人员。如“三师”（太子太师、太子太傅、太子太保）、“三少”（太子少师、太子少傅、太子少保）及“三寺”“十率府”等。据《金史·百官志》，设立这些官职的目的是为了“保护东宫，导以德义”。东宫下设詹事院，其长官为“太子詹事”，总领东宫内外事务，并设有左右卫率府。率府内有左右监门、仆正、掌食、典仪、典食令、侍药、掌饮令、家人及赐给、供应等。另设都监、同监。

上述各官署都是专为宫廷服务而设置的，当应在“内省”。同时，内省还设有许多宫廷女官，服侍帝、后、妃等的起居生活。

综上所述，我们可以看到金宫城是一座宫殿林立、布局有序、结构华美，并有完善的护卫系统的宫城。这正如《揽辔录》中所述，金中都的宫城“遥望前后殿屋，崛起处甚多，制度不经，工巧无遗力……其屏扆窗牖，皆破汴都辇致于此”。“其宫阙壮丽，延亘阡陌；上切霄汉，虽秦阿房、汉建章不过如是”。中都的宫殿不仅完全是按照北宋汴京皇宫的规制构筑起来的，连“屏扆窗牖”，以及所陈玉器珍玩，也多是宣和旧物；在建筑风格上也承袭了北宋末年崇尚奢丽纤巧的风气，滥肆奢华，工巧无遗力。

值得注意的是，20 世纪 90 年代中期，在开辟北京西二环路的南段时，北京市文物考古工作队曾就地进行了考古勘察，并发现了金宫城内大安门及其正北方大安殿的地基夯土层。这进一步证明了现在广安门外滨河公园西侧的这段西二环路，就正好压在金中都城纵贯全城的中轴线上。这一考古发现对我们复原金中都城，无疑是有重大意义的。

另据《金史·礼志》载，大定七年（1167 年），金中都宫城南设社稷坛，而且是社、稷分祀。东为社坛，有内外两垣，中间稍南“以五色土各饰其方，中央覆以黄土，其广五丈，高五尺。其主用白石，下广二尺，剡其上；形如钟，埋其半……近西为稷坛”，“祭用春秋二仲月上戊日（农历春秋两季第二个月的初五日）”[1]。其后，金世宗时又在南郊建圜丘，北郊

[1] 于敏中：《日下旧闻考》卷二九《宫室》，北京古籍出版社，1981 年，第 425 页。

建方丘，东郊建大明，西郊建夜明；金章宗建风师、雨师、雷师和高禖坛等十一处。这是北京历史上第一组较大型的帝都坛庙建筑。

### 中都城的道路和坊制

中都城除东北角后开的光泰门之外，每边三门对隅，应共有六条南北、东西直通的大道，但是由于皇城居中，御苑的修筑使得中都城内仅有三条大道是直通的。

中都城主要的道路如下：

施仁门至彰义门的大街：实际上这是在原唐、辽时期檀州街的基础上向东、向西延展而成的。它通过中都城北最繁华、热闹的地区。因为原檀州街即为唐、辽时北市所在地，国内、对外贸易几乎都集中在这里。如今，这条大街相当于东起虎坊桥、西至广安门外的湾子，即今广安门内外大街。

崇智门至景风门的大街：由辽南京城东部拱宸门至开阳门的大道延展而成，直贯中都城东部的南北，相当于今西城区南闹市口起，向南通过牛街以及右安门内、外大街，达右安门外关厢的凉水河桥以北的大路。

阳春门至丽泽门的大街：一条通过皇城正南门——宣阳门之南的东西大街。东部为市场，西部为居民区。其东段相当于明、清北京城外南护城河的两岸，并一直向西延伸，但今已湮没。今西三环上的“丽泽桥”之名即源于此。

宣曜门街：由宣曜门往西抵达皇城的东门宣华门。它实际上也由辽迎春门大街向东延伸至金宣曜门。今日虎坊路西侧的南横街东口，往西达枣林前街一线当是宣曜门街的遗迹。

颢华门街：从颢华门往东抵达皇城西玉华门的一条大街。其位置大体在今南马连道蝎子门以东到魏墙角以北处，即辽显西门以西。遗址今已湮没。

通玄门大街：清夷门街，是通玄门往南直通皇城北门拱宸门的一条大街，实际是以辽通天门为基础修建的。其位置大致从今白云观以东处起，沿今滨河路西侧南达广安门外白菜湾之北，宽约 30 米。与其隔宫城相对应的便是丰宜门内直通宫城正南门——宣阳门的大街。

会城门街：北起今会城门村，向南于甘石桥附近与彰义门街相交。

端礼门街：南起今万泉寺西的端礼门，向北抵达三路居、孟家桥一带。遗址今已湮没。

其他还有如光泰门街、蓟门北街、黑楼子街等。中都之街大多以城门之名命名，如彰义门街、颢华门街、丽泽门街、端礼门街、丰宜门街、景风门街、阳春门街、宣曜门街、施仁门街、崇智门街、清晋门街、会城门街等。有的则以古迹或建筑物所在位置来命名，如蓟门北街、披云楼东街、白马神堂街、竹林寺东街、阁街、水门街等。

中都城里的坊大体上由纵横交错的干道相围合而成，其周围以及坊内也都有街和巷。如《析津志》中所记："严胜寺在南城金台坊西街北"，其地街名为"金台坊西街"；"杜康庙在南城春台坊西大巷内"，其街名为"西大巷"；"楼桑大王庙在南城南春台坊街东大巷内"，其街名为"春台坊街"。同时还有更小的街、巷。如《永乐大典·顺天府》所记"紫虚观在今阳春门内小巷近南"、《析津志》记"宝集寺在南城披云楼对巷之东"、《元一统志》记"延化禅寺在旧城宣阳门西巷"等等。

金中都城内共设有六七十个坊。现将《元一统志》所列中都城内四隅坊名分述如下：

在西南、西北隅的有：西开阳坊、南开远坊、北开远坊、清平坊、美俗坊、广源坊、广乐坊、西曲河坊、宜中坊、南永平坊、北永平坊、北揖楼坊、南揖楼坊、西县西坊、棠阴坊、翮宾坊、永乐坊、西甘泉坊、东甘泉坊、衣锦坊、延庆坊、广阳坊、显忠坊、归厚坊、常宁坊、常清坊、西孝慈坊、东孝慈坊、玉田坊、定功坊、辛寺坊、会仙坊、时和坊、奉先坊、富义坊、来远坊、通乐坊、亲仁坊、招商坊、余庆坊、郁邻坊、通和坊，共 42 坊。

在东南、东北隅的有：东曲和坊、东开阳坊、咸宁坊、东县西坊、石幢前坊、铜马坊、南蓟宁坊、北蓟宁坊、啄木坊、康乐坊、齐礼坊、为美坊、南卢龙坊、北卢龙坊、安仁坊、铁牛坊、敬客坊、南春台坊、北春台坊、仙露坊，共 20 坊。

金中都仅四隅的坊，就比原辽南京城增加了一倍以上，而这 62 个坊还并不是中都城内全部的坊，如灵中坊、敬德坊、德麟坊、嘉会坊等均不在此数之内。可以这样认为，中都城的坊数有可能在 70 个以上。

宋代以前，都城居民区的“坊”均为封闭式——四周有围墙，四方各开一坊门，并由专人管理，每天五更开坊门，黄昏关闭。而金中都城建设，正处在唐辽时代封闭式的坊制向宋元时代开放式街巷制过渡的时期。金中都城又是继承辽南京旧城，并在其基础上扩建而成的，所以封闭式的坊制和开放式街巷制同时出现在其中，形成了中都城在城市规划建设上的特点。20 世纪 60 年代，考古工作者对中都城城址做了钻探发掘，证实中都西南部新增城区的各坊，均为东西向互相平行的胡同；而东部新扩城区，则多为南北向互相平行的胡同。这说明，金中都城中新设的坊已与辽南京城时的坊不同，其已不是封闭的小方块，而是每条胡同即为一个坊。即使是辽南京城原有的旧坊，也有许多被改建，如卢龙坊即变成南、北卢龙坊，永平坊则分为东、西永平坊等。新建的坊为街巷，各条开放的街巷更有利于市场交易，促进了中都城商业的发展。

经考古发掘证实，金大安殿夯土遗址北界在北京广安门外原北京带钢厂东门口小马路中央；南界在 31 号楼南侧小马路中间，南北长 70 米；东界延至滨河公园内。夯土埋于地表以下 1 米，最大残存厚度 9.65 米。

2002 年 7 月，金中都建都 850 周年前夕，当时的宣武区人民政府在大安殿遗址处修建了“北京建都纪念阙”，其整体造型由中国古建筑的重要部件——斗拱和四条分别朝向东、南、西、北四个方向的青铜坐龙构成。阙高 12.8 米，占地约 760 平方米。阙的东侧镌有侯仁之先生撰写的《北京建都记》，其文曰：

## 北京建都记

北京古城肇兴于周初之分封，初为蓟。及辽代，建南京，又称燕京，为陪都。金朝继起，于贞元元年即公元 1153 年，迁都燕京，营建中都，此乃北京正式建都之始，其城址之中心，在今宣武区广安门南。

金中都以辽南京旧城为基础，扩东、南、西三面有差，而北面依旧。城池呈方形，实测四面城墙，东长 4510 米，西长 4530 米，南长 4750 米，北长 4900 米。四面城垣各开三门，北城垣复增一门，共十三门。城内置六十二坊，前朝后市，街如棋盘。

皇城略居全城中心，四面各一门。正南宣阳门内有街直通皇宫应天门前之横街，两侧建千步廊，廊东有太庙，西有中央衙署。宫城位居皇城东偏，宫室建筑分为三路，结构严谨。中路殿宇九重，前有大安、仁政两殿，为常朝之所，后有后宫，为帝、后所居。主殿大安殿建于三层露台之上，规模宏伟。东路有东宫、寿康宫、内省诸建筑，西路有蓬莱院、泰和宫等建筑。宫城内西南隅凿鱼藻池，建鱼藻殿，以为宫城之内苑，故址即今白纸坊桥西之青年湖。宫城迤东置太子东宫，迤西为同乐园，有瑶池等湖泊。

中都城之扩建，将西湖即今之莲花池下游河道纳入城中，导流入同乐园湖泊及鱼藻池，又经皇城前龙津桥下，转而向南，流出城外。公元 1990 年，在右安门外大街迤西之凉水河北岸发现其水关遗址，已就地建为辽金城垣博物馆。中都近郊建有行宫多处，其最著名者为万宁宫，故址在今北海公园处。元朝继起，就其址规划扩建大都城，遂为今日北京城奠定基础。

公元 1990 年西厢道路改造，市文物研究所沿宣武区滨河路两侧，探得金中都殿夯土十三处，南北分布逾千米，并作局部发掘，从而确定应天门、大安门和大安殿等遗址位置。公元 2003 年为金中都建都 850

周年，应宣武区人民政府之约，撰文以记北京建都之始，刊石于金中都大安殿故址之前。

侯仁之

2002年7月30日

### 3. 金中都行宫和苑囿的辟治

金主迁都燕京，在扩建都城、营建宫殿的同时，先在辽子城西部苑囿、湖泊的基础上扩建西苑，其后又营建了东苑、南苑和北苑。大定年间，战事暂息，生产得以恢复，社会安定，于是又在城外修建了许多处离宫，增辟了新的园林。

金代中都地区的御苑、行宫，据史书记载有二十余处，如芳苑、同乐园、南园、广乐园、北苑、琼林苑、东苑、西园、大宁宫、鱼藻池、钓鱼台等。此外，还选定了"燕京八景"，并在近畿依山傍水处，建造了玉泉山、香山等八处行宫，时称"西山八院"。金代的苑囿、园林建设大都模仿北宋都城汴京，并将拆下来的汴京园林的物料，运抵中都使用[1]。

燕京，作为金代的中都，虽然只有60年，但却掀起了北京地区园林建设的一次高潮。这不仅对后来北京园林的发展具有重要的奠基意义，而且在北京早期的城市环境建设方面，亦做了非常有益的探索。

#### 行宫

（1）万宁宫

《金史·地理志》载："京城北离宫有大宁宫，大定十九年（1179年）建。后更为寿宁，又更为寿安。明昌二年（1191年）更名为万宁宫。"出

[1] 任常泰、孟亚男：《中国园林史》，北京燕山出版社，1993年。

中都城东北角的光泰门即可抵达万宁宫，这是利用高梁河形成的一个天然湖泊开辟而成的。

金世宗在这里修建的行宫，实际上是在辽代行宫的基础上，经过扩建、增辟而形成的规模庞大的建筑群，内有宫殿多处。据《金史·章宗纪》载，明昌六年（1195 年）五月曾“命减万宁宫陈设九十四所”，说明了万宁宫规模之大，布局之宏伟。

此宫建成之后，金世宗每年都前往驻跸。章宗即位后，每年也必有几个月的时间住在万宁宫内。据《金史·章宗纪》载，章宗在“御紫宸殿，受诸王、百官贺，赐诸王、宰臣酒”。

这说明章宗在万宁宫的“紫宸殿”受朝并处理政事，也说明“紫宸殿”是万宁宫中的主殿。万宁宫还设有“端门”，与中都宫城的南门近似，也说明万宁宫虽为行宫，但实际上是金朝统治者的另一座宫城。也因此，万宁宫设有“提调司”等机构专门“掌守护宫城殿位”[1]。

据史书记载，万宁宫作为金帝夏季避暑的行宫，金世宗每年来此约四个月之久；金章宗也在每年的三四月份即来此，八月返回中都城中。

（2）香山行宫

辽代时即已经营香山，并建有“香山寺”。其下还有“安集寺”。金世宗时“诏（巨构）与近臣同经营香山行宫及佛舍”[2]，将原来的香山寺和安集寺连在一起，使之成为贯通香山上下的新寺，改名“大永安寺”，亦作为金主的行宫，供巡幸驻跸、游玩之用。有人曾描述该寺的规模：“凿山拓地而增广之。上院（即香山寺）因山之高，前后建大阁，复道相属，阻以栏槛，俯而不危。其北曰‘翠华殿’，以待临达；下瞰众山，田畴绮错。轩之西叠石为峰，交植松竹，有亭临泉上……下院（安集寺）之前树三门，中起佛殿，后为丈室云堂、禅寮客舍；旁则廊庑厨库之属，

[1]《金史》卷五六《百官志》。

[2]《金史》卷九七《巨构传》。

“燕京八景”之一——玉泉垂虹

靡不毕兴。千楹林立，万瓦鳞次。向之土木，化为金碧丹砂；旃檀琉璃，种种庄严，如入众香之国。”[1] 由此可见，大永安寺是山下为寺，山上为宫，中有登山通路。金章宗即位之后，常游幸于此，或游玩，或打猎，并增建了会景楼等建筑。此外，“又有梦感泉，金章宗常至其地，梦矢发泉涌。旦起掘地，果得泉”[2]。

（3）玉泉山行宫

金统治者在中都西北郊玉泉山兴建行宫，是取其地风景优美：“夙戒游名山，山郊气已濠。薄云不解事，似妒秋色高。西风为不平，约略出林稍。林尽湖更宽，一镜涵秋毫。披云冠山顶，屹如戴山鳌。”[3] 玉泉山以东是昆明湖洼地和永定河清河故道形成的巴沟低地。这里溪流萦回，

[1] 赵万里校辑：《元一统志》卷一《大都路》，中国书店出版社，1966 年。

[2]《日下旧闻考》卷八七引《南濠集》。

[3]《滏水集》卷三《游玉泉由》，四库全书本。

田塍错列，呈现出一派江南水乡的景象。万寿山和玉泉山山峰屹立，如平地浮起，其后更有西山蜿蜒，如屏如障。据记载，玉泉山还有石洞，泉水自洞中流出，水味甘洌；山南，泉水自山下涌出，状如流虹。金章宗曾在这里修建行宫，山上建芙蓉阁，还有殿亭。每年，当他去万宁宫避暑时，还会到玉泉山行宫游赏和狩猎。“章宗避暑玉泉山，宫女随銮到此间。昔日翠华歌舞地，于今犹见五云还”，《日下旧闻考》所引李谦的《玉泉山诗》描述了金代统治者游幸玉泉山时的盛况。

（4）仰山行宫

金世宗大定年间曾在房山仰山建栖隐寺。章宗时因其地景致优美，将寺之所在建为行宫，并经常去“五峰八亭”游玩，题诗刻石。其中的一首云：“金色界中兜率景，碧莲花里梵王宫。鹤惊清露三更月，虎啸疏林万壑风。”这里的行宫不仅占地颇广，建筑也庞大，但到明初时逐渐荒废。

（5）建春宫

“大兴有建春宫”，“承安元年（1196 年）二月，幸都南行宫春水；三年（1198 年）正月，如城南春水，名行宫曰建春”[1]。上述记载说明，中都城南曾在章宗时建有建春宫。金帝每来此宫即居住多日，有时甚至达半月之久，并处理政务，制定和发布有关法令。承安四年（1199 年）二月，章宗曾四次到建春宫：第一次停留 4 天；第二次也是 4 天；第三次又停留 4 天；第四次为 3 天，共约半月之久[2]。据此也可推想，建春宫确实具有一定的规模，其位置大致在今南苑一带[3]。这里地处永定河的灅水故道，地势低洼，地下水位较高。在灅水西迁之后，这里便留下了片片湖泊、池沼。建春宫正是利用这里的湖泊和池沼修建起来的，成为供金统治者游玩的“春水的行宫”。金亡之后，元代因其旧址和湖泊仍

[1]《金史·地理志》。

[2] 曹子西：《北京通史》第四卷，中国书店出版社，1994 年，第 346 页。

[3] 于杰、于光度：《金中都》，北京出版社，1989 年，第 107—108 页。

作游猎之地，而称其为“下马飞放泊”；明代建为上林苑南海子，为御苑；清代则辟为南苑行宫。

### 苑囿

中都城内的苑囿以东、西、南、北四苑为主，其中以在辽燕京子城西郊苑囿湖泊的基础上扩建而成的西苑最为主要。因其地近宫城，所以是金帝及皇室经常游玩的场所。

（1）西苑

西苑位于宫城之西，实际包括宫城内的琼林苑和同乐园两部分，亦称西园，因其在西华门外，所以又称西华潭，是一座规模庞大的御园。

琼林苑以一片大湖为中心，其东、西两岸筑有许多亭台楼阁。其湖名鱼藻池，原是金海陵王修建燕京大城和皇城时利用辽南京的瑶池及其附近的一组建筑群旧址扩建而成的。初始有横翠殿、临芳殿、神龙殿、隆德殿、瑶光台、观会亭，湖中又有鱼藻殿等。因仿北宋汴京御苑之名，称琼林苑。在以后的数十年中，又陆续增建了蓬莱院和蓬莱阁、蕊珠宫和蕊珠殿、龙和宫和龙和殿，以及翔鸾殿、端明殿、明月殿、清风殿、香亭、兰台、坤仪殿、玉华宫等。其大体做如下布置：鱼藻池东北岸为宏伟的端明楼。楼二层，楼边有飞梁，可直达第三层，供皇帝上楼之用，称“辇路”，可俯览全苑景致。鱼藻池北岸即是蓬莱宫，中有蓬莱殿、蓬莱阁；蓬莱殿两侧为瑞光楼和瑞云楼。这组殿、楼、阁即构成了“蓬莱仙境”。蓬莱宫之东是金章宗为李妃所建的龙和宫，宫中有龙和殿和坤仪殿，其后为瑶光楼；蓬莱宫之西是神龙殿，其北为明月殿、清风殿。神龙殿再西为长春宫，中有香霏亭。长春宫往北，近皇城西门玉华门处为玉华宫，内有玉华殿。在鱼藻池西南岸建有蕊珠宫，其门东向，与北岸的蓬莱宫相对应[1]。金亡之后，这座“尽人神之壮丽”的中都名苑，也随之衰落、

[1] 曹子西：《北京通史》第四卷，中国书店出版社，1994 年，第 347—348 页。

破败。“芳迳层峦百鸟啼，芝廛兰畹自成蹊。仙舟倒影涵鱼藻，画栋销香落燕泥。淑景晴薰红树暖，蕙风轻泛碧丛低。冈头醉梦俄惊觉，歌吹谁家在竹西”[1]，诗的作者泛舟鱼藻池中，但此时他所见的鱼藻殿竟已“画栋销香”而“落燕泥”，雕梁画栋的殿阁，已变成小燕筑巢的场所了。

同乐园中有大湖多处，其间有水道相通。湖中还有人工堆砌而成的岛屿，通称“十洲三岛”。《大金国志》载：“西至玉华门，曰同乐园，若瑶池、蓬瀛、柳庄、杏树尽在于是。”此外，还有“方壶”“瀛洲”“琼田”“县圃”等皇帝“游幸”之地。章宗时，每年清明节，同乐园中设立九市[2]。这里有绛霄殿、翠霄殿等，其间的琼华岛上还有琼华阁。金统治者在游赏同乐园各景致时，往往乘坐“翔龙舟”通过水道畅游各湖。当时“彩凤箫声彻晓闻，宫墙烟柳接龙津。月边横吹非清夜，镜里琼华总好春”[3]。但是，贞祐三年（1215 年）金中都城陷落后，同乐园竟成了牛羊的栖息之所：“步入西园里，秋风草木长。牛羊识牢槛，废殿榜凝香。”[4]

（2）南苑

南苑又称“广乐园”，因其园中有熙春殿，又称此园为“熙春园”。这里原是辽南京城外的小型皇家园林。金王朝迁都燕京之后，海陵王常来此处的常武殿进行“击鞠”游戏。《金史 · 世宗本纪》载，金世宗于大定三年（1163 年）五月五日端午节时，曾率皇太子、亲王等贵族及文武官僚到广乐园“射柳”，并赐宴常武殿，宴毕又击球嬉戏。每年正月元宵节时，园中设有“灯山”，供皇室娱乐。在大定二十三年（1183 年）正月十五灯山失火，将园中的熙春殿焚毁。据史书记载推测，南苑应在中都南城丰宜门内[5]。

---

[1] 冯延登：《西园得西字》，载《中州戊集》。

[2]《双溪醉隐集》卷一《龙和宫赋》，引自《辽海丛书》。

[3]《秋涧附集 · 西苑怀古》，引自《日下旧闻考》卷二九。

[4]《小亨集》卷五“同张介夫、杨信卿赋龙德宫诗”，四库全书本。

[5] 于杰、于光度：《金中都》，北京出版社，1989 年；曹子西：《北京通史》第四卷，中国书店出版社，1994 年。

（3）北苑

北苑位于西苑之北、宫城西北角、宫墙之外。据《金史·刑志》，“监察御史陶钧以携妓游北苑，歌饮池岛间，迫近殿庭。提控官石玠闻而发之，钧友阎恕属玠得缓。既而事觉，法司奏当徒二年半。诏以‘钧耳目之官，携妓入禁苑，无上下之分，杖六十，玠、恕皆坐之’”。这段记载说明，北苑内风景甚好，有湖，有岛屿。赵秉文《北苑寓直》诗云:“柳外宫墙粉一围，飞尘障面卷斜晖。潇潇几点莲塘雨，曾上诗人下直衣。”《寓望》中又云:“蒲根阁阁乱蛙鸣，点水杨花半白青。隔岸风来闻鼓吹，柳阴深处有园亭。”

（4）东苑

东苑位于金中都皇城东门——宣华门内以南，西邻宫城东垣。辽时这里在南京子城的东垣内，设有果园、五凤楼、迎月楼等建筑。东苑即是在此基础上扩建、增建的。《北行日录》记有宋使臣楼钥抵达中都，入宫觐见金帝。他在宫城中行走时看到“敷德门，其东廊之外，闻是东苑，楼观翠飞”。东苑在东宫之东门外，所以也是金朝皇帝、太子等贵族常来游玩的地方。据《大金国志》《金国南迁录》记载，“大定十七年(1177 年)四月三日，国主与太子诸王在东苑赏牡丹。晋王允献赋诗以陈，和者十五人”，“泰和七年（1207 年）五月幸东园射柳”[1]。

东宫内还有一座庭院式的小花园——芳园。金世宗、皇太子完颜允恭在东宫时，“携中侍步城芳园”[2]。可见芳园也是金主和太子等经常游玩之处。芳园在宫城内，东苑在宫城外，它们之间可能有门相通，芳园或为东苑的一部分。

（5）钓鱼台

中都城西北门会城门外不远处，有一个很大的湖泊，即今之玉渊潭。

[1]《金史·章宗本纪》。

[2]《日下旧闻考》卷九五。

相传在辽时此处即为一蓄水池，并有水通向南京城的北护城河。其实，此处亦为永定河古道。金朝南迁之后，西山下来之水仍汇集于此，地下也当有潜流。“西郊有钓鱼台，是金主游幸处。”[1] 金末元初，有人描述它“柳堤环抱，景气潇爽……沙鸥容与于波间，幽禽和鸣于林隙”[2]，且“佛宫真馆，胜概盘都”[3]。

（6）西湖

西湖在金中都城之西。该湖的规模在《水经注》卷一三中有一段描写：“湖东西二里，南北三里，盖燕之旧池也。绿水澄澹，川亭望远，亦为游瞩之胜所也。”其水东流向南，绕蓟城之南，即洗马沟，辽建南京城之后即作为西护城河的南段和南护城河。这段由西湖流出的河流，即今广安门外甘石桥南流之莲花河，西湖即今莲花池的前身。

金朝扩建南京城，并把原西、南护城河也围入都城，以此为西苑中太液池供水，鱼藻、浮碧、游龙等湖之水均由此供给。因此，西湖不仅是中都城郊外供人游览的胜所，而且是金中都城御苑的重要水源之一。《滏水集》载：“倒影花枝照水明，三三五五岸边行。今年潭上游人少，不是东风也世情……醉里不知归去晚，先声留著颢华门。”西湖在金时水面很阔，比今日所见的莲花池要大得多。据《明一统志》，它直至明代还“广袤十数亩，傍有泉涌出，冬不冻，东流为洗马沟”。

### 4. 金中都城的经济和对外联络

#### 人口和经济

金皇统元年（宋绍兴十一年，1141 年），金、宋议和之后，金朝就基本确定了它的领土范围：西及今甘肃省临洮，东至大海，控制了淮水（河）以北的广大地区，其建置“袭辽制，建五京，置十四总管府，是

[1]《日下旧闻考》卷九五引《问次斋集》。

[2]《玉渊潭谯集诗序》，《秋涧集》见《日下旧闻考》。

[3]《日下旧闻考》卷九五。

为十九路”[1]，中都路即为其中之一。

上京会宁府远在东北（今黑龙江省哈尔滨市阿城），在政治上难以控制内地；而在经济上，当时的东北地区还非常落后，皇家所需的大批物资，必须从关内运去。然而，运输非常艰难。“会宁僻在一隅，官艰于转输，民艰于赴诉”[2]，“人拘道路之遥，事有岁时之滞……京师居在一隅，而方疆广于千里，以北则民清而事简，以南则地远而事繁”[3]。中都路位于金领土的中部略偏南，将都城设于燕京中都正可弥补上述的两个不足。

中都路的范围，北至长城，东至榆关（今山海关）及临海，南至保州（今河北保定地区北部）、雄州（今河北雄县）、霸州（今河北霸州市）一线，西至易州的五回岭（今河北易县以西）。金代的中都路地区基本上沿袭了辽南京道的疆域（只在南部略有扩展），亦相当于今北京市的大部、河北省的中部和东部地区。中都路下辖一府（大兴府）、十三州（通州、蓟州、易州、涿州、顺州、平州、滦州、雄州、霸州、保州、安州、遂州、安肃州）[4]，共四十九个县。大兴府共领十县，两县在中都城，即大兴县、宛平县；八县在中都郊区：漷阴县、安次县、永清县、宝坻县、香河县、昌平县、武清县、良乡县。

中都路总计 84 万户，以每户平均有 6 口人计，其人口总数应为 504 万人，约为金朝所辖地区的 1/9。大兴府的人口总数约为 22.6 万。中都城作为金王朝的国都，不仅集中了王公贵族及文武官僚及其家属、仆从等，还集中了大批为他们服务的机构和从业人员，而且朝廷还多方采取措施充实中都城的人口。据估计，当时中都城区两县的人口应在 80 万以上。这就是说北京地区在 840 多年以前，就已建立起一座拥有 80 万

[1]《金史》卷二四《地理志》。

[2] 张棣：《正隆事迹记》，载《三朝北盟会编》卷二四二。

[3] 李心传：《建炎以来系年要录》卷一六二，中华书局，1956 年。

[4]《金史》卷二四《地理志》：“中都路……府一，领节镇三，刺郡九”中的“刺郡九”应为“刺郡十”，原误。

人口的都城[1]。

此时，汉族虽不居于统治地位，但仍然是中都城居民的主体，且在中都城内从中央到地方的行政机构中，均有相当数量的汉人任职。在城市和农村从事生产劳动的，主要也是汉族居民。然而，女真族是金王朝的统治民族，尤其是在武力征服了中国北方地区并迁都燕京之后，大批的女真族人往内地迁徙。

金朝的皇室贵族是中都城社会的重要组成部分，其直系贵族保持在二百人左右，另有亲王八十、郡王十、公主三十，还有他们的亲属等。他们大多数居于中都城内。金朝官僚机构不仅众多，而且人员庞大，大约可分为皇室机构、王公机构、政权机构等。《金史·百官志》载："大定二十一年（1181 年），在仕官一万九千七百员，四季赴选者千余，岁数监差者三千。明昌四年（1193 年）奏……见在仕官万一千四百九十九……至泰和七年（1207 年），在仕官四万七千余，四季部拟授者千七百，监官到部者九千二百九十余，则三倍世宗之时矣。"这就是说，随着金政权的逐步稳定，其文武官员也在不断增加。因此，中都的官僚，不仅是一个相当庞大的社会阶层，而且人口数字也很可观，在中都城的居民中自然也占有相当大的比例。辽朝遗留下来的契丹族，此时虽已不是占统治地位的民族，在政权机构中也不占主要地位，但也有任职其中，或散居于中都城乡的，因此也有相当的数量。不仅如此，金中都地区在历史上就是一个多民族频繁接触的地方，如山戎、东胡、肃慎、匈奴、鲜卑、羯、氐等都曾先后占领过这里，有的甚至还曾在政治、经济上产生过不小的影响。另外，还有奚、渤海、室韦等民族也都在中都城居住，并对中都社会、经济的发展起着推动作用。由此可见，金中都城是一个多民族聚居生活，并在交往中互相融合的城市。

应该指出的是，金在燕京地区确立了统治地位之后，为防止汉族人

[1] 曹子西：《北京通史》第四卷，中国书店出版社，1994 年，第 121 页。

民的反抗，从其后方迁来大批猛安谋克户与汉人杂居。“金废刘豫后，虑中国怀二三之意，姑置屯田军，非止女真契丹，奚家亦有之。自本部族徙居中土，与百姓杂处，计其户口，给以官田”[1]。他们“棋布星列，散居四方。令下之日，比屋连村，连接而起”[2]。金熙宗天眷三年（1140年）时，对这些迁来的猛安谋克户在生产和生活上又做了进一步安排，“计其户给以官田，使自播种，以充口食”[3]。这样，他们在燕京地区的广大农村之中与汉族人民杂处。由于中都城内聚居有大批的贵族、文武官吏及其家属、侍人，其生活消耗剧增。巨大的物资需求在客观上刺激了都城商业经济的兴盛和发展。金朝初年，由于汴京的各种工匠被掠到燕京，内地进步的手工业技术被带到了这里，为燕京城经济繁荣亦做出了巨大的贡献。在手工业制品中，纺织品最为著名，时人称“锦绣组绮，精绝天下”[4]。这里所产的罗、绫等行销各地。

中都城中原有旧坊被打破，坊巷的开放更有利于商业经济活动的开展，集中的市场有如下几个：

（1）城北市场

城北的檀州街（今广安门内、外大街，东起菜市口，西至甘石桥一段）远在唐幽州市时就已非常繁华。辽南京时，这一带的市场依然存在。“太宗得燕，置南京，城北有市，百物山待，命有司治其征。”[5]金太宗初年，宋使抵燕，见到城北有市，陆海百货萃于其中。这里不仅有四方运来的陆货，而且有海运而来的海货，市场贸易十分兴旺发达。中都的城北市场范围很广，东起施仁门，一直沿檀州街向西至金皇城北门外（今天宁寺一带），几乎都是闹市区。据《金史·世宗本纪》，大定二十一年

[1]《大金国志·屯田》。

[2]《大金国志·太宗文皇帝纪》。

[3]《大金国志·屯田》。

[4] 许亢宗：《宣和乙巳奉使金国行程录》。

[5]《辽史·食货志》。

（1181年）二月，以元妃李氏之丧，致祭兴德宫，过市肆不闻乐声。谓宰臣曰："岂以妃故禁之耶？细民日作而食，若禁之，是废其生计也，其勿禁，朕前将诣兴德宫，有司请由蓟门，朕恐妨市民生业，特从他道，顾见街衢门肆或以毁撤，障以帘箔，何必尔也！自今勿复毁撤。"这是因为兴德宫在崇智门内，施仁、彰义门在东西大街之北，金世宗去兴德宫必须经过这条街，而这里所说的正是因为有皇帝经过而使"街衢门肆毁撤"，或"障以帘箔"，间接地说明街旁的店铺鳞次栉比，而"不闻乐声"更说明这里过去曾是繁华热闹的街道。

（2）城东市场

城东市场位于中都城东部偏南，宣曜门内迤南的春台坊一带（今陶然亭附近）。

它当时称"南市"，地处中都东城之内，原辽南京城之外。这里除了经营百货外，还有马市。

当时，在市场中进行交易的"榷货"亦即"官卖品"，共10种：盐、酒、曲、茶、醋、香、矾、丹、锡、铁。除此之外，其他货物都允许私人交易。中都城作为国都，是南北交通的枢纽，上述物品的消耗量异常巨大，这些货物的贸易自然也很繁荣。宋人许亢宗在《宣和乙巳奉使金国行程录》中说，中都城"户口安堵，人物殷庶，州宅用契丹旧大内，壮丽夐绝。城北有市，陆海百货萃于其中。僧居佛地，冠于北方，锦绣组绮，绝于天下。膏腴蔬蓏果实稻粱之类，靡不毕出；桑柘麻麦羊豕雉兔，不问可知。水甘土厚，人多技艺，民尚气节，秀者读书，次习骑射，耐劳苦"。

而金朝廷对中都的商业管理甚为严格。直属于金朝中央的市令司"平物价，察度量权衡之违式及百货之估直"，意即由市令司这个机构平衡物价，对各种货物的价格做出规定，并监督检查市上所使用的"度量权衡"（即量器和尺度）是否合乎标准。为了防止商人偷税、匿税，还由官方的"中都都商税务司"派都监进行巡察。

粮食是金中都最紧要的物资。因为中都人口众多，耗粮巨大。金世宗于大定二年（1162 年）即察觉到："京师之困甚大，所须之储，其敕户部宜急为计。"他说："朕谓积贮为国本，当修仓廪以广和籴。"据《金史·食货志》载，在金章宗明昌元年（1190 年），"是岁，奏天下户六百九十三万九千，口四千五百四十四万七千九百，而粟止五千二百二十六万一千余石。除官兵二年之费，余验口计之，口月食五斗，可为四十四月之食"。由于当时中都至通州的运河尚未通航，江淮一带的粮食多是由运河运至通州，然后陆路运抵中都城。因此，金廷在上述两处都建有粮仓，如通州的丰备仓、通积仓、太仓等，中都的广盈仓、丰盈仓、永丰仓、广储仓、富国仓、广衍仓、三登仓、常盈仓等。每仓设监支纳官，负责管理及收支业务。

### 对外联络

金中都城日常的大量消耗，特别是对粮食的巨大消耗，迫使金统治者不得不建立顺畅的对外联络通道。

金朝统治者想尽办法把从华北大平原征调的粮食，经由今卫河、滏阳河、滹沱河、子牙河、大清河等汇集到天津，然后再循潮白河（当时称潞水，后来改称北运河），逆流而上输送到通州。每年漕运的数量，少则数十万石，多则百余万石。之所以称"通州"，即取其"漕运通济"之义。但是，这条水运路线的末端，即从通州以西至中都城约 25 千米的距离却只能依靠陆运。直至金章宗泰和年间，才解决了通州至中都这段漕河的水源问题。但行船也颇为困难，船"由通州入闸，十余日而后至于京师"。不仅时间长，而且"春运以冰消行，暑雨毕；秋运以八月行，冰凝毕"，只能春秋运货两次，而且是以大宗货物如粮、盐、铜钱等为主。中都城郊东南方的宝坻县，不但与内地可通漕运，而且还有渠河（即后来的蓟运河）通向海外，交通甚为方便。"于时居人市易，井肆连络，加之河渠运漕，通于海峤；篙师舟子，鼓楫扬帆，懋迁有无，虽千里之远，旬日而至。稻、粱、黍、稷、鱼、蟹不可胜食，而材木也不可胜用也"。河、海运输的发达，不但促进了宝坻自身的繁荣，而且有力地支撑了中都城，它成为中都城东南郊另一个重要的漕运点。

中都城对外联系的陆上通道，基本上沿袭了历史上的古道，现简述如下：

东部通道：由通州的潞县经平州、滦州出榆关直达金主朝的肇始之地——东北平原。

东北部通道：由顺州（今北京市顺义区）经由檀州（今密云县）出古北口，穿越冀北山地的河谷进入东北平原。这是进入金王朝后方的另一条通道，也是东部通道的重要辅线。古北口在辽、金时期均为重要关隘，亦为兵家必争之地。

西北通道：由中都城经昌平出居庸关北上蒙古高原。据《金史·李英传》，“中都之有居庸，犹秦之崤函、蜀之剑门也”，可知居庸关是中都城西北方的要塞，也是金廷控制西京（今大同）及西部地区的主要通道。

西南通道：由中都西南经良乡、涿州，沿太行山东麓南下，与中原相通，是中都城通向中原贸易、金宋使节和民间往来的主要通道。另有西南部的山区通道，即由中都向西南行经奉先县（今北京市房山区）折而往西，过易州北循拒马河谷，出紫荆关，是通向中原的路线。但此线地势险峻，行走不畅，只作为西南通道的一条辅助路线。

### 卢沟石桥的修建

当时，中原文化沿着太行山东麓的山前台地北上，在进入北京小平原之前必须渡过卢沟河，而越过卢沟河的最好地点，就是后来修建卢沟桥的地方。因为由此上行，岸高流急，难以越渡；由此下行，河床又逐渐开阔，极易泛滥成灾。于是，卢沟河的古代渡口也就从这里发展起来。随着南北交通的日趋频繁，这个古代渡口也就成为北京小平原上南北往来的交通枢纽。但是，“卢沟河水极湍激，燕人每候水浅深，置小桥以渡，岁以为常。近年，都水监辄于此河两岸造浮梁，建龙祠宫，仿佛如黎阳三山制度”[1]。这种状况是很难满足南北交通往来需要的，特别是卢沟河在“春汛”（亦称“凌汛”）和“夏汛”（亦称“伏汛”）期间，河水波涛汹涌，水流湍急，交通几近断绝。而当金中都成为中国北半部的政治统治中心之后，卢沟渡口的战略地位就更为重要。为了在军事上和经济上加强对华北地区的控制，并适应日益发展的交通需求，金统治者决定在此修一座石桥。据《金史·河渠志》：“大定二十八年（1188 年）五月诏：卢沟河使旅往来之津要，令建石桥，未行而世宗崩。”章宗完颜璟在大定二十九年（1189 年）六月，“复诏命造舟，继而更命建石桥。明昌三年（1192 年）三月成。敕命曰广利”[2]。由于广利桥横跨卢沟河，人们又称之为“卢沟桥”。

卢沟桥为联拱石桥，共 11 孔，全长 266.5 米，为华北最长的古代石桥，桥的工程结构有许多突出的成就，即使在今天，也仍令人惊叹不已。桥身除了两岸金刚墙之外共有 10 个桥墩，桥墩之间的距离则从两端向桥的中心逐渐增大。其最小孔距为 16.49 米，中心孔距则达 21.35 米。桥墩的平面呈船形，迎水面砌作分水尖。分水尖的长度从 4.5 米至 5.2 米不等，约占整个桥墩长度的 2/5。不仅如此，还在分水尖上安置了一根边长为 26 厘米的三角铁柱，以保护桥墩不至于因凌汛时浮冰的猛烈撞击而被摧毁。桥墩顺水的一面自出券洞以后，作流线型向内收敛如船尾，使水流一出券洞即可分散，以减少券洞内水流的挤压力。为了使分水尖更为稳固，还在分水尖的“凤凰台”上加了六层压面石。这是因为分水尖很长，拱券只压于桥墩的后半部，如果没有这六层厚达 1.83 米的压面石，桥就会因桥墩压力不平衡而毁损。这六层压面石，第一、二层挑出分水尖的凤凰台台面；从第三层起，逐层向内收一直到顶层，石面微微隆起，呈琴面状。

[1] 许亢宗：《宣和乙巳奉使金国行程录》。

[2]《金史·河渠志》。

卢沟桥的雄姿

如果说卢沟桥的桥墩凝结着高超的技术水平，那么这种高技术水平在卢沟桥的拱券上则表现得更为充分。同桥墩一样，桥拱的跨径也是由桥的两端向桥中心逐渐增大，东一拱最小，为 11.40 米，中心拱最大，有 13.45 米。但各拱跨径不一，即由外拱至中心拱的增大比率为 1：1.1。卢沟桥的弧形桥拱不仅在我国古代的联拱桥中甚为鲜见，其矢跨比率（1：3.5）也比一般联拱桥高。

卢沟桥桥面宽阔、平展，中央微微隆起，坡度平缓。它两侧的石栏，布置奇巧，装饰雄丽，既坚固又雅观，融实用与美观于一体。

卢沟桥共有石栏杆 279 间（南边 139 间，北边 140 间）；石栏杆间嵌有栏板 279 块，且每间都立有望柱。望柱总计 281 根，高 1.4 米，柱头刻有莲座，座下刻有荷叶墩，柱顶雕有高踞的石狮。座柱排列整齐、匀称，形态精巧，在自如肃穆中充满活力，生动有趣。尤其是望柱上的 485 只大小不同的石狮，可谓一柱多姿，柱柱生动，形态万千，呼之欲出，为卢沟桥增添了光彩夺目的艺术魅力。在月朗星稀的夜色下，卢沟河蜿蜒而曲折，岸边树木葱茏，远处的西山隐隐约约，起伏壮丽……这便是著称于世的“燕京八景”之一的“卢沟晓月”。“卢沟石桥天下雄，正当京师往来冲”，作为南北交通要道，卢沟桥是中原进京的必由之路。无论在军事、政治上，还是在经济、文化上，卢沟桥都起着重要的作用，而它在工程技术和艺术上的巨大成就，也为世人所称颂。

### 中都城水源的开发和利用

北京地处华北大平原的北端，属暖温带半湿润、半干旱气候区。北京的地理位置和地形，决定了北京气候的以下特点：平原及部分山区的年降雨量在 500—650 毫米之间，但降水集中且强度大。这是因为北京处在大陆干冷气团向东南移动的通道上，每年从 10 月到翌年 5 月几乎完全受来自西伯利亚的干冷气团控制，只有 6—9 月前后受到海洋暖气团的影响。降水主要集中在夏季，7、8 两个月尤甚。因此，北京一遇雨季常常是洪涝成灾，而到了旱季又往往是河床干涸，就连北京地区最大的河流永定河也只有如泉流似的水量（1—3 立方米 / 秒）。早在三国时，曹魏将军刘靖就曾在蓟城附近屯田守边，开辟水田，使灌溉面积达到两千余顷。这可以说是北京城市发展过程中从永定河引水灌溉的最早实例。而到了金建中都之后，对于水源的要求就完全进入了一个新的阶段。

### 中都城近郊运河的开凿

金统治者决定迁都燕京之后，在扩建旧城时，就把原在西郊的一条小河（即洗马沟）有计划地圈入城内，流贯皇城西部，形成一个苑林区（即同乐园，又称西华潭、鱼藻池）。实际上，这也就是中都城中的太液池。其下游流经皇城南面的正门（宣阳门）前的龙津桥下，斜穿出城，成为南护城河。洗马沟源出西湖，西湖在辽南京城之西，即今莲花池的前身。从西湖发源的水形成河流，成为南京城西护城河的南段和南护城河。金扩建中都时把这段河流纳入城中，变成都城之内河，并由此供给西苑中太液池的水。因此，西湖是金中都宫苑的重要水源。西湖在金时面积很大，比今日所见的莲花池要大得多。史书有“广袤十数亩，傍有泉涌出，冬不冻，东流为洗马沟”的记载。

金统治者决定迁都燕京，在“广燕城，建宫室，依汴京制度”的同时，也考虑到了都城之内宫廷苑林的用水问题。但是，金中都的漕运用水仍无法解决。

为了把华北大平原的粮食运至金中都，漕粮运输沿途都是利用天然河道，即由今卫河、滏阳河、滹沱河、子牙河、大清河等水道，汇集到今天津一带，再沿潮白河（潞水，后称北运河）逆流而上，运抵通州。至于通州西至中都城长约 25 千米的路程，就必须开凿人工运河。而中都城附近地面海拔高出通州约 20 米，潮白河水自然无法西引。这也就是说，要解决漕运的水源问题，就必须在中都城西北地势较高的一端寻找水源，才能使其顺地形的高下流至通州。起初，设计者只想导引中都城北的天然小河高梁河、白莲潭诸水，“以通山东、河北之粟……其通漕之水……皆合于信安海壖，溯流而至通州，由通州入闸，十余日而后至于京师”。但是，由于其间地形的比降过大，便在沿河设闸 8 座，以节制流水。这便是见之于史书记载的“闸河”。金代每年陆运的粮食数量少则 10 万石，多则百余万石。

金初为解决漕运而导引中都城西北诸泉，东南流往高梁河，既是北京近郊河流水系上的一个重要改变，也是金统治者在寻觅水源过程中的一个尝试。最后，终因流量有限，闸河也难免浅滞，于是便又有导引卢沟河水的动议。史载：“世宗大定十年（1170 年），议决卢沟以通京师漕运，上忻然曰：‘如此则诸路之物，可径达京师，利孰大焉。’命计之，当役千里民夫……”[1]

当时，正遇山东闹饥荒，因此议而未行。第二年（1171 年）十二月，“省臣奏复开之，自金口疏导至京城北入濠，而东至通州之北入潞水，计工可八十日”，但毕竟河小，水量亦极为有限。于是便考虑高梁河上源七八千

[1]《金史》卷二七《河渠志》。

米处的瓮山泊。瓮山泊实际上是汇聚了玉泉山的泉水，乃至部分西山之水的小湖。以地形推测，那时瓮山泊的下游，当有一条小河，经向东北，合今万泉庄之水，流注清河。这条小河与高梁河上源之间，有一高地叫作“海淀台地”，地形微微隆起，形成了两者之间的一个小分水岭。或许就在这时第一次用人工打开了这个小分水岭，导引小湖之水，转而南流，与高梁河同注于运河，以至通州。“金都于燕，东去潞水五十里，故为闸以节高梁河、白莲潭诸水，以通山东、河北之粟”。但是“及渠成，以地势高峻，水性浑浊。峻则奔流漩回，啮岸善崩；浊则泥淖淤塞，积滓成浅，不能胜舟”[1]。最后卢沟河水既不可用，旧闸河水又不畅通，结果只好依靠陆运。

中都城自天德三年（1151 年）正式成为金朝的统治中心，到贞祐二年（1214 年）五月迁都汴梁，前后六十余年间，为维持和满足中都城内宫苑和庞大统治机构、皇亲贵族们的巨大消耗，曾几次寻求水源，虽然取得了一定的成就，但毕竟是杯水车薪，难以满足。卢沟河虽大，但又因其暴涨暴落，水流严重不稳，在当时的技术条件下难以开发利用。

### 宫苑用水的导引

金中都城是在北京早期的城址上建立起来的最为壮丽的一个大城，它是金海陵王天德二年（1150 年）动工扩建的，而在扩建过程中，首先考虑的便是都城内宫廷苑林的用水。在我国的建筑史上，宫苑建设极其重要的因素之一就是水。例如，在汉、唐长安与隋唐洛阳城的设计中，都曾大量用流水点缀宫苑，其中以唐长安城最为典型。在封建帝都的设计上，宫苑流水的引导已成为一种传统，因而被引导的水流也就逐渐获得了固定的名称，如金水河、太液池一类名称，不但见于元、明以来的北京城，而且见于其他古代帝王的都城。金的统治者是一个在文化上比较落后的部族，事事效仿汉族制度，都城的设计也不例外。当时为了解决宫苑用水，

[1] 同前注。

就在扩建旧城时，把原在西郊的一条名为洗马沟的小河，有计划地圈入城内，并且使其流贯皇城西部，形成一个极其重要的苑林区，名叫同乐园，又称西华潭或鱼藻池，也就是中都城中的太液池。其下游流经皇城南面正门（宣阳门）前龙津桥下，斜穿出城，成为南护城河。南护城河西段，别有水源，出中都城西南近郊流泉，傍中都南墙东注，即今凉水河之上源。

洗马沟的上源，古称西湖，《水经注》中有一段很好的描写："洗马沟……水上承蓟水，西注大湖，湖有二源，流结西湖。湖东西二里，南北三里，盖燕之旧池也。绿水澄澹，川亭望远，亦为游瞩之胜所也。湖水东流为洗马沟，侧城南门东注。"这里所说的"侧城南门东注"者，指的是北魏时蓟城的南门，至金时则已包在中都城内。洗马沟的上源既然早已成为蓟城西郊的一处名胜，那么它的下游被圈入宫苑，也是很自然的事。其后元朝改建大都城，这一带又成郊外，演变至今，虽已历700余年，但是旧日河湖痕迹，也还依稀可见。以地理位置推求，古时西湖即今之莲花池，由莲花池东南流之小河，即是古之洗马沟，不过其下游已被导入今日外城西护城河，与今日之凉水河不复相通。今环城铁路广安门车站以西有一带浅湖，当即金皇城内之西华潭遗迹。

### 5. 金中都城现存的几处遗址

中都城作为金朝统治中心，前后共历60余年。而自1215年中都的宫殿被焚毁，迄今已过去800多年，那么金中都城还有什么遗存，可使人们去瞻仰、缅怀呢？

#### 城垣遗址

城垣是中都城的标志，而中都城的城垣是在辽南京城的基础上分别向东西南三面各扩3里，夯筑新城墙的。东城垣长4510米，南城垣长4750米，西城垣长4530米，北城垣长4900米。其西北角在今羊坊店附近，现尚有"会城门"地名留存；东北城角在今宣武门内翠花街附近；

西南城角在今丰台区凤凰嘴村和万泉寺一带，至今尚有土城遗迹，已列为市级保护单位；东南城角在今北京南站附近。

## 城南水关遗址

1990年10月在右安门外凉水河北，建设玉林小区挖掘地基时，发现金中都城南出水口（水关）。水关平面呈"][" 形，全长43.4米，过水地面石的长度是21.35米，两厢石壁之间宽7.7米，北面进水口宽11.4米，南面出水口宽12.8米，是一处木石结构的大型水关遗址，也是目前我国已发现的最大水关遗迹。

水关遗址的发现，确定了金中都城西湖（今莲花池）水进入鱼藻池（今青年湖），过龙津桥向南，再过丰宜门、景风门之间的南城墙下流入护城河的确切路线。水关的整体结构与宋代《营造法式》相一致，是研究我国古代建筑和水利设施的重要例证。它于2001年6月25日被列为全国重点文物保护单位。

金中都城南水关遗址

## 宫苑遗址鱼藻池

金中都城宫苑遗址今可见者唯鱼藻池一处，其地在今白纸坊桥迤西200米处。鱼藻池内原筑有小岛（瑶屿），上建鱼藻殿，风景优美，于1993年列为市级文物保护单位。鉴于鱼藻池作为金中都宫苑遗址的唯一性和不可替代性，侯仁之先生曾题写碑记并立于其间：

> 金中都城宫苑遗址今可见者，唯鱼藻池一处。其地原在宫城内之西南隅，西隔宫墙与皇城内西苑之太液池一脉相通，同为皇家邀宴之所。鱼藻池内筑有小岛，上建鱼藻殿，风景佳丽，自在意中。泰和五年（1205年）端午节，金章宗拜天射柳，欢宴四品以上官员于鱼藻池，事载金史本纪，去今适满750周年。而今历经沧桑，宫苑古建荡然无存，仅得鱼藻池遗址，即今青年湖。近年营建西厢工程，于鱼藻池东约200米，发现大型建筑遗址夯土层二处，南北相值，可以确定为金中都大安殿与大安门故址所在。鉴于鱼藻池遗址与研究金中都城宫苑方位密切相关，已列入北京市文物保护单位。

侯仁之先生建议把它开辟成为“鱼藻池公园”。

### 金代皇宫的特有饰物铜辟邪

1990年北京市政府在进行“西厢工程”（西二环路整修工程）时，于今白纸坊桥以北先后发现大型建筑遗址夯土层13处，并发掘到铜辟邪。经北京市文物研究所专家鉴定，这种铜辟邪也称坐龙，是金代安装在宫殿前平台上所设帷帐顶上的饰物，其形制也为金代所独有。考古工作者根据夯土层的分布情况，确定了金代宫殿主殿大安殿及其南门大安门、应天门的位置。2003年，为纪念北京建都850周年，有关部门便依据这次考古发现的成果，把北京建都纪念阙安放在大安殿遗址前。

在金中都大安殿遗址发掘的铜座龙

## 十、大都城——元代一统中华的政治中心

北京的城市发展，如果从奴隶社会时代的蓟算起，到封建社会金中都城宫殿的被焚毁，绵延两千二百多年，其城址一直位于今天北京城西南部、莲花池的东南，是在同一个原始聚落的基础上逐渐发展起来的。城市的范围虽然不断扩大，城市面貌也发生了很大的变化，但它原来的城址却始终没有改变。元代兴建大都时放弃了莲花池水系上历代相沿的城址，新建规模宏大的大都城。这实在是北京城市发展史上一个非常重要的转折点，在城市规划史上开启了一个崭新的篇章。

成书于春秋战国时期的《周礼·考工记》曾简述了城邑建设的测量问题，包括求水平、定方位等，而在“匠人营国”一节中又追述了周王朝营建都邑的制度，提出了一套至为理想的营国规制，即“匠人营国，方九里，旁三门。国中九经九纬，经涂九轨。左祖右社，面朝后市”。

然而，纵观元代以前出现在中华大地上的都城，虽然我们可以列举出许多卓有成就、规模宏大的王城规划设计，但是就其规划的匠意和布局的形式而言，最接近《周礼·考工记》中“王城规制”的当属元大都城。而这也是元大都城市形态的最大特点。元大都城的规划建设，在我国的城市规划史上占有非常重要的地位。

元大都是中国农耕文明时期传统都城的典型。它既追求《周礼·考工记》中所提出的王城规划的理想模式，又不拘泥于其城郭制度，而是依据实有的自然地理条件，因地制宜地决定城市空间布局的中轴线，并依据南北、东西相交而成棋盘式道路，还按照井然有序的里坊制形式安排了全城的居住区——坊。此后，它为明清时期的北京城所继承和发展。

元代通惠河的开凿，不仅满足了大都城漕运的需要，而且促进了南北经济、文化的大交流、大融合，形成了以积水潭（海子）码头为中心的商业、文化、娱乐中心。大都成为13世纪中国最繁荣的城市，也是当时世界上规模最大、最繁华的城市。

意大利著名的旅行家马可·波罗曾在大都城居住了17年。他于1295年返抵威尼斯后写了一本《马可·波罗行纪》，对大都的城池、宫殿、街道、商业等均有详尽的描述。他写道:“全城中划地为方形，划线整齐，建筑房舍。每方足以建筑大屋，连同庭院园囿而有余。以方地赐各部落首领，每首领各有其赐地，方地周围皆是美丽道路，行人由斯往来。全城地面规划有如棋盘，其美善之极，未可言宣。”[1]

马可·波罗是在忽必烈至元末年，随父亲和叔父来到大都的。当时的大都城已经在按规划进行建设，他对大都城的描述，应该说是基本符合事实的。

黄仲文的《大都赋》这样写道:“论其市廛，则通衢交错，列巷纷纭。大可以容百蹄，小可以方百轮。街东之望街西，仿而见，仿而闻；城南之走城北，去而晨，归而昏。华区锦市，聚万国之珍异；歌棚舞榭，选九州之秾芬……若乃城堙之外，则文明为舳舻之津，丽正为衣冠之海，顺承为南商之薮，平则为西贾之派。天生地产，鬼宝神爱，人造物化，山奇海怪，不求自至，不集而自萃……”

明初，工部侍郎萧洵在他的《故宫遗录》中详细地记述了元代宫殿的情况。他评价说:“高明华丽，虽天上之清都，海上之蓬瀛，犹不足以喻其境也。”可叹的是，壮丽的都城建筑竟没有被保存下来，只留下萧洵的《故宫遗录》和今北京内城东、西长安街以北至北二环之间的街巷胡同格局，以及北部和西部的土城垣遗迹。

### 1. 蒙古族的兴起与金中都城的衰落

蒙古族在唐时被称为“蒙兀室韦”，是我国北方地区的一个游牧民族，原分布在今内蒙古自治区额尔古纳河一带。公元8世纪时，开始西迁至今蒙古国乌兰巴托以南地区。12世纪时，蒙古族社会经济有了显著

[1] 马可·波罗著，冯承钧译:《马可·波罗行纪》第二卷第七章，商务印书馆，1936年。

发展，并逐步由氏族社会向奴隶制社会过渡。13 世纪初，以铁木真为首的部落统一了其他各部，铁木真被尊为“成吉思汗”。1206 年正式建立了蒙古政权，即蒙古大汗之国。

其后，以成吉思汗为首的蒙古贵族向南方发动了大规模的战争。1211 年春，蒙古兵开始在克鲁伦河畔大本营召集军马大举伐金。两年后（1213 年）又兵分三路南下，还一度包围了中都城；翌年（1214 年）中都城再度被围，金宣宗屈服议和，并以缴纳大量的金银、童男女五百、马匹三千为代价，换取了蒙古军的北撤[1]。同年五月十八日，金宣宗逃离中都城，并迁都汴梁（今河南开封）。就在这之后的第二年，即 1215 年，蒙古骑兵顺利突破了居庸关一带的天险，直趋中都城下。可是，蒙古贵族当时并没有打算在这里建都。中都城内金朝的皇宫被焚毁，中都城作为金朝的统治中心前后共历 60 余年。这座在北京原始聚落上发展起来的大城，从此日渐衰落……

宋端平元年（1234 年），亦即中都城宫殿被焚之后 20 年，有人曾目睹“行殿基存焦作土，踏链舞歇草留茵”，“瓦砾填塞，荆棘成林”的状况。王恽《燕城书事》诗亦叹曰：

都会盘盘控北垂，当年宫阙五云飞。
峥嵘宝气沉箕尾，惨淡阴风贮朔威。
审势有人观督亢，封章无地论王畿。
荒寒照破龙山月，依旧中原半落晖。[2]

自蒙古军攻进金中都并焚毁金代宫殿，到忽必烈建成大都的半个世纪里，燕京仍然是华北平原上一个重要的中心城市。不仅如此，当时

[1]《元史》卷一《太祖本纪》。
[2]《日下旧闻考》卷二九《宫室》。

还有北城、南城之称，即把新建的大都城称为“北城”，原金中都旧城称为“南城”，且直到元至正二年（1342 年）仍延续“南北二城”的称呼。每至农历二月还有“踏青斗草”的习俗，即北城官员、士庶妇人女子，多游南城。虞集《游长春宫诗 · 序》称 :“岁时游观，尤以故城为盛。”

### 2. 元定都燕京和大都城址的确定

自 1211 年成吉思汗伐金起，至 1260 年忽必烈建立元朝的半个世纪中，蒙古军不断向中亚、东欧发动战争，并建立了地跨欧亚大陆的“大蒙古帝国”。但这时帝国的政治中心，仍然是蒙古草原上的哈喇和林（今蒙古国鄂尔浑河东岸），燕京只是蒙古统治者控制华北、中原的一个重要的战略据点。忽必烈以燕京为基地，在东部诸王和汉人将军、儒士谋臣的支持下，打败了位居漠北、代表草原贵族保守势力的阿里不哥，并取得了最后的胜利。接着他又积极改变旧制，建立了与中原经济基础大体相适应的封建王朝，仪文制度亦都运用汉法。忽必烈建国号“元”。“元也者，乾元之义”，“元也者，大也。大不足以尽之，而谓之元者，大之至也”[1]。年号“至元”乃“至哉坤元”之意，取自《易经》。

元至元元年（1264 年），忽必烈称汗。元初建时，仍以开平（今内蒙古自治区多伦附近）为都城，称上都。忽必烈曾下诏说 :“开平府阙廷所在，加号上都外，燕京修营宫室，分立省部，四方会同。”[2] 并将燕京改名“大都”，府名仍为“大兴”，以兼顾对华北、中原地区的统治，借以保证财赋收入。随着政治重心的南移，燕京的地位日趋上升。忽必烈胸怀灭亡南宋、统一中国的雄才大略，将都城南迁的愿望也日益强烈。《春明梦余录》载 :“元世祖尝问刘秉忠曰 :‘今之定都，惟上都、大都耳，何处最佳？’秉忠曰:‘上都国祚短，民风淳；大都国祚长，民风淫。’

[1]《国朝文类》卷四〇《经世大典序录 · 帝号》。

[2]《元典章》卷一《建国都诏》。

遂定都燕之计。”《续资治通鉴》载：“景定四年（1263年，即元世祖中统四年）春正月，蒙古刘秉忠请定都于燕，蒙古主从之。”霸突鲁更谓：“幽燕之地，龙蟠虎踞，形势雄伟，南控江淮，北连朔漠。且天子必居中，以受四方朝觐。大王果欲经营天下，驻跸之所，非燕不可。”[1]

元至元三年（1266年），忽必烈派遣刘秉忠来燕京相地，触目所及，燕京城的金代宫殿在惨遭燹变之后，虽已过去近半个世纪，但仍是一派荒草萋萋、“行殿基存焦作土”的破败景象。加之原中都城水源莲花河“水流涓微”“土泉疏恶”，因此，忽必烈决定放弃燕京旧址，而在其东北以金代的大宁宫琼华岛离宫为中心兴建新都——元大都。忽必烈决定放弃中都燕京旧城，史籍虽有上述记载，但并未记有另觅新址创建大都城的明确原因。据笔者综合分析，大概有以下几个方面的原因：

（1）蒙古风俗。每个蒙古大贵族都拥有数十辆，乃至数百辆的毡车和毡帐，统称为“斡耳朵”，以供其妻儿居住。自从元朝确立两京制度之后，这种大型的“斡耳朵”就经常往来于大都和上都之间，蔚为壮观。但是，按照蒙古人的习俗，一个“斡耳朵”曾在某处安置，当它搬走以后，只要那里有任何曾经被火焚烧过的痕迹，那么，不管是骑马还是步行，就没有一个人再敢经过这一地点[2]。蒙古人把废弃的古城遗址称为“马兀八里”。“马兀”蒙古语意为“坏”或“恶”，“八里”突厥语意为“城”。在被大火烧毁的亡金宫阙的废墟上重建新的宫殿，在蒙古人看来是一种禁忌。

（2）金中都城的水源主要依靠城西的莲花河水系，但是莲花河“水流涓微”，且“土泉疏恶”，难以满足都城发展以及漕运用水的需要。金时虽曾开发金口导引卢沟之水，但终因其“地势高峻，水性浑浊。峻则奔流漩回，啮岸善崩；浊则泥淖淤塞，积滓成浅，不能胜舟”而作罢[3]。而且，终金一代，都未能圆满地解决漕运用水问题。忽必烈当然不愿因

[1]《元史》卷一一九《木华黎传附霸突鲁》。

[2] 周良霄、顾菊英：《元代史》，上海人民出版社，1998年，第280页。

[3]《金史·河渠志》。

循守旧。而当时忽必烈的驻跸之所琼华岛，却有高梁河水系形成的丰沛水源和广阔水面，既可保障都城用水，又可为大都增添无限优美的自然风光。

另据清魏源《元史新编》卷一六载："世祖（忽必烈）亦封皇子于长安，营于素浐之西，毳殿中峙，卫士环列，车间容车，帐间容帐；包原络野，周四十里，以为牙门，讥其出入，故老望之……以为威仪之盛，古名王雄落所未有。盖元初中原藩王居帐中，不居城中。自中叶之后，始渐同汉俗，建宫坻城郭。"由此推测，忽必烈在燕京北郊驻跸时的状况大致与上述描绘相似，而规模应该比皇子所在的营地还要宏大，景象更加壮观。这种游牧民族特有的傍水驻营的习惯，也可能对大都新城的选址及布局模式产生深远的影响。

（3）永定河是逐渐由北而南迁徙的，并形成了大致以石景山为顶端的、面积宽阔的洪、冲积扇。金中都城地处这个洪、冲积扇脊部的西南侧，地势较低，而金口地势高出中都城约46米，势若建瓴，常受到卢沟洪水泛滥的严重威胁。大都城新址则位于永定河洪、冲积扇的脊部，处在"高毋近旱而水用足，下毋近水而沟防省"[1]的有利位置，完全避开了洪水入城的危险。纵观元明清三代数百年间，永定河泛滥的洪水，从未进入内城，也正好说明了元大都的城址，是经过了周密的勘察之后才确定的。

（4）元世祖忽必烈崇尚"汉法"，而辅佐忽必烈并主持大都规划设计的幕僚刘秉忠更是力举儒学，推行"汉法"。所以，大都的规划完全继承和恪守《周礼·考工记》中所提出的有关王城建设的理念。另觅新址，可以摆脱因袭旧城的束缚，将此种理念付诸实践。事实上，建成后的"大汗之城"——元大都的城市格局，也完全证明了这一点。

欧阳玄《圭斋文集》卷九"马合马沙碑"载："至元三年（1266年），定都于燕，时方用兵江南，金甲未息，土木嗣兴，属以大业甫定，国势方张，

[1]《管子·立政篇》。

宫室城邑，非巨丽宏深无以雄视八表。”这说明在忽必烈定都燕京之初，就拟建一座“巨丽宏深”的理想都城。

### 3. 元大都城的政治功能和规划建设

元大都的规划建设完全恪守《周礼·考工记》中有关王城的规制匠意，又密切结合高梁河水系的地理特点。为了把高梁河水系的天然湖泊全部纳入大都城中，便以天然湖泊东面的最远端点，即今万宁桥（又称海子桥）作为基点，往西以包括积水潭在内的距离作为半径，来确定大都城东西两面城墙的位置。只是由于东墙规划的位置刚好在低洼地带，难以筑墙，只得向内稍作收缩。这样，在以海子桥为基点向南延长的规划建设的实际中轴线以西 129 米处，又出现了一条控制大都城北半部的几何中分线。整座大都城就是依据这两条中轴线完成整座城的规划建设的。

整修后的万宁桥（海子桥）

元至元四年（1267年），营建新都的工程正式破土动工。二月“发中都、真定、顺天、河间、平滦二万八千余人筑宫城”[1]。至元九年（1272年）二月明令改中都为大都；五月，宫城初建东、西华门，左、右掖门。至元十年（1273年）十月，初建正殿、寝殿、香阁周庑两翼室。至元十一年（1274年）正月，宫阙建成，忽必烈在御正殿受百官朝贺；四月，初建东宫；十一月，起阁南直大殿及东西殿。至元十三年（1276年），城成。至元十八年（1281年）开掘城壕。至元二十四年（1287年），筑城工程全部完成。至此，一座雄伟壮丽、举世无双的都城矗立在华北大平原的北端，而通惠河的开凿更促进了南北经济、文化的大交流、大融合和大都城的繁荣。自然，随着城市经济的迅速发展、对外交流的日趋广泛和频繁，大都成为闻名世界的城市。

### 城垣和城门

大都城坐北朝南，呈一个规正的长方形，“城方六里，门十一座”。其总体模式，虽然严格遵循《周礼·考工记》所说的传统规制，但实际营建的规模，却远远超过“方九里”的模式。经考古勘查，大都城周长28600米，东城墙长7590米，西城墙长7600米，北城墙长6730米，南城墙长6680米。

四周辟门11座：正南三门，左为文明门（今东单南），正中为丽正门（今天安门南），右为顺承门（今西单南）；北面二门，东为安贞门（今安定门外小关），西为健德门（今德胜门外小关）；东面三门，自北而南为光熙门（今和平里东）、崇仁门（今东直门）、齐化门（今朝阳门）；西面三门，自北而南为肃清门（今学院路西端）、和义门（今西直门）、平则门（今阜成门）。北城墙和东西城墙北端，至今仍有遗迹可见，南城墙在今东西长安街南侧，城墙全部用夯土筑成，并在夯土中采用了“永定柱”竖柱和“纴木”

[1]《辍耕录》卷二一《宫阙制度》：“大内于至元八年十七日动工，明年三月一日完工。”

（横木），其作用相当于在水泥混凝土中置放钢筋。经实测，墙基宽 24 米，墙体往上略有收分，其基宽、墙高和顶宽之比为 3∶2∶1。

为防止雨水冲刷和排水防浸，城墙顶部还设有半圆形瓦管用于排水，并用苇帘子自上而下将整个城墙遮盖起来，称“蓑城”。历史上，大都又有“三头六臂哪吒城”之称，即南面三城门为“三头”，东西两面三城门为“六臂”，北面两城门为“两只脚”。

城的四角还设有角楼。今建国门南侧的古观象台，就是元大都城东南角楼的旧址。为加强防御，城墙外侧还等距离建有墩台，即“马面”，其外有护城河环绕。至正十九年（1359 年），元顺帝还曾下诏“京师十一门皆筑瓮城，造吊桥”[1]。

1969 年在拆除西直门箭楼时，发现了元大都和义门瓮城城门遗址。门洞内的题记说明它建于至正十八年（1358 年），城门残高 22 米，门洞长 9.92 米，宽 4.62 米。城楼虽已被毁，但尚存从城楼向门洞木门上漏水的灭火设备。今木门已无存，仅余承受门轴的半圆形铁制“鹅台”和门砧石[2]。

### 规划和空间布局

如前所述，大都城的空间平面布局是按照《周礼·考工记》中所载的王城之制，结合地理特点，经过非常周密的规划设计的。全城规划整齐，井然有序。

（1）宫城位置的确定

大都城城址的选择，首先考虑以原金中都城东北郊大宁宫琼华岛太液池为中心的宫殿建筑的布设，即在湖泊的东岸兴建宫城（大内）；西岸另建南北两组宫殿，南为隆福宫，北为兴圣宫，分别为皇室所居。琼华岛万岁山之南的小岛叫作“圆坻”，也称瀛洲（今团城的前身），与琼华岛有长

[1]《元史·顺帝本纪八》。

[2] 中国社会科学院考古所：《新中国的考古发现和研究》，文物出版社，1984 年。

今日北海琼华岛

达二百尺（约合 64 米）的汉白玉石桥相连；另从圆坻建木桥连接太液池东西两岸。这样就形成了“三宫鼎峙”的格局，并以此为出发点，环绕三宫修筑皇城（也称萧墙或红门阑马墙）。皇城之外再建外城郭，即大城[1]。

元代大内宫城正殿大明殿，则是一座“工”字形平面的大型建筑，前方为正衙，后方为寝殿，中间设连廊，为“前朝后寝”的平面布局。大明殿之后，又另设“工”字形平面的寝殿延春阁。从总体布局上，又是一个“前朝后寝”的格局。元大都的中央官署是分散设置的，大多在大都城的东南部和中部。

（2）全城平面布局中心的确定

大都城宫城的位置既已确定，便将宫城的中心建筑群——大明殿、延春阁置于宫城的中轴线上，从而显示出封建帝王至高无上的地位。并

[1] 元大都的建设先从建筑宫殿开始，参见赵翼《廿二史札记》卷二七“元筑燕京”条。

以此为依据，沿宫城的中轴线向北延伸至太液池上游的另一处（即积水潭的东北岸），这样就确定了全城平面布局的几何中心点，并在其东延的相交处建“中心阁”。其位置相当于今天城内鼓楼所在的地方。“阁之西，齐政楼也，更鼓礁楼。楼之正北乃钟楼也。”[1]《析津志》说：“中心台，在中心阁西十五步，其台方幅一亩，以墙缭绕，正南有石碑，刻曰‘中心之台’，实都中东西南北四方之中也。”

这也就是说，元大都城规划建设的中轴线有两条：北半城以齐政楼为标志的全城几何中分线（今旧鼓楼大街的位置）和南半城以万宁桥为基点的规划建设中轴线。

在城市规划设计中，在实测的全城中心做标志，无疑是我国城市规划史上的一大创举，既史无先例，也表明在城市规划建设中对测量技术的重视。事实上，元代的中心阁和中心台、钟鼓楼构成了全城的中心区，大都的布局，都是围绕着这个中心区展开的。

众所周知，钟和鼓都是发声器，而且都是古代祭祀或战争中常见的击打发声器。我国的钟文化源远流长，甚至可以追溯到五千多年前的仰韶文化时期。河南陕县庙底沟出土的细泥红陶制成的陶质钟（铃）可算是中华民族钟（铃）的“始祖”。以后随着青铜文化的出现，铜钟和铜鼎都成了权力地位的象征。元大都在几何中分线的南端设置了钟、鼓二楼，既表明了这里是大都城真正的中心所在，也以钟声与鼓声来表明帝王的权力。马可·波罗写道：“城之中央有一极大宫殿，中悬大钟一口，夜间若鸣钟三下，则禁止人行。”[2] 熊梦祥也说：“阁四阿，檐三重，悬钟于上，声远愈闻之。”[3]

唐长安城原有街鼓制度，入夜街鼓打响后实行宵禁，坊门紧闭，街上禁止通行。自北宋汴京准许开放夜市之后，街鼓制度即被取消，街上

---

[1]《日下旧闻考》卷九十四《城市》，转引自《析津志》。

[2] 马可·波罗著，冯承钧译：《马可·波罗行纪》第二卷第八十三章，商务印书馆，1936 年。

[3] 熊梦祥：《析津志辑佚·古迹》，北京古籍出版社，1983 年。

通宵可行，每日清晨靠寺院行者打铁牌子或敲木鱼沿街报晓。南宋临安也是如此。金在中都、汴京设文武楼，即在皇城东西长廊南端的东西两侧建钟、鼓二楼。元大都沿用这种制度，且将其置于城中心，从而成为中国都城规划史上的一种创举，并为明清两代所继承。

实际勘探业已证明，元大都的皇城位于全城南部的中央地区，宫城偏在皇城的东部。纵贯宫城中央的南北大路，也就是元大都城的中轴大路已被发现。考古钻探的结果纠正了以前认为元大都中轴线偏西的说法，证明元大都的中轴线即明清北京的中轴线，两者相沿未变[1]。

（3）大都城的街道和坊巷

大都城的中心点和外郭城四至的确定，对于整个城市的街道坊巷的布局，起了决定性的作用。每座城门以内都有一条笔直的干道。两座城门之间，除少数例外，也都加辟了一条干道。这些干道纵横交错，连同顺城街在内，全城共有南北干道和东西干道各 9 条。其中丽正门的干道，越过宫城中央向北直抵中心台前，正是沿着全城的中轴线开辟出来的。从中心台向西，沿着积水潭的东北岸又开辟了唯一的一条斜街，使纵横交错的棋盘式道路格局，又有了新的变化[2]。

全城的街道都有统一的标准。“自南以至于北谓之经，自东至西谓之纬。大街二十四步阔，小街十二步阔。”南北与东西街道相交形成一个个棋盘格式的居民区。在两条南北街道之间开有平行的小巷，称为“胡同”。全城共有“三百八十四火巷，二十九衖通”[3]。胡同一般宽 4 步。5 尺为一步，元代一尺合今 0.31 米。这就是说，大街宽 37—38 米，小街宽 18—19 米，胡同宽 6—7 米[4]。今天北京城内有些街道和胡同，仍

[1] 中国社会科学院考古研究所：《新中国的考古发现和研究》，文物出版社，1984 年。

[2] 侯仁之：《元大都城与明清北京城》，载《历史地理学的理论与实践》，上海人民出版社，1979 年，第 165—166 页。

[3] 熊梦祥：《析津志辑佚》，北京古籍出版社，1983 年，第 603 页。

[4] 元代量地尺每尺约 0.308 米，五尺为一步，合 1.54 米。

然保留着元代的格局。东四（牌楼）一条至十二条、西四（牌楼）头条至八条的胡同就是最典型的例子。无怪乎马可·波罗在游记中这样赞美元大都城："街道甚直，此端可见彼端，盖其布置，使此门可由街道远望彼门也。城中有壮丽宫殿，复有美丽邸舍甚多。各大路两旁，皆有种种商店屋舍。全城中划地为方形，划线整齐，建筑屋舍……方地周围皆是美丽道路，行人由斯往来。全城地面规划有如棋盘，其美善之极，未可言宣。"

大都城是依据"八亩"方地为单位进行分配的，一般住户可以在这八亩宅基地上建造住房，官僚和富户自然可以多占。于是，形成了一个个四合院。

大都城内皇城以外的居民区共划分 50 坊，坊各有门，门上署有坊名，其名大都源自《周易》《尚书》《孟子》《左传》等典籍。

各坊之间以街道胡同为界，不设封闭的坊墙，以方便居民的出入和交往。《元史·世祖本纪》载："至元二十二年（1285 年）二月壬戌，诏旧城（指金中都城）居民之迁京城者，以赀高及居职为先，仍定制以地八亩为一分，其或地过八亩及力不能作室者，皆不得冒据，听民作室。"可见当时是先将全城划分成若干份，并按份授地，其基本模数为 50 步（这个数字是元大都两条胡同之间的距离，它也是大都城内大型建筑，如坛庙、衙署占地的基本模数）。这样，就保证了大都城街坊的整齐划一。如当时的太史院就是南北长四条胡同的距离，即 4×50 步，东西宽 3 条胡同的距离，即 3×50 步。它虽然突破了胡同的范围，但仍以胡同为单位。再如兴圣宫、隆福宫、中书省、枢密院、御史台、太庙、社稷坛等，其形制是南北长 5×50 步，东西宽 4×50 步；次一级的机构，如大都路总管府、太史院、国子监等，则为南北长 4×50 步，东西宽 3×50 步[1]。一般住宅只能是 8 亩，例如，在东四三条至四条之间，从西口到东口正好占地 80 亩，

[1] 徐苹芳：《古代北京的城市规划》，载《环境变迁研究》第一辑，海洋出版社，1984 年，第 118—119 页。

## 元大都五十坊名及其方位表

| 坊名 | 位置 | 坊名 | 位置 |
| --- | --- | --- | --- |
| 福田坊 | 白塔寺西 | 时雍坊 | 宣武门内大街路东 |
| 阜财坊 | 宣武门内 | 乾宁坊 | 城北垣外（西北） |
| 金城坊 | 阜成门内锦什坊街 | 咸宁坊 | 西四北大街西 |
| 玉铉坊 | 旧鼓楼大街西 | 析津坊 | 什刹后海一带 |
| 保大坊 | 南池子大街东 | 和宁坊 | 平安里 |
| 灵椿坊 | 鼓楼东大街北 | 清远坊 | 城北垣外 |
| 丹桂坊 | 城北垣外 | 日中坊 | 鼓楼西大街 |
| 明时坊 | 崇文门内大街东 | 寅宾坊 | 朝内东四二条、三条一带 |
| 凤池坊 | 什刹后海铸钟厂 | 由义坊 | 西四北大街西 |
| 安富坊 | 西单北大街西 | 西成坊 | 西四北大街一带 |
| 怀远坊 | 城北垣外 | 居仁坊 | 东四北大街一带 |
| 太平坊 | 城北垣外 | 仁寿坊 | 铁狮子胡同南 |
| 大同坊 | 城北垣外 | 万宝坊 | 中山公园西 |
| 金台坊 | 鼓楼东 | 甘棠坊 | 德胜门外小西关 |
| 穆清坊 | 朝阳门北大街东 | 五云坊 | 劳动人民文化宫一带 |
| 五福坊 | 钟鼓楼西 | 澄清坊 | 崇文门西大街北路西 |
| 泰亨坊 | 城北垣外 | 里仁坊 | 钟鼓楼西北 |
| 八政坊 | 什刹海西 | 居贤坊 | 国子监街东北 |
| 招贤坊 | 旧鼓楼大街一带 | 南薰坊 | 南池子大街南路东 |
| 鸣玉坊 | 阜成门内大街北 | 迁善坊 | 德胜门外大街一带 |
| 思诚坊 | 朝内大街南 | 可封坊 | 德胜门外小西关 |
| 皇华坊 | 朝内大街南 | 昭回坊 | 鼓楼东大街南 |
| 明照坊 | 朝内大街路南 | 靖恭坊 | 鼓楼东大街西路南 |
| 蓬莱坊 | 安定门内大街路西 | 善俗坊 | 德胜门外小西关 |
| 训礼坊 | 西四南大街一带 | 展亲坊 | 什刹前海西 |

注：至元二十五年（1288 年），元朝始定大都街道坊门，由翰林院拟定名号。城内共五十坊，属大都右、左警巡二院

可分配住户 10 家。在城市中严格按照等级来规划建设，正是中国封建社会时期城市规划的特色。

（4）市场的分布

市场的布设与街道的布局和交通条件有着密切的关系。元大都主要的市肆集中在三处：一处为斜街，亦即中心台以西地区，称斜街市，属日中坊[1]。“西斜街临海子，率多歌台酒馆，有望湖亭，昔日皆贵官游赏之地。”这里紧靠积水潭，亦即元时开凿的南北大运河的终点，来往船只频繁，是全城最繁华、商业最集中的所在。另一处在今西四（牌楼）以南一带，名羊角市，恰当西城交通冲要之地，是羊市、马市、牛市、骆驼市、驴骡市分布的地方。还有一处则是东四（牌楼）西南，亦当东城适中之地，称旧枢密院角市。其他还有钟楼前十字街西南的米市、面市，丽正门外、哈达门（今崇文门）外、和义门（今西直门）外的菜市，文明门外的猪市、鱼市；钟楼附近的帽子市、缎子市、铁器市、珠宝市（旧作沙喇市，“沙喇”即珊瑚），和义门、顺承门、安贞门外的果子市，以及南城（金中都城）大悲阁附近的蒸饼市、胭粉市、穷汉市等。

元时供应大都的漕粮自南方沿运河北上，或沿海路北上至天津，再经今北运河、潮白河上溯，在今通州南的张家湾和潞县经由文明河西行，至董村折向西北，至今崇文门以东与金旧闸河相合，或经通惠河西运，入城后再沿皇城东墙外向北，过万宁桥（海子桥）、澄清闸进入海子（积水潭）。另有一路则是沿温榆河北上，由东西坝河转运至大都城内。在元代中期以后，通惠河是大都漕运的主要通道。因此，元代的仓储大多分布在大都城东，西部仅有积水潭北、肃清门内的万亿库和行用库。

《析津志辑佚》“丰裕仓”条记载：“至元十九年（1282 年）十月内，于海子岸东胭粉库置仓廒、仓赤，轮流管领收支。”又说：“为收江淮财

---

[1]《日下旧闻考》卷五四。

赋府粮斛，仓房窄狭疏漏，并文明门外丰裕仓内收储。"[1] 这一情况说明了丰裕仓所在的位置，也说明即便是海子周围的仓廪也不是一开始就受领来自通惠河漕运的货物的。

（5）大都城的供水和排水系统

为了保证城市用水，大都在规划建设中开辟了两条水道。一条是由高梁河、海子、通惠河构成的漕运水系。高梁河由和义门以北入城，汇入海子（积水潭），再经海子桥往南，沿皇城东墙流出城外，折而往东，直达通州。另一条直接自玉泉山下引水，由金水河、太液池构成宫苑用水水系，又称"御沟"。金水河由和义门以南约 120 米处的水门入城，东流至今北沟沿南折，经马石桥、前泥洼、后泥洼到甘石桥，进灵境胡同。此水共分两支：一支向东北流，绕过毛家湾，在皇城西北角处向东流入北海；另一支则一直向东流，穿过府右街进入中海（太液池），过周桥，出皇城与通惠河相汇合。由于这是专供宫廷用水的水系，元初就有"金水河濯手有禁"的规定，其后的《都水监纪事》记得更清楚："金水入大内，敢有浴者、浣衣者、弃土石瓴甋其中、驱牛马往饮者，皆执而笞之。"不仅如此，元政府还曾下令禁止在玉泉山"樵采渔弋"以涵养水源。大都城内的普通居民大多饮用井水。"帝王阙内置金水河，表天河银汉之义也，自周有之。"[2] 由此可见，大都城内金水河的开凿，是与宫阙的规划密切相关的。金水河上的周桥，也同样是传统的旧称。

大都城内主要的南北大街，都设有排水干渠，其两侧更有与之垂直的暗沟，排水方向与大都城内自北而南的地形坡度相一致。这在地面施工之前就已经考虑到并进行设计实施。1970 年考古工作者就曾在今西四十字路口北侧地下发现用青石条砌筑的明渠，其上还刻有"致和元年（1328 年）五月□日石匠刘三"的题记。这是大都城内南北大街的排水

---

[1] 熊梦祥：《析津志辑佚·工局仓廪》。

[2] 王三聘：《事物考》卷一。

干渠，其渠宽 1 米，深 1.65 米。不仅如此，考古工作者还曾在大都城东墙中段和西墙北段的夯土墙基下，发现了两处残存的石砌排水涵洞。涵洞的底部和两壁都用石板铺砌，顶部用砖起券。洞身宽 2.5 米，长约 20 米，石壁高 1.22 米；涵洞内外侧各用石料铺砌出 6.5 米长的出入水口，整个涵洞的石底略向外倾斜；涵洞中心部位装有元大都北土城排水口遗址——一排断面呈菱形的铁栅棍，栅棍的间距为 10—15 厘米；石板接缝处抹白灰，并平打了很多“铁锭”；涵洞的地基满打“地钉”（木橛），在“地钉”钻卯间掺用碎砖、石块夯实，并灌以灰浆，再在此基础上，铺砌涵洞底石和两壁。整个涵洞的建筑做法与《营造法式》所记“卷輂水窗”的做法完全一致，特别是满用“铁锭”、满打“地钉”和横铺“衬石枋”等做法，是宋元以来常见的形式。这不仅说明元初修筑大都城时的官式石工做法，仍继承了北宋以来的传统，而且足以证明它是在修筑之前就已规划设计好了的。

元大都北土城排水口遗址

### 4. 元大都宫城的规划布局

在元大都城的平面设计中，宫城的布局具有举足轻重的地位。因为这里是统治中心，其建筑风格、规划，乃至它们的命名，亦都本于汉制。

根据《辍耕录·宫阙制度》记载，宫城“东西四百八十步，南北六百十五步，高三十五尺，砖甃……分六门，南曰崇天……左右垛楼二……阙上两观皆三垛楼。连趓楼东西庑各五间……诸宫门皆金铺、朱户、丹楹、藻绘、彤壁、琉璃瓦、饰檐脊。崇天之左曰星拱……崇天之右曰云从，制度如星拱。东曰东华……西曰西华，制如东华。北曰厚载……深高如西华。角楼四，踞宫城之四隅，皆三垛楼，琉璃瓦饰檐脊”。这里所记的宫城阙门以及四隅角楼的规制与今日所见的明清紫禁城极相似，只是局部略有不同。例如，崇天门的规制应是模仿唐宋宫城的“五凤楼”，而明清紫禁城的午门，是保留到现在的一个典型。只是现在所见的午门两旁并不像这里所记的有“星拱”“云从”二门罢了[1]。

宫城内的主要建筑分南北两组。南面的一组以大明殿为主体。大明殿乃是“登极、正旦、寿节会期之正衙”[2]，殿址在宫城的中心线，即全城的中轴线上。据萧洵《故宫遗录》载：“殿基高可十（一作五）尺，前为殿陛，纳为三级，绕置龙凤白石阑。阑下（一作外）每循（一作柱）压以鳌头，虚出栏外，四绕于殿。”殿后有柱廊，直通寝殿。寝殿东西，又有两殿左右对称，与大明殿合成“工”字形。

大明殿四面绕以周庑，共120间，南北狭长，略呈长方形，四隅有角楼。东西庑中间偏南各建有钟楼（又称“文楼”）和鼓楼（又称“武楼”）。“北庑正中又有一殿，适在寝宫之后。周庑共开五门，南面三门，正中大明门，为南区宫殿之正门；北面二门，东西各一门。凡诸宫周庑，

[1] 侯仁之：《元大都城与明清北京城》，载《历史地理学的理论与实践》，上海人民出版社，1979年，第165—166页。

[2]《辍耕录》卷二一《宫阙制度》。

并用丹楹、彤壁、藻绘、琉璃瓦、饰檐脊。”[1] 殿中除设七宝云龙御榻外，还设有皇后的座位，两旁则是诸王、百僚、怯薛官侍宴坐庄重列，装饰富于蒙古族“毡帐”的色彩，广泛使用壁毯、地毡。入门处有木质银里漆瓮一，高 1.7 丈，可贮酒 50 石，旁置雕像酒桌，又有玉编磬、玉笙、玉箜篌及巨笙等乐器。丹墀之前，还有一种从漠北引种过来的“誓（或作‘思’）俭草”以示子孙勿忘草原。北面的一组以延春阁为主体，为后廷。整个后廷的平面设计和建筑规制与前朝基本相同，只是周庑 172 间，较前朝周庑多出 52 间，应是加长了东西两庑，形成更为明显的长方形。此庑不设门，这也是与前朝的不同之处。

在前朝与后廷两组宫殿之间，有横贯宫城的街道，东出东华门，直通皇城东门——朝阳桥（即枢密院桥）；西出西华门，稍向北折，然后西转，过木桥至圆坻（今团城）仪天殿。

整个宫城的平面布局，在前后周庑以内，严格遵循轴线对称的原则，规模宏伟，布局谨严。值得注意的是，原先设置在宫城前的宫廷广场，移到了皇城的正门前方来。其结果是大大加长了从大城正门（丽正门）到宫城正门（崇天门）的距离，而且增强了在建筑上的层次和序列，从而使宫城的位置更为突出，更显得森严，并为明北京城所传承。宫城之北为御苑，南起厚载门以北，北至今地安门内，西邻太液池。《辍耕录》载：“厚载门北为御苑，外周垣红门十有五。”

大都城从至元四年（1267 年）开始兴建，到至元二十二年（1285 年）全部建成，历时 18 年之久。其中仅宫城部分，便花了 4 年的时间，当时征调了中都、真定、顺天、河间、平滦等地的民夫达 2.8 万余人。实际上参与此项工程的人数远超过这个数字，其所涉及的地区不仅限于中国各地，甚至还有来自亚洲其他国家的各类手工匠人。因此，在大都城的城市规划和设计上，可以明显地看出它不仅继承了我国古代帝都规划建设的原则并

[1]《辍耕录》卷二一《宫阙制度》。

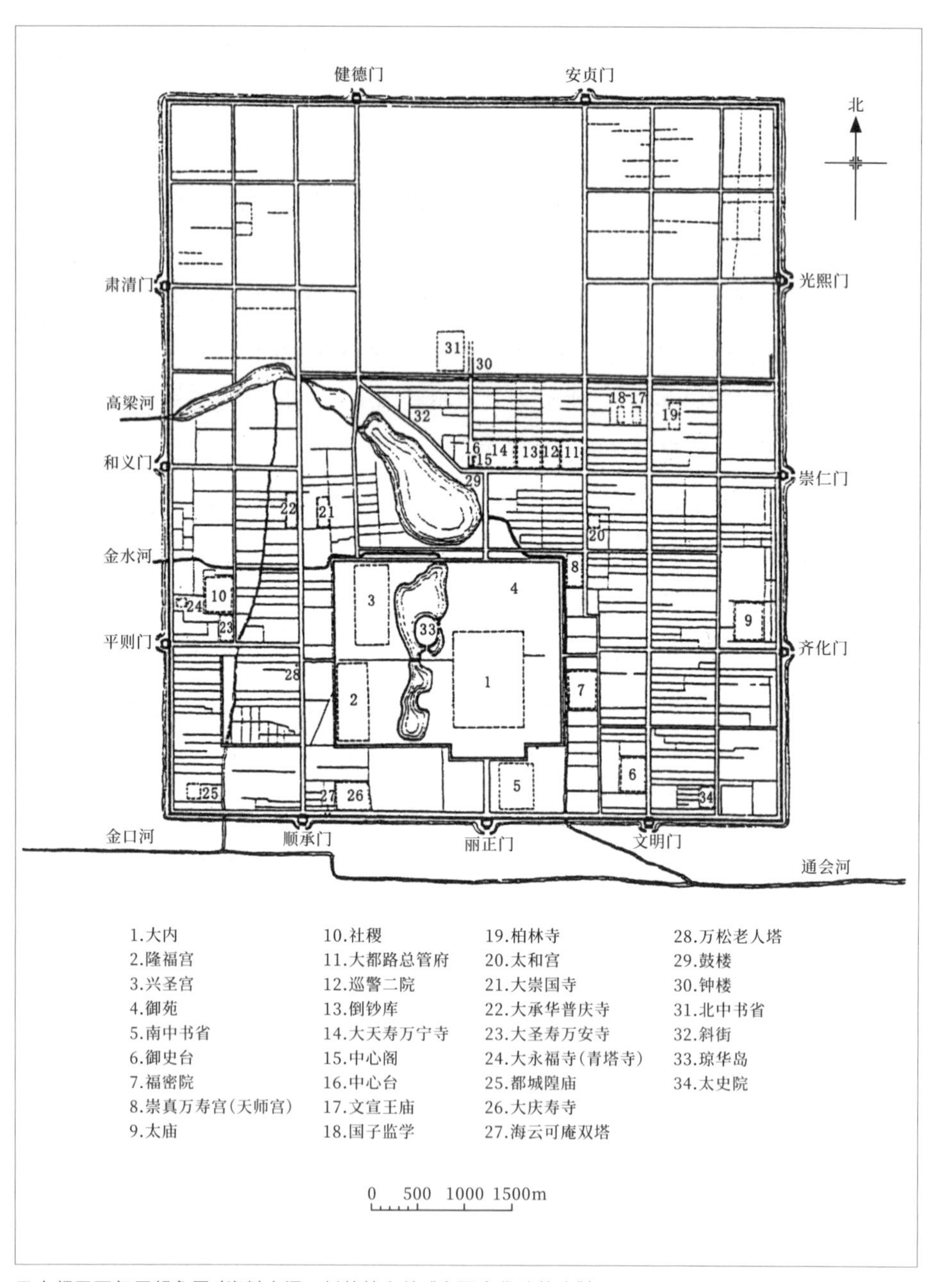


元大都平面复原想象图（资料来源：刘敦桢主编《中国古代建筑史》）

有所发展，而且还引用了域外的建筑形制和技巧。由此可知，大都城既是我国各族人民共同创造的杰作，同时也包含了亚洲人民的智慧结晶。

### 5. 大都城对水源的开发 [1]

据《元史·食货志》记载，元朝一年的粮食征收达1200余万石。除去大都城邻近的北方地区征收的220余万石以外，其余从各行省征收790余万石，其中最多时要有300万石海运到京城，少则也有几万石。因此漕运的任务相当繁重。所以，元初即着力开辟南北大运河，同时又大力发展海运。但是无论是河运还是海运漕粮，都只能先到通州。从通州到大都数十千米的路程，只得靠陆运，每年耗资甚大，仅用于车马运输的费用便高达6万缗（mín，古代穿铜钱用的绳子，每缗为1000文），而且"方秋霖雨，驴畜死者不可胜计"[2]。据史书记载："中统三年（1262年），（张）文谦荐守敬习水利，巧思绝人。世祖召见，面陈水利六事：其一，中都旧漕河，东至通州，引玉泉水以通舟，岁可省雇车钱六万缗……每奏一事，世祖叹曰：'任事者如此，人不为素餐矣。'"[3]

#### 新城的奠址与水道的关系

蒙古太祖十年（1215年）出兵攻破金中都，中都的皇城宫阙为兵火所毁[4]。此后过了半个世纪，忽必烈即帝位后，才决定从蒙古高原迁都到这里，并在中都旧城东北郊外，另筑新城，这就是大都城。

大都城的建筑，说明了北京的城址，已经从莲花池的下游，转移到高梁河上。这一转移，为宫苑供水提供了更为良好的条件。早在12

---

[1] 此节文字引自侯仁之先生《北京都市发展过程中的水源问题》"元大都城的水源"一节，《历史地理的理论与实践》，上海人民出版社，1979年。

[2]《元史》卷一六四。

[3] 同前注。

[4]《廿二史札记》卷二七"元筑燕京"条。

世纪后半期，金朝的统治者已经利用高梁河水所灌注的一片湖泊作为中心，建造了一座大宁离宫。这时忽必烈又选择了大宁离宫作为中心，建造一座崭新的大都城。大宁离宫中这一片湖泊，可能就在这时又经过进一步的开发，逐渐接近今日北海与中海的形制[1]，并且获得了太液池的名称。大都城的宫殿，就分布在太液池的东西两岸，周围绕以萧墙，这就是旧日所谓皇城。皇城以外，再建大城，从此高梁河的中游就被圈入城中。

还在金朝初年，今日万寿山山麓的流泉，兼有玉泉山诸泉下游的一支，就已经被导入高梁河的上源，流入闸河。这时这条水道仍被保留下来，专作漕粮运输，这在下文还要细讲，此处不多赘述。这里应当说明的是，皇城以内太液池的水源问题如何解决。本来太液池也是高梁河灌注的，不过现在这一片湖泊已在宫禁之内，供水的情形也就与前不同了。根据所获得的一些片段记载，可以推断从大都初建时起，玉泉山诸泉之水就经过专辟的渠道，从和义门（今西直门）南水门引入城中[2]，流经宫苑，注入太液池，其下游绕出宫禁前方以与运河相汇，名曰金水河。现在北京城内天安门前有“外金水河”，即是旧制的蜕余。但是金水河上游入城之道，湮废已久，故迹难寻，现在只有玉泉山前一段，尚保留有“金河”的名称，其下游在昆明湖以南，已与长河（玉河）汇流。但在元朝，金水河一直是独流入城的，不得与他水相混。在遇有其他水道的地方，都要架槽引水，横过其上，名为“跨河跳槽”，而且“金水河濯手有禁令”[3]，悬为明令。这一切都说明了从元朝初年起，玉泉山诸泉之水，已为皇家宫苑所独专。

[1] 南海是明朝初年改建大都城时所开凿。

[2]《元史》卷六四《河渠志》“金水河”节：“金水河其源出于宛平县玉泉山，流至义和门南水门入京城，故得金水之名。”按：“义和门”应作“和义门”。在拆毁西直门修建地铁时，曾在其南发现“和义门水门”遗迹。

[3]《元史》卷六四《河渠志》“隆福宫前河”节。

## 新水源开发与旧闸河的改造

大都宫苑用水的问题既已交代清楚，接着就应该来研究运河水源的问题了。

忽必烈灭了南宋，统一了全中国，其统治范围远远超过金朝，而大都城对于漕粮的依赖，也已数倍于中都。元朝不但积极开辟南北大运河，还大力发展海运。无论河运还是海运的漕粮，都是先到通州，再转输京师。

大都未建之前，杰出的水利工程专家郭守敬就曾建议引用玉泉山水以通漕："中统三年（1262 年）……公（郭守敬）面陈水利六事，其一：中都旧漕河，东至通州，灌以玉泉水，引入行舟，岁可省雇车钱六万缗。"[1] 但是这个计划未能实现，因为五年以后新建大都城，玉泉山水已专为宫苑之用。因此，要想引水济漕，还必须另寻水源。

在水源问题未得到解决之前，从通州到大都的漕粮，只好依靠陆运，但是劳费甚大，郭守敬说每年车费达六万缗，《元史》本传也曾记载："通州至大都陆运官粮，岁若千万石，方秋霖雨，驴畜死者不可胜计。"[2]

因此，恢复河运，仍然是非常必要的。一直到了至元二十八年（1291 年），郭守敬才又第二次建议，另用昌平白浮泉水，引入旧闸河以济漕运，他的原文是这样的："……大都运粮河，不用一亩泉旧原，别引北山白浮泉水，西折而南，经瓮山泊，自西水门入城，环汇于积水潭，复东折而南，出南水门，合入旧运粮河，每十里置一闸，比至通州，凡为闸七。距闸里许，上重置斗门，互为提阏，以过舟止水。"[3]

这一段话非常重要，不但说了引水的来源和经过的路线，而且说明了建立水闸和设置斗门的作用。这里的水闸和斗门实际上就是现在所谓的船闸，既可节水，又便于行舟，这是很值得注意的。

郭守敬这次的建议不但实现了，而且取得了空前的效果。至元

---

[1] 苏天爵：《元朝名臣事略》卷九，畿辅丛书本，页五上—一下。

[2]《元史》卷一六四《郭守敬传》。

[3] 同前注。

二十九年（1292 年）河道告成，粮船可从通州以南高丽庄经闸河径入都城，一直停泊在积水潭，史文有“舶舻蔽水”的描写，可以想见当时的盛况。为此，这条闸河被命名为“通惠”[1]，这个名称一直保留到今天[2]。

但是通惠河的上源，自白浮泉以下至瓮山泊，这一段很难维持长久。原因是这一段引水渠道与西山大致平行，每当雨季，山洪暴发，引水渠道必为所毁。元朝虽然设有专官修守，但由于工程技术的限制，也未能克服山洪的威胁。因此，终元一代，通惠河的运输，仍难免遭遇到水源不足的困境[3]。

### 恢复旧水源的努力

最后还须讲到在大都尚未建成之前，因郭守敬的建议，还曾一度恢复了金口河[4]，主要目的不是为了济漕，而是为了运送山西的木材与石料，

[1]《元史》卷一六四：“至元……三十年，帝还自上都，过积水潭，见舳舻蔽水，大悦，名曰通惠河。”按元积水潭即今什刹海，其面积已较旧日缩小。

[2] 白浮泉不能沿直线引入大都城，而必须向西绕行经过瓮山泊，完全是地形的关系。金水河故道不可详考，见侯仁之：《北京金水河考》，载《燕京学报》，第三〇期。

[3]《元史》卷六四《河渠志》“白浮瓮山”节屡记有白浮、瓮山提堰为山洪所毁及水源不定的情况：“成宗大德七年六月，瓮山等处看闸提领言：‘自闰五月二十九日始，昼夜雨不止，六月九日夜半，山水暴涨，漫流堤上，冲决水口。’……十一年三月，都水监言：‘巡视白浮瓮山河堤，崩三十余里，宜编荆笆为水口，以泄水势。’……仁宗皇庆元年正月，都水监言：‘白浮瓮山堤，多低薄崩陷处，宜修治。’……延祐元年四月，都水监言：‘自白浮瓮山下至广源闸堤堰，多淤淀浅塞，源泉微细，不能通流，拟疏涤。’……泰定四年八月，都水监言：‘八月三日至六日，霖雨不止，山水泛溢，冲坏瓮山诸处笆口，浸没民田。’”按：广源闸今尚存，在西直门外紫竹院后、万寿寺前。此外，势家权贵往往分用通惠河上游泉流，也是水浑不畅的原因之一。同上“通惠河”一节：“文宗天历三年三月，中书省臣言：世祖时开挑通惠河，安置闸座，全借上源白浮、一亩等泉之水以通漕运，今各枝及诸寺观权势，私决堤堰，浇灌稻田、水碾、园圃，致河浅妨漕事，乞禁之。奉旨：白浮、瓮山直抵大都运粮河堤堰泉水，诸人毋挟势偷决，大司农司、都水监可严禁之。”

[4] 金开金口河，济漕虽不成功，但还有灌溉之利，历久不废。据《元史》卷一六四《郭守敬传》载：“至元二年，授都水少监言……金时自燕京之西麻峪村分卢沟一支，东流穿西山而出，是为金口。其水自金口以东、燕京以北，灌田若干顷，其利不可胜计，兵兴以来，典守者惧有所失，因以大石塞之。”

以供应都城的建设[1]。但是后来因为水灾的威胁，又把它堵塞了。到了元朝末年，大概由于通惠河水源不足、水流不畅，所以才又有重开金口引浑河（即今天的永定河）济漕的议论。首先是在文宗至顺元年（1330年），行都水监郭道寿有此主张，但是经过工部等负责部门实地勘察之后，以为不可，未有动工。此后过了12年（顺帝至正二年，1342年），中书参议孛罗帖木儿、都水傅佐再度上疏，不但主张重开金口，而且建议自大都以下，别开新河，其疏曰：

……起自通州南高丽庄，直至西山石峡铁板，开水古金口一百二十余里，创开新河一道，深五丈，广二十丈，放西山金口水东流至高丽庄，合御河（即潞水，亦即潮白河），接引海运，至大都城内输纳。[2]

当时廷臣以为不可，但中书右丞相脱脱力排众议，坚持执行，两月工毕，结果用力虽大，却是徒劳无功，孛罗帖木儿与傅佐还因此得罪伏诛。关于其失败的情况，《元史·河渠志》有如下的记载："……起闸放金口水，流湍势急，沙泥壅塞，船不可行，而开挑之际，毁民庐舍坟茔，夫丁死伤甚重，又费用不资，卒以无功。"[3]

这次开河虽不成功，却留下了一条明显的河床痕迹。在西郊，这就是石景山以东、八宝山以北的旱河，当地人民讹称"金钩河"（应是金口河），这一段河道实际上就是古代车箱渠的延续。在东郊，从今外城东南角经十里河至通州以南大高力庄，也有旱河一道，在近高力庄处，当地人民称之为"萧太后河"[4]，实际上也就是元朝末年所开金口新河的下

---

[1] 苏天爵：《元朝名臣事略》，载《郭守敬行状》："公以纯德实学，为世师法……决金口以下西山之筏，而京师材用是饶。"（卷九，页一三下）又《元史》卷六《世祖纪》："至元三年……十二月丁亥，诏安肃公张柔、行工部尚书段天祐等同行工部事，修筑官城……凿金口，导卢沟水，以漕山西木石。"

[2]《元史·河渠志》"金口河"节。

[3] 同前注。

[4] 见前顺直水利委员会实测《顺直地形图》"通县—香河县"幅（比例1∶50000，1928年印）。

游。只有中间一段，正在今日外城东部，由于明朝中叶以来民居市井日益繁盛，河道旧迹遂逐渐湮废。但是根据外城未筑以前（1553 年以前）的明人记载，还可以比较准确地推求出当时河道，乃是从今正阳门以东水关附近，转而南下，经由天坛以北三里河更东南行，由左安门东出城，以接十里河之旧河床[1]。明朝初年还曾利用这条河流，排泄过护城河内过涨之水[2]。以情理推测，这段河道在今正阳门水关以内，应该还向北延长约 0.5 千米，以与通惠河相接。这样，按照当时的计划，就可使粮船直入京城[3]。

在北京城近郊水源的开发上，元朝占了极其重要的地位，凡所经营，多是创举，小者如金水河的分流、运石大河的利用；大者如白浮泉的导引，

[1] 成化六年（1470 年）漕运总兵官都督杨茂疏："京城南原有三里河，直通张家湾烟郭桥。"又成化七年（1471 年）户部尚书杨鼎、工部侍郎乔毅疏："城南三里河至张家湾运河口，袤延六十余里，旧无河源。正统年间因修城壕，作坝蓄水，虑恐雨多水溢，故于正阳桥东南低洼处，开通壕口，以泄其水，始有三里河名。自壕口三里至八里庄始接浑河旧堤……流自十里以南，全接旧河，流入张湾白河。"（以上均见《日下旧闻考》卷八九，页四下一一七下引《宪宗实录》）所谓"流自十里以南"之"十里"当系地名，今左安门（外城东南角门）外东南 3000 米有村庄曰十里河，在故梁岸上，当是其地。又嘉靖六年（1527 年）礼部尚书桂萼疏："正阳门外东偏，有古三里河一道，东有南泉寺，西有玉泉庵，至今基下俱有泉脉。由三里河绕出慈源寺、八里庄、五箕花园一带，直抵张家湾烟墩港，地势低下，故道俱在，冬夏水脉不竭。见今天坛北芦苇园、草场九条巷，其地下者，俱河身也，高者即旧马头，明白易见，不假经画，稍加修治，即可复也。但附近势家庄园，故成化六年杨茂虽尝建议，而不敢尽言，但请置坝而已，后亦竟沮不行。"（《日下旧闻考》卷五五，页四下一一五上引《桂文襄集》）以上皆外城未筑以前的记载，若干地名保留至今，可借以追溯元时故迹。清初朱彝尊引述上文后尝作按语曰："张爵纪五城坊巷胡同，南城正东坊有西三里河、东三里河、芦苇园；崇南坊则有南河漕、于家湾、递运所、缆竿市；又有三转桥、纪家桥、板桥、双马庄、八里庄、十里河，皆三里河入张家湾故道，今其名虽存，而深谷为陵，遗迹渐不可考矣。"又于敏中等按语曰:"玉泉庵今存，在芦草园西席儿胡同内。南泉寺、缆竿市在三里河桥东，隶南城。"（《日下旧闻考》卷五五，页五上）录之以备参考。

[2]《日下旧闻考》卷八九，页四下一一七下引《宪宗实录》杨鼎、乔毅疏。

[3] 孙承泽《春明梦余录》:"三里河在城南，元时名文明河，接通惠河，为漕储运道，今铁闸尚存。"（卷六九，武英殿古香斋本，页九下）按：文明河当因通惠河上之文明闸而得名。《元史》卷六四《河渠志》"通惠河"节："文明闸二，上闸在丽正门外水门东南，下闸在文明门西南一里。"元丽正门为大都南面正门，旧址当在今天安门附近，文明门为南面东门，旧址当在今东单牌楼十字街口。当时水门约在今御河桥处（桥已不存在，只余地名），估计由三里河北来的渠道，在此与通惠河相接，孙承泽谓三里河元时又名文明河，或即因此。

以及金口新河的开凿。无论成功还是失败，总的来讲，在开发水源的努力上，可以说达到了封建时期的最高峰。

### 6. 大都城的主要建设者

#### 刘秉忠

刘秉忠（1216—1274 年）是大都城主要的规划设计者，邢州（今河北邢台）人。原名侃，字仲晦，秉忠是入宫后元世祖忽必烈赐给他的名。他少时为僧，法名子聪，自号藏春散人，早年隐居于琥安山中（今河北邯郸西），从临济宗领袖海云禅师入见忽必烈。由于他学问渊博，尤其精通《易经》及邵氏经世之书，对天文、地理、历法等无不精通，所以深得忽必烈的赏识。忽必烈还在蒙古高原的时候，刘秉忠就已是他的谋臣。1256 年他曾奉命选址，建造开平城（今内蒙古正蓝旗东）。中统四年（1263 年）升开平府为上都。至元元年（1264 年），忽必烈命子聪还俗，复刘氏姓，赐名秉忠，授光禄大夫、太保、参领中书省事。至元四年（1267 年），刘秉忠受命筑大都城，《元史·刘秉忠传》写道：“（至元）四年，又命秉忠筑中都城，始建宗庙宫室。八年，（秉忠）奏建国号曰大元，而以中都为大都。他如颁章服，举朝仪，给俸禄，定官制，皆自秉忠发之，为一代

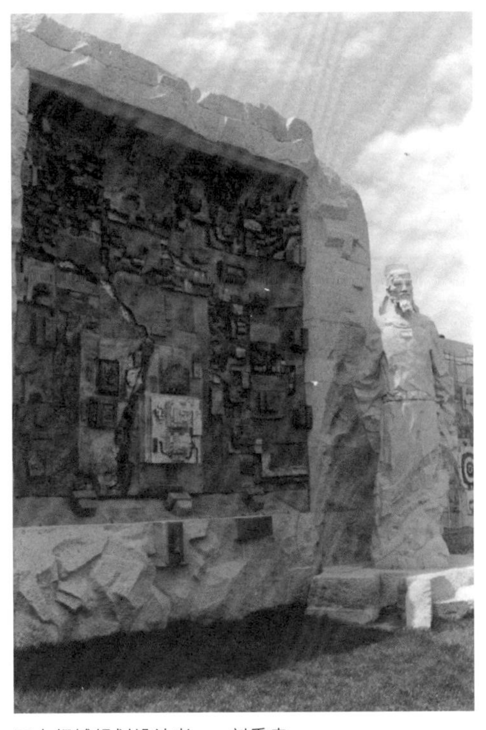

元大都城规划设计者——刘秉忠

成宪。”[1] 这就是说，不但大都城是刘秉忠主张建造的，就连元朝的国号，乃至开国的典章制度也出自刘秉忠的建议。《续资治通鉴》记载了这样一段话："景定四年（1263 年，即元世祖中统四年）春正月，蒙古刘秉忠请定都于燕，蒙古主从之。”也就是说，忽必烈决定定都北京，也是与刘秉忠的主张分不开的。

《析津志》中说："世皇（指忽必烈）建都之时，问刘太保秉忠定大内方向，秉忠以丽正门（其位置应在今天安门城楼之南）外第三桥南一树为向以对，上制可，遂封为独树将军。”从中我们可以看出刘秉忠在规划设计大都城时所起的作用。他善于“采祖宗旧典，参以古制之宜于今者”，依据《周易》的哲学理念，按《周礼·考工记》所载有关帝王都城建设的理想蓝图进行规划布局。据陆文圭《广东道宣慰使都元帅墓志铭》载，整个大都城的建造都是在刘秉忠的“经画指授”下进行的[2]。至元十一年（1274 年）八月秉忠无病而终，时年 59 岁，“帝闻惊悼谓群臣曰：秉忠事朕三十余年，小心缜密，不避险阻，言无隐情，其阴阳术数之精，占事知来，若合符契，惟朕知之”[3]。

参与城址选择与规划设计的还有赵秉温。他奉忽必烈之命“与太保刘公同相宅”，“图上山川形势、城郭经纬与夫祖社朝市之位，经营制作之方。帝命有司稽图赴功”。具体负责领导修建工程的还有汉族将领张柔、张弘略父子[4]，行工部尚书段祯（段天祐）[5]，蒙古人也速不花[6]，女真人高觿（xī）[7]，色目人也黑迭儿[8]等。其间段祯所起的作用比较大。他

[1]《元史》卷一五七《刘秉忠传》。

[2] 陆文圭：《广东道宣慰使都元帅墓志铭》，转引自《王灿炽史志论文集》，北京燕山出版社，1991 年，第 26 页。

[3] 柯劭忞：《新元史》卷一五七，中国书店影印本，1988 年，第 653—654 页。

[4]《元史》卷一四七《张柔传》附《张弘略传》。

[5]《元史》卷六《世祖纪三》；虞集：《大都城隆庙碑》，载《道国学古录》卷二三。

[6] 虞集：《高奋王神道碑》，载《道国学古录》卷一七。

[7] 同前注。

[8] 欧阳玄：《马合马沙碑》，载《圭斋文集》卷九。

不仅自始至终参与了大都城的修建工作，而且后来还长期担任大都留守。大都城建成后相当一段时间内，城墙、宫殿、官署、河道的维修和增设，也是他负责的[1]。实际上，大都城的宫殿建筑糅合了不少域外的建筑技巧和风格，像建筑上的盝顶殿、棕毛殿、维吾尔殿等，在元宫中大量使用。总之，元大都城集中国三代都城规划之大成，成为中国城市规划和建设史上一份珍贵的遗产。

### 郭守敬

郭守敬（1231—1316 年）是元代杰出的科学家。邢州（今河北邢台）人，字若思，青年时代曾从学于刘秉忠门下。他擅长水利工程和天文历法，精于测量学，为大都城的水利工程，乃至古代天文历法都做出过重大的贡献。《新元史》列传载，郭守敬"生有异禀，巧思绝人"[2]。"守敬禀承祖业，天文、历数、仪象制度、水利之学，冠绝一时。"[3]

元朝漕运任务相当繁重。据《元史 · 食货志》载，元朝每年征粮食 1200 余万石，除去在大都城邻近的北方地区征收 220 余万石外，其余从各省征收 790 余万石。其中最多的约有 300 万石海运到京。无论海运还是河运，都只能先到通州，而从通州到大都的路程就要靠陆运，耗资甚大。（见前文，此处不赘）

郭守敬为了引水济漕，解决大都城的漕运问题，亲自踏勘了大都城西北沿山地区的泉流和水道，并进行了精密的地形测量。他发现大都城西北 60 里外的神山（今昌平区凤凰山）下有一眼白浮泉，出水甚旺，其地略高于大都城，可开渠导引至大都城中。只是中间隔着沙河、清河河谷，难以跨越。于是，郭守敬便决定先将白浮泉水西引，然后循西山山麓，沿着平缓的坡降，汇集傍西山的诸多泉流，开渠筑堰，名"白浮堰"，

---

[1] 陈高华 :《元大都》，北京出版社，1982 年，第 36 页。

[2] 柯劭忞 :《新元史》卷一七一，中国书店影印本。

[3]《辞源》（修订本），商务印书馆，1986 年，第 3108 页。

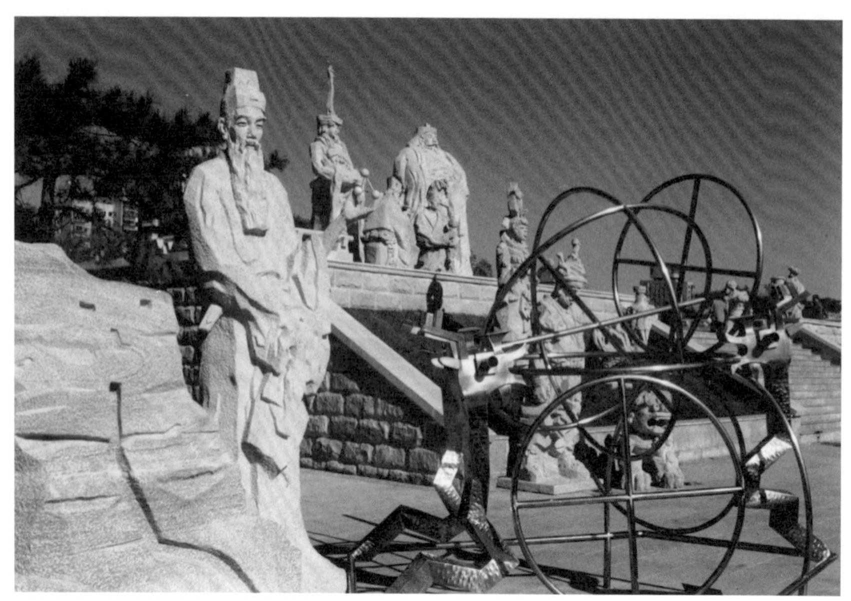

元代科学家郭守敬

导入瓮山泊（今昆明湖），再由瓮山泊浚治旧渠道，从和义门（明清时的西直门）北水关入大都城，汇入积水潭内。其下游从积水潭东南出万宁桥，沿皇城东墙外南下出丽正门东水关，转而东南至文明门外，与金时的旧闸河相接，直抵通州，从而为大都城开辟了前所未有的新水源。

为了节制流水，提高水位，便在坡度较大的河段，设置上下双闸交替启闭，以调剂水流，便于漕船通行。“每十里置一闸，比至通州，凡为闸七。距闸里许，上重置斗门，互为提阏（闸板），以过舟止水”[1]。新闸河从白浮泉引水处算起，下至通州高丽庄入白河（今北运河），当时实测总长 160 里 140 步。计有广源闸（上、下二）、西城闸（会川闸上、下二）、朝宗闸（上、下二）、海子闸（上、中、下三）、文明闸（上、下二）、魏村闸（惠和闸上、下二）、籍东闸（庆丰闸上、下二）、郊亭闸（上、中、

[1] 齐履谦：《知太史院事郭公行状》。按：闸的用途是“以时蓄泄水行船”，因为大都地势比通州高，所以采用此法。初修通惠河时河闸用木，武宗至大四年（1311 年），“诸闸皆腐”，易之以石。见宋䌹：《都水监改修庆事丰石闸记》，《燕石集》卷一三。

广源闸遗址

下三)、杨尹闸(上、下二)、通州闸(上、下二)、高丽庄广利闸(上、下二),共二十四闸。

这项水利工程于至元二十九年(1292 年)动工,第二年就全部完工。从此河运畅通,南来的船舶结队停泊在积水潭里,时值忽必烈从上都归来,“过积水潭,见舳舻蔽水,大悦”,遂赐名通惠河[1]。

通惠河开凿成功,在北京的城市规划建设史上是一件大事。郭守敬不仅为解决大都城的水源做出了卓越的贡献,他在科学技术方面的创造发明更为大都城增添了异彩。

据史书记载,元初为了颁布新的历法,于至元十三年(1276 年)设立太史局,后改称太史院,这是专管天文观测和制定历法的中央机构。郭守敬担任太史院的副长官和改订历法工作的实际负责人。当时大都城保留了一些北宋时代的旧天文仪器,乃是金军攻陷汴京时掳掠来的,大

[1]《元史》卷一六四《郭守敬传》。

元代京杭大运河的北端码头——积水潭（海子）

部分已经不能使用。为改订历法进行天文观测，郭守敬立即着手进行两方面的工作：首先，他创制了一整套天文仪器，包括简仪、高表、候极仪、浑天象、玲珑仪、仰仪、立运仪、证理仪、景符、窥几、日月食仪、星晷定时仪等，以及供野外天文观测用的正方案、丸表、悬正仪、座正仪等。接着，他奏请“建司天台于大都”，获准。至元十六年（1279年）春，大都司天台兴工修建，地址选在“都邑东墉下”。整个建筑南北长200步，东西宽50步，上下分为三层。最下一层是太史院官署，中层和上层是天文台的主体部分，称为灵台，即司天台。中间一层分为8个室，按乾、坎、艮、震、巽、离、坤、兑八个方位划分，用来放置计时的漏壶，以及收藏天文、历法书籍，有几个室还绘有天文图。台顶（上层）安放各种天文观测仪器，如简仪、仰仪、正方案等。另外，在灵台左边还筑有小台，放置玲珑仪，右边设置测量日影高度的高表和石圭。台前还建有印历工作局，专门印刷历书。

由此可见，郭守敬制造的天文观测仪器和大都司天台的设施是相当齐备的，在当时也是世界先进的。令人痛惜的是，郭守敬制作的实物，在清康熙五十四年（1715 年）被西方传教士所毁，唯有他首创的大都司天台，经过明清改建，称为观象台。这座改建后的观象台，至今还屹立在北京建国门内以南，好像巍峨的丰碑，纪念着元代这位伟大科学家不朽的功勋[1]。

值得注意的，还有来自太行山下曲阳县（今河北省曲阳）阳平村的石工杨琼和他的同乡闫家疃的石工王道、王浩兄弟。杨琼从小就学习石雕艺术，技术高超，能自出新意，人莫能及，很受忽必烈的赏识。忽必烈先筑上都，后筑大都，这两个都城宫殿和城郭的营建杨琼都参加了。王道、王浩兄弟也和杨琼一起参加了大都城的营造建设。元大都宫殿的雕镌极为精美，宫中陈设的奇器、建筑小品，乃至灵星门内金水河上的三座白石桥（周桥）及其阑楯，凡用石材之处，无不出自杨琼等人之手，显示了高超的建筑技术。所有这些都与杨琼等民间石匠艺术家的创造分不开。他们为我国建筑工程的石雕艺术做出了巨大贡献。

### 7. 大都城的历史文化价值

如前所述，大都城城址的选定，是将积水潭为主的一串天然湖泊围入其中，而且又以太液池为依据，东岸建以宫殿（大内），西岸筑以隆福宫、兴圣宫，形成“三足鼎立”的格局。这是大都城的规划建设者极具慧眼和富有战略眼光的一步。它使大都城拥有了一个风景优美、生态良好的环境，为明清北京城所肯定和继承。

据建筑学家张驭寰先生回忆，当年他在清华大学建筑历史研究室工作时，梁思成先生曾说过这样一番话：“英国有一位建筑大师来华参观，在北京金鳌玉蛛桥（即“北海大桥”）上看到桥的南北都有浩瀚的水面，

[1] 侯仁之、金涛：《北京史话》，上海人民出版社，1980 年，第 80—81 页。

其开阔与平静令人欣赏，引人遐想。他甚至说，中国人真伟大，在这样一个对称式的城市里，突然有这样不对称的海，这是谁也想不到的，能有这样的规划建设的思想、手法，真是大胆的创造。”[1] 当时的积水潭（海子，包括今什刹海前海、后海、西海，以及业已消失了的太平湖）自西北而东南延展，水面非常辽阔，总面积有数千平方米，垂柳依依，绿丝拂岸。满目荷菱，惠风徐来，藕香扑面。其下游（即今之北海、中海）水面虽没有积水潭平远浩渺，但也芦偃荷香，风景优雅。其周围琼楼玉宇、飞檐画栋，互相掩映。从设计和环境方面，大都城无疑是当时世界上最美丽的都市。

大都城的平面布局展示了一个封建帝都最理想的规划设计模式。它也是第一次把古代关于营造封建国都的理想设计，结合实际的地理特点，在最近似的程度上，颇有创造性地体现出来。《周礼·考工记》中说："匠人营国，方九里，旁三门。国中九经九纬，经涂九轨。左祖右社，面朝后市。”这里所说的“国”，即指都城，其大意是：都城的营造，作正方形，每边长九里，各有三门，城中有纵横垂直的宽广大道各九条，在城的左方（东部）建筑太庙，右方（西部）建筑社稷坛，前面（南部）是朝廷，后面（北部）是商业市场的所在地。这个理想的设计，强调了城市布局的方正和规整，并把“朝廷”（即宫城）布置在全城最重要的位置上。此外，又在宫城的东、西两方分别配置了太庙和社稷坛两组象征封建帝王统治权力的建筑群。说它是一种“理想的模式”，是因为自《周礼·考工记》提出这个营建都城的规划设想后，元代之前的各朝代并没有真正实现过。据考古发掘所知的战国都城，如齐临淄、燕下都，以及“郑韩故城”，都与之有很大的出入，即使是在中央集权的统一封建国家出现之后，无论是秦之咸阳，还是汉唐的长安、洛阳，在其平面布局上，似也难觅《周礼·考工记》理想设计的踪影。

[1] 张驭寰：《中国古建筑分类图说》，河南科学技术出版社，2005 年，第 139 页。

元大都城是我国农耕文明时期传统都城的典型。它既追求《周礼·考工记》中所提出的王城规划的理想模式，又不拘泥于其城郭制度，而是依据固有的自然条件因地制宜地确定了城市空间布局的中轴线，且依南北、东西相交而成的棋盘式道路井然有序地以里坊制的形式部署了全城的居民区。

大都城内，宫城位于南部的中央，宫城正北的中心阁周围地区是商业最集中的地方。太庙在宫城以东，齐化门内；社稷坛在宫城以西，平则门内，这是符合《周礼·考工记》面朝后市、左祖右社的布局原则的。而且城内门门相对，大街纵横交错，连同顺成街在内，也与《周礼·考工记》中的九条之数相符。只是城略作长方形，北面继承了汉魏洛阳以来都城北墙正中不开门的传统，只有二门，而不是三门，这主要是受当时地理条件，乃至古代风水理论的制约。再加上受河湖水系的影响，又使得在规整的街道系统中，出现了一些变化。而通惠河的开凿，不仅满足了大都城漕运的需要，而且沟通了南北经济、文化的大交流、大融合，形成了以积水潭码头为中心的商业、文化、娱乐中心，成为 13 世纪中国最伟大、繁荣的城市。

总之，大都城的营建是经过精心规划设计的，而且是按照“先地下（铺设市政排水系统）后地上”的顺序进行建设的。它既继承了《周礼·考工记》中有关都城建设的理想设计，又因地制宜地加以创造性的发展。作为一个封建帝王的都城，它的总体规划具有鲜明的特色。在明朝永乐帝决定迁都北京之后，在此基础上又进行了大规模的改建、扩建，进一步拓展了它所要表达的主题思想——“普天之下，唯我独尊”，从而使城市建设取得了更加突出、更为理想的效果。

### 8. 关于大都城的中轴线

中国工程院院士傅熹年先生通过对中国古代城市规划、建筑群的布局和建筑设计方法的系统研究之后认为，中国古代建筑确实有一套规划原则、方法和艺术构图规律。而且正是由于它们的存在，才使得中国古代建筑得以不断地发展，推陈出新，做到承前启后、一脉相承，保持建筑体系的独立性和延续性。

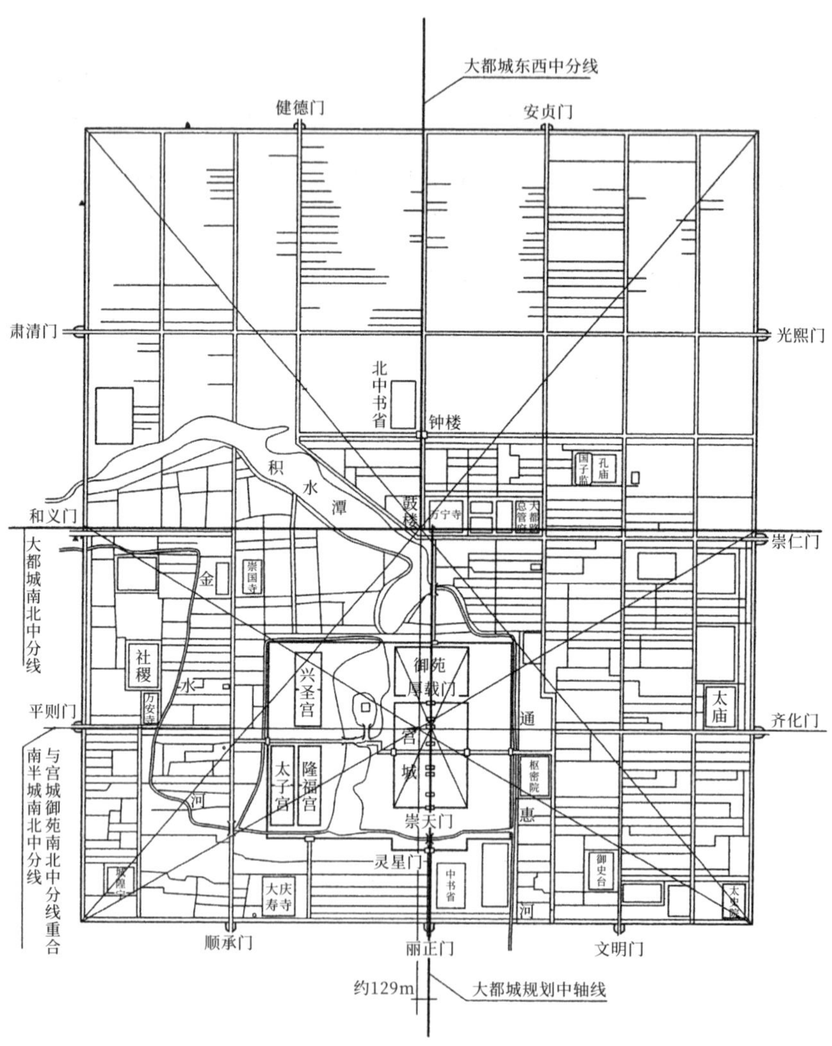


鼓楼居全城几何中心受积水潭限制南部城市中轴线东移129m

元大都平面分析图（资料来源：傅熹年《中国古代城市规划、建筑群布局及建筑设计方法研究》）

傅熹年先生发现，在中国古代都城规划中，建筑群之间存在着一种模数关系。譬如，北京故宫前三殿之宽、深，恰好是两宫宽深的 2 倍，即面积是它的 4 倍。而太和殿又恰好位于前三殿区域的几何中心。依此类推，紫禁城内各宫院平面图上画对角线求几何中心时，发现各宫院的主殿均居于该院地盘的几何中心。进而推出，都城中的坊、宫城和都城在面积上都存在一定的模数关系。由此他又发现，元大都城四角画对角线，其结果是两对角线的交叉点，正好在今天的旧鼓楼大街的南端。而这个地方元代曾建有鼓楼（齐政楼），或者说元代的鼓楼是大都城几何中心的标志性建筑。鼓楼向北延伸的正北方，在光熙门至崇仁门之间的中分点位置建有钟楼。在钟鼓楼间连以南北大街，并向北墙延伸，形成全城的几何中分线。而宫城的中轴线并不在这条几何中分线上，两者之间相去 129 米。在这条规划中轴线的北端建有大万宁寺中心阁，向南穿过宫城的北门厚载门、延春阁、大明殿、宫城的南门崇天门，再穿过皇城的灵星门和大都城南墙的正门，形成了元大都城南半城的规划建设中轴线。

1964 年中国社会科学院考古研究所徐苹芳曾做过勘探，从现存北京钟楼西恭俭胡同一带到景山西门陟山门大街一线上，按东西方向由北向南排探过 6 条探卡，但并未发现元代路基遗址。但由此往东，在今地安门大街上钻探，在景山北墙外探出东西宽约 28 米的大街路基一段；在景山寿皇殿前探出大型建筑物基础，又在景山北麓下探出元代路基，证实从今鼓楼到景山北的大街与元代是互相重合的，寿皇殿前的基础正是元故宫城北门厚载门的基础，元大内就建在这条中轴线上，而明宫紫禁城又建在元大内的旧址上[1]。换而言之，明清北京城的中轴线继承并发展了原元大都城南半部规划建设的中轴线。

[1] 单士元：《我在故宫七十年》，北京师范大学出版社，1997 年 8 月，第 409 页。

第二章

# 明清北京城

## ——中国封建帝都的最后成果

明朝原定都南京。从明代初期起，一方面为了防止倭寇，在沿海地带陆续建造大小城堡和海防基地。另一方面，为了防御蒙古贵族武装的南扰，又动用了大批人力、物力修筑长城，建造关隘，前后延续近 200 年之久。

明太祖为了巩固政权，大力提倡儒家的伦理道德和封建礼制。在定鼎金陵之后历时 21 年建成的应天府城，城垣四重（外城郭、内城、皇城、宫城），为我国建城史上的孤例。内城南、西两面紧贴秦淮河，东傍紫金山和玄武湖，城门十三；外城东包紫金山，南包雨花台，西北两面直抵长江，城门十八。据《续通志》载，明“京城周九十六里”。皇城位于城之偏东，中有宫城。其外朝三大殿为奉天殿、华盖殿、谨身殿，后廷有乾清宫、坤宁宫等（建文帝时在两宫之间加筑了省躬殿）。午门外御道两侧，东为太庙，西为社稷坛，承天门前御道两侧排列着中央官府，主要是五府五部（六部中的刑部在太平门外），五府是中、左、右、前、后五军都督府，五部是吏、户、礼、兵、工。

据《明成祖实录》记载，明永乐十八年（1420 年）建成北京城，“北京营建，凡庙社、郊祀、坛场、宫殿、门阙规制，悉如南京，而高敞壮丽过之”。

## 一、燕王的“靖难之役”与永乐迁都

明太祖洪武元年（1368 年）八月，徐达、常遇春率军突破齐化门攻下大都之后，朱元璋立即把它改名为“北平府”，取“北方太平”之意。但实际上当时的北方仍有大元帝国皇帝的存在，且念念不忘大都。他曾作歌曰："失我大都兮，冬无宁处……"[1] 此外，元将扩廓帖木儿（王保保）还在太原拥有陕、晋军之残余，时时企图进攻大都。诚所谓"引弓之士，不下百万众也；归附之部落，不下数千里也；资装铠仗，尚赖而用也；驼马牛羊，尚全而有也……元亡而实未亡耳！"[2] 因此，为便于军事上的防守，徐达等在攻占大都之后，便把大都北部曾因遭火灾而显得比较空旷、人口也较稀疏之地让出——将北城墙南退 5 里，并依自海子东流的一条天然小河（西坝河）作为护城河，在其南侧砌筑新城垣。其西段在遇到旧日海子（积水潭）宽阔的水面时，为工程计，不得不选择水面最窄处与原西城墙相接，从而形成了一个斜角，且亦把积水潭西端的一部分水面隔在了城外（即后来的太平湖）。北城墙南移之后仍保留二门，并在北平周围设"六卫"——大兴左卫、大兴右卫、燕山左卫、燕山右卫、永清左卫、永清右卫分兵把守。从此，"北平府"就比较太平了。

此时的北平府，虽不再是全国的首府，但是在政治上、军事上仍然具有相当重要的地位。所以，还建立了一个地方行政机构——北平布政司。洪武三年（1370 年）四月，朱元璋封第四子朱棣为燕王。洪武十三年（1380 年）燕王就藩北平。洪武三十一年（1398 年）明太祖驾崩，其长孙朱允炆即位，是为建文帝。建文元年（1399 年）燕王朱棣起兵北平（史称"靖难之役"），并于建文四年（1402 年）攻下南京，夺取帝位，是为明成祖。

永乐元年（1403 年）正月升北平为北京，改北平府为顺天府。这样就改变了北平仅仅是军事要地的地位，加强了其政治功能。不仅如此，为了恢复幽燕的经济实力，明成祖即位之后不久，便下诏从山西、浙江、直隶等地移民充实北京。尽管明朝在南京建都已有三十多年，但北京毕竟是明成祖朱棣政治、军事的根基所在。此时北方的少数民族不断崛起，

[1]《蒙兀儿史记》卷一七。

[2]《明史纪事本末》卷一〇。

蒙元贵族的残余势力也不时南下侵扰。若不控扼北方的广大地区，则难以巩固自己的统治地位。北平背靠燕山山脉，南俯中原，左环沧海，右拥太行，在军事上有金汤之固。宋代理学家朱熹曾这样评价幽燕的形胜："冀都天地间好个大风水。山脉从云中发来，前面黄河环绕。泰山耸左为龙，华山耸右为虎。嵩山为前案，淮南诸山为第二重案，江南五岭诸山为第三重案。故古今建都之地皆莫过于冀都。"[1] 北平与江南富庶之地又有河海漕运之便，可以弥补北平在经济上的缺陷。因此，明成祖朱棣早就有意将都城迁至北平，并为此进行了一系列的准备工作。

永乐五年（1407 年）五月开始兴建北京宫殿。不久，奉天殿等竣工，永乐八年（1410 年）朱棣至北京，便在奉天殿接受朝贺。永乐十三年（1415 年）修筑北京城垣，十四年（1416 年）八月，修北京西宫，同年十一月，复诏文武群臣集议营建北京之事。此时，又有公侯伯五军都督等上疏曰："窃惟北京河山巩固，水甘土厚，民俗淳朴，物产丰富，诚天府之国，帝王之都也。皇上营建北京实为子孙帝王万年之业。""伏惟北京，圣上龙兴之地，北枕居庸，西峙太行，东连山海，南俯中原，沃壤千里，山川形胜，足以控四夷，制天下，诚帝王万世之都也……伏乞早赐圣断，敕所司择日兴工，以成国家悠久之计，以副臣民之望。"[2] 永乐帝准奏。于是，更大规模营建北京城的工程便由此开始了。永乐十五年（1417 年）四月建西宫城；十七年（1419 年）十一月展拓北京南城，将原大都城的南墙（今东西长安街南侧一线）南移约二里（即今前三门大街一线）。永乐十八年（1420 年）十一月，北京宫殿城池告成。翌年正月初一，便以北京为京师，正式迁都北京。明成祖诏告天下曰："眷兹北京，实为都会，惟天意之所属，实卜筮之攸同。乃仿古制，徇舆情，立两京，置郊社宗庙，创建宫室，上以绍皇考太祖高皇帝之先志，下以贻子孙万世之宏规。"[3]

[1]《天府广记·形胜》。

[2]《明太宗实录》卷一八二。

[3]《明太宗实录》卷二三二。

显而易见，明成祖迁都北京是一项固国之举。此举与明王朝维持大约300年的大一统局面，关系甚为密切。因为，北京作为一个政治、军事中心，可以就近指挥长城一线的军事防御，抵抗蒙古族的军事进攻，保证国家的统一政权，对我国多民族统一国家的形成和发展起着相当重要的作用。

对此，清乾隆帝在《御制过清河望明陵各题句》中曾做了高度评价："永乐十九年（1421年）将迁都北京，诸臣佥云不便。主事萧仪、侍读李时勉言尤峻切。成祖怒杀仪，下时勉狱。虽不无过当，然燕地负山带海，形势雄伟。临中夏而控北荒，诚所谓扼天下之吭而拊其背者。金元俱都于此，比建康（南京）相去天渊。成祖就封北平，屡经出塞。天险地利，筹之已熟。故即位后决计迁都，卓识独断，诚非近虑者所及也。"[1]

## 二、明北京城的规划建设

明永乐帝迁都北京，并在元大都城的基础上依据明临濠（今安徽凤阳）中都城和南京城的规制进行了改建。明代的北京城不仅体现了我国封建社会帝王之都的规划设计思想，而且奠定了北京旧城的规模和格局。在北京城的发展历史上，这是极为重要且辉煌的一章。

### 1. 明北京城墙的修筑

明城墙是在元大都城土城垣的基础上拓展改造而成的。据《顺天府志》，"洪武初，改大都路为北平府，缩其城之北五里，废东西之北光熙、肃清二门，其九门俱仍旧。大将军徐达命指挥华云龙经理故元都，新筑城垣，南北取径直，东西长一千八百九十丈（约合6048米）。又令张焕

[1]《日下旧闻考》卷一三六"京畿"。

计度故元皇城，周围一千二百六丈（约合 3859 米）。又令指挥叶国珍计度南城，周围凡五千三百二十八丈（合 17050 米）。南城，故金时旧基也。改元都安贞门为安定门，健德门为德胜门……创包砖甓，周围四十里。其东南西三面各高三丈（约 10 米）有余，上阔二丈（约 6.4 米）；北面高四丈（约 12.8 米）有奇，阔五丈。濠池各深阔不等，深至一丈（约 3.2 米）有奇，阔至十八丈（约 57.6 米）有奇。城门为九，南三门：正南曰丽正，左曰文明，右曰顺承；北二门：左曰安定，右曰德胜；东二门：东南曰齐化，东北曰崇仁；西二门：西南曰平则，西北曰和义”。14 世纪末，明朝洪武年间，当北平尚未成为新王朝的京城时，其范围和城墙情况大抵如此。东、西、南三面的旧土墙也已开始用砖包砌。

据《明实录 · 英宗实录》，“正统元年（1436 年）十月辛卯，命太监阮安、都督同知沈清、少保工部尚书吴中，率军夫数万人修建京师九门城楼。”这一工程进行了四年，直到正统四年（1439 年）才完工。此时的北京城墙

北京内城南城墙东段遗迹（今已建成明城墙遗址公园）

不仅建筑了城楼，门外还设立了箭楼，连月牙城也修起了城楼；城四隅立角楼，各门之外立牌楼。同时又加深了城濠，并用砖石衬砌两壁。城门外原以木桥通渡，全部撤去，改用石桥，并设立了水闸。这样，整座城墙、壕沟已颇具规模。《明典汇》说："焕然金汤巩固，足以耸万年之瞻矣。"

碧绿的濠水自城西北角入，环城而东，历九桥九闸，再从城东南隅经大通桥流下。开始，城垣仅外侧砌有砖皮。正统十年（1445 年），把城垣的内侧也统统用砖包砌了起来。九门的名称除北城墙的德胜、安定两门保留原名外，南面的丽正、文明、顺承改称正阳、崇文、宣武；东面的崇仁、齐化改称东直、朝阳；西面的和义、平则改称西直、阜成；城四角各置角楼一座，是为内城。

北京外城的修筑是在明嘉靖年间进行的。嘉靖以后，由于行会制度的推广，加上士子来京考试的需要，正阳门外、宣武门外不断进行行会会馆和各地会馆的建设，促进了大都城以南关厢一带的繁荣。当年元大都初建成时，对城内住宅"份地"的分配，只限于蒙古贵族和官吏、富人。原来住在南城（即金中都城）的穷人就不可能迁入大都城内，只能就近在大都南郊定居，许多穷苦人民没资财，也往往到南郊谋生。随着南郊商业的发展，居民日增。城南开发了大片市肆及居民集中区。

据《明典汇》载，明成化十二年（1476 年）八月，定西侯蒋琬上言："太祖皇帝肇基南京，京城之外复筑土城，以护居民，诚万世不拔之基也。今北京止有内城而无外城，正统己巳之变，额森长驱直入城下，众庶奔窜，内无所容，前事可鉴也。且承平日久，聚众益繁。思为忧患之防，须及丰亨之日。况西北一带，前代旧址犹存（即元代旧有土城）。若行劝募之令，加以工罚之徒，计其成功，不日可待。"

嘉靖年间，由于蒙古骑兵多次南下扰掠，甚至迫近北京城郊，因此屡有加筑外郭城的建议。嘉靖二十一年（1542 年），掌都察院毛伯温建议："古者有城必有郭，城以卫民，郭以卫城，常也。若城外居民尚多，则有重城，凡重地皆然，京师尤重。今城外之民殆倍城中，宜筑外城。"

《明世宗实录》载，“（嘉靖）三十二年（1553 年）给事中朱伯辰言：‘城外居民繁伙，不宜无以圉之。臣尝履行四郊咸有土城故址，环绕如规，周可百余里。若仍其旧贯，增卑补薄，培缺续断，可事半功倍。’乃命相度兴工。乙丑，建京师外城兴工，敕谕陈圭、陆炳、许论提督工程。四月，上又虑工费重大，成功不易，以问严嵩等。嵩等乃自诣工所视之，还言宜先筑南面，俟财力裕时再因地计度以成四面之制……于是，嵩会圭等议复：前此度地画图，原为四面之制，所以南面横阔凡二十里，今既止筑一面，第用十二三里便当收结，庶不虚费财力。今拟将见筑正南一面城基东折转北，接城东南角；西折转北，接城西南角，并力坚筑，可以克完报。”

这是因为，正南一面不仅有永乐迁都时已经建成的天坛和山川坛（后改先农坛），而且也是居民稠密的地区，特别是正阳门和宣武门外的关厢一带，接近中都旧城。当初中都旧城中未能迁入大都新城的居民，后来逐渐向大都南门外迁移，集中居住在丽正门和顺承门一带。永乐年间展拓北京南城墙，虽将南郊一部分居民圈入城中，但仍有大部分居民隔在新筑的南城之外。嘉靖年间增筑外城时，既然无力大兴土木，以成“四周之制”，便只好先把环抱南郊的城墙修筑起来。外城的工程于嘉靖四十三年（1564 年）完工。至此，北京城便在平面图上构成了一个特有的“凸”字形轮廓。完工后的外城，全长 28 里，设门 7 座：正南为永定门，其东为左安门，其西为右安门；东向为广渠门，西向为广宁门；东、西与内城交接的两小门，东为东便门，西为西便门。嘉靖四十三年（1564 年）还增修了各门的瓮城。

经实测，整个北京城的内城墙东西长 6650 米，南北长 5350 米；外城墙东西长 7950 米，南北长 3100 米。但是，这个外城的商业区和居民区是自然地逐步发展形成的，而且许多地方是由小商贩和穷人搭盖的棚房。大街只有正阳门通到永定门的大街是笔直的，还有崇文门到蒜市口、宣武门到菜市口与骡马市街的交接点的两条较短的南北大街是直的。其余街巷大多是曲折狭小或斜向的街巷。从正阳门至虎坊桥一带，因元时南北两城的不断交往而形成"东北—西南"向的斜街，也有从正阳门因就势河流（三里河）的流向而形成的"西北—东南"向的斜街。但是从广宁门（今广安门）向东至广渠门的东西向大街也基本上是直的。这是与内城的棋盘式街道大为不同的地方。

## 2. 皇城的扩建和紫禁城的兴筑

如前所述，明初攻占元大都在缩减北城的同时，又陆续平毁了元代的宫城，并留有萧洵的《故宫遗录》，较为详细地记录了元故宫的情况。

朱棣在登基之后初到北京，仍住原燕王府邸，即位于西苑元故宫的燕邸旧宫。既已称帝，便在燕王府宫殿上冠"奉天殿"等匾额，作为他来北京巡幸时的皇帝宫殿。"至（永乐）十五年（1417 年），改建皇城于东，去旧宫（即原燕王府邸）可一里许，悉如金陵之制。"亦即在元太液池东元大内的旧址上修筑紫禁城[1]。永乐四年（1406 年）又以明南京城的宫殿为蓝本，开始修筑北京宫殿，十八年（1420 年）基本竣工，历时 15 年之久。其工程规模之浩大，耗费人力、物力之巨大，是不难想象的。其规模较之南京更为宏伟，布局更加严整。紫禁城在内城中央，前朝为奉天殿（后改称皇极殿），后宫为乾清宫。宫城后面正北筑万岁山，前方承天门两侧左为太庙、右为社稷坛。承天门往南至大明门之间有"T"形广场，左为宗人府，吏、户、礼、兵、工五部及其他院、监，右为五军都督府及锦衣卫等。除三法司（刑部、都察院、大理寺）以外，中央各主要官署集中在宫城前方两侧的做法，改变了元大都城官署分散的布局。

当时，首先完成的是宫城紫禁城。明代的紫禁城址沿用了元朝大内的旧城而稍向南移，周围加凿了护城河，俗称筒子河，一律用条石砌岸。随后又拓展了旧皇城的南、北、东三面，从而扩大了紫禁城与皇城之间的距离。

[1] 单士元：《我在故宫七十年》，北京师范大学出版社，1997 年 8 月，第 408 页。

紫禁城南北长960米，东西宽760米，东西两墙的位置仍因元大内旧址，只将南北两墙分别向南推移了约400米和500米。紫禁城的四角有华丽的角楼，号称“九梁十八柱”。紫禁城正南的午门，正当元皇城灵星门的旧址。午门内的金水桥亦即元时周桥。在金水桥北新建奉天门（后改皇极门）。

宫城采用“前朝后寝”的形制。前面是外朝的三大殿，后面是作为寝宫的后三殿和东西十二宫。其间的排列乃至名字都象征着宇宙、日月、星辰。总之，是极尽各种方法来表明宫城是万物的中心，是“天地会合、四季融和、风调雨顺、阴阳交泰之处”，是皇帝“屹立于天下中心，安抚四海万民”之所在。

在奉天门内，在元大内崇天门直到大明门的旧址上，先建奉天殿（后改称皇极殿），后又建华盖殿（后改中极殿）、谨身殿（后改建极殿），是为外朝三大殿；其后为乾清门，内有后三殿即乾清宫、交泰殿、坤宁宫，均奠基于元代前朝大明殿的旧址之上。这前后六座大殿，像元朝大明殿和延春阁一样，都建筑在全城的中轴线上，占据了最重要的位置。

奉天殿前两侧有文昭阁（文楼）、武成阁（武楼），再两侧有文华殿和武英殿。后三殿两侧布设有东六宫和西六宫，合称“十二宫”，是皇帝的众妃嫔居住的地方。东六宫在坤宁宫之东，以东二长街为轴线，分别左右对称地排列为三组：由南向北依次为延禧宫、景仁宫；永和宫、承乾宫；景阳宫、钟粹宫。西六宫在坤宁宫之西，以西二长街为轴线，分列左右对称地排列为三组：由南向北依次为毓德宫（即长乐宫，后更名为永寿宫）、未央宫（后更名为启祥宫）、翊坤宫、永宁宫（后更名为长春宫）、储秀宫、咸福宫。其北还有乾东五所、乾西五所两组建筑。

这里要特别指出的是，明初拓展南城墙，紫禁城、皇城和大城的南墙均依次南移，这就使建筑物之间有了很大拓展的空间。规划匠师们就利用这一拓展的空间，在紫禁城南午门前方、中心御道的左右两侧，布设了太庙和社稷坛两组严格对称的建筑群。这就使得午门和皇城南面承天门之间的整个地段，也纳入了宫阙建筑的总体规划之中，从而使宫城前的中心御道更加鲜明、突出。与此同时，在承天门（清初改称天安门）前开辟了一个完整的“T”字形广场。这又是明代继承元大都的旧制加以发展的突出例子。它是沿广场的东、西、南三面修筑的宫墙，把整个“T”字形广场完全封闭起来。仅在东西两翼，以及南凸出的一面各开一门，东曰长安左门，西曰长安右门，正南曰大明门。大明门两侧书有对联一副：“日月光天德，山河壮帝居。”自大明门内沿东西宫墙内侧，修建了连檐通脊、黄瓦红柱，带有廊檐的千步廊，东西相向各百余间，作为存放文书档案的地方。中间衬托出砥平如矢的中心御道，亦称“天街”。从大明门向北直达承天门。广场两侧的宫墙之外，集中部署了直接为封建王朝行使政权的衙署：东侧为宗人府、吏部、户部、礼部、兵部、工部，以及鸿胪寺、钦天监等；西侧为五军都督府和太常寺、锦衣卫等。这些中央行政机构通过宫廷广场与宫廷连为一体。

宫城的正北门称玄武门，出门正北面有人工堆筑的土山，名万岁山（俗称煤山）。“崇祯七年（1634 年）九月，量万岁山，自山顶至山根斜量二十一丈，折高十四丈七尺。”[1]

山上五峰并峙，峰顶各建一亭。正中主峰位置的选择，正当元朝延春阁的故址，意在压胜前朝，所以又称“镇山”。它既在全城的中轴线上，又是内城南北两墙的正中间。它以一个人为堆砌的制高点，标志了改建以后北京全城的中心。登临山顶，足以俯瞰全城。它在整体的宫阙建筑上，虽然没有明显的实用价值，却具有突出的象征意义，即企图在一种类似几何图案所具有的严正而又匀称的平面上，凭借一个巍然矗立的实体，显示这里乃是封建帝王统治的中心。

在全城正南的郊外，分别兴建了东西两组建筑群，即皇帝祭天的天

[1]《顺天府志》卷三《明故宫考》，以明尺合十四丈七尺，约合今 47.04 米。

坛和祭祀山川之神的山川坛（后改称先农坛）；以后，又在东、西、北分别建筑了日坛、月坛、地坛。嘉靖年间增筑外城时将天坛、山川坛包入城中。

外城的正南门永定门，是北京城中轴线的新起点。在中轴线的北端，又特别建立了钟、鼓二楼，这样便形成了一条南端以永定门为起点，经正阳门、大明门、承天门、端门、午门、奉天门（皇极门）、奉天殿（皇极殿）、华盖殿（中极殿）、谨身殿（建极殿）、乾清门、乾清宫、交泰殿、坤宁宫、玄武门、万岁山、地安门、鼓楼、钟楼，贯穿内外城南北，全长达 7.8 千米的中轴线。

这是自秦汉以来，都城规划建设中最长的中轴线，它犹如人的脊梁，不仅统领了北京全城均衡而对称的平面布局，而且将封建帝都的规划匠意——“普天之下，唯我独尊”的主题思想，最大限度地显示出来，取得了非常完美的艺术效果。

修复后的永定门——北京外城的正南门，明清北京城中轴线的南起始点

按照古制的要求，皇宫的左侧应是祭祀祖先的太庙，右侧则是祭祀土地五谷神的社稷坛，即“左祖右社”的礼仪制度。“社稷”之称，分别代表的是土地神和五谷神。

永乐十八年（1420 年）建太庙于承天门东侧，万历年间（1573—1620 年）又予以重建。太庙正门南向，内有三道长方形的朱红高墙，内植以柏树。第三道围墙的大门称戟门，门前有五座绕有石栏的汉白玉石桥，门外东有神库，西有神厨。太庙的主体建筑为前、中、后三殿。大殿的东西两侧翼以庑殿。前殿巍峨庄严，面阔 11 间，进深 4 间，重檐庑殿顶，覆黄琉璃；台基为三层汉白玉须弥座，座边绕以雕花石栏。南向有三条上下通道，正中巨大的石雕自下而上为龙纹、狮纹、海兽纹图案，造型极为精美。

与太庙东西相对应的社稷坛，位于承天门的西侧。坛是用汉白玉砌成的三层台，内铺五色土：中黄、东青、南红、西白、北黑。中央有两段石柱，为象征土地神和五谷神的“社主”和“稷主”。坛外绕的三重长方形围墙，最内的一重称“壝（wéi）墙”，四面均有汉白玉砌成棂星门。社稷坛之北乃是拜殿，单檐庑殿顶的木构建筑。墙外面南角有神厨、宰牲亭等附属建筑。

### 3. 清定鼎北京和西北郊园林的开发

早在 16 世纪末 17 世纪初，满族（女真族的后裔）日益强盛起来。明万历四十四年（1616 年）努尔哈赤称帝，正式建立“大金”（亦作“后金”）政权。崇祯十六年（1643 年）皇太极死，六岁的儿子福临即位，改年号“顺治”。顺治元年（1644 年）四月山海关大战之后，辅佐福临的睿亲王多尔衮随即率兵进军北京。又于是年五月，在李自成率领的农民起义军放弃北京城向陕西撤退之后，占领了北京，并于九月由沈阳迁都北京。至此，北京继元、明之后，再一次成为我国统一的多民族国家的政治中心。

《清一统志》说，清初“定都京师，宫邑维旧”。这就是说，清朝统治者在定鼎北京之后完全沿用了明朝的北京城。这不仅是因为明清易代之际，北京城没有遭到兵燹的破坏，更重要的是因为清朝统治者本来就崇尚汉族文化，待至进入北京城，但见金碧辉煌、布局严整、气度非凡的宫殿建筑，内心更是称羡不已。所以，便全盘地承袭了明朝北京城，就连紫禁城内也只对原有建筑物做了一些重修，或是只做局部的、小范围的改建和扩建。

首先在皇城内重修和增建了一些殿宇，并改用新的名称，如将紫禁城东北角原仁寿殿改为宁寿宫，其北又新建了养性殿、乐寿堂、颐和轩、景祺阁，还有畅音阁、乾隆花园等。清顺治八年（1651 年）改建后的承天门改称天安门，顺治九年（1652 年）又改明皇城北面的北安门为地安门，加上明皇城原有的东安门、西安门，形成了皇城四门，突出了一个“安”字，寓意“国泰民安”。紫禁城北面的万岁山于清顺治十二年（1655 年）改名景山。之后，又于清乾隆十五年（1750 年）在景山上依中轴线规制建了

绮望楼和景山中峰——万春亭

五座亭子：中峰上名万春亭；其东侧名周赏亭、西侧名富览亭；两亭外侧东名观妙亭，西名辑芳亭。中峰是北京内城的最高处，可一览北京全城，纵贯南北的轴线也分外鲜明。

清军入京之后，将内城划为八旗驻地，即以皇城为中心，将八旗布立四面八方，并将废除的明代官府、仓廪改为居民区，或改建成寺庙。增建或改造了的王府，又带动了其所在地区街道、市井环境的改善，使其周围又新增添了一些胡同。与此同时，还扩建了紫禁城西面的太液池，分别称作中、南、北海，并新建数以百计的大小建筑，从而楼阁耸立，亭台错落，点缀于山水之间，使“三海”的风光更加多姿；拆除了原北海琼华岛上的广寒殿，建造起了色彩素雅美观的藏式佛塔——白塔。乾隆年间又在北海的北岸砌筑了彩琉璃双面九龙壁，其西北还修筑了一座拱顶发券无梁殿——西天梵境，四面四廊 67 间，四角有楼相接，阁外面嵌砌五彩琉璃花饰和佛像，精美非常。

清初实行“满汉分治”，汉民不得入住内城，同时又明令禁止在内城开设市场、戏院等。18 世纪中叶，正值乾隆盛世，集中全国人才编纂《四库全书》，于是便日渐形成了前门外大栅栏商业街区和书肆集中的琉璃厂文化街。

在有清一代二百多年的时间里，清政府把财力、物力主要用于开发西北部园林风景区，并在这里营建了规模空前、华丽非凡的离宫建筑群，诸如通称“三山五园”的畅春园、圆明园、清漪园（即万寿山颐和园）、静宜园（香山）、静明园（玉泉山），还有淑春园、鸣鹤园、朗润园、蔚秀园等。东起海淀，西迄香山，皇家和王公大臣的园林连绵不绝，海淀迤北东西 20 里内的西北郊成了园林之海、殿阁之林。其中最突出的当数圆明园和至今尚保存完好的颐和园，前者称得上是我国古典园林建筑中的空前杰作。清朝帝王不仅在此观览山水之胜，而且还在这里处理朝政。

清朝统一中国之后，国家政治安定，经济亦有发展。康熙二十三年（1684 年）、二十八年（1689 年），圣祖曾两度南巡，对江南的灵山秀水

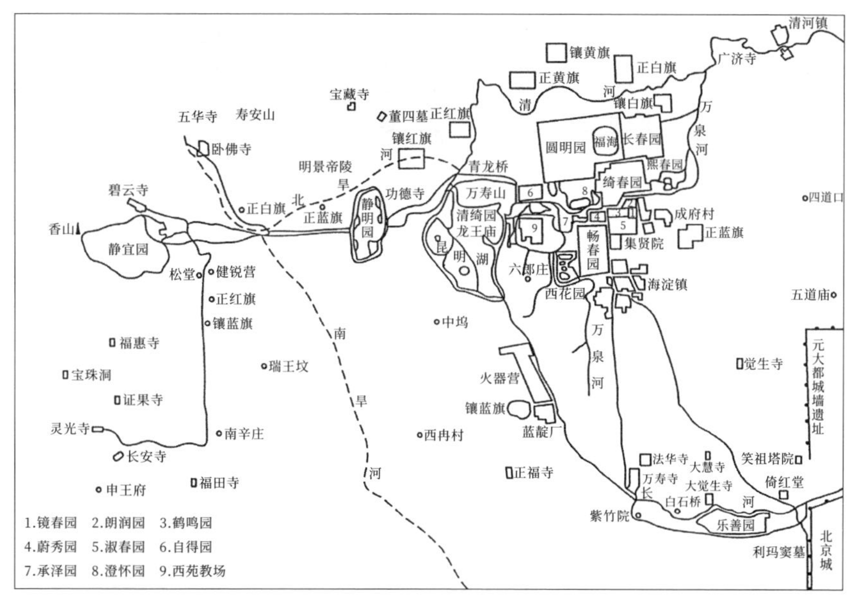


清代北京西部园林分布示意图

爱慕不已，回京后命擅画山水的叶洮，在北京西郊明代万历年间武清侯李伟所筑清华园的旧址上设计建造了畅春园，作为“避喧听政”的地方。这便是清代在北京西郊兴建的第一座皇家园林。

畅春园在今北京大学西墙之外，至今还伫立着恩慕寺、恩佑寺两座遗迹。康熙二十九年（1690 年），置畅春园总管大臣，圣祖每年大部分时间都居住于此。自此之后，清代帝王园居遂成惯例。他们每年在郊礼完毕之后，即移居园中生活。一年之中，除夏天去热河行宫（避暑山庄）外，园居时间超过 2/3，城内的皇宫仅成为举行大典的地方。

圆明园位于北京西郊挂甲屯北，距畅春园北 1 里，是继北京畅春园、热河避暑山庄之后营建的第三处大型皇家园林，包括圆明园、长春园和万春园，合称“圆明三园”。三园外围墙周长 20 华里，面积达 500 亩。其中以圆明园占地最大，位于西半部；长春园在圆明园迤东，仅以一墙相隔；万春园偏居上述二园中间略偏南面。整个平面布局犹如一个倒置的“品”字。

圆明园创建于清康熙四十八年（1709年），自此以后的一百三十多年间屡有兴建。康熙帝以后的雍正、乾隆、嘉庆、道光等，不仅在园中长期居住，而且设有“朝署值衙”，在圆明园内举行朝政、宴会等重大活动，成为仅次于紫禁城的政治活动中心。圆明园规模宏大，大宫门前东西两侧有六部朝房，为中央政府各衙署所在，而在二宫内侧，则是以正大光明殿为中心的一组建筑群。这里是皇帝朝会听政的地方，殿宇建筑宏伟，布局整严。从这里绕过一片山岗，眼界豁然开朗。开阔的水面环抱着9座岛屿，构成了以“九州清晏”为主的居住区，在这里有建成于康熙末年的“缕月开云”，有濒临清池的“上下天光”，有可以登高远眺的高楼“天然图画”，还有“碧桐书院”“慈云普照”“杏花春馆”“坦坦荡荡”“茹古涵今”“慎德堂”等建筑群。

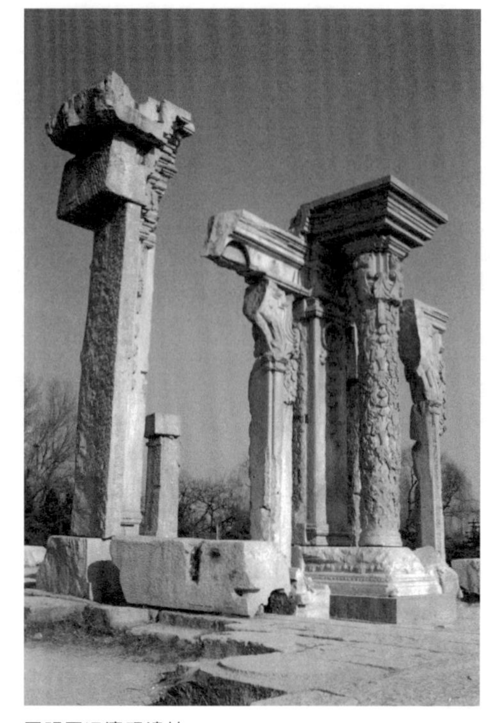
圆明园远瀛观遗址

位于圆明园东部的福海，是“圆明三园”中最大的人工湖泊。在它的四周有仿照杭州西湖，甚至连名称也完全雷同的景致——“三潭印月”“平湖秋月”“南屏晚钟”“雷峰夕照”等。福海东部略似“海湾”状的所在，则是一处宫殿建筑，称之为“方壶胜境”；福海的中心又有大小三座毗连的岛屿，宛若凡间仙境，称为“蓬岛瑶台”。

圆明园还有不少宗庙建筑。后湖西北端，坐落在宽大的汉白玉台基上的安佑宫，是供祖先和祭祀的大殿，为园中少有的宏大建筑，其前矗立着琉璃华表，以及附属的东西配殿、朝房。紧邻福海西边的“舍卫城”，共 326 间殿宇和游廊，供奉有 10 万余尊佛像，是一座规模宏大的佛殿城。“舍卫城”一名源自印度古代桥萨罗国的都城。“日天琳宇”则供奉佛道神像。此外，还有取材于佛道两教中某些故事的景物，如“蕊珠宫”取自道教的一部经典《蕊珠经》，“珞珈胜境”则仿自佛教圣地珞珈山的意境。

长春园是乾隆准备退位之后养老的地方，景致玲珑巧雅。其主体建筑是位居中央部位的“淳化轩”。在淳化轩的左右两侧廊里，嵌有古代法帖石刻；园内东北角的“狮子林”十六景，则是乾隆皇帝下江南时，将苏州著名的古典园林“狮子林”的景致描绘下来而后仿建的；西部一个小湖中的“海岳开襟”和东部一个小湖中的“玉玲珑馆”，宛若蓬莱仙境，景色绝佳。长春园中最富有特色的建筑群，是位于该园北端的一组建于乾隆十二年（1747 年）的中西合璧的西洋楼，包括“谐奇趣”“黄花阵”“养雀笼”“方外观”“五竹亭”“海晏堂”“远瀛观”“大水法”“线法山”等。这些用汉白玉精雕细刻的巨大宫殿建筑融合了中西建筑艺术之长，在表现手法上也有其独特的创意，如汉白玉的西式楼阁却配以中国传统的五彩琉璃瓦，楼顶也为中国宫殿中最高等级的庑殿顶，柱头柱身却又模仿岁马式；在欧式的“谐奇趣”两旁，则配以中国式的五彩琉璃八角亭，使中西建筑巧妙地融为一体，尤其是还建造了多组人工喷泉，这在中国的宫廷园林中还是第一次。

“圆明三园”中的万春园，是皇太后的住处。园内有“含光殿”“四宜书房”“竹林院”“夕霏榭”“清夏斋”“镜虹馆”“春雨山房”“问月楼”“淙玉轩”“凌虚阁”“蔼芳圃”“茗柯精舍”“来薰室”“般若观”等三十多景，建筑华丽，布置自如，其中“露水神台”的铜人托举铜盘承受甘露，在雕塑艺术上有独到之处。

圆明园不仅集中了我国园林艺术的精华，还收藏了大批古玩珍品、文物及金银珠宝。它不仅是当时世界上规模最宏伟、建筑最富丽多姿的皇家园林，也是人类历史上庋藏最丰富的艺术博物馆。

众所周知，圆明园的修建几乎倾注了当时全国的资财，网罗了全国的珍奇异宝，达到了我国封建社会造园发展史上的巅峰。

法国著名作家雨果说："圆明园属于幻想艺术。一个近乎超人的民族所能想到的一切都汇集于圆明园……只要想象出一种无法描绘的建筑物，一种如同月宫似的仙境，那就是圆明园。假定有一座集人类想象力之大成的灿烂宝窟，以宫殿庙宇的形象出现，那就是圆明园。"他赞叹道："它仿佛是在遥远的茫茫暮色中隐约眺见的一件前所未知的惊人杰作，宛如亚洲文明的轮廓崛起在欧洲文明的地平线上一样。"

"台榭参差金碧里，烟霞舒卷图画中"，这副悬挂在"藕香榭"的对联，恰如其分地描绘出了颐和园这座皇家园林的神韵，也形象地描绘出了它的皇家气派。

颐和园占地近 300 公顷。它的发展与原来的瓮山、瓮山泊有密切联系。瓮山即颐和园内的万寿山，而今昆明湖的前身即是瓮山泊。相传瓮山之得名是因为有人在山麓前掘出一只石瓮。到明嘉靖年间，石瓮遗失，瓮山之名仍旧保留了下来。起初，这一带也不过是北京西郊一处荒凉的地方，只是由于经过劳动人民世代的辛勤经营，开发了湖畔低地，辟为水田，又在湖中植以菱、芡、莲、菰之属，从而使这里出现了酷似江南的美丽景色。尤其是瓮山泊的一泓碧波，在远山近水的映衬下，显得无比恬静而空阔，再加上荷蒲菱芡与沙禽水鸟出没于天光云影之中，更是美不胜收。明代文学家袁宏道就在《西山十记》中这样写道："每至盛夏之月，芙蓉十里如锦，香风芬馥，士女骈阗，临流泛觞，最为胜处矣!"可见，明代时的瓮山泊，就已成为游览胜地了。

明弘治七年（1494 年），在瓮山之阳修建了圆静寺并辟置了"好山园"。圆静寺的故址就在今万寿山排云殿所在的位置。当时，从寺前一直向南，有一道大堤，经过现在昆明湖中的龙王庙，直趋蓝靛厂。这条大堤，通称西堤。傍西堤有一条水渠，把汇集在瓮山泊中的水，一直引向北京城，这就是现在长河的前身。清初以前，京城游瓮山，多出西直门，并沿这条小河经由高梁桥、白石桥、万寿寺，然后步上西堤，过龙王庙，直抵瓮山的圆静寺。这条大堤以西是浩渺的碧波——瓮山泊，以东则是水田棋布的田园风光。

清乾隆年间，为了更进一步增辟西北郊的苑林，并积极解决济漕用水，遂进行了一系列整治水源的工作。乾隆十五年（1750 年）为庆贺他的生母孝圣皇太后钮钴禄氏 60 岁寿辰，在原圆静寺旧址大兴土木，新建“大报恩延寿寺”，并建治园林，开浚瓮山沟，加筑东堤积蓄玉泉山东流之水，形成一片汪洋的水面，瓮山改名万寿山，瓮山泊改称昆明湖。这样，在方圆数千米之内，兼有湖山之胜。与此同时，又在明代圆静寺故址上兴建大报恩延寿寺，山顶有用砖石建成的无梁殿，称“智慧海”；在前山又修建了许多亭台楼阁；山后布设有召庙、宝塔等；山下后湖又仿江南水镇开辟了一条有茶楼店肆的临河之街，称苏州街。经过了这次大规模的改造

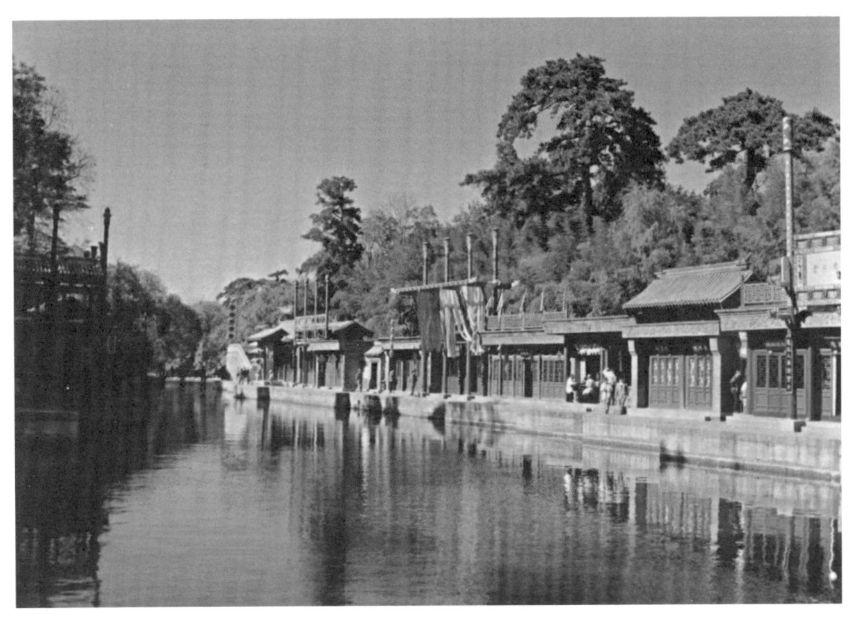

修复后的颐和园后湖苏州街

修筑，万寿寺和昆明湖基本上形成了今天的规模，构成了一处独揽山水之胜的皇家园林，总称为“清漪园”。乾隆皇帝经常在这里避暑理政。

清咸丰十年（1860年）英法联军入侵北京，清漪园遭到了严重的焚毁、破坏，园中四万多种珍贵的陈设被洗劫一空。光绪十二年（1886年），慈禧太后从海军经费中挪用巨款修复清漪园，作为她“归政”后的游憩场所，并将清漪园更名为“颐和园”。光绪二十六年（1900年），颐和园再次遭到八国联军的洗劫。次年，慈禧太后从西安“回銮”，又动用巨款修复了残破的颐和园。

颐和园是一座揽湖山之胜，兼有庭园特色的皇家园林，规模宏大、布局精巧。建园匠师们巧妙地利用天然地势，根据不同的功能建成不同风格，但又互有联系的建筑群，且巧于因借，把西郊玉泉山和重峦叠嶂的西山诸峰也和谐地融为一体，达到了“虽由人做，宛自天开”的艺术效果。

光绪年间，慈禧和光绪每年有大部分时间住在颐和园中。为处理朝政，接见大臣，特在东宫门和万寿山东侧辟出一组以仁寿殿为中心的政治活动区，其建筑宏伟，布局严谨。由此向西的乐寿堂是慈禧的居处，德和园和大戏楼则是帝后听戏之处。它们与玉澜堂、宜芳轩等建筑相比显得更静谧而明朗，陈设也极尽奢华，富于生活情趣。乐寿堂与广阔的昆明湖仅一墙之隔，围廊外墙开有式样别致的什锦灯窗。一到夜间，水影灯光互相映掩，别有一番情趣。作为园林，其主体建筑至万寿山之阳，依山就势建造了许多气势雄伟、金碧辉煌的宫殿、楼阁。从湖滨开始依次有大牌坊、排云门、排云殿、德辉殿；其后有用巨石叠砌而成的高达38米的高台，再筑以仿武昌黄鹤楼式样的佛香阁；万寿山之巅即为砖石砌筑的无梁殿智慧海。这组建筑群色彩瑰丽，构成了全园的中心。在它的两侧又布以式样各异、用途不同、规模不大的建筑群，如东侧的转轮藏和“万寿山昆明湖碑”，西侧则为五方阁和宝方阁（铜亭），以及点缀在山石林木之中的各种亭台楼榭，都起到了很好的烘托作用。

位于万寿山东侧的谐趣园，可算得上“园中之园”，是仿无锡惠山的

颐和园的“园中之园”——谐趣园

寄畅园建造的。这里以水面为中心，配以变化多样的亭台楼榭，连以迂回曲折的游廊、小桥，间以竹林绿树，显得小巧玲珑，十分幽静。但是，园中涵远堂的对联却“小中见大”，气势磅礴。其联曰：西岭烟霞生袖底，东湖云雾落樽前。

碧波荡漾的昆明湖，位于万寿山南，其西以一道长堤——西堤将昆明湖水面一分为二：堤西的水面较小，称西湖，其间又有一道小堤将西湖分成南北两部分；堤东的部分面积较大，称南湖。因而，从高处俯瞰整个昆明湖时就可以见到大小不同的三个部分，每个部分的水面中间又都有一个岛屿。据传，这是模仿神话中的海上三仙山——蓬莱、方丈、瀛洲而建的。西堤之上则建以六座形式各异的石桥：界湖桥、豳风桥、玉带桥、镜桥、练桥、柳桥。与西堤隔湖相望的东堤依北而南有知春亭、文昌阁、十七孔桥、南湖岛龙王庙、凤凰墩等。十七孔桥全长 150 米，造型优美，犹如雨后彩虹横卧于昆明湖的绿波之上，煞是好看。

颐和园万寿山、昆明湖西堤

如果从东堤远眺西堤，但见西堤平卧于昆明湖水之上，除了点缀着几座小桥之外，看不到任何高大的建筑物，其自然景色与万寿山浓重的建筑点染，形成了非常强烈的对比。园外玉泉山的美丽山形，以及玉峰塔玲珑挺秀的体态，得以完整地、毫无遮挡地收摄为颐和园园景的一部分。在视野的更远处，北京西山的群峰，山峦起伏，与万寿山遥相呼应，而昆明湖南北延展的湖面又恰好能够把西山群峰和玉泉山景全部倒映湖中……构图完整、剪裁得体，简直是一幅绝妙的天然图画。

颐和园内的建筑不仅群体组合的方式千变万化，个体形象也极其丰富。这些为数众多的建筑物，几乎包罗了中国古代木结构建筑的主要形式：殿堂、楼阁、厅馆、轩榭、亭、廊、舫、牌楼、门等，此外还有砖石结构的无梁殿、塔、桥、台、城关以及大量的建筑小品。它们不仅是构成园林景观不可或缺的内容，其本身也足以成为人们鉴赏品玩的对象。

长达 750 多米的长廊，东起玉澜堂，西至石丈亭，犹如飘忽在万寿山南麓的一条彩带，镶嵌在湖山的交接处，既衬出了山势的雄伟，又增添了殿阁楼台的风姿，将天然的风景与艺术景致结合了起来。游人漫步其中，既可免除日晒雨淋之苦，又可步移景迁，揽湖光山色之胜。廊中梁枋上 546 幅以江南水景和古典文学中的故事为素材描绘而成的彩画，

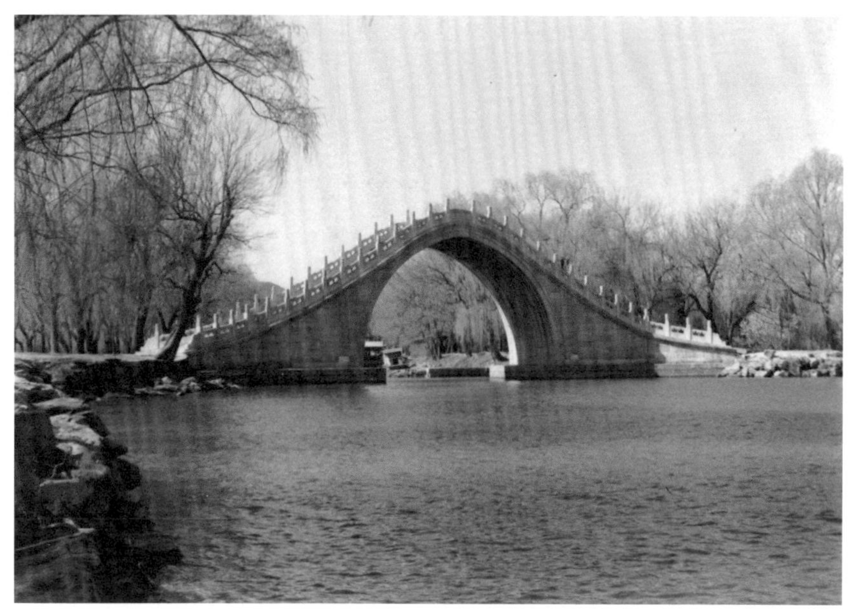

颐和园昆明湖西堤六桥的玉带桥

更让人目不暇接。在长廊西尽头的昆明湖中，还有一条别具一格的石舫，名清晏舫。这里原是明代圆静寺放生台的旧址，乾隆时改建成船只的模样。光绪十九年（1893 年）又在石舫上加盖了一座西洋式舱楼。

来自塞外的清室帝王贵族很不习惯北京盛夏炎热的气候，遂有择地另建避暑宫城的拟议。据《东华录》载："顺治七年（1650 年）二月乙卯，摄政王谕，京城建都年久，地污水咸。春、秋、冬三季犹可居之，至于夏月，溽暑不堪。但京师乃历代都会地，营建匪易，不可迁移。稽之辽、金、元，曾于边外上都等城为夏日避暑之地，予思若效前代建山城一座，以便往来避暑。"这便是有清一代在河北承德辟治"避暑山庄"的由来。而且，自顺治年始，历经康、雍、乾等数代的经营，终于造就了规模宏伟却又朴实无华的避暑山庄。以后，又在其周围山岭先后建起了形制各异、规模宏大的溥仁寺、普宁寺（大佛寺）、安远庙（伊犁庙）、普乐寺（圆亭子）、普陀宗乘庙（小布达拉宫）、殊像寺、须弥福寿庙（行宫）、普佑寺，合称"外八庙"。

总之，有清一代在北京园林建筑上所取得的成就，为世人所瞩目，其艺术水平亦达到了中国古典园林的最高峰。

## 三、明清北京城的仓廪和市场

明洪武元年（1368 年），明军攻下大都城之后，为便于防守，首先放弃了北城，并沿元代西坝河南岸另筑新的北城墙。此举使原位于大都城中心的钟鼓楼、斜街市的范围大大缩小，商业重心逐渐南移至地安门外大街一带。永乐十七年（1419 年）展筑大都城南墙，即将原大都城南墙向南推移了约二里，将一段通惠河道圈入城中。同时，由于白浮堰断流，明朝皇城的东墙和北墙的外扩，遂使原来从积水潭东引水，并沿皇城东墙外南流的通惠河，被圈入新建的皇城之内，南来的船舶就再也没有驶入积水潭的可能。白浮堰断流，积水潭也因“运河海子截而为二，城内积土日高，虽有舟楫桥梁，不可渡矣”[1]。但漕运和旱路进京的漕粮、商品等仍由两厢入城。因此，重要的仓储仍多分布在东、西两城的东南部和西北部。东城如：新太仓、海运仓、旧太仓、禄米仓、盔甲厂、台基厂，还有明智坊草场、中府草场、天师庵草场等；西城如：广平库、太平仓、安民厂、阜成竹木厂、红罗厂、王恭厂（铸锅厂），还有西城的坊草厂、惜薪司北厂、惜薪司西厂；外城如：抽分厂、琉璃厂、惜薪司南厂等。

永乐初年，北京城的商业还很萧条。当时“商贾未集，市廛尚疏”。为此，朝廷在皇城四门外钟鼓楼、东西四牌楼，以及大城各门附近，修建了几千间棚房，“召民居住，召商居货，谓之廊坊”[2]，以促进商业的发展。以后，便逐渐形成了以棋盘街——前门的“朝前市”为中心，东有

[1]《日下旧闻考》卷五三引《咏归录》。

[2]《宛署杂记》卷七。

灯市，西有西市（西四），还有地安门外、东单、西单、菜市口、新街口、北新桥、交道口，乃至朝阳、安定、德胜、阜成诸门外关厢的市场。蒋一葵在《长安客话》中写道："大明门前棋盘天街，乃向离之象也。府部对列街之左右，天下士民工贾各以牒至，云集于斯，肩摩毂击，竟日喧嚣，此亦见国门丰豫之景。"刘侗、于奕正的《帝京景物略》也说："朝前市者，大明门之左右，曰日市，古居贾者也。"

在明代"朝前市"基础上发展起来的前门商业区，北起大清门前棋盘街左右，南达珠市口，东抵长巷二条，西尽煤市街。"前后左右计二三里，皆殷商富贾，列肆开廛。凡金绮珠玉以及食货，如山积；酒榭歌楼，欢呼酣饮，恒日暮不休，京师之最繁华处也。"[1]

这里店铺密集，行业众多，"凡天下各国，中华各省，金银珠宝、古玩玉器、绸缎古衣、钟表玩物、饭庄饭馆、烟馆戏园，无不毕集其中。京师之精华，尽在于此；热闹繁华，亦莫过于此"[2]。作为综合性的商业街市，大栅栏拥有各式各样、门类齐全、资本雄厚的商店，如同仁堂药铺、六必居酱园、滋兰斋点心铺，以及清末开设的瑞蚨祥绸布店等。这里聚集了许多银号、钱庄、炉房、票号等，成了全城实际的金融中心。

清初，城内灯市先移于灵佑宫，继而又移于"正阳门外及花儿市、琉璃厂、猪市、菜市诸处，而尤以琉璃厂为盛"。当时许多汉族官员、文人、商贾多住在宣武门外琉璃厂周围。同时，随着慈仁寺（今报国寺）庙寺的衰落，其书肆也陆续集中到琉璃厂。至乾隆年间，琉璃厂街市已初具规模。而《四库全书》的编纂更促进了琉璃厂书肆的发展。因为当时参与修书者多寓居宣南、琉璃厂附近。四库馆臣归寓，"各以所校阅某书，应考某典，详列书目，至琉璃厂书肆访之。是时，浙江书贾，奔辏辇下"。书肆的繁荣，亦促成了书画、文物、古玩等行业的发达。

[1]《日下旧闻考》卷五五。

[2]《梦厂杂著》卷二。

前门外的大栅栏

前门外的鲜鱼口

乾嘉时期，内城已有许多店铺陆续开张，甚至还开设了戏馆。当然，内城商业交易主要还是靠庙会与集市，以及摊商、小贩进行。道光、咸丰以后，满汉分居的旗坊制日渐松弛，随着商品市场的扩大，内城店铺也日益增加，并形成了诸如“正阳门街、地安门街、东西安外、东西四牌楼、东西单牌楼暨外城之菜市、花市”[1]的布局，加上厂甸、隆福寺、护国寺、土地庙、花市等，形成了北京城基本的市场格局。

## 四、明清北京城的建设者们

从永乐四年（1406年）朱棣诏建北京皇宫，直至明朝末年，营建工程可以说一直进行着。先是备料和营建西宫，而后是正式营建北京皇城和紫禁城。它在规模、工艺上，虽有逊于中都（安徽临濠，今凤阳），但要比南京宽敞，在布局上则要比中都、南京更为完整。紫禁城宫殿南北分前朝和大内，东西分三路纵列，中宫和东西六宫，形成众星拱月的布局，体现了封建统治阶级的最高营建法式。永乐时期营造宫殿是明代开国后继南京、临濠（凤阳）之后最大的一次全国性工程，耗用的人力、财力、物力可以想见，而参与工程的设计者、工匠难于统计，即使是技术高超者，也很少被载入史册。只留下关于少数官员的记载。

### 蒯祥

蒯祥是明代著名的建筑工匠，约生于明洪武中，卒于成化年间，终年84岁，从事建筑工作达半个世纪之久。据《吴县志》载：“蒯祥，吴县香山木工也，能主大营缮。永乐十五年（1417年）建北京宫殿。正统

[1]《天咫偶闻》卷一〇。

中重作三殿及文武诸阁。天顺末作裕陵（朱祁镇之陵），皆其营度。”[1] 初为营缮工匠，设计、施工精确，累官至工部左侍郎，食从一品俸禄。传说，他“能以两手握笔画双龙，合之如一，每宫中有所修缮，中使导以入，祥略用尺准度，若不经意。及造成，以置所原，不差毫厘”[2]。所以，很得皇帝的赏识，曾多次主持重大的皇室工程，如明永乐十五年（1417年）负责建造北京宫殿和长陵；洪熙元年（1425年）建献陵；正统五年（1440年）负责重建皇宫前三大殿，七年（1442年）建北京衙署；景泰三年（1452年）建北京隆福寺；天顺三年（1459年）建北京紫禁城外的南内（包括今南河沿、南池子一带），四年（1460年）建北京西苑（今北、中、南海）殿宇，八年（1464年）建裕陵（英宗之陵）。成化年间，蒯祥已经八十多岁了，还在“执技供奉，上每以‘蒯鲁班’呼之”[3]，蒯祥作为这些重大工程的主持人之一，表现出了在规划、设计和施工方面的杰出才能。

参与明宫殿建设的还有从营缮清吏司郎中升为工部侍郎的蔡信。据《武进阳湖县志》记载，蔡信有巧思，“永乐年间朝廷营建北京，凡天下绝艺皆征至京，悉遵信绳墨”。此外，还有松江府人杨青。据《松江府志》《古今图书集成》载：“永乐初以瓦工役京师”，“后营建宫殿使为都工。青善心计，凡制度崇广，材用大小，悉称旨。事竣，迁工部左侍郎。其子亦善父业，官至工部郎中。青以老疾乞休，卒赐祭葬”[4]。

由于封建社会历来不重视科学技术，所以连明清两代宫殿最初规划设计的人是谁都很难查清。明永乐四年（1406年）后因参与营建、规划紫禁城而在《明史》中立传或提到的有陈珪、薛禄、柳升、王通等。《明史·陈珪传》中说，他于永乐八年（1410年）“营建北京宫殿，经画有条理，甚见器重”。柳升、王通是他的副手。《明史·薛禄传》中说，

[1] 转引自万依、杨辛:《故宫——东方建筑的瑰宝》，北京大学出版社，1991年11月，第129页。
[2] 同前注。
[3] 同前注。
[4] 单士元:《故宫札记》，紫禁城出版社，1990年6月，第219—220页。

他于永乐五年（1407 年）“以后军都督董北京营造”[1]。明宫殿建造完工，提升官职者 23 人，但在《明实录》中，只提到 4 个人的姓名，即如上所述的蔡信、杨青，还有吴福庆、金珩。这里还应提到的是越南人阮安。据《明史·宦官传》载：“阮安有巧思，奉命董北京城池宫殿及百司府舍，目量意揣，悉中规则，工部受成而已。”所以，阮安既是建筑设计师，又能主持施工，其主要功绩在因旧复原。如永乐十九年（1421 年），即宫殿建成后的第二年，一把大火将奉天、华盖、谨身三大殿焚毁；次年，乾清宫又遭火灾。正统五年（1440 年），决定按旧制重建三大殿，修缮乾清、坤宁二宫。当时出力最多者便是阮安和僧保。三殿重建之后，世宗嘉靖帝时又毁，而此时主重建之事者则是匠官徐杲。《世庙识余录》记载：“三殿规制，宣德间再建后，诸将作皆莫省其旧，而匠官徐杲能以意料量，比落成，竟不失尺寸。”[2]《万历野获编》也载：“世宗末年，土木繁兴，各官尤难称职……永寿宫再建……匠徐杲以一人拮据经营，操斤指示。闻其相度时，第四顾筹算，俄顷即出，而断材长短大小，不爽锱铢，上暂居玉熙，并不闻有斧凿声，不三月而新宫告成，上大喜。”

### “样式雷”

“样式雷”是明清两代宫廷建筑匠师家族。其始祖原籍江西建昌（今永修县），明洪武年间即以工匠身份服役，明代末年由江西迁居江苏金陵（即南京），到了清代初年，雷发达及其堂兄雷发宣应募北京，供役内廷，康熙初年参与修建宫殿工程。当时在太和殿上梁仪式上，须由三部尚书和内府大臣按仪式程序准时举行，康熙皇帝郑重其事地亲自行礼，而且要选择吉时，梁木入榫和皇帝行礼在同一时间进行。很不凑巧，太和殿大梁由于榫卯不合，悬而不下，典礼无法举行。这种情况在当时是一件

[1] 单士元：《故宫札记》，紫禁城出版社，1990 年 6 月，第 282 页。

[2] 同前注。

大不敬的事，管理工程的大臣便急中生智，忙让雷发达穿上官服，带着工具攀上架木之巅。但见雷发达以熟练的技术，手起斧落，榫卯相合，梁木顺利就位。典礼仪式如期完成，亦博得了皇帝的欢心，遂“敕授”雷发达为工部营造所“长班”。于是就有了“上有鲁班，下有长班，紫微照命，金殿封官”的传说。

这个传说不一定完全符合当时的情形，但却可以看出雷发达这个良匠的精湛技术及北京“样式雷”的由来。

后来，雷发达的长子雷金玉继承了父职，并投充内务府包衣旗[1]，供役圆明园楠木作样式房掌案，以内廷营造有功，封为内务府七品官，食七品俸。直到清代末年，雷氏家族有六代后人都在样式房任掌案职务，负责过北京故宫、三海、圆明园、颐和园、静宜园、承德避暑山庄、清东陵和西陵等重要工程的设计。同行称这个家族为“样式雷”。

雷氏家族进行建筑设计时，都先按一百分之一或二百分之一的比例制作模型小样进呈内廷，以供审定。模型用草纸板热压制成，故名“烫样”。其台基、瓦顶、柱枋、门窗，以及床榻桌椅、屏风纱橱等均按比例制成。

明清两代王朝兴建工程，在选定地点后，先由算房丈量地面，由内廷提出建筑要求，再发以“样式雷”为首的掌案进行设计。设计步骤首先是安中线（轴线），即所谓“万法不离中”，在一片方正或不规则的土地上以罗盘针定方向，从而确定出建筑群的位置，并以野墩子为标志。野墩子钉在中线的终点处，这样便于以起点为纲，自近及远，旁顾左右而考虑全面规划。

中国建筑群的布局是由个体建筑组成一个庭院，多座庭院组成一组大建筑群。“样式雷”在空间组合上注意建筑物的高矮比例，或左右对称，或左右均衡，或错综变化，先定出各式各样的建筑尺寸，在布局上做到匀称协调，然后通过烫样（模型）表达出来。

---

[1] 内务府包衣是清代专为宫廷服役的旗人。

“样式雷”的烫样均按比例安排，山石、树木、花坛、水池、船坞及庭院陈设，无不具备。烫样的屋顶还可以取下，洞视内部，所以有灵活变化、用行舍藏之妙。烫样不仅将建筑位置科学地加以安排，同时还注意表现色彩感。这样一种具有色彩的立体式模型，艺术地将建筑群以长卷绘画式的布局手法跌宕起伏、错落有致地表现出来。

在《样式雷家世考》一书中，关于雷发达四世孙雷家玺的事迹有如下一段记载："乾隆五十七年（1792 年）承办万寿山、玉泉山、香山园庭工程及热河避暑山庄……其长兄家玮则时赴外省查看行宫堤工。先后继续供事于乾、嘉两朝工役繁兴之世，又承办宫中年例灯彩及西厂烟火、乾隆八十万寿点景楼台工程，争妍斗靡盛绝一时。其家中藏有嘉庆年间万寿盛典一册，记承值同乐园演戏、鳌山切末灯彩屉画、雪狮等工程。"在故宫博物院收藏的康熙、乾隆时代的万寿图和南巡图中可以见到那些豪华逼真的点景楼台，实在都是绝妙的艺术珍品[1]。

当然，“样式雷”主要执掌的还是宫殿设计，其余设计应是与内务府造办处合作的。雷氏从清康熙朝雷发达应征到北京修太和殿始，其子孙即留北京，传到光绪朝时，七世孙雷廷昌设计修建普祥峪“慈安太后”陵寝工程和普陀峪“慈禧太后”陵寝工程。雷氏一家在清朝二百多年中，工艺独树一帜，在中国古代建筑史上占有重要地位。

## 五、明清北京城规划建设的特色

### 1. 高耸壮观的城墙城门

城墙，是人类文明发展到一个重要阶段的产物，也是冷兵器时代规模最大、最有效的防御工程。在中国，城市的出现是以城墙的建造为标

[1] 转引自单士元：《故宫札记》，紫禁城出版社，1990 年 6 月，第 286 页。

志的，它经历了数千年的演进。高耸而壮美的明清北京城墙、城门，既是古都北京历史上最高大雄伟、最坚固完美的军事防御工事，也是其最鲜明生动而又独具特色的形象标志。

在中国古代建筑城池的观念中，城墙既是统治者护卫自己政权的主要军事防御设施，也是统治者中心形象的扩大。因此，作为国都的城墙，始终是都邑规划和建筑形制不可或缺的组成部分。换言之，北京城从它的产生、演变，乃至其平面构成出现“品”字形的格局，都具有历史意义。北京城墙，以及宏丽的城门楼、箭楼、角楼等，也是北京城整体环境中不可分割的艺术构成部分。而人们对北京城的认识也往往是从城墙、城门开始的。

让我们再来看看瑞典美术史家喜仁龙是怎样认识北京城的。他在1924年所写的《北京的城墙和城门》一书中写道：“纵观北京城内规模巨大的建筑，无一比得上内城城墙那样雄伟壮观。初看起来，它们也许不像宫殿、寺庙和店铺、牌楼那样赏心悦目，但当你渐渐熟悉这座大城以后，就会觉得，这些城墙是动人心魄的古迹——幅员广阔、沉稳雄劲，有一种高屋建瓴、俾睨四邻的气派，它那分外古朴和绵延不绝的外观，粗看可能使游人感到单调、乏味，但仔细观察后就会发现，这些城墙无论是在建筑用材，还是营造工艺方面都富于变化，具有历史文献般的价值。城墙单调的灰色表面，由于年深日久而受到剥蚀，故历经多次修葺。不过，整个城墙仍然保持着统一的风格。城墙每隔一定距离，便筑有大小不尽相等的坚固墩台，从而使城墙外表的变化节奏变得鲜明……这种缓慢的节奏在接近城门时突然加快，并在城门处达到顶峰：但见双重城楼昂然耸立于绵延的垛墙之上，其中较大的城楼像一座筑于高大城台上的殿阁。城堡般的巨大角楼，成为全部城墙建筑系列巍峨壮观的终点。”[1]

[1]〔瑞典〕奥斯伍尔德·喜仁龙著，许永全译，宋惕冰校：《北京的城墙和城门》，北京燕山出版社，1985年，第28页。

如今耸立在北京内城东南角、平面呈曲尺形的东南角楼，不仅是内外城仅剩的一座角楼，而且已经成了北京城的重要标志。每当列车由东而西徐徐地进入北京站，首先映入眼帘的便是那高大而雄伟的角楼。人们也自然而然地会联想到“北京到了”！

故宫四隅的角楼，更由于其结构精巧、造型奇特秀丽，而被人们称为“九梁十八柱”。它似楼非楼，似阁非阁，丽若琼瑶，是一座多面、多角、多窗，又组合得十分和谐、统一的超级艺术建筑。

每当夜幕降临，北京城墙、城门所形成的建筑轮廓线，在如水月光、满天星空的映衬下，形成了一幅壮美异常的剪影。这就是建筑学上所谓的“天际线”。诚然，今天我们已无法看到古都北京完整的“天际线”，但是，我们却可以从前门保留的箭楼、正阳门城楼、内城东南角楼及其往西延伸的一段残城墙，以及北城的德胜门城楼等，约略领会到北京城墙、城门所构成的“天际线”的风姿。

明清北京紫禁城精美的角楼

北京的城墙原有外城、内城、皇城、紫禁城四重。从平面布局上形成对紫禁城的层层拱卫之势，构筑成了一个“王权至上”的政治主题。但是，除紫禁城外，皇城、内城、外城都先后被拆毁。如今仅留下了弥足珍贵的崇文门迤东约 1.6 千米的内城东南城墙，已辟为“明城墙遗址公园”供人参观游览。

“外七、内九、皇城四”指的是城门数，即外城七座、内城九座、皇城四座城门。而如今的外城仅有修复后的永定门一座，其他如左安门、右安门、广渠门、广安门、东便门、西便门都先后被拆毁；内城有正阳门和德胜门箭楼尚存，其他如崇文门、宣武门、朝阳门、阜成门、东直门、西直门也都先后被拆毁。至于皇城，早在民国初年便已被拆毁，仅留有“东黄（皇）城根”“西黄（皇）城根”的名字而已；原先皇城的四座城门——天安门、地安门、东安门、西安门，除天安门一座，其余三座亦仅保留地名而已。

### 2. 井然有序的平面布局

城市，不论哪一个时代，都主要是为当时的社会制度服务的，并体现出那一个时代的社会精神。而所有的城市规划理论，乃至城市规划的方法、技术和艺术，亦无一不是在这个大前提下产生的。作为封建社会政治中心的都城，尤其如此。

平面布局就是城市的总体结构的不同分区，即各个不同职能区之间的比例大小、占地多少，也就是一个城市的平面形态。所以说，城市的平面布局是城市的整体形象。

李泽厚在《美的历程》中说：“中国建筑最大限度地利用了木结构的可能和特点，一开始就不是以单一的独立个别建筑物为目标，而是以空间规模巨大、平面铺开、相互连接和配合的群体建筑为特征的。它重视的是各个建筑物之间的平面整体的有机安排。”[1]

---

[1] 李泽厚：《美的历程》，中国社会科学出版社，1984 年，第 75—76 页。

高崇雄伟且金碧辉煌的紫禁城位居整座城的中心位置，其四周衬以由大街、胡同编织而成的数以千万计的、低矮而呈灰色的四合院民居。正是古代的规划匠师们以极其雄大的气魄体现出“普天之下，唯我独尊”这一主题的绝妙手笔。

作为都城，其平面布局程序和安排，是中国古典建筑设计艺术的灵魂。由于它们控制了人在建筑群中运动时所得到的感受，所以其景象的大小、次序的安排，也就成了表达完美意念的重要手段。

从明清北京城的平面图来看，它是由外城包着内城的南面（原为“四周之制”，因当时财力拮据，只修了城南一面），内城包着皇城，皇城又包着紫禁城（即宫城），形成多重同心的方城。从外城到宫城，其周围又绕以既宽且深的护城河。这样皇帝居住的宫城便成了全城的中心，处在层层拱卫之中。在城的四周又筑以天、地、日、月坛，宫城便俨然是“宇宙的中心”了。而从整个画面来看，宏伟高大、金碧辉煌的宫殿建筑，在数以千万计、布置有序又掩映于绿荫底下呈灰色的四合院，还有散落在全城不同位置的王府、寺、观、坛、庙的烘托下，就更显得恢宏壮丽了。

以皇宫为中心来展示都城的各种建筑物，并以超人的技艺来集中表现皇宫的显著位置，这不仅是中国古典建筑的最大特色，也是北京城的最大特色。而它所能达到的宽广和深远的程度，组织的复杂和严谨，是迄今为止，世界上没有哪一类建筑物可以与之媲美的。相同时代的同类建筑，论气魄和规模，相较之下都大为逊色。这正如《中国科学技术史》的作者李约瑟所说：“中国的观念是十分深远和极为复杂的。因为在一个构图中有数以万计的建筑物，而宫殿本身只不过是整个城市，连同它的城墙、街道等更大的有机体的一个部分而已……这种建筑，这种伟大的总体布局，早已达到了它的最高水平。”[1]

---

[1] 转引自李允鉌：《华夏意匠》，中国建筑工业出版社，1985 年，第 91 页。

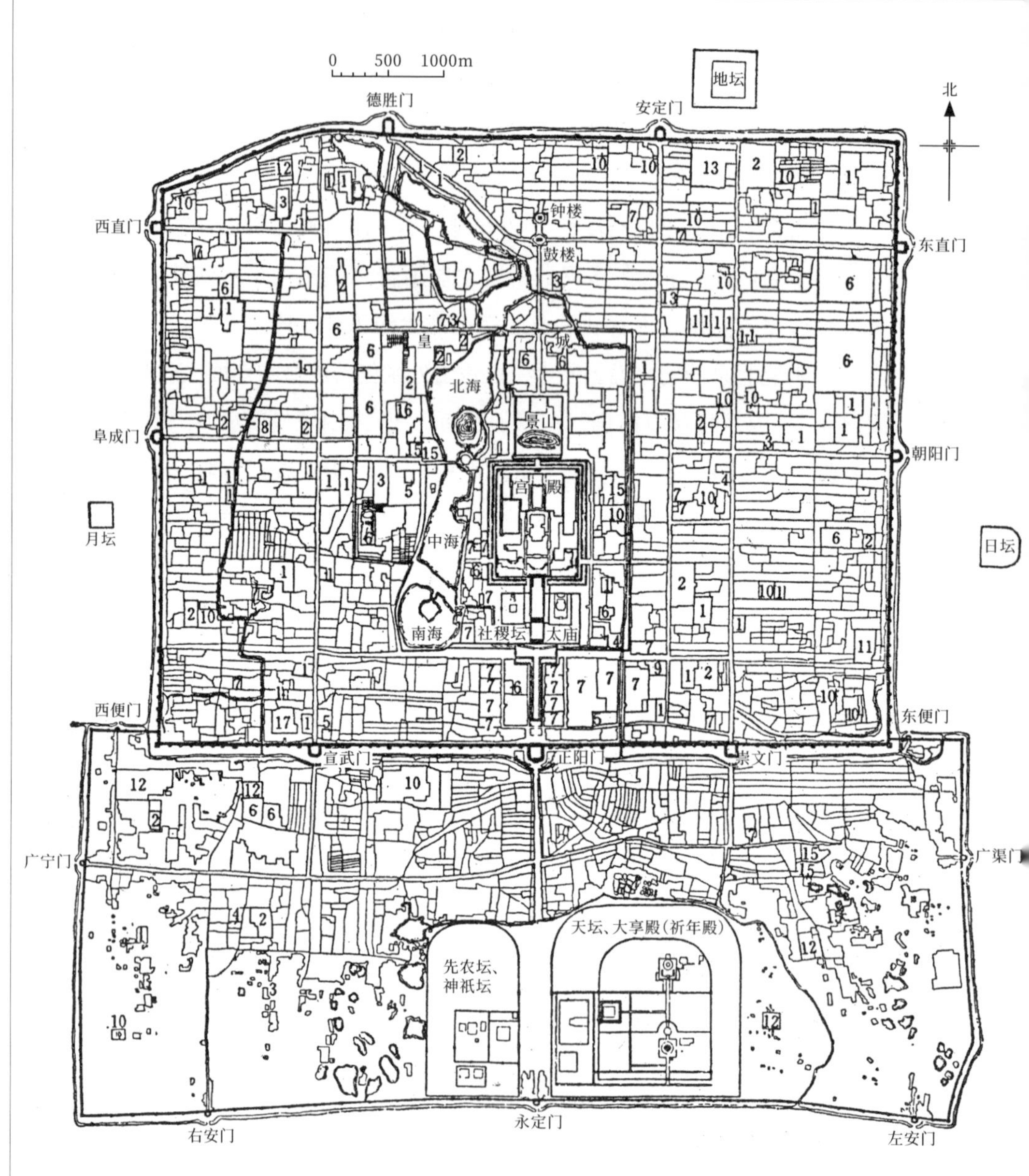


1.亲王府;2.佛寺;3.道观;4.清真寺;5.天主教堂;6.仓库;7.衙署;8.历代帝王庙;9.满洲堂子;

10.官手工业局及作坊;11.贡院;12.八旗营房;13.文庙、学校;14.皇史宬(档案库);15.马圈;

16.牛圈;17.驯象所;18.义地、养育堂

清北京城平面图(引自《中国建筑史》)

### 3. 气势如虹的南北中轴线

“主坐朝南，左右对称”，是中国古代传统建筑平面构图的准则。这是因为我国处在北半球的地理位置，背风向阳、朝南的房屋是最理想的。考古发掘证明，早在三千多年前，夏代的宫殿建筑就已是“坐北面南”的了。《周礼·天官》规定，惟王建国，辨方正位，面南为尊。建筑物的对称布设和中轴线，实际是同一设计思想所产生的两种表现形式。因为，中轴线既是建筑物对称布局的依据，对称的布局反过来又自然会产生强烈的中轴观念。

我们从前面的叙述中可以看到，整个北京城的布局，是围绕着皇宫这个中心而展开的，而贯通这个布局的便是一条南起永定门、前门、午门、故宫，出神武门、地安门，北至钟楼的长达 7.8 千米的中轴线。北京城左右对称、前后起伏的形制和空间的分配，都是以这条中轴线为依据的，其所特有的规整的秩序，也是因这条中轴线的存在而产生的。可以说，这是当今世界上最长、最伟大，也最壮丽的城市中轴线。

布局中的程序是中国建筑设计艺术的灵魂，是建筑群的布局精神和设计意念的主要体现者。试看，从外城最南端的永定门起北行，在中轴线的左右是天坛和山川坛（后改称“先农坛”）两个约略对称的建筑群；然后进入正阳门循御道北上，依次通过大明门（清改“大清门”）、承天门（清改“天安门”）、端门、午门、皇极门（清改“太和门”）抵达皇极殿（清改“太和殿”），出玄武门，再往北穿过景山中峰，最后止于鼓楼和钟楼，并将其平稳地分配给左右分立的两个北面城楼——安定门和德胜门。正是这条贯通北京城南北的中轴线将很多重重封闭、自成一组的基本平面组织串成一体，形成了一条压倒一切的主轴，并通过它将整个城市不论从空间组织上，还是体量的安排上都完全连贯起来，使整个北京城呈现出一种极为完整的节奏感，达到完美的艺术效果。

我们可以自豪地说，明北京城的规划和中心建筑群的布局，不仅有其非常深厚的民族理念和文化渊源，而且也是中轴线运用的最高成就。

## 4. 犹如棋盘的街巷布局

道路网是构成城市的“骨架”。它们的配置形式和图案决定了整个城市的整体布局。如前所述，我国古代王城采用的是经纬涂制的道路网，即以“九经九纬”组成的三条大道为主干，配以与之平行的南北和东西的次干道，结合顺城的环涂而构成。因此，“棋盘式”的城市道路网是都城传统的制式，也是北京城道路网的一大特色。

明北京城内城是在元大都的基础上发展起来的，今东西长安街以北的街道仍然沿用了元大都街道之旧，除局部地区因受自然条件的制约，或因历史原因而成斜街之外，仍然保持了“棋盘式”的街道格局。据史书记载和考古发掘证明，元大都城两个相对城门之间都有宽阔平直的大道互相连通。《马可·波罗行纪》记载，元大都当时“全城地面规划犹如棋盘，其美善之极，未可言宣”。这些干道连同顺城街在内，全城共有南北、东西干道各九条。干道阔 24 步，小街阔 12 步、胡同阔 6 步。按一步为 1.5 米计，分别约为 36 米、18 米、9 米。今东四以北，从东四头条至十二条，西四以北的头条至八条，其街道、胡同的排列、宽窄与此是完全一致的。这也正说明了明北京城的建设不仅继承了中国古代都城规划的传统规制，而且沿用了元大都的道路“制式”。

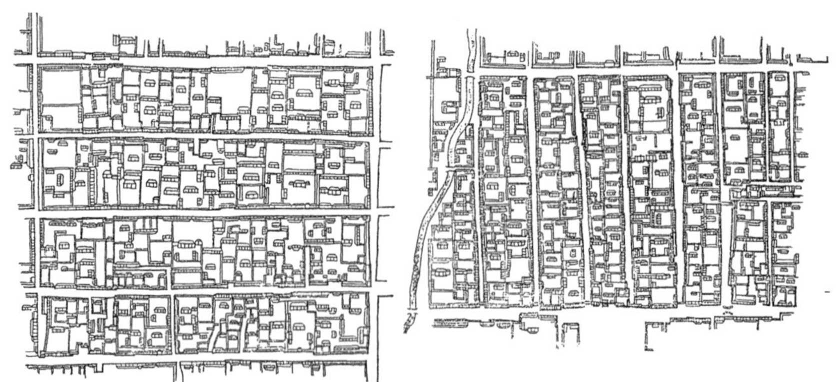

棋盘式街巷图

当然，由于外城是明嘉靖年间加筑的，街道事先并未做相应的规划，因而往往受河流或历史地理条件的影响，如外城中轴线东侧的长巷头条至四条的线形便受到三里河河道走向（亦系古高梁河故道）的制约，而形成“西北—东南”的走向；中轴线西侧大栅栏西街至虎坊桥的斜街，即铁树斜街、杨梅竹斜街、樱桃斜街等，就是历史上元大都城（当时亦称“北城”）和金中都旧城（当时亦称“南城”）之间交通往来的遗迹。而明清北京城的内城，特别是东西长安街以北的街巷，却仍然保留着“方城十字街”的规制。

### 5. 形制规整的里坊、四合院

明北京城将全城分成36坊（内城28坊，外城8坊），分属东、西、南（外城）、北、中五城管辖，它完全继承了中国传统的城市组织精神，是“中国式城市真正性格所在”[1]的坊里形制。

“坊”是城市居住区的基本单位。所谓“坊”和“里”，是被道路网分割出来的“街区”。明北京城的道路是“棋盘式”的，而且主干道大都等距，它切割出来的“街区”大小面积也基本相同。于是，在城市的土地使用上就以“里”或“坊”等作为基本单位，然后再根据实际的需要做适当的调配（合并或分割）。

汉长安城内有南北方向的街道8条，称为“八街”，东西方向9条，称为“九陌”，有闾里160个，唐时改称为“里坊”，共180里坊，每“坊”东南西北各广300步，开十字街，四出趋门。“坊”还有坊墙、坊门[2]。到了宋代，城坊之制被解体，“坊墙”被冲破，城市的建筑形式部分改为面向街道的沿街建筑，主要街道被改为商店街道。到了元朝规划大都时，遂将上述两种形制进行了综合。胡同之间的距离为“五十步”，约合77

---

[1] 李允鉌：《华夏意匠》，中国建筑工业出版社，1985年，第400页。

[2] 南京工学院主编：《中国建筑史》（第二版），中国建筑工业出版社，1986年7月第二版，第39、43页。

米，相当于“四合院”的三进院子，背风向阳，出入方便，且与主干道的联系非常密切，既畅通无阻，又合乎实用。它也就成了元大都城市规划中最基本的单位。

大概在西周初期，人类基本摆脱洞穴生活，而以木构架屋宇建筑作为民居。殷商时期虽然没有出现四合院形式的建筑，但其建筑结构中心的某些特征，却已经开始出现了。考古学界在对河南殷墟进行发掘的过程中，发现了几十座宫室墓址。这些墓址在整体布局上，已显示出了南北方向中轴线的作用。此后，因宗法与礼制的需要，以闭合对称形式，将主要建筑安排在中轴线上的布局，在民居建筑中日渐普遍。魏晋南北朝时期具有四合院特点的民居越来越多，而典型的四合院出现在隋唐时期。宋以后，四合院的地位越来越重要，特别是明清以来，已成为民居的主流建筑形式。

四合院既是中国古代建筑中最具代表性的一种建筑形式，更是古

齐白石故居，西城区跨车胡同 13 号

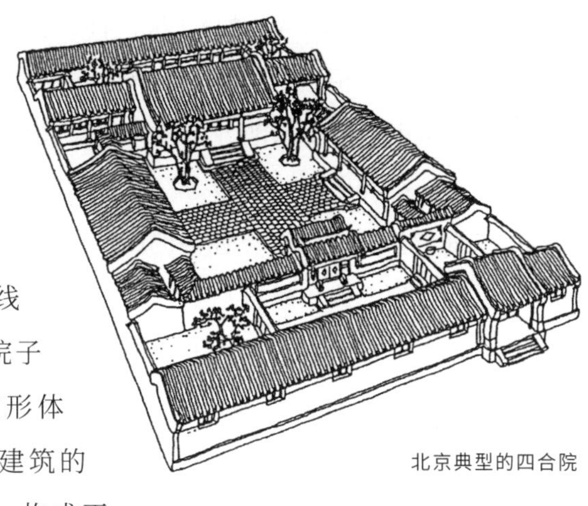
北京典型的四合院

都北京的主要建筑形式。这类建筑大都采用均衡对称的方式，沿着纵轴线（南北向）和横轴线（东西向）进行设计。首先在纵轴线上安置主要建筑，并在院子左右两侧对称修建两座形体较小的建筑，再在主要建筑的对面建一座次要的建筑，构成正方形或长方形的庭院，这就是四合院。对称式的平面布局和封闭式的外观，是四合院的两个主要特征。这种格局很适合中国古代社会的宗法、礼教制度，也便于安排家庭成员的居所，形成舒适安宁的生活环境。此外，只要将庭院数量、形状、大小与木构架建筑的形体、样式、材料、装饰、色彩等略加改变，即可满足不同气候条件与功能的要求。因此，被广泛地用于民居、宫殿、官署、寺庙等[1]。

四合院是构成“坊”的“细胞”，是北京城最基本，也是分布最多的居住形式。其基本格式是由一座坐北朝南的正房和坐南朝北的南房及东、西厢房围合而成。它是一个南北稍长，呈矩形的封闭庭院。住宅的门一般都开在院子的东南角上。这种封闭性的院落既有背风向阳的特点，又具有很强的防卫性，而且“北屋为尊，两厢为次，倒座为宾，杂室为附”，较能体现出“礼制”长幼有序，主客分明的精神。“四合院”中比较高大而舒适的北房，总是由家长居住；厢房分住晚一辈的儿孙们；倒座即南房，常用作书房或客厅。按“正房”与倒座视线不能相连的习俗，往往会在庭院中靠近倒座的一侧设屏门或木影壁。

[1] 韩茂莉：《北京四合院与胡同》（打印稿），2005 年，第 122 页。

规模较大的四合院常附有花园，而且多建于四合院的后面或侧面，其间以墙门与住宅相通。北京地处华北平原的北端，地势起伏很小，宅第又不准私自引水修筑水池。所以，往往采用建筑物的错落有致、回廊的旋回曲折、亭阁山石的巧妙布设，来营造花木扶疏、亭台掩映、曲径通幽的宁静气氛。在四合院住宅的四周，都由各座房屋的后墙及围墙封闭，墙壁和屋顶都比较厚重，全不对外开设窗户。

四合院中的庭园是整个房屋布局的中心，这里不仅是采光、通风、交通的枢纽，也是休息和做家务（如夏日乘凉或晾衣晒物等）的场所。有的还种植一些花木或陈设鱼缸、盆景，构成一个安静舒适的环境。四合院的室内则设有暖炕，以供取暖。对于气候比较寒冷的北方，四合院确实是一种既富有民族特色又宁静实用的住宅建筑。北京城这许许多多连片、呈灰色调而低矮的四合院，烘托出了紫禁城宫殿的气势恢宏、雄伟高大与壮丽辉煌。

### 6. 景色绮丽的宫苑

每当人们在景山之巅的万春亭上，俯视那格局严谨、金光闪烁的“宫殿之海”时，都不免会被那波光潋滟，柳丝拂岸，掩映着绚丽多姿的亭台楼阁的景色所吸引。这便是紧靠紫禁城西侧的宫苑。

远在数千万年以前的第三纪，自发生喜马拉雅抬升运动以来，太行山和燕山山地都加快了上升的速度，而山前平原地区则相对下沉，并堆积下了深厚的第三纪沉积层。随后，由山地河流冲下来的大量洪积冲积物又在第三纪沉积层之上，堆积成属于第四纪的大小不等的山前冲积扇和广阔的华北大平原，永定河冲积扇及其冲积平原便是其中的一部分。

永定河冲积扇以西山山口的石景山附近为顶点，向东北、东、东南三个方向呈辐射倾斜低落。钻探结果显示，冲积扇的厚度达200—300米。其底部组成物质为疏松的厚层卵石、砾石，越近地面，物质越细。冲积扇顶端物质较粗大，越向平原越细。

而自晚更新世以来，永定河在其自身发展过程中，曾经在冲积扇和冲积平原上摆动，其方向大体是由东北的清河故道，逐步转而流向东南。到了北魏时期，永定河已经以㶟水为名，经今北京城南部流向东南，即今凉水河故道。到了明代中叶，又移到了河北省新城、雄县一带，夺取了白沟河道。此后，又由西南退向正南，逐步退到了现今的位置。

史书记载的古高梁河，其上源即今北京西直门外紫竹院湖泊的前身，水沿天然地势经今白石桥、高梁桥至德胜门水关，转向东南，再经积水潭、北海、中南海、龙潭湖，流向十里河村东南，与㶟水故道相合。据钻孔资料分析，它在前门至北京供电局附近的河道宽度曾达到620米。今日所见的什刹海、北海，乃至中南海，这串珠般的天然湖泊，便是古高梁河改道之后遗留下的。早在12世纪金帝定鼎中都时，便发士卒凿池掘土，开挑海子，积土成山，并栽植花木，营建宫苑，成游幸之所。元朝统治者在金中都城东北郊外初建大都城时，就把这一带天然湖泊和城市的平面设计结合起来，并且在紧傍湖泊的东岸确定了全城的南北中轴线。也由于这个地理上的原因，才使元大都的平面布局，在实现《周礼·考工记》所规定的理想设计时有所变通，形成了特有的格局。明建北京城时，又把紧傍紫禁城西侧的北海、中南海辟为西苑，形成了以团城为枢纽的皇家园林。这一片南北相连的宫苑，犹如一块硕大无比的“翡翠”。它不仅滋润着北京城的环境，调节着北京城的小气候，而且与巍峨高大、富丽堂皇的宫殿互相映照，构成了一幅绝妙的风景画。

## 六、紫禁城规划建设的艺术成就

建筑并不是砖瓦灰石的堆砌。它不仅是一种物质产品，而且还是一种艺术产品。其中自蕴含有深意，即匠意，就如同“诗情画意”一样。只是它的表达方式采取了规划、建筑设计等特有的语言而已。它们包括建筑的面、体形、体量、群体组合、空间结构、整体环境等诸多方面。然后，再按照“形式美”的法则，综合运用，造成多样、统一而完整的构图，显示出图案般的美和有机的组织性，形成某种“匠意”的特定风格。而人们行进在其中产生一系列心理情感的变化，就是所谓的“匠意”的画外之音了。

紫禁城，位于北京内城的中央。它既是封建帝都的象征，也是整个北京城规划建设的核心。清因袭明，虽曾进行过一些重建或改建，但仍大体保存着明初时的布局、规制。

紫禁城东西宽 750 米，南北长 960 米，周长 3420 米，墙高 10 米。城墙外层用澄浆砖包砌，里面则以黄土夯实。四周共开四门：正南的是午门，向东的名东华门，向西的名西华门，北面的明时叫玄武门，清康熙年间因避讳康熙帝玄烨的名字，遂改称神武门，且一直沿用至今。在紫禁城的周围环有宽 52 米的护城河（俗称“筒子河”）。城四角建有结构精巧、造型秀美的角楼。

紫禁城占地约七十二万平方米，有宫殿八千多间，其间有宫、殿、楼、阁、亭、榭、厅、堂、廊、厦、门、庑等，起伏错落，疏密有致，且多为土木结构，黄琉璃瓦盖顶，青白石做基座，再饰以金碧辉煌的彩画。这些宫殿建筑是沿着一条南北向的中轴线排列，并向两侧展开的——南北取直，左右对称。整座建筑气魄宏伟，规划严格，蔚为壮观，集中体现了我国古代都城规划艺术的智慧和传统。

香港建筑师李允鉌在其所著的《华夏意匠》一书中这样评价故宫：“在设计上，几乎看不到有任何人对它作过恶劣的批评。北京故宫，在设计上的成功并不仅限于它是一个 15 世纪时（1416—1420 年）的杰作（按：时间上限还要早），它可以说是中国人历代宫殿建筑成果的一个总结。它的组织方法，构图意念，绝对不只是一个时代的产物。不管在技术上，艺术上，它都是继承了伟大的传统而来的，同时在这个基础上，它有了更进一步的提高。在中国的宫殿建筑上，它已经是一个完全成熟的典型。”[1]

中国传统文化认为“天”与“人”是相通的。“上圆法天，下方法地。”[2]《周易》载：“夫大人者，与天地合其德，与日月合其明，与四时合其序。”宇宙万物在不断地运动、变化着，同时又共处于一个和谐的统一体中。万物的生灭、阴阳的交错，都遵循一定的规律，由此构成世界的和谐秩序。“天地之美恶，在两和之中”，“德莫大于和”，和谐既是中国传统文化的显著特点，也是故宫在规划建设中所追求的最高目标，从而形成了以“太和”“中和”“保和”三大殿为中心的整体和谐之美。

明清北京城，作为中国封建社会终结阶段的都城，集中体现了我国在都城规划建设上的理论、技术和艺术，是我国劳动人民智慧的结晶。作为北京城核心的故宫，则是中国至今保留下来的规模最大、保存最完整的古建筑群，自然也是我国封建社会的“营国之最”。

### 1. 整体布局的均衡之美

紫禁城在明永乐年间初建时，是参照南京明宫殿的规制，按《周礼·考工记》所载的“左祖右社，面朝后市”布局原则建造的，面积比现在的紫禁城大八倍多。现紫禁城前左面的劳动人民文化宫，原是皇帝祭祀祖宗的太庙；右面的中山公园，原是祭祀土神、谷神的社稷坛；前面有朝臣办事的处所，后面有进行交易的市场。景山矗立在紫禁城北，犹如一道天然的屏障。紫禁城西部为皇家园林，东部是诸多为宫廷服务的衙署（辛亥革命后，故宫管辖的范围逐渐被分割，且只剩下了紫禁城城垣以内的地方）[3]。

紫禁城从永乐四年（1406 年）决定筹建，至十八年（1420 年）基

[1] 李允鉌：《华夏意匠》，中国建筑工业出版社，1985 年，第 91 页。

[2] 班固：《白虎通义·京师》。

[3] 万依：《故宫导引》（第二版），紫禁城出版社，1991 年。

本建成，前后调集了二三十万农民和一部分卫军，集中了全国的著名工匠。从文献中能查出修建这座皇宫的建筑匠师就有杨青、蒯祥、蔡信、蒯义、蒯纲、陆祥、徐杲、郭文英、赵德秀、冯巧、梁九等；修建的木料都是从四川、贵州、云南、湖南、广西等地的大山里采伐的；石料是从北京附近的房山、盘山等地开采来的。为运输这些材料，严冬时节，将通往北京的道路沿线相隔一里左右凿一口水井，泼水铺成冰道；盛夏时节，则用滚木铺成轮道。可以想见当时为建造这座举世无双的宫殿所付出的巨大代价。

紫禁城的建筑由形制基本相同的房屋和大小不同的层层院落空间组成。由于建筑内部的功能不同，房屋有高有低，有大有小；院落有长有宽，有封有敞；组成的空间也就有疏有密，有围有透。通过这些有规律有目的的安排，整个空间组织表现出一种交错起伏、参差跳动的韵律美。站在景山顶

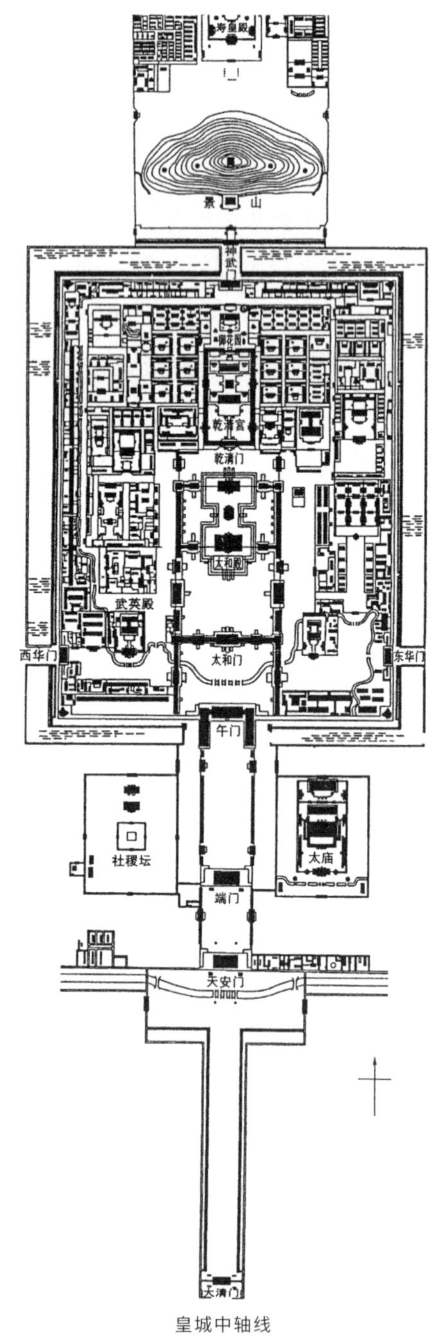

皇城中轴线

上远远望去，整个故宫的建筑既包含有规律的重复和有组织的变化，又有统一中求变化、变化中求统一的整体均衡之美。

我们知道，建筑是由物质材料砌构的空间组成，并占有一定空间的有体有形的实体。建筑艺术则是由线条、形体、色彩、质感、光彩，以及装饰等基本因素，按照人的审美意识理想构成的，而线又是造型艺术，也是建筑艺术中最基本的审美要素。因为在建筑审美中大多是以方形、长方形、圆形等几种基本几何形状为审美特征的，而它们又是以更基本的线组成面，再由面构成的形状。

自古以来，以木构架为主要结构的中国古代建筑，创造了一个与之相应的平面布局和外观。这就是以“间”为单位，构成单座建筑，再以单座建筑组成庭院，进而以庭院为单元组成各种形式的组群，并沿着轴线（多数为呈南北走向的纵轴线）以均衡对称的方式进行规划组合。有人说：“中国建筑最大限度地利用了木结构的可能和特点，一开始就不是以单一的独立个别建筑物为目标，而是以空间规模巨大、平面铺开、相互连接和配合的群体建筑为特征的。它重视的是各个建筑物之间的平面整体的有机安排。”[1]

紫禁城的建筑从台座基础以上几乎全部是用木头拼搭而成的。柱、檩、枋、梁、斗拱、屋架，以及门窗、隔扇、顶棚、藻井、檐椽等，都是线的组合。由线组成构件，由构件组成个体、局部，直到整体，并以整体的完整形象给人以深刻的印象，形成中国古代《诗经》中所描写的“如翚斯飞”“作庙翼翼”的艺术效果。

我们从天安门向北推进，端门、午门、太和门，直到太和殿，无一不是横线的延展和叠加，再加上两厢长排平房的檐线透视聚引，视点集中到太和殿下部汉白玉砌就的三层高台崇阶，舒展的横线重叠向上，连续着横线的殿基、重格，连续并列的檐下斗拱，以至横平的正脊、重檐

[1] 李泽厚：《美的历程》，中国社会科学出版社，1984 年，第 75—76 页。

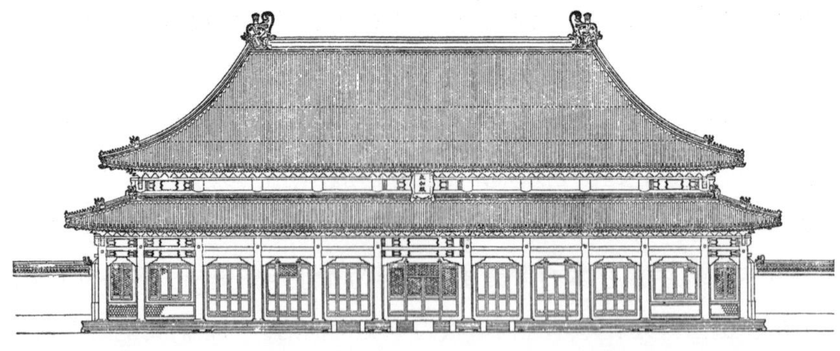

紫禁城太和殿

下两层厚厚的檐阴暗影，更加强了水平横线的效果。即使是屋顶庑殿四阿的腾升垂脊的曲线，也还是线。这层层叠叠的舒展横线加上屋顶的飞腾曲线组合，把太和殿这座巍峨的殿堂衬托得立地顶天、庄严壮丽，给人以一种宽阔、稳重的整体美感。

紫禁城让人充分了解到，中国建筑较之西方高耸直刺天穹的建筑，似乎显得较为低矮、平淡，但也正好说明了中国建筑并“不是着意去表现出单体建筑的体态形貌，而是在建筑群体中体现均衡的结构布局，制约配合；不是去追求高耸入云、指向上苍的出世神秘，而是平面展开、引向现实的入世理想；不是去追求一种强烈的刺激和崇拜，而是重在生活情调的熏陶和感染，从而表现出一种结构严整，又连续交错的雄浑气

格局严整、金碧辉煌、气势非凡的紫禁城宫殿

势”[1]。这是一种以简单重复的基本单元组成的复杂的建筑群落，在严整中又富丁变化，变化中又求统一，体现出一种整体之美、均衡之美、理性之美。

明陈敬宗在《北京赋》中这样写道：

> 惟圣皇之建北京也……精论巧思，悉就经画；岿壮丽于崇朝，睹崔嵬于瞬息。面朝后市之规，既肃肃而严严；左庙右社之制，复亭亭而翼翼。布列有序，不爽寸尺。妙合化工，莫究窥测。其正殿则奉天（清改太和）、华盖（清改中和）、谨身（清改保和）之尊严，翊以文楼武楼、左阙右

[1] 汪国瑜：《建筑——人类生息的环境艺术》，北京大学出版社，1996 年，第 7—8 页。

阙之嶒崚。开千门兮万户，带岩廊以回萦。台百尺以巃嵸，重三阶以跻登。屹中天以层构，抗浮云而上征。激日景以纳光，耀丹碧于紫清。观其琼阶瑶砌，赤墀彤庭。青锁金铺，绮窗珠棂。镂槛文梍，玉碣绣楹。跱丹凤于阿阁，棲金爵于觚棱。悬彩虹于修梁，跃苍龙于飞甍。含灵曜以欲翔，望北辰而高兴。饰华榱以璧珰，缀琱簷兮列星。彤霞映棻楣之葩蕚，薰香郁椒壁之芳馨。日华丽文栱之玲珑，空彩镂罘罳之晶莹。三光临耀，五色璀灿。壮丽穹窿，莫罄名赞……此诚所谓旷千古之希逢，而超万代之奇观者也。[1]

事实也正是如此，把八千多间房子，遵照“皇权至高无上”的主旨和其功能的不同，布列在一个面积约七十二万平方米的紫禁城里，其间殿阁楼台，墙院桥亭，此起彼伏，曲奥幽深，疏密有致，难度之大是显而易见的，但它成功了。

### 2. 空间序列的韵律之美

“规则的序列，产生一种庄重、爽直、明朗的印象，而且强调高潮。它必然引起一种感官上的感受……不规则的序列则充满了流动和各种运动的感觉。这种不规则的序列，能造成令人料想不到的感染力，造成外观上使人感到惊异的一些部位。”这是托伯特·哈姆林在《20 世纪建筑的功能与形式》中的一段话。

我们知道，任何具有一定空间组成的建筑物，都包含有一定的空间序列，规则的或不规则的，明的或暗的，或者有的强一些，有的弱一些，稍经细心体会就会感到“序列”的存在。这是因为空间序列就是按照一定的轴线关系将一系列不同的空间有序地组合在一起，形成对建筑的整体概念，而人们也正是通过这些空间序列的安排法认识建筑的匠意的。

[1] 于敏中：《日下旧闻考》，北京古籍出版社，1981 年，第 147—108 页。

“人类生活在地理环境中，对周围环境有个观赏、感受、认识的过程，并由此作出种种反应。”[1] 或者说，人们在一个空间序列中行进时，总要按照一定的轴线方向和一定的空间布局顺序，从一个空间进入到另一个空间，直到走完这一空间序列，才能获得关于它的总印象。这个“总印象”也就是这一建筑的“匠意”，即建筑匠师们希冀通过建筑物的形制、体量、色彩，以及它们在空间的序列安排中所要表达出来的创作意图。

紫禁城由大清门往北经过两厢的“千步之廊”（已于 20 世纪 20 年代初拆除），跨越长安街、金水桥，进天安门、端门、午门，穿过太和门，踱过门内五虹、玉阶三叠托起的太和、中和、保和三大殿，再过乾清宫门，经后朝的乾清、交泰、坤宁三宫，步入御花园，出神武门，登景山万春亭，向北放眼，鼓楼、钟楼在望……这一条长达 4100 多米的中轴线贯穿着十余个大小不同的空间，组织着三殿、三宫、东西六院。

如果我们从中轴线的剖面由南向北去观察那一系列门楼、殿阁和广场空间所构成的轮廓剪影，它那高低起伏、紧缓疾徐的节奏变化，就如同一首乐曲在黄瓦朱墙的主旋律下流淌着，其抑扬顿挫、跌宕起伏，让步入其间的人也随之激荡跳跃。太和殿的金銮宝殿，面阔 11 间，进深 5 间，高 28 米，重檐庑殿顶，坐落在高达 7 米的汉白玉三层栏台上，更显得高耸齐天，巍峨壮丽。“乐曲”也达到了最高潮，而这错落有致、变化万千的宫殿组群中轴，再加上东西两侧的文华、武英、宁寿、慈宁、寿康、弘孝、神霄、养心等殿阁的烘托呼应，更把这座宏伟的紫禁城组织得庄严而神秘，令人产生敬畏。

“高潮”是艺术结构中不可或缺的组成部分和核心部分。缺了它，艺术作品就会显得不完整。如文学、戏剧、音乐等，不但有起始（序曲）和结束（尾声），还必须伴随着矛盾的冲突和情节的跌宕，才能引起人们情绪的共鸣而赋予作品生动的审美感受。它是整个作品艺术构思表现

[1] 陈传康 :《从北京城的聚落变迁谈感应及行为地理》，《北京晚报》，1982 年 1 月 29 日第三版。

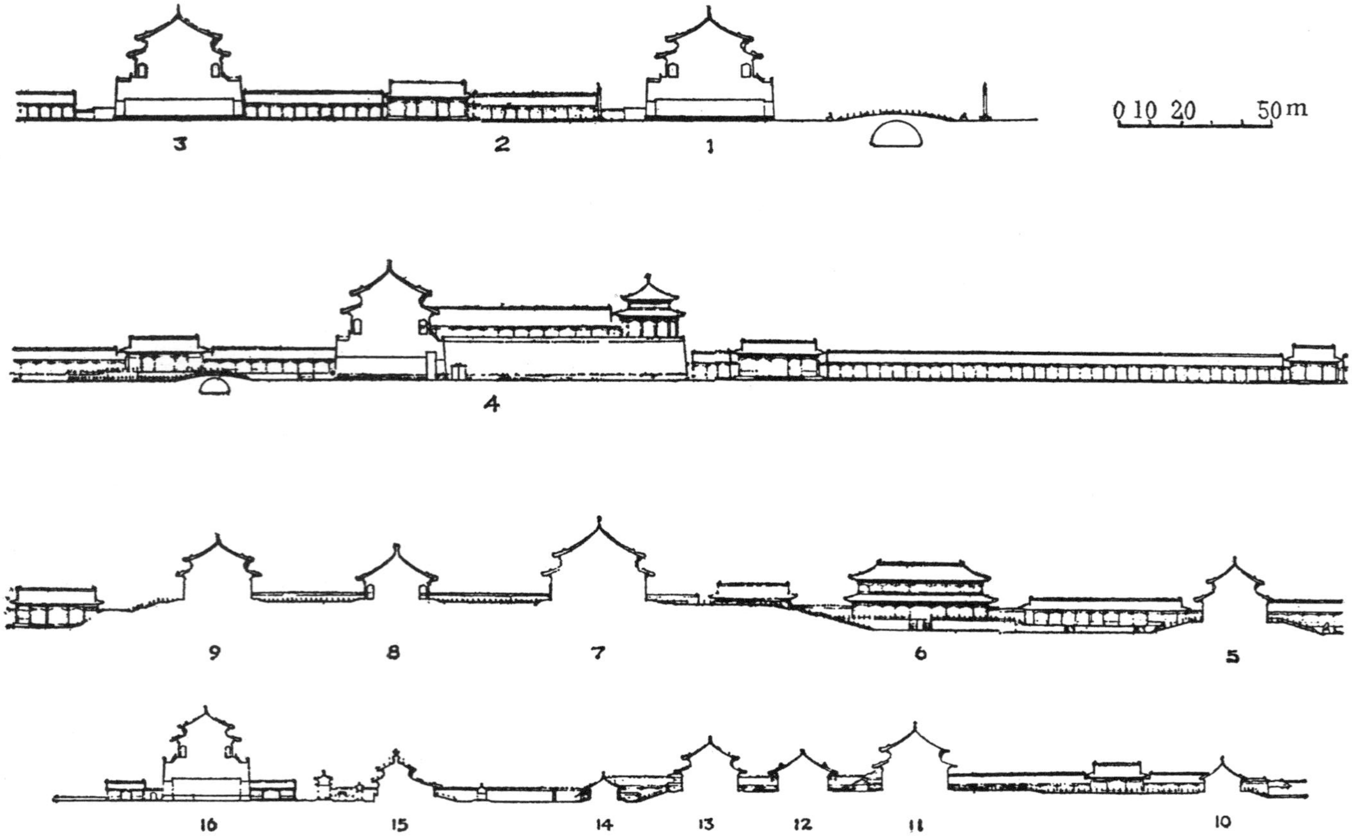

1.天安门;2.东庑;3.端门;4.午门;5.太和门;6.体仁阁;7.太和殿;8.中和殿;9.保和殿;
10.乾清门;11.乾清宫;12.交泰殿;13.坤宁宫;14.坤宁门;15.钦安殿;16.神武门

故宫跌宕起伏的建筑韵律——天安门—神武门纵剖面(引自《中国建筑史》)

的焦点。而故宫建筑空间序列和高潮的安排，不仅独具一格，而且在“高潮”出现之后还有一系列次要的空间序列延续下去，直到钟楼之后才分列给东西两侧的安定门、德胜门作为结尾。这正是中国哲理“余味犹存”或“意犹未尽”的体现，将高潮涌起的激情逐渐在笔断意不断的次要序列下逐渐平静下来，让人尽情回味。

我国著名建筑学家、清华大学教授梁思成先生对于北京城的中轴线曾做过这样的叙述：

> 我们可以从外城最南面的永定门说起，从这南端的正门北行，在中轴线的左右是天坛和先农坛两个约略对称的建筑群；经过长长一条市楼对列的大街，到达珠市口的十字街口之后，才面向着内城第一个重点——雄伟的正阳门楼。在门前百余米的地方，拦路一座大牌楼，一座大石桥，为这一个重点做了前卫。但这是一个序幕。过了此点，从正阳门楼到中华门（即大清门或大明门），由中华门到天安门，一起一伏，一伏而又起，这中间千步廊（民国初年已拆除）御路的长度和天安门面前的宽度，是最大胆的空间处理，衬托着建筑重点的安排。这个当时曾经为封建帝王据为己有的禁地，今天是多么恰当地回到了人民手里，成为人民自己的广场！由天安门起，是一系列轻重不一的宫门和广庭，金色照耀的瓦顶，一层又一层的起伏峋峙，一直引到太和殿顶，便到达中轴线前半的极点。然后向北，重点逐渐退削，以神武门为尾声。再往北，又“奇峰突起”地立着景山，做了宫城背后的衬托。景山中峰上的亭子在南北的中心点上。由此向北又是一波又一波的远距离重点的呼应。由地安门，到鼓楼、钟楼，高大的建筑物都继续在中轴线上。但到了钟楼，中轴线便有计划地，也恰到好处地结束了。中线不再向北到达墙根，而将重点平稳地分配给左右分立的两个北面城楼——安定门和德胜门。有这样气魄的建筑总布局，以这样规模来处理空间，世界上就没有第二个！[1]

[1]《梁思成文集》（四），中国建筑工业出版社，1986年，第59页。

有人则干脆把紫禁城中轴线上建筑序列的安排称之为“乐章”:“当人们沿中轴线漫步观赏时，从低沉旋律的大明门（清改大清门）到外金水桥豁然开朗时，犹如宫殿建筑的序曲；从承天门（清改天安门）到午门则成为高昂旋律的第一乐章；从金水桥到三大殿是乐曲旋律的第二乐章；从乾清门到御花园是乐曲的第三乐章；从玄武门（清改神武门）到万岁山（即景山）则为乐曲的尾声”，并说，“在570年前中国古代建筑艺术已然具有音乐般的优美韵律。紫禁城建筑群就是一曲凝固的音乐。设计者把外朝、内朝，以及序幕、后屏组成一体。在这一组空间组合艺术中，在步移景迁的欣赏过程中，体现出抑扬顿挫、富于变化的韵律美。紫禁城中轴线的设计技巧，体现了古代建筑师深厚的美学造诣。紫禁城宫殿是中国古代美学在建筑中深刻而完美的体现”[1]。

这是因为空间的形状、大小，乃至方向、开敞或封闭、明亮或黑暗，都会感应于人，使之产生心理、情绪上的变化，从而获得意想中的效果。例如，高大而明亮的大厅，会使人觉得开朗、舒畅，而一个广阔，但低矮且昏暗的大厅，则会使人感到压抑、沉闷，甚至恐惧；高耸而金碧辉煌的殿堂或者神坛，会使人联想到天帝和神的无比崇高、伟大，而一个狭长又低矮的长廊不仅会起到一种引导的作用，而且会让人产生一种期待感。同样，宏大、开阔的广场，总是会令人精神为之一振；而四周以高墙围合而呈封闭状态，面积又不大的广场，则往往会使人感到压抑……我们古代的规划建筑匠师们便是这样，用建筑的语言，将室内和室外许多不同性格的空间，按照事先确定的“匠意”——艺术构思，再根据“形式美”的法则，即主从、比例、尺度、对称、均衡、对比、节奏、韵律、虚实、明暗、质感、色彩、光影等，形成开头、引导、文明、延续、收束和尾声。人们行进其间，自然会产生一系列心理情感上的变化。这就是故宫建筑整体的艺术魅力所在。

---

[1] 于倬云 :《紫禁城始建经略与明代建筑考》,《故宫博物院刊》，1990年第3期。

### 3. 建筑空间的尺度和比例之美

建筑之美不仅仅在于其形象、轮廓、色彩和装饰艺术，更重要的还有蕴于其间的比例。一座建筑的三维空间尺度与部分的比例，决定了该建筑自身的美，而几幢建筑组合为庭院，或是几组建筑组合成一个建筑群体，就更要求建筑互相组合的空间尺度和比例。故宫中轴线上的建筑组合就是采用空间体量的大小对比、形状对比或由小到大的有规律变化，来突出高潮，或预示着高潮的到来。采用对比手法后，产生的视觉和情绪的突然变化带来的新奇感，使建筑匠师们想要追求的效果更为明显。

天安门与端门、午门之间的空间较小，是视觉中的竖长方形空间；端门与午门之间的空间，是竖直而狭窄的长方形空间；午门与太和门之间，则是一个宽阔的横长方形空间。由于金水河岸线与五桥的横隔，更形成了两个较扁平而又略带弧形的横向空间，与刚越过的狭长、竖长空间相比，会觉得狭长的更深远，而扁平的更广阔，从而加强了横向的视感。过了太和门，从门台往北望去，太和门与太和殿之间宽广而辽阔的接近正方形的广场空间，对比太和门南面的扁平横向空间，衬托着高耸的三层汉白玉雕砌的台栏和雄伟的宫殿，更加显得这一高潮空间序列宏伟而端庄。这是由越过的小竖长方，狭深纵竖长方至扁平横向长方，直到宽广的、接近正方序列空间对比烘托的变化，而取得的视觉空间效果，再往后又转换成横长扁平长方、小正方，而逐渐收紧结束。这一为烘托高潮而精心布局的序列空间，前导准备的手法，正是故宫太和殿成为这一空间序列高潮的主要因素。

不仅如此，建筑匠师们还利用升高主体部位地坪来突出高潮。凡是地坪较高的空间，都较地坪较低的空间显得重要，即使在同一空间之中，局部抬高的部分或位置都会被认为是特殊的。建筑中的楼梯或台阶，就是联系这高低地坪的，它的指向预示着高潮的出现，也是烘托高潮的一种有效的手段[1]。

《史记》中曾记载了这样一个故事：公元前 199 年高祖刘邦带兵出征，丞相萧何为刘邦在长安建起了未央宫。刘邦回来，见到豪华的宫室之后大怒，说："天下匈匈苦战数岁，成败未可知，是何治宫室过度也？"萧何回答说："天下方未定，故可因遂就宫室。且夫天子以四海为家，非壮丽无以重威，且无令后世有以加也。"[2]意思是，就因为天下未定，所以才要修建大规模的宫室。要控制天下，没有壮丽的宫殿，怎么能有助于提高您的威严？也就是说，皇帝的宫殿要有超群的壮丽，才会有"重威"。

紫禁城的三大殿高踞于三层汉白玉台栏之上，三上三停，太和殿巍峨高崇的体态，是在逐步登高之中先见到殿顶，后及殿身的，所以更显得雄伟高大，即"重威"。而太和殿本身，如果以传统的空间概念，即四柱加顶构成的立方空间为一间，就可以看作是体积、面积不等的 36 间（不包括东西夹室和前廊）。据于倬云先生的精确测算，中央最大的一间宽 8.44 米，深 11.17 米，高 14.40 米。天花板与地面的距离是人身高的八倍多，如果一个人站在一间大殿的中间仰视，会感到这个空间是高耸的。中央最大的这间，顶上还有一个凹入天花板、深达 1.89 米的藻井，更有目力达不到的高远之感。当皇帝升座时，坐在离地面约 2 米的宝座上，就显得格外崇高。

从上面的阐述中我们还看到，建筑之美不仅在于其形象、轮廓、色彩和装饰艺术，更蕴于建筑空间的组合和比例之中。一座建筑的三度空间尺度与部分的比例，决定了该建筑的自身之美，如端门与午门之间的平面尺度为街宽 110 米，纵深 350 米，形成了 1∶3 的狭长形御街；太和门庭院的深度仅 130 米，但宽度为 200 米，形成宽阔的平面，其长宽之比

[1] 汪国瑜：《建筑——人类生息的环境艺术》，北京大学出版社，1996 年 8 月，第 92—94 页。
[2] 司马迁：《史记·高祖本纪》，中华书局，1982 年，第 385—386 页。

为 130：200=0.65，也是面积中最美的比值，与近代所用的黄金分割率十分接近。不仅如此，从大明门（后改大清门）到万岁山（景山）的总长度是 5 里，而从大明门到太和殿庭院中心的长度是 3.09 里，两者的比值是 3.09：5=0.618，正是“黄金分割率”。这足以说明我国古代建筑师运用古典美学理论和数学比例的娴熟和巧妙。

### 4. 建筑色彩设计的整体之美

色彩的运用在城市规划中具有非常重要的地位。在建筑艺术之中，“形”是最基本，也是最常见且最实用的建筑实体形象。而“色”在建筑艺术中对建筑实体形象的渲染、烘托，可满足人们的审美心态，起着相当重要的作用。正是建筑物的色彩、质感、光彩等，共同组成传达建筑形色美的表现形式，并通过它们对建筑体态形貌的共同作用，形成人们对建筑整体形象的视觉审美感受。而不同的色彩又会给人以不同的心理感受，并由此产生不同的感觉和联想。我国古代最早使用的颜色是黑、白、土红和赭。到奴隶社会，则把青、赤、白、黑、黄看作是东、南、西、北、中和木、火、金、水、土的五方正色的代表。到了封建社会，黄色标志着神圣、权威、庄严，也是智慧和文明的象征，成为皇帝御用的专有色彩。

明清紫禁城就采用大面积的黄色琉璃瓦做顶，远望似黄色之海，宫殿区的宫墙、檐墙一律是红墙身、红柱子、青下肩，获得了丰富而和谐统一的艺术效果。而在紫禁城的周围又以胡同为骨干，形成了形色统一、以灰色为基调的大面积的低矮四合院。每当盛夏来临，这些四合院中的绿荫又组合成了面积广阔的翠绿色海洋，把金光闪烁的“宫殿之海”映衬得更加高大雄伟，气势磅礴。一个城市的规划，在色彩的运用上做出如此大胆的设计，并达到了理想的艺术效果，这在世界城市的规划史上，可以说是独一无二的。

## 七、中外城市规划师对北京城的评价

在世界城市发展史上，中国的城市规划设计和建设占有十分重要的地位。我国古代形成的城市规划理论，及其在实践中取得的巨大成就，也早已得到了现代城市规划师们的高度重视和评价。

地理学家、北京大学教授陈传康先生曾经这样说过："历史上北京城的建设是协调的，壮美的，既遂了统治阶级的心思，又成了一座秀美的古香古色的都城。"[1]

中国工程院院士傅熹年先生说："明代在元大都基础上改建成北京城，废毁元之宫殿、坛庙、官署、祠宇，重新规划建设，清代沿用，基本完整地保存至今。这是中国数千年历史上十余座都城中惟一保存下来的，其宫殿、坛庙、祠宇、官署可谓集历朝成就之伟构，体现了古代规划、布局和建筑的最高水平。"[2]

明清北京城，是我国古代劳动人民和规划匠师们智慧的结晶。而作为古都北京城核心的故宫，则是中国至今保留下来的规模最大、保存最完整的古建筑群。"这是一个无与伦比的大建筑群。"[3]

明清北京城在城市规划设计上的成就，主要在于它依据我国古代都城规划的理论和方法，以非凡的建筑艺术手法，来集中体现封建帝王"普天之下，唯我独尊"的主题思想，并通过"城墙"这样一种建筑形式，从皇宫到皇城，又从皇城到都城，一系列逐次向外延展的整体，组成了一个互相呼应、互相辉映的城市格局。就整体而言，北京城是一个保留中国古代规制，具有都城规划传统的完整艺术品。

---

[1] 陈传康:《从北京城的聚落变迁谈感应及行为地理》,《北京晚报》, 1982 年 1 月 29 日第三版。

[2] 傅熹年:《中国古代城市规划、建筑群布局及建筑设计方法研究》, 中国建筑工业出版社, 2001 年 9 月, 第 13 页。

[3] 1992 年 12 月 19 日, 叶利钦作为俄罗斯第一位总理访华。他说:"最主要的收获是看了中国皇帝的宫殿。"又说:"这是一个无与伦比的大建筑群。我是个'老建筑迷', 参观辉煌的建筑物, 最令我陶醉。"引自李景贤:《我与叶利钦的三次会面》, 东方出版社, 2015 年 1 月。

前几年，清华大学在做北京城市总体规划修编时，对北京城做出了这样的评价："从中国城市发展来看，北京是'中国古代都城的最后结晶'。它是历史精华的叠加与因势利导的创造，是最完整的体系，是最后的地面遗存。""从建筑学的意义看，北京是世界上仅有的在城市规划学、城市设计学、风景园林学与建筑学融成一个体系，凝聚在一个城市中，融合为一体的杰作。世界上只有局部的例子，但从没有像北京这样全面而完整。现代中国，其他古都均消失了，在地面遗存中，北京是惟一最集中、最完整的范例。"[1]

现在再让我们来了解一下，中外规划大师们又是如何评价北京城的。

建筑大师梁思成先生，在《北京——都市计划的无比杰作》一文中这样说道："北京在全盘的处理上，完整地表现出伟大的中华民族建筑的传统手法和在都市计划方面的智慧与气魄。这整个的体形环境增强了我们对于伟大的祖先的景仰，对于中华民族文化的骄傲，对于祖国的热爱。"他进而又说："北京证明了我们的民族在适应自然，控制自然，改变自然的实践中有着多么光辉的成就。这样的一个城市是一个举世无匹的杰作。"[2]

丹麦著名建筑和城市规划师瑞思穆森，在他所著的《城镇与建筑》一书中这样写道："北京，古老的都城，可曾有过一个完整的城市规划的先例，比它更庄严、更辉煌的吗？""整个北京城乃是世界的奇观之一。它的平面布局匀称而明朗，是一个卓越的纪念物，象征着一个伟大文明的顶峰。"[3]

曾经主持美国古都费城的城市规划达 20 年之久，并做出过重要贡献的城市规划师 E. N. 培根，在他所著《城市设计》一书中，关于北京旧城一节这样写道："这座城市，一座宫殿。""在地球表面上，人类最伟大的单项工程可能就是北京城了。这个中国城市是作为封建帝王的住所而设计的，它企图表示出这里乃是宇宙的中心，整个城市默默地沉浸

[1] 清华大学：《北京城市总体规划修编（2004—2020 年）专题——北京旧城保护研究》，2004 年。

[2]《梁思成文集》（四），中国建筑工业出版社，1986 年。

[3] 侯仁之：《晚晴集》，新世界出版社，2001 年，第 156—157 页。

在礼仪规范和宗教的意识形态之中。当然，这些都和我们现在无关了。虽然如此，它的（平面）设计是如此的杰出。这就为今天的城市提供了丰富的思想源泉。”[1]

世界著名的美籍华裔建筑设计大师贝聿铭说：“北京古城是世界历史最长、规模最大的杰作，是中国历代都城建设的结晶。”“北京古城最杰出之处就在于它是一个完整的有计划的整体。”[2]

《中国科学技术史》的作者、英国人李约瑟在总结了现代建筑师们对北京的评论后说：“中国的观念是十分深远和极为复杂的。因为在一个构图中有数以万计的建筑物，而宫殿本身只不过是整个城市连同它的城墙、街道等更大的有机体的一个部分而已……这种建筑、这种伟大的总体布局，早已达到它的最高水平。它将深沉的对大自然的谦恭的情怀与崇高的诗意组合起来，形成任何文化都未能超越的有机图案。”[3]

我以为，正是明清北京城在都市规划上鲜明的特色，才构成了“任何文化都未能超越的有机图案”。“北京城的规划艺术价值就在于它的整体性。它既严谨对称，又有城市及河湖水系山峦林木穿插其中，各个建筑物相辅相成，全部布局庄严秩序，园林自然有趣，街道胡同肌理整齐，民居色彩古朴典雅，公共建筑华丽辉煌，形成宏壮美丽的整体环境”[4]。

紫禁城在规划设计上的成功，并不限于它是一个15世纪的杰作，而是中国历代宫殿建筑成果的总结。它的组织方法、构图意念，乃至技术、艺术，都继承了伟大的传统，在中国宫殿建筑上是一个完全成熟的典型。

这里还应该特别提到的是紫禁城内排水系统的规划设计。

据现任的故宫博物院院长单霁翔介绍，紫禁城建造之初，对排水系统进行了精准的勘测、设计和施工。北京的地形西北高、东南低。如

[1] 同前注。

[2] 王军：《城记》，生活·读书·新知三联书店，2003年，第20页。

[3] 李允鉌：《华夏意匠》，中国建筑工业出版社，1985年。

[4] 清华大学：《北京旧城保护研究》（未刊稿），2004年10月20日。

神武门的地平标高为 46.05 米，午门为 44.28 米。其竖向地平高差为 2 米。紫禁城的整个排水系统便顺应了这个地势，即呈西北高、东南低，为排水顺畅创造了有利的条件。

紫禁城内的排水沟渠全都通向内金水河。内金水河又与紫禁城墙外宽 52 米的护城河（俗称“筒子河”）相通。内金水河水从神武门西侧的水闸流入，经寿安宫西墙外，南流至武英殿东折，经太和门、文渊阁前，至东华门内南侧的水闸流出，与外金水河汇合，即“风水学”中所谓的“来自乾方，出于巽方”。而紫禁城内有干沟、支沟、明沟、暗沟、涵洞等类型多样的排水设施，构成了庞大的排水系统。雨水降落，会沿着建筑物屋棱流到地面，并顺着明沟流到暗沟沟口，或顺着地面的坡降流入院落和房基四周的石槽明沟之中，若遇到台阶或建筑物，则会以沟眼汇入暗沟。雨水排入暗沟之后，再由支沟汇集到干沟，再排入内金水河。

太和殿、中和殿、保和殿坐落在高 8 米的“土”字，用汉白玉建成的台基上。台基面积 25000 平方米。台基四周的栏杆底部，凿有排水孔，每根望柱之下，还有一个雕琢精美的石龙头（螭首），其口内的圆孔便是排水孔道，三层共 1142 个。每当降雨较大时，便会形成“千龙吐水”的景象，蔚为壮观。雨水逐层降落流入石槽明沟，通过台阶下的石券涵洞流入干沟，最后流入内金水河内。

2018 年 7 月 19 日凌晨至 20 日夜间，北京遭遇了长达 55 个小时的持续降雨天气。但故宫博物院内却无有一处明显的积水。这充分显示出了中国古代匠师们的高超技艺。

## 八、敬畏天帝，以祈风调雨顺、国泰民安之所——天坛

天坛，位于北京外城的东侧，占地 273 公顷，是明、清两代帝王祭天祈谷的场所。它也是中国现存规模最大、形制最完备的古代祭天

建筑群。它与先农坛东西而列，是北京城中轴线南端两组举足轻重的古建筑群。

1998 年 2 月，在联合国教科文组织第 22 届世界文化遗产委员会上，天坛被正式列入《世界文化遗产名录》，其中是这么评价天坛的：

> 天坛是建筑和景观设计之杰作，朴素而鲜明地体现出对世界伟大文明之一的中国文明发展产生过影响的一种极其重要的宇宙观；许多世纪以来，天坛所独具的象征性布局和设计，对远东地区的建筑和规划产生了深刻的影响；两千多年来，中国又一直处在封建王朝的统治之下，而天坛的设计和布局正是这些封建王朝合法的象征。

我以为，这里所说的“极其重要的宇宙观”，应是指华夏民族由对天的敬畏、崇拜、祈求，进而到模仿，到自称“天子”的过程中形成的，从对宇宙的看法、观念中生发出包括祭祀、建筑等在内的典章制度。明清时期在都城南郊所建的天坛，正是展现这种“宇宙观”的重要载体。

## 1. 源远流长的祭天文化

毫无疑义，设坛祭天源自原始人对天神的崇拜。自人类认识到大自然的威力，有了天的意念之时，就产生了对天的崇拜、祈求。殷代甲骨文的“祭”字，就是以手持肉和酒奉献的意思。后来又加了一个代表神祇的“示”字，其意义就更加明确了。

20 世纪 80 年代初，我国的考古工作者在今辽宁省喀喇沁左旗凌源县的东山嘴，发现了一处距今 5000 多年的红山文化祭祀活动遗址。这是一个用巨石砌成、平面呈长方形的建筑基址。占地面积达 2400 平方米，其北部有一方形祭台，祭台东西宽 11.8 米，南北长 9.5 米，祭台之上则耸立有一大堆锥状的石头；南半部有一个略呈圆形的平台，其直径约为 2.5 米。从其石砌建筑基址的平面结构和布局来看，似有一条纵贯南北的轴线，并安置有主要的建筑物，两侧的建筑略呈对称状，方形建筑与加法形建筑相对应……整组建筑物均兴建在一处山嘴上，似有崇拜山川的原始含义。在圆台子的周围又发现一座大型妇女塑像和彩陶百形器、绿松石猫头鹰形的牌饰、小玉龙等，都是与祭祀活动有关的器物。这又说明在母权制的农业部落中崇拜妇女。由此推知，此处应该是一座祭祀地母的祭坛。

我国著名历史学家王国维、郭沫若等认为，“帝”字本义为花草，即植物的子房，通“蒂”。我们的华夏文明是在植物文化的历史背景下滋生发育的，其间尚保存着崇拜原始植物的意念，并发现植物的花蒂有包孕“种子”之德。原本应有生殖崇拜的古人便对“蒂”产生了崇拜之情，以为“蒂”有生养的魔力。炎帝神农氏是华夏大地上最早进入农耕文明的族群，黄帝轩辕氏为北方草原游牧民族，是北方古戎狄各族的祖先。炎黄二帝结盟的理念便是认为大家同出一源，犹如众多的种子同出植物的“子房”。以后，“帝”进而成为自然界的主尊，即“上帝”[1]。

那么，将“祭天”作为一种正式的仪式，又是从什么时候开始的呢？《礼记·祭法》开篇这样说道：“有虞氏禘黄帝而郊喾，祖颛顼而宗尧；夏后氏亦禘黄帝而郊鲧，祖颛顼而宗禹；殷人禘喾而郊冥，祖契而宗汤；周人禘喾而郊稷，祖文王而宗武王。”对上述这段文字，汉代的郑玄又有如下的一段注疏：“禘，谓祭昊天于圜丘也，祭上帝于南郊曰郊，祭五帝五神于明堂曰祖宗。”也就是说，远在尧舜时代，我国就已有祭天的仪式了，至周朝而成为定制。后来帝王多根据《周礼》在国都南郊的丙位筑坛行露天祭天之礼，即所谓“燔柴于泰坛，祭天也……”又说：“燔，燎也。积柴于坛上，加牲玉于柴上，乃燎之。使气达于天，此祭天之礼也。泰坛即圜丘，泰者，尊之之辞。”[2]

---

[1] 姜广辉：《炎帝、黄帝称号的文化意义》，《中国社会科学院通讯》，1999 年 8 月 10 日。

[2]《礼记·祭法》。

据《析津志》载："郊天台在京城南五里，即金大定时拜郊所建。"[1]元初曾于丽正门外东南七里建祭台，设祇位。"元贞元年（1295年）成宗即位，始为坛于都城南七里，则知元之郊坛亦在城南。"这应该是有关北京修祭天建筑的最早记载。明成祖朱棣迁都北京，营建宫殿坛庙，则仿南京旧制，于永乐十八年（1420年）在北京正阳门外南郊（即原内城南郊）建成天地坛，合礼皇天后土。明世宗嘉靖九年（1530年）恢复四郊分礼，在北郊建方泽坛（即地坛），东郊建朝日坛祭日（大明之神），西郊建夕月坛祭月（夜明之神），将天地坛专门用作祭天祈谷之所，并于嘉靖十三年（1534年）正式改名"天坛"。《明典汇》说："古者祀天于圜丘，祭地于方丘。圜丘者，南郊地上之丘，丘圜而高，以象天也。方丘者，北郊泽中之丘，丘方而下，以象地也……南郊之坛曰泰坛，以之燔柴。北郊之坎曰泰圻，以之瘗（yì，掩埋、埋藏）埋。此古之制也。是故兆于南郊，就阳之义也。瘗于北郊，即阴之象也。此分祭天地，各正其所。"[2]清朝入关之后，定鼎京师，对天坛进行过多次改建、扩建，也增强了天坛的祭祀功能。

"帝王之事，莫大于承天之序，承天之序莫重于郊祀。"[3]因此，大凡帝主即位、修建都城之时，总会把建立郊坛作为重要的项目，身体力行地去遵循这一"制度"。因为，"昔者周文武郊于丰镐，成王郊于洛邑，由此观之，天随王者所居而飨之"[4]。

历代帝王祭天的郊坛又为何必定于南郊，而且是"丙"位？南郊属阳，在"天干"方位中属"丙丁火"。但"丁"位在正南属阴火；"丙"位在正南偏东，属"阳火"。"丙者，炳也，如赫赫太阳，炎炎之光，万物皆炳燃着，见而光明。"[5]又见"九天方位"之说，认为天宫分九野，正南

[1] 于敏中：《日下旧闻考》卷五七《城市》，北京古籍出版社，1981年10月，第915页。

[2] 于敏中：《日下旧闻考》卷五七《城市》，北京古籍出版社，1981年10月，第961页。

[3]《汉书·郊祀志》。

[4] 同前注。

[5] 杨振铎：《世界文化遗产——天坛》，中国书店，2001年1月。第140—143页。

天坛的总体布局——圜丘坛、皇穹宇、祈谷坛（祈年殿）

为“炎天”，东南为“阳天”。因此，天坛定在“丙”位，亦即“阳天”之位[1]。从实际情况看，天坛的祈年殿南距天安门（元时丽正门）2750米（5里之数），由此往东1200米处；圜丘坛南距天安门3500米（7里之数），再由此往东1200米处。天坛总占地面积达273公顷，是皇家祭坛中面积最大的——是地坛的2.8倍、日坛的40倍、月坛的100倍。整个坛城由三道坛墙——外坛墙、内坛墙和东西向的隔墙，构成了一个北圆南方的形态，内、外两坛坛墙又互相构成一个“回”字形结构。但是，这个“回”字形结构却是北圆南方的。这正是明初建“天地坛”时所保留下来的，其意是天地合祀。依据古代“天圆地方”之说，遂将坛墙建成“上（北）圆，下（南）方”的形式。像这样半圆半方的墙形，在其他建筑中是没有的（先农坛例外）。所以，也有人将其称为“天地墙”。

[1] 徐志长：《天坛》，《中国导游十万个为什么——北京（一）》，中国旅游出版社，2003年5月，第242页。

明嘉靖九年（1530 年），因立四郊分祀之制，天地坛于嘉靖十三年（1534 年）改称“天坛”。按道理“天地墙”也应随之改为全圆形的墙。但长 6360 米的外坛墙和长 4115 米的内坛墙，合计 10475 米，改建工程所需财力、物力实在太大，难以实现，因此一直保留至今。

### 2. 构思奇巧的建筑组群

天坛建筑的最大特色无疑是在建筑形制、规模、色彩等方面刻意追求天的意境。同时，又依据各建筑组群、建筑物本身的功能，创建出匠心独运、构思奇巧，又各具风采的格局。

一条南起昭亨门，北至北天门，长约 1250 米的建筑轴线，把圜丘、皇穹宇、祈谷坛这三组外形均呈圆形的建筑群串联成了一个有机的整体。

南面为洁白如玉，呈圆形的祭天台，即圜丘，用于冬至祭天；中间是蓝瓦金顶的圆形大殿皇穹宇；北端则是蓝瓦金顶、三重檐的巍峨圆形大殿祈年殿，用于孟春祈谷。路西是精巧别致的方形殿宇——皇帝举行祭天大典前沐浴、斋戒的斋宫，南北还附有与功能相适应的附属建筑，包括宰牲亭、神厨、神库等。西外坛南部有神乐署，是培养祭祀乐舞生和演奏礼乐的场所；其南还有牺牲所，是专为大祀、中祀饲养祭祀用牲畜的地方（现已无存）。

天坛内的主要建筑群面积仅占园林整体面积的 1/20，但却各具特色，极富象征意义。

圜丘坛，包括圜丘台、皇穹宇及其附属的神厨、神库、三库、宰牲亭、井亭等。进入天坛南门北望，便可见到圜丘坛。这是一组平面呈“内圆”和“外方”的建筑物。所谓“内圆”是指直径 102 米的内壝（即围绕祭坛四周的矮土墙）墙和圜丘台;“外方”则是指边长 168 米的外壝墙。壝墙均为红墙蓝瓦，四面有棂星门。在圜丘台的东南有燔柴炉、瘗坎、燎炉；西南则矗立着望灯杆三根。

圜丘台是圜丘坛的主体建筑，又称祭天台或拜天台。它的建造完全遵照“天圆地方”之说，均为圆形。圆通“圜”，故称“圜丘”。圜丘坛始建于明嘉靖九年（1530 年），当年建造的规模略小于今日所见实物。台面墁铺彩色琉璃砖，周围的栏板、望柱亦皆青色琉璃。清乾隆十四年（1749 年），因“圜丘坛上张幄次及陈设祭品处过窄，即议鼎新”，并提出“台面不用琉璃”，“着改全砖，益经久矣”[1]。所谓“过窄”是指原有祭台上层面径 5.9 丈（约 20 米），中层面径 9 丈（约 30 米），下层面径 12 丈（约 40 米），每屋高 8.1 尺（约 2.1 米）体量确实较小。但明朝规定祭坛上只设一个正位——皇天上帝，以及一个配位——明太祖洪武皇帝，坛面虽小，亦可满足使用。清代，坛上除设一个正位之外，配位是依世而增，到了乾隆时期，祭台台面的配位已增至 5 个，即太祖努尔哈赤、太宗皇太极、世祖福临、圣祖玄烨、世宗胤禛。繁多的祭器、礼器和四十余位执事人员已显拥挤，而皇帝还须 7 次登坛行祀，进退极为不便。乾隆皇帝遂下旨扩建圜丘坛，首先撤掉前明所建的饰以蓝琉璃的圜丘，以石材重做新坛。新坛上层径 9 丈（30 米，一“九”），中层径 15 丈（50 米，三“五”），下层径 21 丈（70 米，三“七”），以合一、三、五、七、九阳数。不仅如此，三层台面之和为 45 丈（150 米），寓意皇帝的“九五之尊”，可见建筑师们真是煞费苦心。

经过三年多的时间，圜丘台改建完工。圜丘台面原准备用金砖墁铺，但由于台面数和必须以“九”为基数，而金砖尽寸不同于通常的烧造尺寸，难于制造，后改用艾青石；圜丘栏板原议定用琉璃，也因琉璃的尺寸大于通常的长度，难于烧造而改用汉白玉，并一直保留至今。

圜丘坛共有 4 个门：东天门称泰元门、南天门为昭亨门、西天门称广利门、北天门为成贞门。《易经》有“乾，元、亨、利、贞”之说。“乾”代表天。《易经》中亦有“元亨利贞，谓之四德”之说。元者，万物之始；亨者，万物之长；利者，万物之遂；贞者，万物之成。贞下元起，循环不已，

[1]《清朝文献通考》卷九三。

圜丘台的平面铺装展示了建筑中蕴含着“九”这个代表“天”的数字

生生不息，体现出了“天行健”的本意。只是这成贞门既是圜丘坛的北天门，又是祈谷坛的南天门。一门两用，并有两个称谓。

我国古人通过对天的观察、认识，形成了“天圆地方”的观念，并以“周三径一”来表达圆周和直径的长度关系，“三”是奇数，而方形有四条边，“四”是偶数，于是，古人便以奇（单）数为“阳”天数，偶数为“阴”地数。奇数中又以“九”为最，称“阳极之数”，并联想到天有九重，天帝就居于“九重天”上，进而发展到皇帝贵为“天子”，也要坐“九龙宝座”，后护以“九龙屏风”，位居“九五之尊”。所以，“九”这个数，在古人的心目中具有“天”的象征意义。清乾隆帝在改造和扩建圜丘台时，就明确提出了对数字寓意的要求。

圜丘上的三层台面均以石板环砌，且每层均铺陈“九”圈。上层圆形台面的中心位置铺一直径 80 厘米的圆形石板，称“太极石”，又名“天心石”。其外环铺一圈石板，共 9 块（一九），再外第二圈为 18 块（二九）……依次自内向外共环以石板 9 圈，达到 81 块（九九）；中层台面内圈亦即第 10 圈，石板数为 90 块（十九），再外为 99 块，直至第 18 圈（中层最外圈）环铺 162；下层则自第 19 圈即 171 块至第 27 圈 243 块（二十七个九）。总之，圜丘台面所铺的石板，不论各层所铺的环数，还是各环所铺的石板数，均寓以“九”或“九”的倍数。

圜丘围以汉白玉石栏，建筑匠师们不仅在石望柱之上浮雕飞龙图案，柱下亦附石雕，其各层石栏板数亦遍显“九”数：上层石栏四面各 9 块（一九）共 36 块（四九）；中层石栏四面各 18 块（二九），共 72 块（八九）；下层石栏四面各 27 块（三九），共 108 块（十二九）。据统计，整座圜丘台含“九”数的建筑设计竟有五百余处。竣工之日，乾隆皇帝大悦，赏赐了参与圜丘台建筑设计的匠师们。

更值得注意的是，圜丘台中心石与周围的环境所形成的“亿兆景从”的意境。或者说，当祭天时，皇帝在这里向上苍表达敬意时，仿佛会立即得到亿万民众的同声回应。其声学原理是，自中心石（太极石）发出的声音，沿半径方向向四周扩散，其声波同时以垂直状态碰撞到台面周边呈圆弧形排列的石栏板表面，并被反射回来，又集聚到中心石。这反射回来的声波因反射的距离较近，人耳难以分辨，只能听到与原发声音叠加的声音效果。于是人们不但会感到自己说话的声音洪亮浓厚，而且似有众多的回应。“亿兆景从”是“亿万民众紧紧相从”的意思（“景”在这里读“影”，亦是影的本字）。运用声音反射的原理，通过建筑物形制和构造的特殊设置，创造出这样一种“亿兆景从”的意境，实在令人叹为观止。

在圜丘台的北棂星门外，沿天坛轴线向北约 30 米处，便是“天库”。这“天库”乃是平日尊藏圜丘台上所供神位、神版的宝库。只有每逢祀日，神版才被送上祭坛供皇帝祭祀，所以，“天库”又称“圜丘寝宫”。

英国外交大臣赫德来参观天库时曾风趣地说：“这里是上帝的宿舍。”而圜丘台是“上帝办公的地方，他在那里接待人间皇帝的上访”。

天库的正殿称“皇穹宇”，又称“天神寝殿”。在明嘉靖时初建的天库，即泰神殿，乃是一座重檐建筑。清乾隆十七年（1752 年）才改为如今单檐圆顶的攒尖形建筑。

天库的入口处有一座精美的琉璃门，它是由3个单体券门与扇面墙构成的整体结构。其顶部覆盖天青色琉璃，檐下的斗栱、梁、枋、垂花等饰件及其上彩画等均系仿木结构，即以琉璃件涂彩釉烧制而成的建筑构件组装而成。琉璃门造型玲珑，工艺精湛，与天库内其他建筑形制十分和谐。

天库建在直径达19.2米、高2.85米的圆形石须弥基座之上。石座东、西、南三出陛，上沿环砌汉白玉栏板共49扇。其座之上，端居一个高22.35米、直径15米的单檐蓝瓦、圆形攒尖金顶的殿宇——皇穹宇。“皇”意为宏大，“穹”即天穹，“宇”即宫殿。“皇穹宇”意为“上天的宫殿”。其外围环列着8根高5.6米的柱子，承托着蓝色的金顶，意为“八柱擎天”。共8开间，正面的明间为门。其展外檐木构，单翘重昂七彩斗拱，满饰沥粉贴金，是为“和玺彩画”。整座建筑显得稳重、玲珑、精美，十分得体。

殿内地面也环铺石板，正中心是一块直径88厘米的圆形石，即继圜丘坛的第二个“太极”。太极石外环铺石板9重（意为“九重天”）：第一重8块，向外依次以倍“8”之数环铺，寓意“八维”（八方），共铺石360块，寓周天360度。

为了创建出“天穹”的隆起形象，建筑匠师们在内外环柱顶设一环鎏金斗拱，并以其后尾的一个圈向内斜杆，悬空环起第一圈环形额枋……如此反复5次，形成向内收缩、向上隆起的屋顶承重结构，既体现出天空的穹隆形象，也由此形成精美无比的藻井艺术。殿顶的“金龙藻井”尽显古代建筑匠师们对力的分解和平衡的纯熟运用，在建筑史上有很高的地位。

殿内正北两柱间是正位“皇天上帝”神版供奉处，下有直径2米、高约1.5米的圆形石座，前设9级石附梯，后台上后护以“九龙屏风”；前置高1.5米的木神台（前有9级木附梯），均漆为天青色。木台上端放屋宇形的木护神函，内置桦梨木神龛，中奉置“皇天上帝”神版。其东、西两侧分列 8 个方形的石须弥座，前为三级木附梯。座上后护雕龙屏风；前置木神台，上为神龛，内分别奉置清代前 8 位先祖神版。其东侧为：努尔哈赤、福临（顺治）、胤禛（雍正）、颙琰（嘉庆）；西侧为：皇太极、玄烨（康熙）、弘历（乾隆）、旻宁（道光）。

祈谷坛是一个十分庞大的建筑组合。它位于天坛内坛北半部，占地 72 公顷。平面北圆南方，其四方分别是东天门、南天门（即成贞门）、西天门（现天坛公园西二门）、北天门（现天坛公园北二门）。整个建筑组群建于一个南北长 163.2 米、东西宽 187.5 米的矩形砖筑城台之上，四周建有低矮的壝墙，墙顶覆绿瓦。其四方有东砖门、南砖门、西砖门和北砖门（即皇乾殿琉璃门）。

祈谷坛是其中最主要的建筑，位居天坛总体布局轴线的北端。其南以一条高出地面 4 米许、宽 30 米、长 360 米的砖墁大道——丹陛桥与南天门相连通。其左、右广植古柏，一派庄严肃穆的景象。

进入南砖门即为祈年门，门内左院正中略偏北建有三重圆形屋檐的祈年殿。这里便是皇帝举行祈谷大典的所在。殿前左、右有配殿、殿后则是祈谷坛的“天库”——皇乾殿。附属有：东砖门外 300 米建有宰牲亭、长廊 72 间，北侧有神厨、神库等，共 20 余座建筑。

永乐十八年（1420 年）初建时，这里是大祀殿，行合祀天地之礼。明嘉靖九年更礼制，改行天地分祀（这时于大祀殿南另建了圜丘专用于祀天），嘉靖十七年（1538 年）又拆去天祀殿，在原址建圆形的“大殿”，即今祈年殿的前身，只是三重屋檐的瓦色，上为蓝、中为黄、下为绿，以象征天地万物。至清代在此改行祈谷礼。乾隆十五年（1750 年），大修后便将屋面统一为蓝色，次年又更名为“祈年殿”，且由乾隆帝亲书殿匾。每年孟春（农历正月）上辛日（第一辛日），皇帝在这里举行“祈谷大典”，祈祷一年“风调雨顺，五谷丰登，国泰民安”。

祈年殿坐落在一个直径 90 米、高 6.2 米的三重石坛之上。殿高 32 米，殿体直径 24.2 米，环周 12 间，檐下饰以和玺大点金彩画，上为圆形三

天坛祈年殿

重屋檐的攒尖金顶。殿和坛结合在一起，乃是一座典型的上殿下坛的建筑。总高 38.2 米，自下而上有 9 个同心圆，环环叠置，逐渐向上收缩，给人以旋转腾飞直上云霄之感，远远望去显得宏伟、壮丽，高耸云端。它的形象早已成为北京的标志。

祈年殿殿体是由 28 根巨柱组成的三环柱网。其中檐柱 12 根，金柱 12 根、龙井柱 4 根。它们分别承托着沉重的三重殿顶。垂直环立的大柱直指天花藻井，使每一个进入大殿的人都有一种向上涌动的态势，点明“天”的主题。靠近大殿的 4 根龙井柱，以朱红漆做底，柱面沥粉贴金，饰以宝相花交叉的连续图案，下端是粉贴金的山海纹饰，称“海水江崖”，使殿堂显得满堂生辉。它们把大殿的平面划分为四方 4 个空间，象征每年有 4 个季节；东方甲乙木，代表“春”；南方丙丁火，代表“夏”；西方庚辛金，代表“秋”；北方壬癸水，代表“冬”。4 柱中间的方形空间，就是“中央戊己土”。在这里“天干”“四方”“五行”“四季”都涵盖了。

中环12根金柱，沿圆周方向划分12个开间：东、南、西、北与四季相应，各为3间，象征一年中的12个月份。与春季相对的3间，北间为正月，正东间为二月，其余为三、四、五、六……十二月，依次向南转西、向北环转排列，而且正、二、三月与“春”对应，四、五、六月与“夏”对应，其余类推。

最外一环的12根檐柱（与门窗相连的大柱）所划分的12个开间，则代表1天有12个时辰（古代一天分12个时辰，1个时辰相当于现在的2个小时）。它们分别是子、丑、寅、卯、辰、巳、午、未、申、酉、戌、亥，同时也代表12个地支和方位。不过，它是以正北开间起始（即“子”），尔后依次向东环转排列，定位至正东开间为“卯”……正南开间为“午”，正西为“酉”。于是子、卯、午、酉又分别成了北、东、南、西的同义词，皇城内紫禁城的南门称“午门”，南北经线称作“子午线”，也源于这十二地支所表示的方位。

依这样的方向排列，外环12开间与中环12开间中，正月相对应的开间，适逢为“寅”。在我国古代的历法中，以天干地支纪月时，就称正月为“寅月”，叫“正月建寅”（二月为卯月）。同时，外环12根柱的柱位和12根柱间，还分别代表着一年有24个节气。以代表春季正月起始的柱位“立春”，柱间为“雨水”；顺时针下个柱位为“惊蛰”，柱间（正东）为“春分”，依次排列清明、谷雨、立夏、小满、芒种，至正南开间为“夏至”；再次为小暑、大暑、立秋、处暑、白露、秋分（正西）、寒露、霜降、立冬、小雪、大雪、冬至（正北）、小寒、大寒，环转一周各节气和农历、阴历，月份、季节严格对应“两分”（春分、秋分），而且恰对东、西、南、北四方。所以，整个祈年殿内的建筑，不仅寓意丰富、深刻，而且十分科学，把它们绘制到平面之上，正好是一个完整的罗盘仪。如果说圜丘坛是在数字寓意上下功夫，那么祈年殿则对时间、空间做了全面的阐述，充分显示了中国作为一个农业古国，对节气、时空的重视。因此，祈年殿堪称一项伟大的杰作，值得我们去细细品味。

祈年殿的彩画是天坛内最高等级的，为龙凤和玺彩画。殿内的藻井，顶部嵌满了金龙浮雕，精美至极，与地面的圆心石上下呼应。由于祈年殿是祈谷大典的祭场，大殿的主要用途便是陈列各个神位和皇帝的列祖列宗（即“配位”），以供皇帝诣坛行礼。

中国古代原始宇宙观认为的“天为阳，地为阴”“天圆地方”“天人合一”等，在天坛都有具体的体现。如围墙体现“方地为舆，圆天为盖”；天坛的圜丘、皇穹宇、祈年殿俱呈圆形，以象征“天圆”；殿顶一色的蓝琉璃瓦，亦象征至高无上的天。

据《辞源》，“苍，草色，引申为青黑色。人们指天为苍天、青天，古人指天神”，我们知道，人类最初崇拜天神的活动，显然是在林中空地的土丘上进行的。以后，又向高山上转移，认为在高山筑土为坛进行祭祀，更能与天相接近并便于进行对话。到后来又逐渐演变成郊祭，但依然在其周围置以林地，以致后来出现了诸如“夏后氏以松，殷又以柏，周人以栗”之礼。《周礼·春官宗伯》中说：“以玉作六器，以礼得四方。以苍璧礼天……”

天坛现有绿地面积163公顷，各种树木6万多棵。其中有百年以上树龄的古树3500多棵，500年以上的达1100棵。其分布原则是“坛之后树以松柏”，圜丘坛建筑群外东、西、北三面约有松柏4000棵，祈谷坛建筑群外东、西、北三面有侧柏约3000棵。这样布设的结果，不但营造出了人类初始在树林空地筑土为坛的崇拜场所所具有的环境氛围，而且仿佛将祭坛的主体建筑“托”在树林之上，使其更具有超凡脱俗、庄严肃穆、与天相接的感觉。

清乾隆九年（1744年）的《御制冬至有事于南郊敬成》中这样写道：“伊古诚为贵，匪今祭以时。微阳爰始复，殷礼敢云迟。捧璧青坛肃，陈愆素虑知……”这“殷礼”就是“殷人以柏”的礼制。天坛树以大面积的柏树林，便是继承了这一古制。

美国前国务卿基辛格曾几次来天坛参观。当他看到天坛那曲虬古朴的翠柏时，曾不无感慨地说，依我们美国的经济实力，仿造几座祈年殿应没有问题，但是我们却仿制不出这些记载着年轮的古树……天坛内数以百计的古柏，不仅使圜丘坛更加圣洁崇高、祈年殿愈发巍峨壮美，而且还记载着自然年轮的更迭，也记录着天坛历史的沧桑变迁。没有了它们，天坛的整体景观将会黯然失色。

如果，我们能够从空中俯瞰整个天坛，定会被它气势恢宏的平面布局所震撼，它对天的意境的追求，真可谓达到了登峰造极的程度。还有一个值得我们注意的问题是，在北宰牲亭以南约120米处，置有8块青石。其中的7块大青石是明朝嘉靖年间所置，东北的一块小青石则为清代所置。尽管如此，长期以来，人们总是以“七星石”称之。相传七星石为天上的陨石。它们虽按天上北斗七星的格局排列置放，但从石上所刻的朵云纹等一看便知乃人工所为。据说，明嘉靖年间在改建大享殿时，一位道士向嘉靖帝谏言称，在大享殿的“巽”方（东南方）不宜空虚无物，否则会不利于皇图永固、国祚绵长，亦不利于皇帝延年益寿，遂建议用“镇石”。嘉靖帝笃信道教，对道士的话深信不疑，便命人在大享殿的“巽”位置“七星石”。清朝乾隆皇帝在“七星石”的东北侧又加一石，虽已实有“八石”，但“七星石”的名字未变。

“七星石”的由来与我国东岳泰山有着独特的渊源关系。东岳泰山素有“五岳独尊，雄镇天下”的美誉。其主峰海拔1524米，虽不及华山和恒山高，但北起燕山、太行山，西至华山、伏牛山，南达皖南、浙西，在这一广大地域之内，却没有比泰山更高的山。尤其是从泰安至岱顶的10千米间，相对高度约1300米，构成了拔地通天之势，具有雄风盖世的气派、“镇坤维而不摇”之威仪，真是“直通帝座”与天帝对话的地方。

泰山位于东方，在古代传统观念中，“万物相代于东方”，故泰山被认为是阴阳交替、万物更生之地，又有“五行”“五常”“四时”“八卦”“二十八宿”之说附会，以致使“东岳泰山”成为吉祥之山、神灵之宅、紫气之源。

从文化渊源上说，泰山地区也是中华民族远古文化的主要发祥地。泰山周围地区（包括山东丘陵）的人，古称夷人，因位于东方，故又称“东夷”。据传说，古代东夷人是炎帝的子孙，而太行山以西黄河中游的居民，是黄帝的后裔，经夏、商、周三代，炎、黄两大氏族融合成一体。因此泰山被认为是炎帝子孙的祖山。

据史书记载，早在先秦时期，就已有帝王封禅或祭祀泰山的活动，而且自秦始皇始，历代帝王几乎都要到泰山封禅和祭祀。清帝入关之后，康熙就有“泰山和长白山乃同脉”的定论。因此，康熙、乾隆都曾登临泰山。乾隆就先后 10 次朝泰山拜谒岱庙，其中有 6 次登临岱顶。

据考察，从远处观泰山，可见有 7 座山峰罗列其间。明永乐年间迁都北京，建山川坛于南郊。嘉靖九年（1530 年）采用天地分祀典制，在北郊另建祭祀地神的地坛，山川坛只用以祭天，并把“泰山七峰”以象征手法浓缩于天坛之内。这就是“七星石”的由来。清乾隆帝在“七星石”的东北再加一石，以此象征位于东北的长白山。其深层的含义是：白山黑水之间的满族，乃是华夏民族大家庭中的一员，其统治与中华大地一脉相承、代代相传。

## 九、御驾垂范，以求五谷丰登、万民康泰之地——先农坛

先农坛位于正阳门外的西侧，与天坛遥相呼应，是北京城南北中轴线上举足轻重的建筑群。正是中轴线南端的这“一天一地”承托着北面的紫禁城，使它显得更加威严而崇高。

古往今来，我国的坛庙祭祀建筑甚多，大致可分为自然神祇坛庙和人文神祇庙宇两大类。明、清两代在历代祠祭的基础上，逐渐形成了一套完整的封建礼制神祇体系。北京的自然神祇坛庙，包括天、地、日、月、先农、先蚕、社稷诸坛和风、云、雷诸神庙。人文神祇的庙宇则有太庙、

孔庙、文庙、历代帝王庙、关帝庙、昭忠祠、贤良祠，以及祭祀祖先的家庙、祠堂等。

“先农”即神农，亦即史称之炎帝也。

远在蛮荒之时，人类或猎虫兽茹毛饮血，或采撷野果充饥。中华大地由炎帝和黄帝统领着南北两方。炎帝是慈爱之神，他教导人们怎样进行刀耕火种，植粟栽菽。所以《周书》上说，“神农之时，天雨粟，神农遂耕而种之，制耒耜，教民农作。神而成之，使民宜之，故谓之神农”。后人为感念神农的功德，每于丰收之后聚集在一起，载歌载舞，既对先农进行祭祀，也共同分享丰收后的快乐。

### 1. 厚重的文化积淀

据《史记·孝文本纪》载：“上曰：‘农，天下之本，其开藉田，朕亲率耕，以给宗庙粢（音 zī，古代供祭祀的谷物）盛。’”相传，远在周朝就已有藉田和祭祀先农的活动。以后历代帝王大都相沿，并建造先农坛以祭祀神农。藉田的收获用以奉献宗庙，崇德报功，皇帝亲自耕种，祭祀农神，为天下人做表率，“劝率天下，使务农也”[1]。这在中国，意义十分重大。

秦汉以后，曹魏三祖亲耕藉田，祭祀先农，其礼悉依汉制，晋武帝泰始四年（268 年），司马炎乘木辂（lù，古代的一种大车）至藉田，以太牢祀先农[2]。南北朝时循晋制，藉田千亩，并在京郊东南设祭坛祭祀先农。南朝宋文帝元嘉二十年（443 年）定亲耕仪注，即立春前九日，尚书宣布亲耕，司空、大农、京尹、令、尉等，度宫之辰地（东南方向）八里之外，整地千亩，开阡陌，立先农坛于阡西陌南，御耕坛于阡东陌北。届时，天子车驾出行，礼仪隆重如郊庙之仪[3]。隋时，都城南十里启

[1]《史记》卷十。

[2]《三国志》卷三。

[3]《宋书》卷十四。

夏门外有藉田千亩，其内建坛祭祀先农[1]。至宋雍熙四年（987年）于都城朝阳门外七里筑先农坛，坛内设置御耕位、观耕台[2]。元世祖至元九年（1272年）不仅规定祭祀先农，而且每岁遣官于大都东郊藉田祭祀。

明洪武帝朱元璋在南京建国之后不久，即把祭祀先农之礼列为“大祀”，并建立了专用的祭坛，设藉田亲自扶犁耕种。明永乐初年建北京城时“凡庙社、郊祀、坛场、宫殿、门阙规制，悉如南京，而高敞壮丽过之”[3]。在北京城外同时建起了规模宏大的天坛和山川坛（先农坛的前身）。明朝帝王不仅在先农坛内设置牌位祭祀先农，而且专门辟出“一亩三分地”，由皇帝亲自耕种。与此同时，还颁布了一系列周密的礼仪制度，劝农勤耕。明嘉靖帝对藉田礼仪尤为看重，曾多次亲临，或派官员到先农坛进行祭耕，是明代帝王中祭祀先农最勤、次数最多的。

清代耕祭先农的活动更为历代帝王所莫及。清帝不仅极力劝课农桑，而且身体力行亲自耕种示范。顺治十一年（1654年）清帝恢复了对先农的耕祭之后，历代相沿不断。雍正在位期间更御令全国府州县设先农坛，并选择“洁净膏腴之地”作为藉田，在地方实行耕祭先农，把对先农神的祭祀提到了一个新的高度。有清一代先后经历了10个皇帝，延续267年，帝王亲祭先农的次数则多达248次，是中国历史上最多的一个朝代。

在中国这样一个泱泱农业大国，由帝王在京都的先农坛祭祀神农，躬耕藉田，以示劝农从本，已成为封建国家秩序中举足轻重的礼仪。这也表明先农神以及为祭祀他而建设的先农坛，在中国农耕文化中享有崇高地位。

## 2. 独特的平面布局

我们从北京旧城的整体布局上可以看到，天坛位于正阳门外的东侧，

[1]《隋书》卷七。
[2]《宋史》卷一〇二。
[3]《明太宗实录》卷二三二。

先农坛复原示意图：①先农坛　②神厨　③拜殿　④太岁殿
⑤观耕台　⑥俱服殿　⑦神仓　⑧庆成宫

是冬至日举行郊天、孟春举行祈谷礼的地方；地坛位于安定门外，为夏至日举行祭地礼的地方；日坛位于朝阳门外，为春分日祭日神的地方；月坛位于阜成门外，为秋分日祭祀月神的地方。这完全是按周代礼制：祭天场所位于都城的南郊——阳位，祭地位于北郊——阴位。其方位一上一下，一南一北，一阳一阴，互为对应。而祭日于东郊，祭月于西郊，使祭祀对象和祭祀活动亦互相对应布置，符合《礼记·祭仪》中的"端其位"。

先农坛由一个周长 3000 米的坛墙围绕，总面积约 130 公顷。其外形呈北圆南方的石碣形。坛分内外两层，内坛是祭祀先农神的主体，其间设有太岁殿、拜殿、先农坛、神厨、神仓和具服殿、观耕台等几组建筑。外坛仅在内坛的南门外建有天神坛、地祇坛；东门外修筑有庆成宫。

从先农坛的平面图上我们可以看到，作为封建帝王祭祀先农之坛，其格局与天坛有很大的不同。天坛的建筑群自南而北沿一条明显的中轴线依次布设，计有圜丘坛、皇穹宇、祈年殿、皇乾殿等，呈"一条轴线、三道坛墙，五组建筑，七峰东岳，九座坛门构成的南方北圆"和"苍璧礼天"的形制，追求的是一种"天人谐和"的意境。而先农坛上述的几组建筑群均自成体系，并由中国传统的四合院构成。主体建筑坐北朝南，

先农坛观耕台

中轴明显，两翼对称，或单个四合院，或两进院落，或三进院落不等。其总体布局上则一反传统规制，依据帝王祭祀的实际需要，按不同的功能，追求“大分散，小集中”的原则。既高大宏伟，又小巧别致；既协调统一，又各具特色；既具有帝王祭祀先农的庄严肃穆，又使整个建筑群融入大自然，富含农家庄园韵味。清乾隆年间，在对先农坛的建筑进行全面修缮的同时，还特别提出在坛内植树：“先农坛及各坛宇俱于数年内次第修整完竣，内外坛间向日圃畦，今易植嘉树，与坛内苍松蔚为茂荫。”[1] 从而使掩映在松柏葱茏中的先农坛建筑群更显雄伟壮丽。

### 3. 多变的建筑风格

建筑，作为人类文明的重要载体，犹如一座座里程碑，镌刻着人类社会在自身发展过程中所取得的巨大成就。它不仅是人们进行工作、休息、娱乐和其他活动的重要场所，而且是一种艺术，是人类文化的真实记录。

[1]《祭先农坛》诗序。

中国的古建筑以其特有的材料和艺术、绵延不断的历史和独树一帜的风格，成为世界建筑发展史中熠熠生辉的篇章。

先农坛内的各组建筑群，依据其性质和功能的不同，设计并建造了形制各异、体量不同、色彩华丽多姿的群体建筑，它是目前我国不可多得的“古建筑博物馆”，弥足珍贵。

先农坛始建于明永乐十八年（1420 年），明嘉靖年间罢山川坛“一坛多神”祭祀的格局，分置太岁殿、天神坛、地祇坛，并将山川坛更名神祇坛。至万历年间，坛内又陆续增建了旗纛庙、神仓、斋宫等，使其有了一个比较完整的格局，并更名为先农坛。清乾隆十八年（1753 年），先农坛又做了一次较大的调整，撤去旗纛庙，移建神仓；改木构建筑的观耕台为石琉璃建筑；改建斋宫，并更名庆成宫。与此同时，为增加坛内幽静、肃穆的气氛，又御旨遍植树木。自此，先农坛的整体格局相沿至今。

（1）太岁殿、拜殿建筑群占地 9120 平方米，建筑面积 3685 平方米，是先农坛内最雄伟、保存最完整的一组古建筑群，也是我国现存的专祀太岁神的规模最大最完整的四合院式古建筑群。太岁殿坐北朝南，面阔 52 米，7 开间，其跨度仅次于故宫的太和殿。黑琉璃瓦、绿剪边、歇山顶，外饰绚丽的和玺彩画，内绘古朴典雅的旋子彩图，流光溢彩，庄重而华丽。其南与之相对的是拜殿，与两侧的东西配殿共同围合成一个宽大的院落。按典制，每年的冬至、立春，或遇水旱灾害时，皇帝都要在这座大院里进行祭祀活动。

（2）位于太岁殿大院西南侧的先农神坛始建于明嘉靖年间，清乾隆十九年（1754 年）重修。这是一座砖石结构的方形平台，长宽各 15 米，高约 1.5 米，四面各出 8 级台阶。坛北有一红墙环绕的院落，占地 6530 平方米，建筑面积 1244 平方米。正殿坐北朝南，面阔五间，殿内供奉先农神牌位。东房为神库，西房为神厨，面阔均为五间。其南又有井亭两座，分列于东西。院落的西侧是宰牲亭，祭祀时所需的“三牲”，都在这里宰杀。从建筑形制上讲，先农坛的宰牲亭又以其重檐悬山式的屋顶而被专家们认证为国内孤例。

（3）位于先农坛西侧的具服殿是明、清帝王躬耕祭农之前进行更衣的场所，占地约 3200 平方米，建筑面积总计 905 平方米。殿南建有一座观耕台，是皇帝在行躬耕礼后观看众臣从耕之所。自明至清中叶，观耕台是一个木结构平台，而且往往是在每年进行耕祭礼仪时临时搭筑的。清乾隆十九年（1754 年），清高宗御旨改由砖石砌筑，台座四面饰以谷穗图案的琉璃砖，其上加汉白玉石栏，台阶饰以莲花浮雕，象征吉祥如意。

（4）神仓位于太岁殿大院东侧，是先农坛内坛中的另一组古建筑群。它由院墙围合而成，分前后两进院落，中有月亮门相通。后院为祭器库，设正房五间，东西配殿各三间；前院围绕收谷、碾磨、贮藏等功能设置了收谷亭、圆廪神仓、东西碾坊和仓房。院落南面开设砖拱券无梁山门，其大门采用了形制中最高等级的九路门钉，显示出皇家的无上威严。神仓作为帝王祭祀建筑群，其前院的屋顶均铺以绿剪边黑琉璃瓦，装修均采用雄黄玉彩画。这在现存的明代建筑中，是难得一见的实例。此外，谷仓、神仓，由于在功能上的不同需要，建筑的形制和结构都有相应的变化。如收谷亭为四角攒尖顶，不设门窗，四面开敞，以利于空气的流通；仓房则为硬山顶；而作为整个建筑中心的圆廪神仓，则又为圆攒尖顶，以示区别。为了储粮防潮，在神仓室内砖地面上加设了木地板。南面则开砖拱券无梁山门，其启门券三间。大门也采用了形制中最高等级的九路门钉。

（5）位于神仓院子东侧、内坛东门外迤北的庆成宫，是帝王在躬耕礼成之后，行庆贺礼、休息和犒劳随从百官的地方。整座庆成宫分前后三进院落，坐北朝南，占地 1.3 万多平方米。庆成宫正殿及其后的斋宫均为五开间，两殿之间用宽 3 米多、高同台基的甬道连成一体。庆成宫采用了传统建筑屋顶中的最高形式——庑殿式屋顶。在先农坛内的所有建筑中，仅此一处采用了这种形式，足见其规格之高。正殿前部台基和月台均用汉白玉砌筑，石栏采用云龙柱头，大殿三面出阶。所有这些都使这组体量不大的建筑显得华贵而精致，是至今尚保留完好的明清建筑艺术精品。

### 小议：北京城与中山装

“中轴突出，两翼对称”是北京城的最大特色。但是，不知人们是否想过：如果我们把象征封建帝都的建筑组群抽离出来，那么它就像是一件曾被人们称为“国服”的中山装。

20 世纪初，中国结束帝制，进入近代史，服装上仍沿用着传统的长袍、马褂、瓜皮帽等式样，但已经开始受到外国服饰的影响，出现了一些改变。1912 年中华民国成立，时任国民大总统的孙中山先生看到当时革命党人服装繁杂，有的西装革履，有的长袍马褂，遂委托当时非常有名的裁剪师黄隆生设计制作新式服装，要求既要有中华民族的传统特点，又要适应世界潮流。

黄隆生以当时日本流行的学生制服为基样，设计制作了一套新式服装，即今天见到的中山装的基本样式。孙中山赞扬“这种服装好看、实用、方便、省钱”，并把自己的政治抱负融于服装之中，给予中山装特有的含义。

孙中山先生曾经穿过的中山装

中山装前襟的 4 个口袋象征“国之四维”，即“礼、义、廉、耻”；其左上口袋倒写“山”字形留有插钢笔的位置，象征以“文”治国；对襟有 5 粒纽扣，象征“行政、立法、司法、考试、监察”五权分立，以及中华民族的道德准则“仁、义、礼、智、信”；其衣袋上的 4 粒纽扣，象征人民有“选举、创制、罢免、复决”四项民主权利；左右袖口的 3 粒纽扣则分别表示三民主义（民族、民权、民生）和共和的理念（平等、自由、博爱），衣领为翻领封闭式，表示严谨的治国理念；中山装背部不缝缝儿，表示国家和平统一不容分裂。

孙中山做临时大总统时常穿这种样式的服装出席各种场合，为世人所瞩目，故称中山装。中山装的影响范围非常广，民国 18 年制定国民党宪法时，曾规定一定等级的文官宣誓就职时一律穿中山装，以表示遵奉先生之法，当时的革命党人也以身着中山装为荣。

新中国成立后，人们仍然喜欢穿。而毛泽东穿的中山装其领子和口袋比常人的略大。于是又有“毛氏服装”的称谓。

而如果我们把中山装的领子比作“紫禁城”，那么自上而下的第一个纽扣就是午门，往下的纽扣依次是端门、天安门、正阳门、永定门。从北京城外城正南门永定门沿中轴线北上：左侧（东面）的大口袋就象征天坛；右侧（西面）的大口袋就象征先农坛；经过正阳门，便到了天安门；左侧（东面）的小口袋象征太庙，右侧（西面）的小口袋便是社稷坛。这样，中山装便组成了一个“浓缩版的北京城”。在有关北京的学术报告中，我常会以此做比喻，并受到在场朋友的赞赏。

我认为，中山装和北京城有着一个共同的文化渊源——中华民族传统的“居中对称”的审美文化。当然，作为中国古代都城的最后结晶，此文化不仅源远流长，也更为深邃。后面我们将辟专门的章节来讨论。

第三章

# 北京城的文化之源

国家图书馆前馆长詹福瑞教授在评论获得“国家图书馆第四届文津图书奖”的学术专著——由本人撰写的《营国匠意——古都北京的规划建设及其文化渊源》一书时曾这样说：“城市不是钢铁、水泥、玻璃的堆砌，也不是建筑、街道、汽车、公共设施的集合。它是有灵魂的，是有生命的有机体。”

这“灵魂”是什么？是文化。

> 历史上每一个民族的文化都产生了它自己的建筑，随着这文化而兴盛、衰亡。世界上现存的文化中，除去我们的邻邦印度的文化可算是约略同时诞生的弟兄外，中华民族的文化是最古老、最长寿的。我们的建筑也同样是最古老、最长寿的体系。在历史上，其他与中华文化约略同时，或先或后形成的文化，如埃及、巴比伦，稍后一点的古波斯、古希腊，以及更晚的古罗马，都已经成为历史陈迹，而我们的中华文化则血脉相承，蓬勃地滋长发展，四千余年，一气呵成。

这是五十多年前，清华大学建筑系教授梁思成先生在他的《我国伟大的建筑传统与遗产》一文中写下的一段话。

1932 年，梁思成、林徽因在他们合著的《平郊建筑杂录》一文中提出了“建筑意”的概念。他们在阐述了建筑物的单体美和整体美之后这样说道：“这些美的存在，在建筑审美者的眼里，都能引起特异的感觉。在‘诗意’和‘画意’之外，还使他感到一种‘建筑意’的愉快……无论哪一个古城楼，或一角倾颓的殿基的灵魂里，无形中都在诉说，乃至于歌唱，时间上漫不可信的变迁；由温雅的儿女佳话，到流血成渠的杀戮。他们所给的‘意’，的确是‘诗’与‘画’的。但是，建筑师要郑重声明，那里面还有超出这‘诗’、‘画’以外的‘意’的存在。”[1]

我们在这里要探索的正是北京城规划建设匠意的文化之源。

## 一、源远流长的中华文明

文明是人类在超越了野蛮阶段后所表现出来的一种生存状态。它所体现的是人与人、人与社会、人与自然之间和谐、美善的关系。文明也是人类所创造财富的总和。这个财富当然包括物质财富，但更重要的是精神财富。如文学、艺术、教育、科学、政治、道德等。

城市，是人们公认的人类文明三大标志之一。

有人说，没有城市，文明是难以想象的。但是，古代城市的历史是建立在农业基础上的城市的历史。换言之，人类文明，总是在具有肥沃的土壤，而且具有可靠水源的地方首先发展起来的。

埃及是世界文明古国之一，但是，人们也普遍认为埃及是名副其实的“尼罗河的赐予”。这是因为尼罗河水在漫长的地质年代逐渐形成狭长而又肥沃无比的洪冲积平原，以及每年都需要补充的富含腐殖质的沉积物，滋养并维持了埃及悠久的文明，并哺育出了“尼罗河之子”——开罗。

美索不达米亚文明的产生，正是由于它拥有底格里斯河和幼发拉底河的河水，及其所在流域富饶而肥沃的土壤。与尼罗河一样，两河流域有超级生产力的土地，使得农民能够生产出大量的剩余产品，并使数以百万计的人从田间生产劳动中解放出来，从而涌现出众多的城市、壮丽的宫殿、神庙、各种艺术品、楔形文字、数学、历书、天文学、法典，以及其他文明发展的证据等。

同样，印度的文明亦首先产生于具有优越自然条件和肥沃土壤的恒河三角洲。

[1] 萧默主编：《中国建筑艺术史》，文物出版社，1999 年 6 月，第 104 页。

作为文明古国之一的中国，地域相当辽阔，各地区的自然地理条件又相当复杂，尤其是在文明起源之前的新石器时代，各种文化在祖国大地上争妍竞秀，而且常常相互影响、相互渗透，交织成一幅瑰丽的图景，为后来独特灿烂的中华文明打下深厚的基础。

中国新石器文化的发展是多元化的。例如，中华文明出现前的龙山文化时期，在黄河上游地区，是继承甘肃仰韶—齐家文化的氐羌文化区；在黄河中游地区，是继续仰韶—河南龙山文化的华夏文化区；在黄河下游及江淮流域，则形成了以大汶口—山东龙山文化为代表的东夷文化区；在长江中游地区，出现了具有湖北龙山文化特色的苗蛮文化区；在杭州湾两岸及太湖流域，存在着由良渚文化孕育形成的吴越文化区；在燕山以东的长城内外，又形成了由红山—富河文化为主的燕辽文化区。考古研究证明，在上述六大文化区中，中原华夏文化区在中国文明即将诞生之前，便已居于中国史前各文化区的核心地位，奠定了它在未来作为中国文明发祥地的坚实基础。这不仅是因为在远古时期，黄河流域具有得天独厚的自然地理条件，既有温暖湿润的气候、纵横交错的河流、星罗棋布的湖泊，还有松散肥沃的土壤，而且其土壤的肥力远远超过了其他流域、地区。这便是黄河流域成为中国文明摇篮的重要物质基础之一。

我国著名考古学家苏秉琦先生在其所著的《中国文明新探》一书中说："中国西部无疑是广袤的沃土。近百年来，一批又一批著名的考古学家在这里发现了前仰韶文化—仰韶文化—龙山文化—夏商文化等绵延有序的考古学文化系列。其中，尤为耀眼的是彩陶文化。从精美绝伦的人形、葫芦形、蛙形、鱼形、花形，以及几何形的彩陶纹饰中，人们联想到了'三皇五帝'。在古史传说中，伏羲、女娲、西王母、炎帝和黄帝的身影频频出现在这方沃土上。他们的故事至今流传。"[1] 而在中国两千多年的封建社会中，前一千年的政治文化中心始终在中原地区，且是沿着"长安——洛阳——开封"这一东西向的轴线呈徘徊式

[1] 引自首都博物馆《早期中国——中华文明的起源展》，2009 年 9 月 26 日—10 月 20 日。

的移动；后一千年中才逐步向东南方向的长江中下游地区，即南京—杭州地区转移。

河流孕育了人类文明，也孕育了代表人类文明的城市。

“城市”一词，最早当见于战国时期的史籍中。《韩非子·爱臣》云：“是故大臣之禄虽大，不得藉威城市。”“今有城市之邑七十，愿拜内之于王，惟王才之。”[1] 但是，实际上“城”与“市”是两个不同的概念。“城”在古代是指在一定的地域上用于防卫而筑起的城墙。“大道既隐，天下为家，各亲其亲，各子其子，货力为己，大人世及以为礼，城郭沟池以为固。”[2] 所以，这时的“城”实际上只是一座具有防御性的“城堡”，它仅仅是作为统治中心而存在的。在古代诸凡王朝领地、诸侯封地、卿大夫采邑，都以有城垣的都邑为中心，皆称“城”。“市”则是指进行交易的场所，即买卖交换商品的场所。“日中为市，致天下之民，聚天下之货，交易而退，各得其所。”[3] 而只有当社会发展到一定的历史阶段，具有防御功能的“城”与商品交换的“市”已经结合到了一起，才会在语言中出现“城市”一词。然而，“城”与“市”有机地结合起来，并在语言中形成人们约定俗成的语词，却经历了一个较为漫长而复杂的过程。

在我国原始社会末期，由于生产力的不断发展、私有财富的出现和积累，部落和部落联盟之间经常发生掠夺财富的斗争，筑城自守就显得非常必要，“城”也应运而生。而在古代文献中关于这一时期“城”的记载，诸如“黄帝始立城邑以居”[4]、“帝既杀蚩尤，因之筑城”[5]、“黄帝筑城造五邑”[6]、“夏鲧作城”[7]、“昔者夏鲧作三仞之城”[8]、“筑城以卫君，造郭以守

[1]《战国策·赵策一》。
[2]《礼记·礼运》。
[3]《周易·系辞》。
[4]《淮南子·原道训》。
[5]《黄帝内传》。
[6]《中州杂俎·都邑》。
[7]《吕氏春秋·君守》。
[8]《淮南子·原道训》。

民，此城郭之始也”[1] 等，也已被考古发掘所证实。我国在新石器时代的龙山文化时期，已经发现了多座城址，如城子崖、后岗、王城岗、平粮台等。这些城址大多发展于新石器时代龙山文化晚期，个别可达中期。这与我国古代文献所记载的古史传说是完全吻合的。但是，如果从“城”的最初职能主要为防御而论，早在新石器时代仰韶文化的遗址中就已有了防御性的设施。例如，在西安半坡遗址和临潼姜寨遗址的四周都发现有人工挖掘的壕沟，并在壕沟内侧设有栅栏。它们所起的防御作用，与早期“城”的功能是一样的。那么，将仰韶文化时期居址四周的壕沟和栅栏作为中国城池的萌芽或征兆，是完全可以的。

商代的城在古代的文献中屡见记载，商丘、亳、殷、朝歌等都是当时著名的都城，且已被考古发掘所证实，如河南郑州商城、偃师商城、湖北黄陂盘龙城、山西夏县东下冯商城、河南安阳殷墟等。这些城的规模都比较大，而且在城内外都有规律地分布着宫殿区、居民区、手工业作坊区和墓葬区等。从古代文献中也可以看到，商代已经有了专门交易的场所——“市”。“市”内还有各种各样的“肆”。“殷君善治宫室，大者百里，中有九市。”相传姜尚在未遇文王之前，就曾在朝歌和孟津市肆内做负贩、屠宰、卖酒的营生。

由此可见，在商代的城中已经出现了“市场”，是毋庸置疑的。考古发掘也证明，郑州商城、殷墟、盘龙城、偃师商城等，不仅都是商代的都邑，即在客观上已成为当时全国或某一地区的政治统治中心，而且还具备城市的经济性质，即除了上面所说的“市”已出现而外，在发达的手工业和商品交换中作为等价物的货币——贝，已经普遍流通。“商朝早有商业，贝产在海滨，玉产在西方。盘庚称贝玉为‘好货’、‘货宝’，想见商用手工业制品和外方交易。”[2]

---

[1] 范文澜：《中国通史简编》修订本，第一编。人民出版社，1949 年 9 月，第 113 页。

[2] 金景芳：《中国奴隶社会史》，上海人民出版社，1983 年，第 89 页。

例如，在郑州商城南北曾发现制铜作坊遗址。城南的总面积约为1050平方米，主要出土镞范和斨（qiāng，古代的一种斧子）范；城北的面积为275平方米，主要出土刀范和戈范。此外，该城还发现了一处面积1400平方米左右的制陶作坊遗址，出土陶范三四千块，及盆、甑为主的泥质陶器。而在城北发现的一处制骨作坊遗址，仅其中一个窑穴中就出土了一千多种骨器成品、半成品及骨料，其中绝大多数是镞、簪。1958—1959年曾在安阳殷墟的苗圃北地发掘的铸铜作坊遗址，其面积在1万平方米以上，出土陶范三四千块，而在北辛庄发现的制骨作坊遗址，发掘的面积达247平方米，在其中的一个椭圆形骨料坑中，出土的骨料、废料和半成品等就多达五千余种，且以骨笄（jī，古代束发用的簪子）和笄帽为最多。再从手工业的产品来看，1938年在殷墟出土的"后母戊鼎"，高133厘米、宽78厘米、长110厘米，重达875公斤。这种巨型铜器，在当时的铸造水平下，至少需要300人同时操作才能完成。

上述手工业作坊的遗址和遗物，客观地反映了当时这些城市中发达的手工业及其规模、分工，其产品不是专门供作坊主自己使用，而是为了交换。所以，在商代就已经出现了门类比较齐全的手工业。据《左传》定公四年（前585年）记载，周初曾俘虏了许多有固定手工业技能的殷民，其中有索氏（绳工）、长勺氏、尾勺氏（酒器工）、锜氏（锉刀工或釜工）、契氏（篱笆工）、终葵氏（锥工）等。如果把这些记载与商代城址周围的考古发现结合起来，商代城中的手工业至少已具有青铜制造业、制陶业、骨角牙蚌制造业、玉石业、纺织业、酿酒业、建筑业、木漆制作业、编织业、制革业等十几个门类了。

商代手工业内部的进一步分工和商品生产的兴起，必然引起商品交换的扩大，而在商代的墓葬中，无论是王公贵族的大墓，还是一般平民的小墓，都发现殉贝现象。例如，在山东益都苏埠屯一座商代大墓(M1)中，曾发现了3790枚海贝；安阳小屯一座中型墓（M5）中，发现了6000多枚海贝；近年发掘的殷墟妇好墓有近7000枚殉贝。可见，贝已作为一种财富，为奴隶主贵族所敛聚。同样，在一些中小奴隶主的墓葬中，亦有殉贝的现象，如郑州白家庄一座墓（M7）中，就有殉贝 460 多枚；安阳殷墟 M272 和 M261 号墓中，分别有殉贝 350 枚和 263 枚。在一些平民的墓中也不乏殉贝，1953 年在安阳大司村发掘的 160 座平民墓中，其中 83 座殉有贝；1969—1977 年在殷墟西区发掘的 800 多座墓葬中，有 336 座有殉贝。这些现象不但反映了这些墓主人对当时社会财富的占有程度，也反映了占有者的权力和身份。

商代商品经济的发展促使了货币的出现，而货币的形成又反过来促进手工业和商业的进一步繁荣。郑州商城和安阳殷墟发掘到的大量海贝、鲟鱼鳞片、鲸鱼骨、海蚌、大龟和玉制品等遗物，皆非本地所产，其中很大一部分无疑是交换而来的。特别是其中的玉，盛产于新疆，海贝和大龟盛产于南海和印度洋沿岸。可见，商代已与遥远的外地有了较为广泛的贸易联系。

居住规模和房屋的大小，既反映了主人财富的多寡，也反映了主人当时的身份和地位。在现今所发掘的郑州商城、安阳殷墟和湖北盘龙城等商代城址中，都发现有规模宏大的夯土台基组成的宫殿区，这当然是统治者发号施令和日常起居的所在。而一般的平民住房，不但规模小，其建筑也简单。同样，墓葬的大小及其等级，也反映出了死者生前的社会地位和身份。若以殷墟的墓葬为例：带 4 个墓道的大型墓，已发现 8 座，墓主人是殷代社会中的最高统治者——王；带一两个墓道的中型墓，已发现 22 座，墓主人是殷代社会中的大奴隶主贵族；长方形的竖穴中小型墓，已发现 100 多座，墓主人是商代社会中的中小奴隶主；长方形竖穴小型墓，已发现 3400 座，墓主人是商代社会中的平民；无墓、圹墓、乱葬坑，墓主人应是商代社会中的奴隶。而在所有这些墓葬中，平民的墓葬在数量上占有绝对优势。这种多层次的阶级结构，说明“城市”在商代已经实实在在地存在了。

从以上分析可以清楚地看到，商代的都城既有作为阶级对抗的防御措施——城墙、壕沟，又有进行商品交易的场所——市；既有贵族、平民、奴隶的多层次社会结构，又有兴旺发达的手工业和商业，它不仅是某一历史时期国家或地区政治、军事、文化的中心，也是该国家、该地区实质上的经济中心。这就是说，它已经完全属于“城市”的范畴了。

综上所述，无论从生产力发展的水平而言，还是从已经考古发掘遗址的形态来看，我国黄河中游及其附近，在龙山文化的中晚期即已出现最初的城市；而到了商代，在中国的大地上即已有了名副其实的城市。自然，也有了作为城市本身所拥有的功能，乃至其在空间的形态。

城市是人类文明的产物和标志。它是一部具体的、真实的人类文化的记录簿。城市的历史建筑，它的空间形态、环境特色是其文化价值最直观，也是最生动的写照。

“历史悠久，绵延不断，逐步升级”，既概括了北京城成长的历程，也向我们展示了中国古老文明传承的延续性和连续性。

美国汉学家艾恺（Guy S.Alitto，芝加哥大学历史系教授）曾撰文说：“我惊讶于中国文化的延续性及其历史的悠久，而这两项特质是除了中国以外，人类其他文明所没有的。世界上其他的古老文明在历史文化的传承上均经历过剧烈的断裂，直接导致文化传承的消失。当然，我的意思并非指中国文明在历史上未曾出现过类似其他文明所发生的文化断裂的现象，重点是历史上只有中国能够持续地从这些重大考验中重新组织、调整自己，并恢复元气。我由此领会到一个文化体系历经数千年仍能维持其格局与自尊的精髓所在。”他还说：“中国最古老的一部书《易经》，它讲的是宇宙观，并认为宇宙是一个有机和谐的整体，各个部分是互相依存的。比如阴阳，你把这个阴拿掉就没有阳，阳拿掉也就没有阴。意思是说，宇宙中某些个部分有时看起来似乎是矛盾的，甚至是格格不入的，但是，它们都是整个有机体的组成部分。依我看，这是中国文化、中国思想的一个重要特征——整体性和包容性。”[1]

中国古代哲学是以天、地、人作为一个宇宙大系统的，它追求的是天、地、人三才合一，与宇宙万物和谐合一，并以此为最高理想，用以指导城市规划和建筑设计。中国古代城市规划中的“象天法地”匠意和“阴阳五行”学说的运用，使中国古代的都城规划布局独具特色，甚至是独树一帜。北京城完全是在中国人独有的“天人合一”的理念指导下，又按照封建社会的礼制秩序规划建设而成的。它是东方宇宙观在都城规划建设中的具体体现。

就古都北京城而言，中国传统文化对城市的规划建设，特别是对国都的空间格局的部署和建筑设计有着深入骨髓的内在影响，甚至还左右着它们的精巧构思，乃至典型建筑的风格等，并由此成为反映城市文化传统与历史特征的载体。而它们的形成过程，又显示了悠久绵长的文化渊源和积淀深厚的文化底蕴。

## 二、君权神授，象天设都——明清北京城空间布局的文化本源

宇宙和人类，本是一个不可分割的整体。而中国传统科学文化的思维模式，或者说它的宇宙观，是从“天人合一”的整体，以及它们之中的有机联系来认识天、地、生、人的关系，亦即整个世界的。这也是中国传统文化有别于西方文化的根源所在。

自古以来，中国历代的皇帝都自诩为天帝的“元子”，即天子，其所做的一切都是“奉天承运”，而“中国的政体是以北天区为原型模式的文化物，中央集权于皇帝一身，郡县对中央形成拱极之势。帝王与大臣犹如北极与

[1]《对话艾恺：中国文化走向世界，要先走向自身传统》，《新京报·书评周刊》，2015 年 9 月 5 日。

群星”[1]。诚如李约瑟博士所说:“时圈从天极向周围展开，正和地面上帝王的势力向四方伸展一样。”“天上的北极星相当于地上的帝王，官僚政治农业国家的庞大组织自然是不知不觉地围绕帝王打转”[2]，形成了与天同构的关系。

中国的建筑，无论是四合院式的民居，还是王宫，无论是从陕西临潼姜寨出土的距今约6000年的原始村落遗址，还是明清故宫，都有一个贯穿始终的一致性，即把营建与天感通、与天同构的都城，看成是“如月之恒，如日之升，如南山之寿，不骞不崩”的万古千秋大业。

明永乐初年建故宫时袭用南京明宫的规制，前三殿名“奉天”“华盖”“谨身”。“奉天”一词始见于《尚书》:“惟天惠民,惟辟奉天。”[3]“天”是什么?《论语》中明确指出:“天何言哉，四时行焉，万物生焉。”[4]《孟子》中说:“顺天者存，逆天者亡。”[5]用“奉天”名之，即“奉天之命”行使皇帝权力。“华盖”源于古代上天中称作紫微垣的一个星座,略呈圆形,有柄，像仪仗中的伞盖。其含义自然也是护卫皇权的象征。所以，明初华盖殿为圆顶，也正说明其意义所在。“谨身”出自《孝经》，书中说:“用天之道，分地之利，谨身节用，以养父母，此庶人之孝也。”[6]这是告诫自己，教育后代，以保持统治地位。明嘉靖年间改为皇极、中极、建极三殿。《尚书》说 :“皇建其有极。”意思是君主为了治国安民就要建立至高无上的伦理道德标准。皇极殿就是施行这种标准的最高殿堂。

清初重建三殿之后即改名太和、中和、保和，这既是封建统治者最高权力的象征，又是他们最高的理想追求。“太”是大的极义。在天、地、人之中，阴阳交错、矛盾至极，而又能融合于一个相对稳定的整体之中，

---

[1] 陈江风 :《华夏天文理念的社会学反思》，《学术百家》，1989 年第二期。

[2] 李约瑟 :《中国科学技术史》第一分册，第 142 页。

[3]《尚书 · 泰誓》，《十三经注疏》本，中华分局，1980 年，第 181 页。

[4]《论语 · 阳货》，国学整理社，1936 年，第 75 页。

[5]《孟子 · 离娄章句上》，国学整理社，1936 年，第 53 页。

[6] 转引自万依、杨辛:《故宫——东方建筑的瑰宝》，北京大学出版社，1991 年 11 月，第 26 页。

这就是最大的“和”，即“太和”。人若能承天之大道，就能达到“无为而治”的理想境界。《周易·彖传》说“保合太和，乃利贞”，保持乾元、坤元的交合，遵从天地大道的中和，便能有利于未来的构想和实践。《中庸》则说：“中也者，天下之大本也；和也者，天下之达道也。致中和，天地位焉，万物育焉。”古都北京，正是在这样的一个主题思想指导下修筑起来的。而这个“至广大，尽精微”的主题思想的形成，又是经过了数千年的孕育、历练才提炼而成的。

在中国的远古时代，“天”似乎一直是一个摸不着、说不清、道不明，而又充满着神秘色彩的东西。由于天的变幻莫测，人世间的祸福、命运完全受大自然的主宰，因而人们完全慑服于自然界的威力，进而敬畏自然，并将自然降予人间的祸福归结为某种神力的作用。而在宇宙的“众神”之中，又有一个至高无上的主宰者，那就是“天帝”。这个驾驭宇宙、领袖群伦的超自然的“天帝”，又成了早期中国文化寄寓的精神象征。正由于此，无论是从人的主观角度，还是从大自然的客观角度而论，以农耕文明为显著特点的华夏大地，从它的原始形态文明开始，便与天结下了不解之缘。因为农业生产必须不违农时，在客观上也就离不开对天体运行的观测，乃至对时令推移规律的掌握；而对巍巍苍穹神秘力量的体悟、敬畏，乃至崇拜，又产生了华夏民族文化上某些亘古不变的原型。古人总是把天象的变化和人间的祸福联系起来，认为天象的变化预示着人事的吉凶，乃至国家的兴衰。这就产生了“天人感应”的神秘观念。不仅如此，我们的祖先从对天穹的观测中形成了这样一种观念：天界是以一个帝星——北极星为中心，以四象、五宫、二十八宿为主干构成的庞大体系。天帝所居的“紫微垣”，位居五宫的中央，因此又称“中宫”。满天的星斗都环绕着帝星，犹如臣下奉君，形成拱卫之势。《中庸》载：“天道恒象，人事或遵。北极足以比圣，众星足以喻臣……紫宸（即紫微宫）岂惟大邦是控，临朝御众而已……实将先天稽极，后极立经，然后为政同乎北极，来方类乎众星。”孔子也说：“为政以德，譬如北辰，居其所而众星共之。”《后汉书·祭祀志》则说：“帝天之义，莫大于承天。”《仪礼》说：“天，至尊也。”“君，至尊也。”这也就是帝王都自命为“受命于天”的“天子”的原因。所谓“上天元子，代天君临万民”，在宇宙，“天”为至尊；在人世，“君”为至尊。周天子就自称是上天的元子（长子），上天赋予他土地和臣民。人们从天上找到了至尊的象征、本源的所在，自然也就昭示尊与卑、本与末的关系，昭示人间的道德与永恒的秩序，从而形成了流贯始终的政治原则。作为中国文化中的一个观念原型，它制约、影响着政治与哲学观念，塑造着天人合一、君权神授的文化特色，并仿照北极独尊的格局，建成了一个大一统的封建国家体制。

人君与上天的这种“血缘关系”，大抵算得上是中国传统政治的一根最为强大的精神支柱。“天子”这个人间至高无上的称谓，正是在“君权神授”“天命血缘”这样一种文化传统的“沃土”中诞生的。汉代的大儒董仲舒就认为，通天之际，正确利用天人感应，是保持长治久安的要诀。而天与人之所以能产生相互的感通，关键在于“人者，天之象征也”“以类合一，天人一也”[1]。“天地相应，人神一体，人王乃天帝之替代。”这是我国古代神权统治思想的核心，也是城市建筑设计思想的根源[2]。

由此也可以看出，“天人合一”不仅是中国文化、中华哲学的基本精神，也是中国最有代表性的文化特征，是后代都城规划的礼制思想的基石。正是从这样一个观念出发，古人认为天象体系是一个有等级、秩序井然的“王朝”：由帝星临祚，敕封四方。“官者，星官也。星座有尊卑，若人之官曹列位。”[3] 因此，历代都自觉地把人事政治、国家体制与天象模式相比附，并在这样一种传统文化的影响下，把都城的规划建设作为实现这一原型模式的重要方面。“象天设都”也就成了中国亘古不变的原则——北极为天之中心，天帝在这里设紫微垣而居之，施政于天下；作

[1] 董仲舒：《春秋繁露·为人者天》。

[2] 葛路：《魏晋南北朝的艺术美》，北京师范大学出版社，1981 年，第 205 页。

[3]《史记·天官书》。

为“天子”——皇帝的京邑必须效法上天，筑宫城于地之中心——土中，称“紫微宫”“紫禁城”；“紫之为言‘此’也，宫之为言‘中’也。天神运动，阴阳开合，皆在此中”[1]。天上有银河天汉，皇宫也必须有金水河；天有天门二星，宫城也必设左右二阙等，可谓亦步亦趋。

在数千年的历史长河中，我们的祖先似乎一直在坚持不懈地向上天索取最高的政治准则，即在政治上“法天而治”，制定出万古不变的政治信条，并以这样的信条教化全民，以期按照天国的理想境界建起一个人间天朝。而与天交通的权力，以及自成体系的天学理论，使中国古代社会的统治者——皇帝，在实行统治时如鱼得水，“翻手为云，覆手为雨”，而我国古代有关天的学问逐渐演进为隐秘的统治之术，成为解释国家政治的无可取代的喉舌，而被牢牢地捆缚在统治者的銮舆上。

古人在“仰观天象”，即在对天上的日、月、星辰、云彩、风霜、雨雪、雷雹等发生、变化规律的认识中，最重要的是对星象的掌握。它们之间的组合运转，乃是古人认识天文的基础。

中国位于北半球，因而只能观察到北天极的星宿，它们是围绕着北极星旋转的。北极星成了“天”的中心。

古人认为，天界是一个以北极“帝星”为中心，以“三垣、四象、五宫、二十八宿”为主干，组织严密、等级森严的社会。“三垣”即紫微垣、太微垣、天市垣。在这“三垣”中，“帝星”所居的紫微垣是最庄严、最神圣的府第。因其位居“五宫”中央，因此又称“中宫”，是天帝（即北极星）常居的天宫神阙，其东西南北四个方向，峣峣然各矗立四座神宫：东宫苍龙，西宫白虎，南宫朱雀，北宫玄武并二十八宿，异向同心，形成拱卫之势。因此，天宫中主从有序，等级分明，天帝、后妃、三公、四辅各居其位，左右星官各司其职，秩序井然——东藩大臣是“左枢”“上宰”“少宰”“上弼”“少弼”“少卫”；西藩大臣是“右枢”“少尉”“上辅”“少

[1] 姜舜源：《天坛与紫禁城法象与天的比较》，《天坛文化论丛》，1994 年 12 月，第 74 页。

辅”“少卫”“上丞”。十二星辰同时又象征紫微宫的坚固城垣，分称“紫微左垣”与“紫微右垣”，二者合璧，构成一座完整的宫苑，甚至还有天帝率诸神常幸从的集市——天市等。

对此，陈江风先生这样描述：“中国的天界，是注重伦理亲情、中庸和谐的中国文化的产物。那么，在组织严密、等级森严、完整如一、气派十足的背后，必定同时是一个笙歌缭绕、极乐未央、市井生活气息浓郁的理想化世俗社会。在那里，‘天街’‘天市’熙熙攘攘，‘天仓’‘天廪’府库充实。‘天田’可以耕耘，‘列肆’可以歇息，‘天苑’可以游乐……”[1]

当古代人从天体的运行中，发现北极星的神秘莫测，在斗转星移的时空流转之中，唯独北极星岿然不动，从而认为它必定是天的轴心。因为只有轴心才是不动的。于是便把它看成是超自然的神力所在，拥戴它做至高无上的宇宙主宰——帝星。进而，便从建筑格局上开始进行模仿，并寻求象征物（建筑）与“存在物”（想象中的天体世界）的物物相对；再以后，又以内城建筑群体象征紫微垣，外城郭建筑群象征二十八宿，乃至全天星斗。《三辅黄图》说：“苍龙、白虎、朱雀、玄武，天之四灵，以正四方，王者制宫阙殿阁取法焉。”这便是“法天”“象天”。《史记·周本纪》载，周武王灭商之后，筹划安邦之策，夜不能寐。周公旦问他为何不眠，武王便与他商议建都之事。他认为，周王朝确立之后应做的第一件事，就是要“定天保，依天室”。而“天室”的格局是天帝居中，群星拱之，名曰“天保”，意为天之中心。为此，他曾“南望三涂（今河南嵩山南），北望岳鄙（太行、恒山之边鄙都邑），顾瞻有河，粤瞻伊洛（审视伊、洛二水之阳）”，进行了广泛的勘察，在人间寻找“土中”。最后终于在伊、洛平原找到了“毋远天室”的地之中心——洛邑。

古人取法于天，并自以为所居之地乃是世界的中心，故又自称“中国”，而称周边地区为“四夷”。又认为地是方的，都邑之形遂为方形。

[1] 陈江风：《天人合一——观念与华夏文化传统》，生活·读书·新知三联书店，1996 年，第 18 页。

《周礼·考工记》“匠人”一节中记：“匠人营国，方九里，旁三门。国中九经九纬，经涂九轨。左祖右礼，面朝后市，市朝一夫……”这里“以中为尊”，四面对称的方形结构，便是对“四象”和“九天模式”的仿效。

之后，《管子》一书又提出了一整套城市选址和规划布局的思想，对西周的礼制等级、城邑制度有较大的突破，并对后世产生了深远的影响。《管子·乘马篇》指出：“凡立国都，非于大山之下，必于广川之上。高毋近旱，而水用足，下毋近水，而沟防省。因天材，就地利。”

东汉时的张衡在他的天文学著作《灵宪》中说：“在天成象，在地成形。天有九位，地有九域。天有三辰，地有三形。有象可效，有形可度。情性万殊，旁通感薄，自然相生，莫之能纪。”这是说天上有多少种现象，地上就有多少种形体，各种现象和形体之间相互联系，彼此影响，并遵循着自然相生的原则而发展。接着他又解释“三辰”：“文曜丽乎天，其动者有七，日月五星是也。日者，阳精之宗；月者，阴精之宗；五星，五行之精。众星列布，体生于地，精成于天，列居错峙，各有所属，在野象物，在朝象官，在人象事。”意思是，在选择国都时地上的山川形势要与天上星象感应相通：在天为帝座星宫，在地为帝王之都；天上有银河天汉，地上有长江大河;天上有四垣九野，地上则以垣局建造城池，以分地域、九州。《史记·天官书》在专论日月星辰之象时，便说天是以中宫天极星为中枢，辅以三公、子属、正妃、后宫，旁及内宫，外职士农工商，建成秩序谨严的天上王国。这就是“众星列布，体生于地，精成于天，列居错峙，各有所属，在野象物，在朝象官，在人象事”[1]。

秦在翦除六国之后，群臣曾进谏:“陛下兴义兵，诛残贼，平定天下，海内为郡县，法令为一统，自上古以来未尝有，五帝所不及。臣等谨与博士议曰：‘古有天皇、有地皇、有泰皇，泰皇最贵。’臣等昧死上尊号，王为泰皇。”结果，秦始皇却回答说:“去‘泰’著‘皇’，采上古‘帝’位号，

[1]《史记·天官书》。

号曰‘皇帝’。”[1] 是为始皇帝。这便是借上古称天的名号，享用天的权威。同样，秦王朝以天为则，皇宫建筑亦追求与天同构。秦始皇“筑咸阳宫，因北陵营殿，端门四达，以则紫宫，象帝居。渭水贯都，以象天汉，横桥南渡，以法牵牛”，“更命信宫为极庙，象天极”[2]。连秦始皇陵也是“上具天文，下具地理”。因此，可以说秦朝都城咸阳的总体构思和皇宫的布局，亦都是“象天法地，天地感通”的。

汉长安城是汉惠帝（前 195—前 188 年）时扩建的，此时长乐、未央二宫均已建成，且其正门天安门不仅宏大而且南凸，南城垣又随地形曲折而成“北斗”，故汉长安城又称“斗城”。汉人是以北斗之斗柄来确定时辰和季节的。汉高祖刘邦十月入主咸阳，当时天又呈现金、木、水、火、土“五星连珠”之吉象，故开国之后因袭秦制，用颛顼历，以十月为一年之首月。此时北斗七星的斗柄正指向西北，遂因附会而将汉长安城西北垣建成北斗形，南垣则相应建成“南斗”，形成二斗星拱卫北极之象。同时，汉人崇信北斗“运于中央，临制四方”[3]，建斗城自有中央居要，四方来效，斗车运转，海内晏然的象征意义。再则，斗乃“璇玑玉衡，以齐七政”的象征，建此意味着汉政权体制政通人和。这便是汉人政治理想的集中体现。

如果“我们将北斗七星、勾陈、北极、紫微右垣星座连接起来，与汉长城形状惊人相似。几个特殊的关键部位，正是星座的位置。南端突出处为天玑所在，建章宫独立于西南，正是开阳、摇光的连接部分，西北曲折城墙与太子、勾陈连线吻合，天璇、天枢与勾陈（北极星）三点一线，在天文观察中，沿着天璇、天枢的方向即可找到北极星，与东墙的平直完整相一致。更令人惊奇的是，连接安门、清华门、雍门、直城门的八条大道，也基本相同，甚至主要宫殿、市场的大小比例也基本符

[1]《史记 · 秦始皇本纪》。
[2]《三辅黄图 · 咸阳故城》。
[3]《史记 · 天官书》。

合”[1]。刘邦先主长乐宫，后主未央宫，两个主要宫殿都位于北斗七星上，就在于“齐上政”，象征“天体感通，体制完备”。同时，又象征“斗为帝车，运行中央”。但是，未央宫作为都城的行政中心，并不在中央，而是偏于西南。这是按八卦的位置，乾卦对应西北，坤卦对应西南。“帝星”位于西北，“天行健，君子以自强不息”，皇宫地处西南，“地势坤，君子以厚德载物”。而在“天干地支”的方位中，“未”在西南。所以，未央宫实为地之中央，是感通于天之中央的宫廷建筑。

魏晋南北朝诸代天下纷乱，战争频仍，但“布政之宫，在国之阳；上圆法天，下方法地”一类的象天设都的思想却并未改变。尤其是南朝宋、齐、梁、陈诸代，其城郭都是“体天含晖，则地栖宝”，“考星创制”。581 年北周静帝宇文衍以“木行已谢，火运既兴，河洛出革命之符，星辰表代终之象”下诏逊位，禅权于隋文帝杨坚。文帝灭陈，结束了南北割据的局面，并命宇文恺修建大隋国都。宇文恺在考察了陈朝、南朝都城的建制后，于 582 年在汉长安城的东南兴建新都，名大兴城。唐代秉承隋制，改名长安城。

长安城上承周秦汉魏“象天设都”，特别是总结了北魏洛阳城规划布局的经验，以宫城（太极宫）象征紫微垣，位居正北的中央部位，并附会了《周礼》的三朝制度，沿宫前的轴线依次布列，而以其正门——承天门为大朝，太极、两仪二殿为日朝和常朝，宫域以南是皇城；在皇城左右稍南分列两市——左为东市，右为西市。中轴线两侧的棋盘式格局分列 108 个里坊。都城雄伟壮丽，蔚为大观。

长安城用象征手法，以宫城前的中轴线统领全城对称的建筑格局，抽象、灵活地表现出了“象天设都”，对后世都城的规划、建设产生了至为深远的影响。它不仅为北宋东京、明清北京城所继承，还为日本等国家所效仿。

---

[1] 李小波、李强：《从天文到人文——汉唐长安城规划思想的演变》，《城市规划》，2000 年第 9 期，第 37 页。

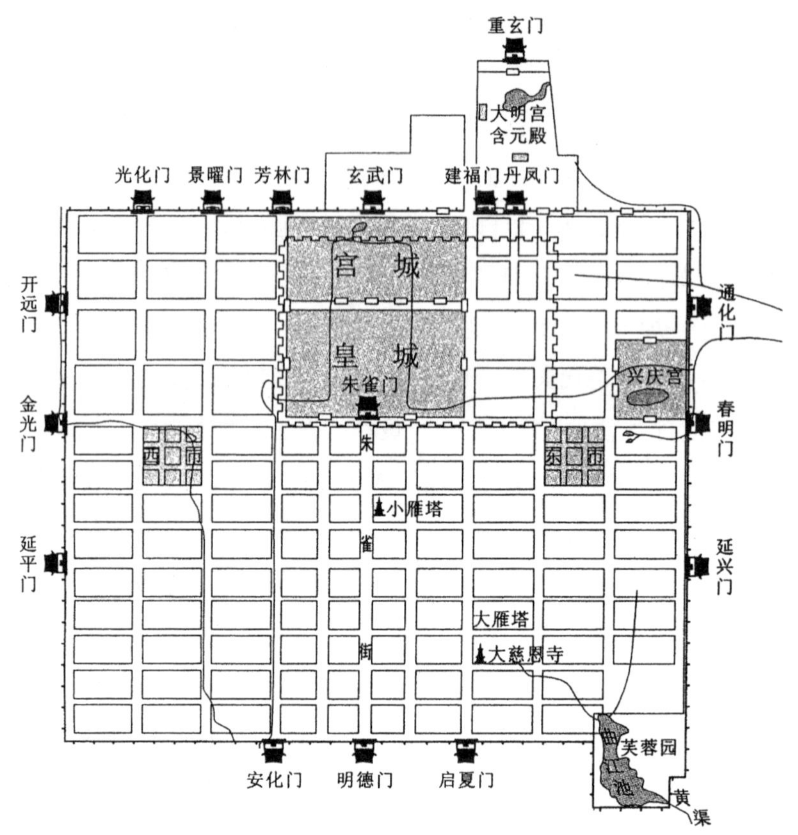


唐长安城平面示意图

“象天设都”经历了一个对天的“自然崇拜——自觉模仿——象征拟似”的演进轨迹。我们今天看到的北京古城，便是其登峰造极的产物。只是“象天设都”这一早已积淀成中国都城规划和建筑设计思想的稳固观念，在表现形式上更灵活、含蓄，更蕴含文化意味。而这条被称为“基本定式”的中轴线，便是自周秦以来，尤其是隋唐以来，都城建设“天人合一，象天设都”高度抽象化了的表达方式。

我们的先民把天界看成是一个以帝星——北极星为中心，以四象、五宫、二十八宿为主干构成的庞大体系。天帝所居的“紫微垣”位居五宫的中央，因此又称“中宫”。满天星斗都环绕着帝星，犹如臣下奉君，形成拱卫之势。黄鼎在《管窥辑要》中说："盖中切紫微，天子之大内也，帝常居焉。上垣太微，天子之正朝也，帝听政则居焉。下垣天市，天子畿内之市也，每一岁帝一临焉。凡建国，中为王宫，前朝而后市，盖取诸三垣也。"所以，北京城的规划建设秉承了"天人合一，象天设都"的理念。紫禁城与天上的紫微垣相对应，以太和殿位居紫禁城、皇城，乃至全城的中心，形成层层拱卫的态势，再在其正南面画出一条正对皇帝宝座的长长的中轴线，从而有力地突出了宫城的核心地位，更有效地满足各种仪式活动的要求。主次就位，两翼对称，承袭"天子"为普天之下唯一统帅的大一统思想，在城市空间的布局上得到最完美、最辉煌的体现。

城市规划属于上层建筑范畴，其理念、方法无不受到政治制度、社会经济、科学技术水平、传统文化的强烈影响。明清北京城的规划建设，首先秉承了"天人合一，象天设都"的规划理念，同时也受到了《周易》《尚书》《周礼》《礼记》《史记》《管子》《诗经》《孙子》《山海经》《葬经》等古代典籍的深刻影响。

《逸周书·武顺》篇说："天道尚左，日月西移；地道尚右，水道东流；人道尚中，耳目役心。"这种说法正好揭示了《周礼·考工记》营国制度中"左祖右社"的文化渊源。"思文后稷，克配彼天，立我烝民，莫匪尔极"[1]，显示出周人以祖配天的意念，"天"和"祖"有这层关系，故有"左祖"；"社，所以神地之道也"[2]，表明了"社"和"地"的相通关系，所以有"右社"。那么，供"天子"居住的宫殿，自然放在都城中央，即"人道尚中"了。

有人认为，伏羲八卦（又称"先天八卦"）记录着先民的宇宙观。八卦排列成圆形的图案，来自于古人对天体宇宙的印象，是所谓"天道曰圆"的形象表现；乾在上，坤在下，即"天在上，地在下"的象征，由此又生发出乾南在上，坤北在下，离东在左，坎西在右这四个方位[3]。

[1]《诗经·思文》。

[2]《礼记·郊特牲》。

[3] 陈江风：《天文崇拜与文化融合》，河南大学出版社，1994 年 9 月，第 58、64 页。

我们从北京城的总体平面布局中看到：在紫禁城的四周，南有天坛，北有地坛，东有日坛，西有月坛。这种布局形式既表明“中国的政体是以北天区（北极）为原型模式的文化物，中央集权于皇帝一身，郡县对中央形成拱极之势。帝王与大臣犹如北极与群星”[1]，又象征王朝千秋万代，具有得天独厚的正统地位。“紫禁城”俨然是“天之心，地之中”了。太和殿（原名奉天、皇极）中的“太和”二字，更寄寓了对君主制下所形成的一切秩序的自诩。它象征着天朝秩序的最高境界——和谐。城内的“金水河”是“表天河银汉之义”，东西六宫的东西五所正合天干地支之数，用以象征天上的星辰。

明清北京城有两个显著的特点。一个是平面呈“回”字形的格局，亦即以太和殿、乾清宫为中心，外围是紫禁城、皇城、内城，形成层层拱卫的格局。经考察得知，太和殿、乾清宫汉白玉的基座平面呈“土”字形。早在商代，殷人便自诩其“土”都为“天邑”。“殷人以其故都大邑商所在地为中央，称中商，由是区分四土，曰东土、南土、西土、北土。”[2]武王推翻了殷商王朝，提出首要的大事便是“定天保，依天室”[3]。而紫禁城对角线的相交之处，正是太和殿宝座的所在。这就是说，明清北京城秉承了中国的古制，在都城建设中确定了与天帝所居的“天中”紫微宫相对应的“土中”——紫禁城。明清北京城的另一个特点是，有一条贯通南北，从南端永定门，北达钟鼓楼，统领全城的“中轴线”。北京城是全国的中心，紫禁城是北京城的中心，太和殿是紫禁城的中心，那么太和殿内临朝登极理政的宝座，当然是中心的中心了。太和殿内的御座安置在一个高约 2 米的台基上，皇帝面南而坐，由此向南延伸到正阳门的便是御路（“天街”）——通达“天子”的“通天之路”。这条所谓的“通天之路”实际上就是元大都城的规划设计者刘秉忠测定的“中央子午线”。

---

[1] 陈江风：《华夏天文理念的社会学反思》，《学术百家》，1989 年第二期。

[2] 董作宾：《殷历谱》。

[3]《逸周书 · 度邑》。

康熙四十八年（1709年），清政府曾将其确定为天文、地理意义上的“本初子午线”，即零度线。这实际上从天文和地理意义上重申了古代中国人以自己为世界中心的理念。它比1884年国际会议确定以英国格林尼治天文台经线为本初子午线要早175年。

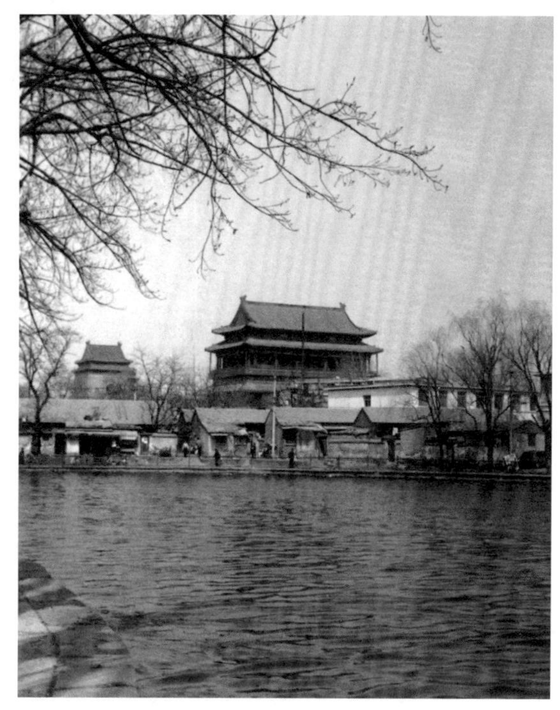

钟鼓楼——明清北京城中轴线的北端点

葛路先生在研究中国美学问题时谈道：“今日能看到中国古代的城市、宫廷、民宅的建筑图画和遗物，从周至明、清，在设计思想上有一个长期延续的基本定式，即将主建筑物安排在一条笔直的中轴线上，左右取得均衡对称，加上高低起伏变化。这种建筑艺术，呈现出雄伟、肃穆、开阔的气势，宫廷建筑尤其如此，明清遗留下来的北京旧城、故宫、民宅是典型的样式。”这条被称为“基本定式”的中轴线，就是周秦以来，尤其是隋唐以来，都城建设中所表现出来的天地间相互感通、高度抽象化了的表现形式。所谓“中轴线”，也正是规划建筑师们所遵循的城市建设的基准线。正是由于它的存在，犹如一个人的脊梁，既显示出了“天子”至高无上的威严，又把北京统领成了一个不可分割的整体。

应当指出的是，明清北京城在表现手法上显得更抽象、更灵活。譬如，在紫禁城之后（北），用拆毁元故宫的渣土和挖掘筒子河的泥土，在元延春阁的故址上堆起了一座高40多米的土山。虽是风水上的一座"镇山"，与奉天门（今太和门）前的内金水河形成"背山面水"的格局，却命名"万岁山"。这座山在北京小平原上异峰突起，成为京城之中至为明显的标志。与此同时，又将原位于大都城中分线（今旧鼓楼大街）南端的钟鼓二楼移到"万岁山"的北面，作为中轴线的结束。钟楼高 48 米，上悬 63 吨重的青铜报时钟。钟鼓楼原是全城的报时中心，作为全国的首都，自然也是全国的"标准时间"（犹如今天的"北京时间"）。明初建设北京城时，将它们移至中轴线的北端，显然也是为了加重皇权至上的分量。

这样，中轴线从永定门起，穿过正阳门、大明门（大清门）、承天门（天安门）、端门、午门、奉天门（太和门）、奉天殿（太和殿）、乾清宫、玄武门（神武门）、万岁山（景山）、地安门、鼓楼、钟楼，这些建筑物就其布设的序列和本身的功能而言，将"象天设都"北极天帝的人工再造模式表现到了极致，也将"皇权至上"的主题思想发展到了光辉的顶点。同样，古代的规划匠师们又运用建筑学上特有的手法，极尽神化之能事——站在正阳门上向北极目远望，透过大明门、承天门、端门、午门，看到的是一个门洞套着一个门洞，而且随着距离的拉大，门洞变得越来越小，最后消失在奉天门的汉白玉台阶上。奉天门成了隐蔽奉天殿这座无比神圣的大殿最后的屏障，从而平添了一种深邃莫测、神秘崇高的心理暗示，使皇帝在人们心目中的地位得到了无限的延伸、扩张。而中轴线两侧严格保持着均衡、对称的格局，从外城中轴线两侧的左天坛、右山川坛（先农坛）到皇城承天门两侧的左太庙、右社稷坛，再到紫禁城内的左文华殿、右武英殿等，都显示出了北京城"中轴突出、两翼对称"的整体格局。

布局中的程序是中国建筑设计艺术的灵魂，是建筑群的布局精神和设计意念的主要体现者。试看，从外城最南端的永定门起北行，在中轴线的左右是天坛和山川坛（先农坛）两个约略对称的建筑群；然后进入正阳门循御道北上，依次通过大明门（大清门）、承天门（天安门）、端门、午门、皇极门（太和门）抵达皇极殿（太和殿），出玄武门，再往北穿越景山中峰，最后止于鼓楼和钟楼，并将其平稳地分配给左右分立的两个北面城楼——安定门和德胜门。正是这条贯通北京城南北的中轴线将很多重重封闭、自成一组的基本平面组织串成一体，形成了一条压倒一切的主轴，并通过它将整个城市不论从空间组织上，还是体量安排上都完全连贯起来，使整个北京城呈现出一种极为完整的节奏感，达到完美的艺术效果。

至于有北京城中轴线存在有偏离子午线的现象，其实是由于罗盘指南针本身就存在有磁偏角所致。而对此我国古代的天文学家们也早已有所察觉。宋初，曾供职于司天监的杨惟德就曾在进献皇帝的《茔原总录》一书中指出："取丙午、壬子之间是天地中，得南北之正也。"

"君临天下，面南为尊"，原本就是我们这个位居北半球泱泱华夏模拟的北极为中心的天国秩序、崇拜北辰的产物。而原来是宫殿之前面圣的御道，在经过了数千年的演绎之后，最终成为统领全城的脊梁——中轴线。

我们可以自豪地说，明北京城的规划和中心建筑群的布局，不仅有其非常深厚的民族理念和文化渊源，也是中轴线运用的最高成就。

## 三、《周礼·考工记》营国制度——明清北京城空间布局的模本

"古之王者，择天下之中而立国，择国之中而立宫，择宫之中而立庙，天下之地，方千里以为国，所以极治住也。"这是《吕氏春秋·慎势》中的话。而《周礼·考工记·匠人》则把"营国制度"具体化、形象化了。

《考工记·匠人》中的"营国制度"一节，追述了周王朝营建都邑的制度，将城邑建设体制分为三级：王城、诸侯城（诸侯封国的国都）和都（宗室、卿大夫的采邑）。着重记述了王城规划制度，包括主要的形制规模，城门数量，交通干道网络，宫、朝、市、祖、社的布局，以及前朝后寝制度等方面。此外，分述了夏后氏"世室"、殷人"四阿重屋"

和周人“明堂”的建筑设计。同时，还记载了王城的几项营建制度，如朝市的规模、宫门、城墙、道路的规格等。最后，还规定了礼制营建制度，侯国和封邑要参照王城的标准，按一定的差额逐级降格建筑，等第分明，不得僭越。《考工记 · 匠人》“匠人营国”原文如下：

> 匠人营国，方九里，旁三门。国中九经九纬，经涂九轨。左祖右社。面朝后市，市朝一夫……内有九室，九嫔居之；外有九室，九卿朝焉。九分其国，以为九分，九卿治之。王宫门阿之制五雉，宫隅之制七雉，城隅之制九雉。经涂九轨，环涂七轨，野涂五轨。门阿之制，以为都城之制；宫隅之制，以为诸侯之城制。环涂以为诸侯经涂，野涂以为都经涂。

这段话的大意是匠人营建王城，九里见方，每边设三门。城中主要的道路，南北干道三条，每条三涂；东西干道三条，每条三涂。经纬涂道宽等于九轨（七丈二尺）[1]。王宫的布局，左面是祖庙，右面是社庙，前面是朝廷，后面是市集，市集和每个朝廷各一百步见方。

从上述引文可以看出王城的规划制度，主要有以下几条规定：

（1）方九里，旁三门。

（2）国中九经九纬，经涂九轨，环涂七轨，野涂五轨。

（3）左祖右社，面朝后市。

（4）内有九室，九嫔居之；外有九室，九卿朝焉。

（1）规定了王城的形制、规模

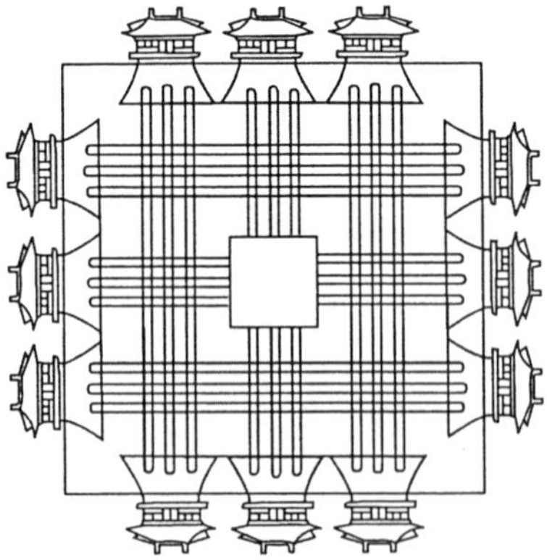

王城图

[1] 轨：两条车辙之间的宽度为一轨，宽八尺(约合今1.8米)。

和城门的数量；(2) 提出了王城干道网规划；联系 (2) (3) (4) 便可以看出王城的基本结构。

根据《考工记·匠人》王城规划制度，其城的基本规划结构应具有下列几个要点：

1.“左祖右社，面朝后市”，是形成王城结构的主要制度。《逸周书·武顺》说：“天道尚左，日月西移；地道尚右，水道东流；人道尚中，耳目役心。”这种说法揭示了《考工记》“左祖右社”的文化根源。

这一规制不但确立了以宫城为主体的中心区，而且奠定了全盘规划结构的基础，充分体现出王权尊严的规划主题思想，并本着“择国之中而立宫”的要求，将宫廷布置在全城的中心位置上。环绕这个中心，对称安排左祖右社，面朝后市，再以贯穿宫城的南北中轴线作为全城规划的主轴，把象征帝王政权的“朝廷”，布置在这条轴线上。这样既具有象征意义，又强化了中轴线在整个王城中的主导作用。通过主轴的控制，把“祖”“社”等象征国家礼制的建筑统一起来，构成一个以宫城为核心的中心区——宫廷区，成为全城规划结构的主体。

2. 城的其他各个组成部分，则按各自的功能和规划要求，分别部署在主体的周围，聚集而为一个有机的整体，即在城的规划主轴中心位置上设置宫廷区，其北为市场（但仅有“一夫”之地）；王室、卿、大夫府第所在的“国宅区”则在宫城周围，工商业者居住近市，而一般居民闾里则分处于城的四隅。这便是宫、朝、市、祖、社五者的相对规划位置和它们之间的关系。

3. 全城的道路网和里，均环绕宫城这个核心，沿主轴对称布置，即以“九经九纬”组成的三条大道为主干，配以与之平行的南北和东西次干道，结合顺城的环涂而构成。

《素问·三部九候论》中说，“九”为“天地之至数，始于一，终于九焉”。所以“九经九纬，经涂九轨”的提出，是以当时对宇宙法则的理解为依据的。

这个道路网是环绕城的中心区对称部署的，中经中纬大道便是它纵横的轴线，宫廷区即位于两轴相交会的部位。主干道直对城门，与城外的野涂衔接，沟通畿内其他道路网，形成一个以王城道路网为核心的、遍布千里王畿的庞大道路系统，把畿内各个部分连接起来，聚集在王城的周围。

4. 宫城之内则以前朝后寝之制布置。应门为正朝（治朝）的朝门；路门为路寝（正寝）的门，也是朝寝分区的界线，即路门之外为朝，以内为寝宫。九卿的九室在应门之内，路门之外；九嫔的九室在路门之内。

不仅如此，“匠人”还提出了一些具体的王城营建制度：

朝、市规模为一“夫”，即占地面积方百步。

王城城垣高七雉（丈），城隅高九雉，每面开三门，共计十二座城门。

宫城城垣高九雉，宫隅高七雉，宫门高五雉。

全城采用经纬涂制（“棋盘式”）干道网，即三条南北向和三条东西向的主干（一道三涂）为骨干组成；顺城加辟环城干道“环涂”，连接经纬二道，构成一个干道网；城外有“野涂”，沟通内外。经涂宽九轨，即周尺“七丈二尺”；环涂宽七轨，即周尺“五丈六尺”；野涂宽五轨，即周尺“四丈”。

“匠人营国”制度，作为我国奴隶制社会营建城邑的经验总结和城邑规划的珍贵史料，既为研究我国古代城市规划史，追索其文化渊源提供了很可贵的文献资料，又为建立我国城市规划体系打下了初步的基础。对此，我国著名的城市规划史学家贺业钜先生曾做过较为深入的研究。他认为，所谓“国”，即指“城”，营国就是营建城邑。西周有封国建侯制度，封国意味着作邑作邦，建立城邦国家。营国包括建城池、宫室、宗庙、社稷，并规划所属的田地和农业奴隶的居邑，即所谓治野。有国有野是西周城邑建设的特殊体制。因此，那时建一座城实际上是建立一个以城为中心，连同周围田地所构成的城邦国家。建城实为建国，通常也就称城为国。在《匠人》中将城邑分为三级，即王城、诸侯城、“都”（宗室和卿大夫采邑）。王城即是王国的首都，是全国宗法血缘统治网的中心，列为第一级城邑；诸侯承王命，又以政治和宗法的双重身份，在他们的封地疆域内营建国都，构成宗法血缘统治网的一大据点，成为第二级城邑；宗室及卿大夫受采邑，秉承上命，同样以双重身份，建置采邑“都”，作为第三级城邑，在采邑内建立小型的城邦国家[1]。正是这样一个按照宗法与政治相结合的统治原则，以三级城邑为据点，编织成了一个自上而下遍布全国的统治网。而《匠人》着重叙述王城规划制度，其余两级城邑，则参照王城的基本结构，按礼制营建制度来规划。

由上可以推知，“城”是由“里”（邑）逐渐发展起来的。初期的城邑，其实不过是若干个“里”的聚合体。于是“里”的规划概念——井田规划概念，也就扩大运用到城的规划上来了。

《匠人》中所说的王城规划，实际是由井田规划概念发展而来的。“市朝一夫”已经清楚地表明了以井田单位——“夫”作为王城规划用地单位，并按照井田组合来组织规划用地。例如，经纬涂所划分的方块地盘，恰好方一里，或是它的倍数。“方一里九夫所治之田”也就是一“井”。田间阡陌转化为王城的经纬涂，而井田的附庸便发展成为王城的城垣了。王城如此，当时的诸侯城也大抵如此，基本都是呈方整的形制。

贺业钜还认为，通过分析《匠人》的王城规划可以发现，不仅其规划的匠意与井田有着密切的联系，甚至连规划方法也同样是借鉴井田规划的。具体地说，《匠人》王城规划完全采用了井田制的方格网系统，以“夫”为基本网格，“井”为基本组合网格，经纬涂（阡陌）为坐标。中经中纬的城市规划方法，看来早在西周初，约公元前 11 世纪就已使用了，至迟到春秋末年（约公元前 5 世纪）《考工记》成书时，便已正式记录在这部官方文献之中了。

上述的这套井田方格网系统的规划方法，一直为后世所承袭，进而发展成为我国城市规划的传统方法。“营国制度”中道路条数的安排

[1] 贺业钜：《考工记营国制度研究》，中国建筑工业出版社，1985 年 3 月，第 24 页。

和宽度的确定，则采取了一种象征性的手法。因为“乾元，用九天下治也”[1]“天地之至数，始于一，终于九焉”[2]，故以“九经九纬”论之。

商周时期，奴隶制国家所需要的礼法典制已日趋完备，国都和侯都城市规划和建筑布局形式、等级差别，均被列为国家礼法典制的大事，都城建置规划是钦定的，神圣不可侵犯。进入封建社会之后，虽有新兴地主阶级突破旧制度束缚的种种尝试，但充满了礼治气息的营国制度的基本规划结构却保存了下来。随着儒家思想逐步取得统治地位，营国制度王城规划传统的影响也越来越大。它对战国时期的城市规划（如燕下都、赵邯郸城、齐临淄等）均有或多或少的影响。王莽时期就已有按《考工记·匠人》营国制度改造长安城的想法。自东汉以降，直到明清的1900年间，我国都城规划基本上都继承了营国制度的传统。其中影响最大的几个基本要素是：

（1）城市的主体结构，如中轴突出，左祖右社，面朝后市及前朝后寝的规划制度。

（2）礼制规划秩序。

（3）经纬涂制道路系统。

（4）井田方格网系统的规划方法。

长安是西汉的首都，是当时中国政治、文化和商业的中心，也是商、周以来规模最大的城市，最初是在秦咸阳渭南离宫的基础上改造扩建而成的。城周约22.5千米，城的每面各有三座门，每门有三个洞，各宽8米，可容四辆车通行。它创造性地将诸多宫室与官署、市场、闾里等置于同一城中。张衡在《西京赋》中这样说：“观其城郭之制，则旁开三门，参涂夷庭（三涂一庭），方轨十二，街衢相经。”《三辅黄图校证》则说：“长安城中，经纬各长三十二里十八步，地九百七十二顷（今实测面积为

[1]《易·乾·文言》。

[2]《素问·三部九候论》。

35平方千米)，八街，九陌，三宫，九府，三庙，十二门，九市，十六桥。”市场多建有重楼，有的“列楼为道”，并置官吏管理。从上述情况可知，长安城的规划建设多附会《考工记·匠人》中的营国制度。

东汉光武帝刘秀定都洛阳，该城“南北九里一百步，东西六里十一步”，号称“九六城”；东汉末年，曹操在今河南安阳东北，北临漳水建邺城；北魏孝文帝太和十七年(493年)营建洛都；隋唐时期的长安城、北宋的东京(开封)，及至金代的中都城等，我们从中都可以清楚地看到，其规制和空间布局都有一个共同的、一脉相承的关系。而其中的北魏洛阳城和北宋东京城，更为后世继承营国制度树立了楷模，其影响自然也更为深远。

元大都城是我国自唐长安以来，又一个规模巨大、规划完整的都城，明清北京城，则是以元大都城为基础，经过改造、建设、发展而成的。今东西长安街一线以北到安定门、德胜门的城市格局，包括其平面布局、胡同规制，基本上还保留着元大都城的风貌。

侯仁之先生指出：大都城是作为一个统一的、多民族的中央集权封建国家的政治军事中心而被建立起来的。在城市的规划和建筑上，同样是采用“汉法”的。当时负责建筑工事的，虽然也有来自中亚和尼泊尔的匠师，如大食人也黑迭儿，并引入了域外的建筑技巧和形式。但城市的总体规划和宫殿建筑规划上最为突出的一点，即大都城的平面布局，力求体现古代《考工记》一书中所描述的“面朝后市，左祖右社”的原则，又结合地方特点，做了进一步的发挥。在大都城南部的中央，以湖泊为中心，布置了“三足鼎立”的宫殿建筑群，然后绕以皇城(萧墙)；皇城以北积水潭的对面是以商业集中而命名的日中坊。太庙和社稷坛，则分别布置在皇城左右两侧……[1]

---

[1] 侯仁之:《元大都城与明清北京城》,《历史地理学的理论与实践》,上海人民出版社,1979年,第185页。

元代的大都是一座周长 28600 米，南北略长，呈长方形的城。北面两座城门，其余三面各有三门。每一座城门以内都有一条笔直的干道，两座城门之间，除少数例外，也都加辟干道一条。这些干道纵横交错，连同顺成街在内，全城共有南北干道和东西干道各九条。其中丽正门内的干道，越过宫城中央，向北直抵中心台前，正是沿着全城的中轴开辟出来的。从中心台向西，积水潭的东北岸，则是全城唯一的斜街，从而为棋盘式的干道布局增添了一点变化。

从以上的简述中可以看出，元大都城是以《考工记·匠人》营国制度为蓝本，结合其所在地的自然地理条件进行规划建设的。如果说其中略有不同，那就是：(1) 大都城并非是一座等边的方城，而是一座南北略长的矩形城；(2) 受海子宽阔水面的影响，宫城并不居于城的中央，而略偏城南，且出现了斜街；(3) 因受中国古代风水理论的制约，北面只开两座城门。

自《周礼·考工记》提出营国制度以来，历代都城中，最近似营国制度所提出的主城制度理想模式的恐怕要算是元大都城了。大都城内纵横交错的干道，在城市的坊巷结构中起着非常重要的作用。其中占主导地位的自然是南北向的干道，沿着它在东西两侧平行排列的则是次要街道，或称胡同。干道宽约 25 米，胡同宽 6—7 米，共 50 个坊。

尽管明北京的宫殿是在拆毁元故宫之后建设起来的，但元大都城原有的棋盘式街道格局和城坊，基本上被保留了下来。今天，我们仍然可以从北京的街道、胡同分布中看到元大都城原有的旧迹，如从东四头条到十二条、西四北头条到八条之间平行排列的胡同，以及南锣鼓巷东西两侧平行排列的胡同，可算是其中最为典型的几个例子。

在一个既古老又年轻的现代化国际大都市中，至今尚保存有七百多年前棋盘式格局的街道、胡同，这应该是一种财富，是很值得自豪的。

## 四、礼制制度——明清北京城空间布局的重要依据

“礼”作为一种文化现象，由来已久。《礼记·礼运》中说：“夫礼之初，始诸饮食，其燔黍捭豚，污尊而抔饮，蒉桴而土鼓，犹若可以致其敬于鬼神。”这是说，远古时期“礼”主要是指人们对于神灵的敬畏和祭祀。进入阶级社会之后，统治者为维护自身的利益，便利用人们对神灵的敬畏之“礼”加以衍化，形成了统治集团内政治地位的等级制度。

法国著名的人类学家列维·斯特劳斯曾经下过这样一个断语：“对于秩序的要求是一切思想活动的基础。”他认为，人有一种追求秩序的天性。当人类思维发展到一定阶段的时候，便会认为一切神圣的事物都应有其适当的位置。神圣的事物之所以神圣，就是因为各有其适的缘故。“如果废除其位，哪怕只是在思想中，宇宙的整个秩序就会被摧毁。”[1]

这个所谓的“秩序”，在中国就是“礼”。《礼记》开篇就说:“夫礼者，所以定亲疏、决嫌疑、别同异、明是非也。”又说：“道德仁义，非礼不成。教训正俗，非礼不备。分争辩讼，非礼不决。君臣上下、父子兄弟，非礼不定。”

“礼”是决定人伦关系、明辨是非的标准，是制定仁义道德的规范。它不仅是一种思想，还是一系列行为的具体规划；它不仅制约着社会的伦理道德，也制约着人们的生活行为。

中国是举世闻名的礼仪之邦，“礼制”则是人们在生产、生活实践中观念、道德和行为准则不断规范与历史经验长期积累的结果，是中国古代文明长盛不衰的内在动力。

孔子说：“为政以德，譬如北辰，居其所而众星共之。”《史记·天官书》在描述了“中宫天极星，太一常居也”之后，说:“斗为帝车，运于中央，临制四乡。分阴阳，建四时，均五行，移节度。”白行简的《斗为帝车赋》

---

[1] 列维·斯特劳斯：《野性的思维》，商务印书馆，1982 年，第 14 页。

说："遥望帝星（指北极星），宛在彼中央……犹一人（皇帝）之在上，而万国之是制。"[1] 冯宿《星回于天赋》也说，为人君者"必当观天象以立规，验周星而取制"。这种对以北极为中心的天穹模式的观照、体悟，并由此而产生的伦理道德、人文政治的附会，以及虔诚的认同与身体力行的模仿，正是中国古代礼制形成的文化渊源。而且成了"礼，天之经也，地之义也，民之行也"，"礼之可以为国也久矣，与天地并"，"礼，经国家，定社稷，序民人，利后嗣也"[2]。我国古代王朝，不论是汉族，还是少数民族掌握政权，除依靠武力统一天下外，全都离不开继承"以礼治国"。明朝的开国皇帝朱元璋则说："为治之道，必本于礼。"

"礼制"创造了中华民族的文明，但也在某种程度上桎梏了人们的创造力，塑造了民族文化的保守性格。值得注意的是，"礼"自其诞生之初，就与"乐"如影相随，吟唱和舞蹈是原始祭祀之"礼"所不可或缺的内容。至周朝时甚至形成了制度，将"礼"和"乐"加以强化，形成了较为完备的礼乐制度。古代，天子位于统治阶层的最顶端，因此享有"礼"和"乐"的最高等级。

文明一旦到达了成熟礼制的阶段，就必然会出现相应的管理机构和脱离社会的公共权力，国家亦因此应运而生。而"国之大事，在祀与戎"又反映了当时国家的主要职能在于祭祀和战争。在我国古代，宗庙被毁，则国不复存的记载史不绝书，礼制祭仪几乎就是国家的命脉。人们熟知的典故"问鼎"，就是以祭祀礼仪的重器作为国家和政权象征的真实记录。由此可见，中国古代礼制在文明起源中占有重要地位，也是探讨国家由低级向高级发展的重要线索。

《尚书·皋陶谟》说："天叙有典，敕我五典五惇哉！天秩有礼，自我五礼有庸哉！"它假借天的名义，使礼制合法化，使被统治者由对神、

[1]《文苑英华》卷八，中华书局，1966 年，第 42—44 页。

[2]《左传》昭公二十六年。

对天的敬畏转而对人（统治者）产生敬畏。

《周礼》是儒家政治思想和治理国家的蓝图。“惟王建国，辨方正位，体国经野，设官分职，以为民极。”这是《周礼》开篇的总纲。宋朝王安石的解释是：“昼参诸日景，夜考诸极星。以正朝夕，于是求地中焉，以建王国（都城），此之谓辨方。既辨方矣，立宗庙于左，立社稷于右，立朝于前，立市于后，此之谓正位；宫门、城阙、堂室之类，高下、广狭之制，凡在国（都城）者，莫不有体，此之谓体国。井牧、沟洫、田莱之类，远近多寡之数，凡在野者，莫不有经，此之谓经野。”[1]

《周礼》将都城建设，君、臣、父、子长幼秩序，官员的品级、职能等都有秩序地固定下来，而建筑等级制度不仅是不可或缺的，而且几乎贯穿于都城规划的每一个环节、每一个角落。汪德华先生认为，《周礼》“是一部全面又深刻地影响我国古代城市规划思想的理论著作：在哲学方面，追求阴阳刚柔对比、‘五行’变化的空间序列；在政治制度方面，充分表现出对封建国家秩序的等级性、社会的程式化；在文化、美学观念方面，确立以形象、色彩等空间环境传输礼制思想，以强烈影响人的心理；在伦理、民俗观念方面，以造就天地、自然、祖宗的显赫地位，作为沟通人与人感情的最高联系纽带，在城市中广泛体现出礼乐伦理思想。中国古代城市规划确立的，以礼制为主轴的规划思想，比世界其他文明国家更有其鲜明的个性和目的、特有的理解力和创作力，自立于世界之林”[2]。

周代的建筑等级制度，是国家的根本制度之一，它是以“礼”的形式出现的，大约在西周时曾经较为有效地实行过。

据文献记载，周代的建筑等级制度是从以下三个方面来规定的：

1. 从建筑类型上加以限制。譬如有些建筑规定只有“天子”才能拥有，如明堂、辟雍等；有的建筑只有天子和诸侯才可以拥有，如泮宫、台门、台等。

---

[1] 王安石：《周官新义》卷一，商务印书馆，1937 年。

[2] 汪德华：《中国古代城市规划文化思想》，中国城市出版社，1997 年 7 月，第 59 页。

2. 从营造物的尺寸和建筑数量上加以限制。如“公之城方九里，宫方九百步；伯之城方七里，宫方七百步；子、男之城盖方五里，宫方五百步”。“王宫门阿之制五雉，宫隅之制七雉，城隅之制九雉……门阿之制，以为都城之制；宫隅之制，以为诸侯之城制。”“天子之堂九尺，诸侯七尺，大夫五尺，士三尺。”“（台）天子三，诸侯二。”“王有五门，外曰皋门，二曰雉门，三曰库门，四曰应门，五曰路门。”“凡乎诸侯三门，有皋、应、路。”

3. 从建筑形式、色彩和施用的加工方式上加以限制。如“楹，天子丹，诸侯黝，大夫苍，士黈”，“天子赤墀”，天子宫殿屋顶为“四阿顶”，卿大夫以下宫室屋顶则为两坡顶。天子的庙堂，要用“山节”“藻棁”装饰，其他人则不许使用这些装饰。

明堂，是古代帝王特有的借助天的力量来确定人间大事的场所。它用“四阿”“山节”等标志性建筑物件，是为了向世人表明这种建筑特别的“能力”。另外“天子有灵台以观天文，有时台以观四时施化，有囿台观鸟兽鱼鳖。诸侯当有时台、囿台。诸侯卑，不得观天文，无灵台”。台门，也就是阙门。考证表明，阙象建木，故其施用也是祭祀特权的表明。红色，因其独特的物理属性及与火色、血色的关系，自远古就是具有巫术宗教力量的东西。所以就有“楹，天子丹”和“天子赤墀”的规定。至于城的规模，墙的高矮，乃至门数的多寡，则是有关军事防卫的规制。

到了战国，随着“礼崩乐坏”“天下无道”，建筑的等级制度便由礼制形态向“亦礼亦法”的形态转化，其适用的范围更大了。

唐朝立国之后不久，便在颁布的《永徽律》中明确规定：“诸营造舍宅、车服、器物及坟茔石兽之属，于令有违者，杖一百，虽会赦，皆令改去之。”《唐律疏义》疏云：“营造舍宅者，依《营缮令》。”其中关于屋舍营造的规定如下：“王公以下屋舍，不得施重拱藻井。三品以上堂舍，不得过五间九架，厅厦两头，门屋不得过五间五架。五品以上堂舍，不得过五间七架，厅厦两头，门屋不得过三间两架，仍通作乌头大门，勋官各依本品。六品、七品以下堂舍，不得过三间五架，门屋不得过一间两架。非常参官不得造轴心舍及施悬鱼，对凤、瓦兽、通栿、乳梁装饰……士庶公私第宅皆不得造楼阁临视人家……又，庶人所造堂舍，不得过三间四架，门屋一间两架，仍不得辄施装饰。”

宋代的建筑等级制度基本沿袭唐制，但也有一些变化。从总体上看，宋代的具体条款比唐初宽松，如从《宋史》记载的“六品以上宅舍，许作乌头门，凡民庶之家，不得施重拱藻井及五色文彩为饰，仍不得四铺、飞檐”的规定可知，唐初时王公贵族才能用的重拱藻井，宋代只禁民庶之家使用；而民庶之家如果使用单拱造，并不在禁限之列；唐初五品官以上才能用的乌头门，现在则六品官以上可以用。其实，在一定时期内，即便是民庶之家，建筑所在位置如果特殊的话，四铺作斗拱和斗八藻井也可以使用，这从后来的宋代建筑等级制度说“士庶之家，凡屋宇非邸店、楼阁临街市之处，毋得为四铺作及斗八”可以看出。另外宋代规定“非宫室寺观，毋得雕镂柱础”，则显示建筑装饰得到了更多的关注。

元代以少数民族入主中原，统治者较多地保留了原有的礼制与典章制度，虽较为粗疏，但建筑等级并未取消。如规定“诸小民房屋，安置鹅项衔脊，有鳞爪瓦兽者，笞三十七；陶人，二十七”等。元代法律还对各级衙府的规模和形制加以限制。

明朝一立国，便制定出一套更为详细严密甚至更加严苛的建筑等级制度，而且，这套规定随着社会形势的变化不断地加以修订、补充，显示出统治者对此项制度的重视。

明朝对“亲王府制”“郡王府制”“百官宅第”“庶民庐舍”等的建筑形制、体量、开间、色彩绘饰等都做了详细的规定。从具体条款看，明代的建筑等级制度要比唐宋严苛。唐宋时官员可以使用的歇山顶，这时不准使用了——“官员营造房屋，不准歇山转角”。宋代百官都可使用的重拱藻井，现在也在禁限之列。可这并不是说，明代所有的建筑在规制上都降低了规格。从亲王府殿堂使用的在形象上较唐宋斗拱更为复杂的窠拱来看，可以认为明代的建筑等级制度有意加大了皇族与一般官员间的区别，并在分层上更加细密了。分层细密这一点，从建筑等级制度对门的形制规定上也可看出。唐宋时制度并未详述的大门式样，在明代的条款中却从公侯的金漆兽面锡环到六至九品官的黑门铁环，设了四个层次。这既是封建专制进一步强化的结果，也是人们对建筑形式的认识更加细致深入的表现。

清朝入关以后，大力吸纳汉文化，协调民族关系，以达到长治久安的目的。在建筑等级制度方面，大体是沿袭明朝的。《大清会典·事例》做了如下规定：

> 亲王府，基高十尺，外围围墙，正门广五间，启门三。正殿广七间，前墀周围石栏；左右翼楼各广九间；后殿广五间，寝室二重，各广五间；后楼一重，上下各广七间。自后殿至楼，左右均列广庑。正门及寝殿均绿色琉璃瓦。后楼、翼楼及旁庑，均本色筒瓦。正殿上安螭吻、压脊仙人以次凡七种，余屋五种。凡正屋正楼，门、柱均红青油饰，每门金钉六十有三，梁栋贴金。绘画五爪云龙各色花草。正殿中设座，高八尺，广十有一尺，修九尺，座基高一尺有五寸，朱髹彩绘五色云龙，座后屏三开，上绘金云龙，均五爪，雕刻龙首有禁。凡旁庑楼屋，均丹楹朱户，其府库仓廪厨厩及各执事房屋，随宜建置于左右，门柱黑油，屋均板瓦。
>
> 世子府制，基高八尺，正门一重，正屋四重，正楼一重，其间数、修广及正门金钉、正屋压脊均减亲王七分之二。梁栋贴金，绘画四爪云蟒各色花卉，正屋不设座，余与亲王府同。
>
> 贝勒府制，基高六尺，正门三间，启门一；堂屋五重，各广五间，均用筒瓦，压脊二，狮子、海马；门柱红青油饰，梁栋贴金，彩画花草；余与郡王府同。

《大清会典》还规定，皇宫大门门钉每扇门九行，每行九枚；亲王九行，每行七枚；郡王、贝勒、贝子、镇国公、辅国公九行，每行五枚；公七行，每行七枚；侯以下至男，减至五行，每行五枚，铁制。其余外官，即使是位列九卿，也不能用钉。所以，紫禁城的门钉一般都是九行，每行九枚；唯东华门例外，是九行，每行八枚。

彩画也有严格的等级要求。建筑上的彩画，在我国历史悠久。至清代发展至顶峰，且种类繁多，花色多样。清代宫殿上的彩画大致可归纳成四大类：琢墨彩画、五墨彩画、地仗彩画、苏式彩画等。但在古建筑界通常分为和玺彩画、旋子彩画、苏式彩画三大类。

和玺彩画是宫殿彩画的最高等级。其最大特点是用各种不同姿态的龙或凤图案组成整个画面，其间缀以祥云、花卉，大面积沥粉贴金，产生金碧辉煌的效果。它分为金龙和玺彩画、龙凤和玺彩画、龙草和玺彩画等名目，如太和殿、乾清宫、养心殿内外檐梁枋大木间都是金龙和玺彩画，坤宁宫、慈宁宫则为龙凤和玺彩画，体仁阁、弘义阁则为龙草和玺彩画。

旋子彩画级别低于和玺彩画。明代宫中施用的都是旋子彩画，清代才由此发展出和玺彩画。两者的画面和色彩搭配大体相仿，主要的区别在藻头。其中心称花心，即旋眼，花心的外圈环以两三层重叠的花瓣，最外圈绕以一圈涡状花纹，称“旋子”。现故宫三大殿正殿、四崇楼、体仁阁、弘义阁用的是和玺彩画，其中左、中右、后左、后右各门及四围廊庑则用旋子彩画。

宫中苏式彩画是清代中后期出现的一种装饰彩画，因其最初仅使用于苏州园林之中，故名苏式彩画。引入皇宫后也多用于御花园中。后来也用在生活区，如西六宫的储秀宫、体和殿等，其主要特点是彩画中多用龙凤、花卉、鸟虫等图案，或绘以亭台楼阁、山水花鸟、人物博古之类。

需要特别指出的是，中国古代建筑屋顶高耸，屋面曲线柔和，人字形的屋顶中间向下稍凹，成为反抛物线状。由于突出在天穹之中，屋顶的形式便成为尊卑地位的一种象征，也是在房屋的等级规定中表现得最为强烈的地方。

现以故宫建筑物的屋顶为例：

（1）重檐庑殿顶，又称“四阿顶”。这是一种“四出水，五脊四坡式”屋顶，又叫“五脊殿”。用这种殿顶构筑的殿宇平面呈矩形，面宽大于进深，前后两坡相交处为正脊，左右两坡则有四条垂脊，分别交于正脊的一端。重檐庑殿顶是在庑殿顶之下，又有一个短檐，四角各有一条短垂脊，合共九条脊。

这种屋顶典雅大方，适用于大型建筑（古代的明堂就是四面坡的屋顶），是清代所有殿顶中等级最高的，如太和殿、乾清宫、坤宁宫、皇极殿、奉先殿，以及宫城四面的城门楼（午门、玄武门、东华门、西华门），便采用的是这种屋顶。

（2）重檐歇山顶，又称“九脊殿”。它除正脊、垂脊外，还有四条戗脊。正脊的前后两坡是整坡，左右两坡是半坡。重檐歇山顶第二檐与庑殿顶的第二檐基本相同，在等级上仅次于重檐庑殿顶。天安门、端门、太和门、保和殿等均采用此种形式。

（3）单檐庑殿顶。其外形仅是重檐庑殿顶的上半部，是标准的“五脊殿”“四阿顶”。故宫中的体仁阁、弘义阁就属此类。

（4）单檐歇山顶。其外形亦仅是重檐歇山顶的上半部。故宫中的配殿大都属于此类，如东、西六宫等。

（5）悬山顶。这是一种两坡出水的房顶，五脊坡，两侧的凹入屋顶，使顶上的檩端伸出墙外，顶下饰以博风板。故宫中多用于神厨、神库。

（6）硬山顶。亦属“五脊二坡顶”，与悬山顶的不同之处在于两侧的山墙从下到上，把檩头全部封住。故宫中两庑的房屋以此种屋顶为最多。

（7）卷棚顶。其最明显之处是没有外露的主脊，两坡出水的瓦陇一脉相通，左右两山墙可有悬山和硬山的不同。采用此种屋顶的建筑在故宫中为太监、仆人等的居住用房。

可以这样说，明清北京城就是遵循上述有关建筑等级制度的规定进行建设的，从而形成了北京城内等级鲜明、秩序井然的城市平面布局和独有的城市风貌。

“古之王者，择天下之中而立国，择国之中而立宫。”[1]“欲近四旁，莫如中央。故王者必居天下之中，礼也。”[2]“王者受命创始建国，立都必居中土，所以控天下之和，据阴阳之正，均统四方，以制万国者。”[3]

如前所述，武王伐纣灭商之后，曾为选择建都所在地而做实地考察，最后认定伊洛平原是大地中心，即“土中”的所在地，并命周公、召公在此建都。《六经天文编·土中》篇说：“周公卜洛以为天地之所合，四时之所交，风雨之所会，阴阳之所和。”伊洛平原能成为后世许多王朝的定都之地，将此视为“土中”的观念曾起了很大的作用。

“居中”源于古人对北辰（北极星）的崇拜。在汉代以前，人们都认为北辰位于天之中枢，即天空的正中心，故《论语·为政》说：“为政以德，譬如北辰，居其所而众星共之。”这是孔子用众星拱仰天帝做比喻，说明治国当以德为主。皇帝称天子，所以一切也仿照天帝居国土的中央，“地中”一名即由此而来。

由此也可以知道，“居中”具有沟通天地的价值。1966—1998年对河南二里头遗址东北6000米的偃师商城考古发掘发现，商代早期的宫殿建筑，是上、中、下三座建在同一条中轴线上，且呈左右对称格局的[4]。“周人对天象的观念是，北极位于北面，众星向北环拱，因此地上的皇帝也如北极向南，臣下朝朔时，均向北拱揖。”[5]因此，以北为上的习俗，对于位于北半球的人们来说，是崇拜太阳和北极的产物。基于上述的几种观念，当我们通观中国古代都城时便会发现，在做都城的平面

---

[1]《吕氏春秋·慎势》。

[2]《荀子·大略》。

[3] 顾炎武：《历代帝王宅京记·序》，《槐序丛书》本。

[4] 王巍：《从考古发现看中华文明的起源》，文物出版社，2004年9月，第38页。

[5] 何汉南：《汉唐长安城建筑设计思想初探》，《汉唐文史漫论》，陕西人民出版社，1986年。

配置时，不仅要坐南朝北，而且倾向于将皇宫放在城区的中央或中轴上（但在实际的建筑安排上，在都城或其他城市占据真正中心地位的又往往是钟鼓楼），还要通过诸如使用明亮的色彩、高大的体量、严整的组合关系等一系列手法，来突出皇宫的居中性质，使之成为中央区，或中轴线上最突出的部分。

《礼记》说："礼，有以多为贵，有以太（大）为贵，有以高为贵，有以文（纹饰）为贵……"中国古典建筑通过种种形式上的努力，在一定程度上使得"贵"和"美"不可分离,"多""高""大""鲜明""深奥""通畅"等既是"贵"的，同时又是"美"的。这种"美"并不是为美而美，它有明确的政治目的。随着人们美的意识的发展，美和美感就越来越具有超功利的意义。魏晋之后的中国艺术史显示出人们对美的另一种形态的关注，在绘画、书法、诗歌上，清淡、飘逸、空灵等概念得到相当程度的发挥。尽管这种变化也必然会影响到建筑，但在宫室建筑中，宏大壮丽却始终是统治者追求的主要目标。而在保证建筑系统内贵贱尊卑等级秩序的情况下，为追求"宏大壮丽"的目标，便只能将建筑造得更复杂、更华丽、更细致，特别是进一步加工那些本来就已具有高贵含义，同时又与人的知觉方式关系密切的建筑部分。阙、斗、拱等的演变正表明了这一点，这些部分的建筑越来越复杂、精致，使建筑物从总体上亦变得更加华丽。这在由唐代雄壮、舒展、明朗的建筑风格向清代繁复、严谨美的建筑风格的转变中显得尤为突出。

由于在古代，人类的一切行为都不能违背天地大法，都必须遵循天道运行的规律，建筑的结构和形象也必然会与政治、人伦规范等联系起来。它要求从建筑的形态到其总体布局，都要体现出尊贵卑贱、等级有差的社会秩序，因此才会有建筑等级制度条款的层出不穷。

建筑等级制度，最初只是对祭祀和象征特权的建筑的限定，着眼于一宫一室的形象。但是，这种制度后来扩大到城市，即在全国范围内按照其在政治上的重要性来确定各种城市的规模，以形成拱卫都城的格局。

在都城中供帝王享用的体积最庞大、色彩最明亮、装饰最豪华、最富象征意义的宫殿，坐落在城市的中轴或者中心，围绕着它的则是等级略逊的衙署、官员们的府邸，再往外才是低矮的、色彩灰暗的平民住宅。这种平面格局呈现出的群星拱卫北斗的态势，鲜明地显示出居住在紫禁城里的帝王的绝对权威。

根据阴阳五行之说，“木居左，金居右，火居前，水居后，土居中央……是故木居东方而主春气，火居南方而主夏气，金居西方而主秋气，水居北方而主冬气。是故木主生而金主杀，火主暑而水主寒，使人必以其序，官人必以其能，天之数也”[1]。这种五行的方位，四时的划分法，及其相生相克的理论，为后世的风水学说所遵从。由于五行的秉性不同，故又分别代表不同的颜色:“土气胜，故其色尚黄。”“木气胜，故其色尚青。”“金气胜，故其色尚白。”“火气胜，故其色尚赤。”“水气胜，故其色尚黑。”[2]方位、颜色与“四象”相结合，便又有了风水中所一贯遵循的“左青龙、右白虎、前朱雀、后玄武、中央后土”[3]的模式。有鉴于此，紫禁城内建筑物不仅高大雄伟，而且多以黄色琉璃瓦作顶，以表明其为“中央后土”。由此，黄色成了皇权的标志而被专用，王府只能以绿色的琉璃瓦作顶，而百姓只能以灰瓦作顶了。

至于北京城里大片的四合院，其平面布局也体现出“中轴线”的观念。譬如，四合院的主体建筑——坐北朝南的正房（也称“上房”），就是建筑在四合院平面布局的南北向中轴线上的。四合院的平面略呈方形，北为正房（两侧有耳房）、东西两边为厢房、南面为倒坐，并以房屋的外墙共同围合成一个相对封闭的院落，外墙上没有窗户，只在东南一隅设有一门，以供出入通行。“大圜在上，大矩在下。”“圜，圆，天也。矩，方，地也。”[4]

---

[1]《春秋繁露·五行之义》。

[2]《吕氏春秋·序意》。

[3]《白虎通义》。

[4]《吕氏春秋·序意》。

这是以“天圆地方”之说组合而成的方对以圆, 以应于天的空间格局。“四合”可谓名副其实。四合院四周的房子是这样安排的：南面坐南面北的一排，即“倒坐”，一般供男佣，或客人居住；东西厢房呈对称态势，供一家中的晚辈居住；正北的上房是供家长居住的。其北有时也有一排房，称后房，是供女佣居住的。上房的前方是整个四合院的天井，天井之南的正中位置，则筑有“垂花门”，它也是四合院的二门，所谓“大门不出，二门不迈”的“二门”即是指此。像故宫中的太和殿一样，作为四合院主体的正房, 其尺度最大、用材最精、造价最高, 居住者的地位也最显赫。这种四合院的空间秩序，也就是一个封建大家庭的伦理秩序：长幼有序，男女不等，内外有别，尊卑分明。这些面积不一、数量众多的四合院与数以千计的胡同构成了北京城的底色，形成了北京城独有的城市风貌。

由此可以看出，中国古代建筑群体中的单体建筑，以及单体建筑之间的相互关系，不仅是由视觉要求决定的，而且是由“父父子子、君君臣臣”的社会规范决定的，从而使建筑群体也成为理想的政治秩序和伦理规范的具体表现。

傅熹年先生认为，春秋战国至西汉近七百年间，宫室主体虽多为高大的台榭，但从已发现的遗址看，台榭四周仍有建筑或墙围成宫院，而各台榭、宫院之间也多保持轴线呼应关系。东汉以后，宫殿已基本采取院落式布置。其后，虽然形式、规模不断发展变化，但基本布置一直延续到明清。各朝宫殿的外朝、内廷两大区都由大量规模不等的院落群组成。院落可视为宫殿的基本组成单位。每个院落都是封闭的，沿周边建廊庑或配房，用左右对称的布置形成一条中轴线，以凸显出建在中轴线或院落几何中心处的主体建筑；若干院落又以一定方式组织起来构成院落群，共同拱卫或凸显其中的主院落；若干院落群又以一定的规律组织起来，布置在最重要建筑群的周围，形成全宫，乃至全城的主轴和中心[1]。

[1] 傅熹年：《中国古代城市规划建筑群体布局及建筑设计方法研究》，中国建筑工业出版社，2001 年 9 月，第 18 页。

20 世纪 40 年代初，建筑大师张镈先生曾率领天津工商学院师生，对紫禁城外朝的主要殿宇进行了精测。结果发现，除了众所周知的中轴线对称布局等，还有以下几个特点：一是各建筑组群，因其规模大小和所属等级而选用大小不同的方格网为布置的基准，即外朝三殿象征皇权，体量也最大，采用方 10 丈的网格；内廷后两宫为皇帝住宅，则采用方 5 丈的网格；宁寿宫为太上皇所居，其规格不能低于皇帝，也用了 5 丈的网格；慈宁宫虽为皇太后所居，但出于“男尊女卑”，只能低于皇帝，与后妃、皇子居住的东西六宫和大量次要宫殿相同，用方 3 丈的网格。二是加强了古代“择中”方法的运用，即为了强调主从关系，每所宫院的主建筑都布置在所在院落地盘的几何中心，从而保持其主次有序、主从有第、统一协调的关系。

不仅如此，《周易 · 履卦》说：“刚中正，履帝位而不疚，光明也。”其疏曰：“以刚处中，得其正位，居九五之尊。”而《周易 · 系辞》中又有“崇高莫大乎富贵”句，其后“疏”曰：“王者居九五富贵之位。”这便是后来以“九五之尊”称皇帝的渊源。

明清北京城正是以宫城为中心，以中轴线为基准，采用了院落和院落群的组合形式，把千门万户的大量建筑组织起来，形成井然有序、重点突出的巨大建筑群体。而礼制中的尊卑等级关系需要通过相应的尺度来体现，并以一定的标准来控制其间的相互关系。测量发现，故宫宫院东西的宽度与前三殿台基宽度之比，也正好是“九五”之比，即寓意“九五之尊”。显而易见，这绝不是一种偶然的巧合，而是古代规划设计匠师们精心安排的结果。

整个北京城，也正是按照清顺治年间所颁布的建筑等级制度规定的条款进行改造和扩建的。这些建筑群有继承明代的部分，也有经过改造和重建的部分。俯瞰北京城，一条自南而北的中轴线贯穿了全城，在这条中轴线上几乎集中安排了所有象征帝王权力至高无上的建筑物，永定门、前门、天安门、午门、太和殿、景山、钟楼等，这些建筑不仅体量高大，而且色彩艳丽、金碧辉煌，犹如一幅历史的长卷。它是一道建筑艺术的长廊，也是一条在规划布局上集中显示礼制的中枢脊梁。在明清时期，天安门前千步廊的两侧，还曾按“文东武西”的礼制秩序，左边部署六部机关，右边布置五军都督府。中央的“六部五府”如此集中地布设在中轴线的两侧，既突出了中央集权的威严，也保证了处理行政事务的便捷。

故宫现存的主要建筑，从形体上大致可以分为四个等级。最高等级自然是皇帝直接使用的宫殿。一般在中轴线上，多为庑殿顶或歇山顶、黄琉璃瓦，彩画多为沥粉贴金双龙和玺或龙凤和玺彩画。太和殿面阔11间，重檐庑殿顶，五条脊，琉璃斗拱用的龙纹填横板是“九五”之数，即45块；保和殿略低，为重檐歇山顶。中轴线上的主要建筑，如天安门、端午门、午门门楼、保和殿、乾清宫，都是阔9间，进深5间（含“九五”之数）。皇后、太后所用宫殿，虽然也属于这一等级，但规格却大为简略。其次的等级是靠近中轴线的东西六宫，即妃嫔们的宫室，或位于中轴线上的大门、廊房、花园的景亭等，均为歇山顶，黄琉璃瓦或两色剪边琉璃瓦，多用旋子彩画或苏式彩画。第三等是宫内的官员使用的房屋，为硬山、悬山或卷棚房顶，只用较简略的旋子或苏式彩画。第四等是最低的，它们多属上述三个等级的附属房屋，一般为灰瓦硬山顶或悬山顶，没有彩画，多由低级官吏或兵丁、匠役、太监、宫女们使用。再如宫殿的琉璃瓦顶建筑，在檐角上都有一些小兽用作装饰，规格最高的宫殿一般都是9个（不包括檐角尖端的骑凤仙人）。这些兽的名字，从仙人之后算起，分别是龙、凤、狮、天马、海马、狻猊、押鱼、獬豸、斗牛，以下按建筑等级依次递减为7个、5个、3个，墙门檐角多是一个。唯独太和殿檐角除上述9个之外，最后还有一个“行什”（猴）。这也是现存古建筑中的孤例。

宋都汴京（今开封）是四面城墙包围的重城。这是对隋唐长安重城“三面重，一面不重”城制的突破。金、元、明、清的北京城，受汴京的影响，全是多重的方城。明清城墙还是用特制的城砖包砌的，较之金中都、元大都的土城更加完善、坚固、威严。整个北京城既有外城、内城、皇城、紫禁城的层层拱卫，又有严格按照建筑等级规制，建筑在由方格网道路系统所围合的里坊中的王府、庙宇，乃至大片低矮、灰色的四合院民宅，形成了一个高低错落有序、体量大小有致的整体，高大而金碧辉煌的故宫与低矮而色彩灰暗的民居互相映衬，令人叹为观止。

## 附录　门——北京四合院等级制度的重要标志

门是建筑物中供人行走的出入口。由于建筑物的功能不同，类别各异，门也是各种各样，常见的如城门、宫门、殿门、庙门、院门、宅门等。由于门所处的特殊位置，它的规制、大小、高矮、形式等自然也比较讲究，因而成为一个家族或一个家庭地位、德行的标志，如将一个家族的资望称作“门望”，一个家庭的家风称为“门风”。可见，门已成为家族或家庭的象征，甚至是代言物了。

如前所述，北京自元大都城建设起，就将全城用纵横交错的棋盘式街道将其划分成整齐的区域（坊），并规定每 8 亩（约合 5300 多平方米）建一所住宅。这种居住的形式甚至在今天也还能见到遗迹。明清两代虽然也部分地继承了元大都的城市格局，但由于人口增加，元代每所住宅占地 8 亩的规定已无法再继续执行，甚至一所四合院的面积才有 6 亩、4 亩，或更小。这样，四合院便出现了各种大小不同的类型。由于清朝实行“满汉分居”，城里出现了大量的王府。据统计，顺治至嘉庆年间，北京内城共有王府 89 处。这些王府虽然仍是四合院的形式，但它所具有的规模、形制，乃至房屋的质量，应是住宅中的最高档次了。现依《大清会典》所记将北京四合院门的规制分列如下：

1. 王府大门。王府大门在北京四合院中虽属第一等级，但按清朝对宗室的分封制度，共有 14 个等级。与此相对应，分赐给这些王子的王府也分为亲王府、郡王府、贝勒府、贝子府、镇国公府、辅国公府等。

大门的规格为：亲王府门为五开间，可启开中央的三间，屋顶可覆盖绿色琉璃瓦，屋脊可安吻兽，门钉为“九行七列”，共63颗；门前有石狮一对，隔着街道立影壁一座。郡王府门为三间，可启开中央的一间，门钉“九行五列”共45颗。有时为了区别不同等级的身份，往往以其间数、用瓦，乃至门前设施的不同来表示。

2. 广亮大门。这是从一品官到七品官等官宦住宅的大门。这种门多为面阔一间的房屋，屋顶为五檩四架椽的硬山顶，门扇安在脊檩的下面，门板共两扇；在门簪、门枕石部分多用木雕、石雕作装饰，大门外山墙墀头上也多有砖雕装饰。

3. 金柱大门和蛮子门。这两种门的形式与广亮大门相似，也是单独的一间房，但略高于四合院内的“倒坐”房。与广亮大门的区别就在于它的门扇是安在檐柱之内的内柱，即所谓的“金柱”之间，而蛮子门的门扇则安在外檐柱之间。

4. 如意门。这也是一种单独屋宇式的大门。其特点是门的外檐柱间加砌一道砖墙，墙中央开一小门。门的上角砖墙则装饰成“如意”状。

5. 随墙门。这类门大多用于面积较小和简陋的四合院住宅中。其特点是屋门不是独立的屋宇，而是在住宅墙上开门，并在门上稍作处理。

有清一代，皇城以内多为内府官员的办公区和府第所在区；西城、北城分布着许多王府，属于贵族和内府当差人的居住处所，尤以什刹海、后海一带王府居多；东城多富商大贾的宅邸。因此，规格高，保留也较完整的四合院多分布在内城。而外城的宣武区多为各省官员、来京赴考的举子的寓居之地；前门和崇文门外一带居住着大批的商人和中小手工业者、城市贫民，天桥一带则是昔日的贫民区。除官员、商贾的宅邸、会馆外，这里的四合院不仅占地小、规格也较低，且多一、两进的院落，甚至是大杂院或四合房。

北京这些不同规制、不同等级、不同大小的四合院就像是构成北京城的“细胞”：或串联（或称纵向复合型），即由四合院院落，沿纵深排列成两进院、三进院，甚至四进院；或并联，即纵向、横向组合而成的双向复合型，形成“一主一次”“两组联立”“多院组合式”的四合院院落。它们没有官式建筑那种流光溢彩的各色琉璃、形制纷繁的斗拱，更没有色彩鲜艳、绚丽多姿的和玺彩画、旋子彩画，而是以青砖、灰瓦、素石、黑栗色的木柱和清新淡雅的苏式彩画自成一体。它们与四合院内的树木构成了大面积的灰绿色城市底色，使紫禁城彰显出它的金碧辉煌、雄伟壮丽，其营国匠意也显露无遗。如果我们在空中俯瞰北京城，那就是一幅波澜壮阔、无与伦比的画图。“它将深沉的，对大自然的谦恭情怀与崇高的诗意组合起来，形成任何文化都未能超越的有机图案”。

## 五、易经八卦，风水理论——明清北京城空间布局的制约因素

人类一诞生，便与大地母亲结下了不解之缘，而人类的衣食住行，无不仰仗于大地，无论是过去、现在，还是将来，大地永远是人类赖以生存的空间环境。

在中国古代，任何一个王朝或政权，无不期望自己能够“长治久安”地存在下去，成就万世之基业。因此，统治者对于都城所在地的选择极其慎重，也无不对当地的自然地理形势、战略地位，军事、政治乃至经济基础等进行深入而细致的分析，以确定其是否有利于巩固统治。在中国古代城市规划建设中，中国传统的易经八卦、风水理论起着相当重要的作用。

应该说，选择什么样的栖息地，如何取得食物，怎样逃避天敌和采取什么样的方式繁衍后代，是绝大多数动物的本能。而栖息地的选择，又在很大程度上决定了其他三个方面行为的有效性，以致最终决定物种的兴衰。作为自然人，在栖息地的选择上较之动物自然要更精明、更

挑剔，也有更多的忌讳。中国原始人类满意的栖息地模式，也就成了人们所谓理想的风水宝地的原型。

考察元谋人（早期直立人，距今约170万年）、蓝田人（早期直立人，距今约110万年）、北京人（早期直立人，距今70—20万年）、马坝人（早期智人，距今约13万年）和山顶洞人（晚期智人，距今约3万年）的栖息地之后就可以发现其共同的特征，是处在一个地貌单元的边缘地带，而且是一个大体封闭的、有豁口与外界联系的围合空间。

所谓风水，在很大程度上表现为人们对自然过程和自然景观格局的尊重、信赖和爱护。而理想的风水模式，也正是我们的古人在生产、生活实践中逐渐完善的选择环境空间的学问。其根本的目标是追求对人类发展有利的生产、生活的环境和理想的生态环境。它既是一种文化现象，也是人们追求的一种景观理想、一种生物与文化基因的图式。

考古发掘业已证明，远在公元前6000—前2000年间，大量新石器时代的聚落大都选择在背风向阳面水地带，或处于河流沼泽的边缘地带。无论是仰韶时期，还是龙山时期，均如此。究其原因，聚落选在背风向阳之地无非是为了躲避凛冽的寒风，接近水源或在河流交汇之处，既便于交通，又便于生产、生活。这些早期的聚落多数为现代城镇所叠压，说明在基址的选择上，即使在今天也仍不失其合理性。不仅如此，陕西半坡村、宝鸡百首岭遗址在建筑布局上还都有一定的规律：聚落中央是公共活动中心的大房子和开阔场地；周围环建住宅，宅门都向着中心；中心场地留着东向或东南向的开口，住宅只在北、西、南三面环绕布局。这种布局，既利于接受阳光、便于通风，也利于防卫。可以这样说，上述这些都是自然选择的结果。

毫无疑义，我们的祖先在生产、生活的实践中，特别善于考察周围的环境，择其吉而避其凶，以营筑宅址、村落，乃至城镇。人们发现，选择的地址，布局的生产场所、村落、城镇，如果得当，就会带来好运；反之，就会带来祸殃。于是人们总结其中的经验，并用当时的文化意识观念来解释它，逐渐形成了一套系统的理论，这就是风水学。

在古代中国，“风水”又称“堪舆”。“堪”是天道、高处;“舆”是地道、低处。“堪舆”乃是指研究天道、地道之间，特别是地形高下之间的学问。它是以当时的哲学观念为基础，把天文、气候、大地、水文、生态环境等内容，引入选择地址、布建居住环境的艺术之中。因此，“堪舆家”又称“地理家”。而古代中国的风水模式自始至终都在强调一个基本的整体意象:“左青龙，右白虎，前朱雀，后玄武。”据《葬书》，这一意象模式的理想状态是“玄武垂头，朱雀翔舞，青龙蜿蜒，白虎驯俯”，就是“穴场坐落在山脉的止落之处，背依绵延的山峰，俯临平原，穴的周围清流屈曲有情，两侧护山环抱，眼前朝山，案山拱揖相迎”[1]。

风水理论产生于古代中国，且与一部经典的哲学著作——《周易》有着非常密切的关系。

《周易》是我国古老的文化典籍之一。诚如清代《四库总目提要》所言:“易道广大，无所不包，旁及天文、地理、乐律、兵法、韵学、算术，以逮方外之炉火，皆可援易以为说。”三千多年来，《周易》在中华文明史上一直居于很高的地位。它对我国的哲学、文学、史学、政治、伦理、民俗、宗教，乃至天文、历法、数学、乐律等都产生过重要的影响，尤其是它玄妙的义理，在世界文化史上独树一帜，为人们提供了一幅特殊的宇宙演化图式。《周易·系辞上》说:“是故易有太极，是生两仪，两仪生四象，四象生八卦。”以太极为原初的这一宇宙演化理论，力求探索宇宙的起始及其演化过程，立论恢宏，思想玄妙，基本上奠定了东方哲学思维模式的基础，影响极为深远。《周易》哲学的另一个特点，还在于建立了一个“三才”统一的宇宙论，《周易·说卦传》:“是以立天之道曰阴与阳，立地之道曰柔与刚，立人之道曰仁与义。”“三才”之道的统一，涵盖了宇宙之阴阳消长，万物之刚柔变化，人生之道德准则，

[1] 俞孔坚:《理想景观探源——风水的文化意义》，商务印书馆，1998 年 12 月，第 20 页。

致广大而尽精微，极高明而道中庸。

《周易》应用于天道，便有天干、地支、气象与节气；应用于人道，便有人们的伦理观念与行为准则等。阴阳、五行是《易经》的基础。风水这门选择、布建人们生活环境的学问，是以《易经》为理论基础的。它强调人要配合天、效法天才能兴盛发展，违背天理人情，违背自然法则就会失败遭殃。所以风水在选择与建构生活环境时，总是要把城市、村落、住宅等的选址与天象结合起来——“法天象地”，力求“天助、人助”，“万物兼育而不相害，道并行而不相悖”，使人和周围的生活环境、气候、天象、动植物、地形等形成协和、共进、互助的关系，从而达到“天人合一”“天人相助”而“致中和，天地位焉，万物育焉”的境地。中国传统的城市、村落、住宅的选址、规划、布局，注重四方、区位，四合院、中轴线都体现了“中者，天之正道”。

我们这里所说的风水，强调人与自然的和谐，主张“人之居处，宜以大地山河为主”，亦即人要顺应“天道”，以自然为本，人类只有选择合适的自然环境，才有利于自身的生存和发展。

风水不仅把人看作是自然的一部分，更把大地本身看成是一个富有灵性的有机体，各部分之间彼此关联、相互协调。这种自然观，既是风水思想的核心，也是东方传统哲学的精华。

我们的先祖在对自然现象的长期观察中，看到日来月往、昼夜更替、寒暖晴雨、男女老幼等种种两极现象，逐步形成了阴阳观念，进而发展成为包含有朴素辩证法的阴阳学说，即世界上的万事万物都是阴阳两气结合的产物，并由其变化推动事物的发展变化。

阴阳概念体现了中国古代的一种宇宙观和方法论。据杨文衡等的研究，阴阳是风水之祖，讲风水龙脉必须讲阴阳。一阴一阳，相间而成。风水学中，高峻为阴，平衍为阳；曲为阴，直为阳；俯为阴，仰为阳；尖为阴，窝为阳；静为阴，动为阳；山为阴，水为阳。用阴阳来反映自然界中互相对立的事物，是完全符合大自然的客观实际的。先秦时代的《老子》

最先提出“负阴而抱阳”的环境选择观念。“负阴而抱阳”包括两层意思：一是背负高山，面对江河，与《管子》讲的建都条件完全一致；二是背北向南，即坐北朝南，争取充足的阳光，这也是风水的一条基本原则。

由此可知，中国古代传统的风水地理理论不仅认为人和生物是有生命的机体，认为天、地、生、人各大系统之间组成了一个整体性的大自然，也是一个有循环、有轮回、有新陈代谢的系统。

那么，中国古代典籍中有关古都北京的风水又是怎样论述的呢？

如前所述，北京地处华北大平原的北端，也是东北、华北平原与蒙古高原三大地理单元的交会之地。燕山山脉和太行山脉从北面和西面绵亘而来，在关沟附近聚结形成风水上所说的“龙脉”，在地貌上则形成了一个半圆形的山弯，即俗称的“北京湾”，仅在东南一面开向平原，其间有大河贯流，湖泊沼泽星布，气候温和，土壤肥沃，诚所谓“水甘土厚”之地。这正是中国古代风水理论中“藏风聚气”的所在，是理想的风水宝地。

宋代理学家朱熹曾经指出：“冀都天地间好个大风水。山脉从云中发来，云中正高脊处自脊以西之水则西流入于龙门西河，西河自脊以东之水则东流入于海。前面黄河环绕，右畔是华山耸立，为虎。自华来至中为嵩山，是为前案。遂过去为泰山，耸于左，是为龙。淮南诸山是第二重案，江南诸山及五岭又为第三、四重案。”“故古今建都之地莫过于冀，所谓无风以散之，有水以界之。”

此后，在不同的历史时期，古代的学者、政治家们对北京的风水形胜都有评述。其中以《大学衍义补》最为典型，作者邱濬说：

> 太行自西来，演迤而北，绵亘魏、晋、燕、赵之境，东极于医无间。重冈叠阜，鸾凤峙而蛟龙走，所以拥护而围绕之，不知其几千万里也……其东一带则汪洋大海，稍北乃古碣石，稍南则九河故道，浴日月而浸乾坤。所以界之者又如此其直截而广大也。况居直北之地，上应天垣之紫微。其对面之案，以地势度之，则泰岱万山之宗，正当其前。夫天之象以北

为极，则地之势亦当以北为极。易曰：艮者，东北之卦也，万物之所以成终而成始也。离，万物皆相见，南方之卦也。圣人南面而听，天下向明而治。孔子曰：为政以德，譬如北辰，居其所而众星共之。今之京师，居乎艮位，成始成终之地，介乎震坎之间。出乎震而劳乎坎，以受万物之所归。体乎北极之尊，向乎离明之光，使万物之广，亿兆之多，莫不面焉以相见。则凡舟车所至，人力所通者，莫不在于照临之下。自古建都之地，上得天时，下得地势，中得人心，未有过此者也。

元李洧孙则谓：

昔周髀之言，天如盖倚而笠欹，帝车运乎中央。北辰居而不移，临制四方。下直幽都，仰观天文，则北乃天之中也。维昆仑之结根，并河流而东驰。历上谷而龙蟠，向离明而正基。厥工既重，厥水惟甘。俯察地理，则燕乃地之胜也。顾瞻乾维，则崇冈飞舞，崟岑苐郁。近掎军都，远摽恒岳。表以仰峰莲顶之奇，擢以玉泉三洞之秀。周视巽隅，则川隰洄洑，案衍澶漫。带绕潞沽，股浸渤海。抱以涞、涿、滹沱之流，潴以雍奴、滮阴之浸。浮游近郊，则膴原爽垲，垧野敞博。绳直准平，宜植宜牧。延芳下马，淀泊参错。三种之蕃，既庭且硕。四扰之富，瘯蠡不疾……

以上评述无不以古代的风水理论对北京所在地燕蓟的山形水势做了细致的分析。其结论是:自古建都之地，上得天时，下得地势，中得人心，未有过此者也。

明代杨荣则在比较了历史上的长安、洛阳、金陵（西京）之后，做出了关于北京形胜的评述。《杨文敏集》中这样写道：

予尝考天下山川形胜，雄伟壮丽可为京都者，莫逾于金陵。至若地势宽厚，关塞险固，总据中原之衷旷者，又莫过于燕蓟。虽云长安有崤函之阻，洛邑为天地之中，要之帝王都会为亿万年太平悠久之业者，莫若金陵、燕蓟也。昔太祖以金陵龙蟠虎踞，长江天堑，遂定都焉。皇上继承大统，又以燕蓟左环沧海，右拥太行，内跨中原，外控朔漠，宜为天下都会。乃诏建北京。及今十有余年，车驾凡两巡狩……得以遍阅北京山川之概，退而与诸僚友讨论，莫不称叹，以为斯文千载之奇逢也。

但是，北京之所以成为元、明、清三代都城的所在地，无不与当时的政治、经济，乃至军事地理形势有着非常密切的关系，且总是根据当时最主要的矛盾而选择的最有利的地点，绝非仅仅依据所谓的“风水”来决定一切。

清乾隆十八年（1753 年）御制《帝都》篇说得实在：

帝都者，唐虞以前都有地而名不著，夏商以后始各有所称，如夏邑、周京之类是也。王畿乃四方之本，居重驭轻，当以形势为要。则伊古以来建都之地，无如今之燕京矣。然在德不在险，则又巩金瓯之要道也。

尽管如此，我们从古都北京城的空间格局部署中也可以看出，它依然受到《易经》八卦和风水理论的制约。

如前所述，中国古代的风水学家认为，天地相通，天地乃是一个整体。《地理枢要序》说：“有天理则有地理。”《青囊经》载：“天有五星，地有五行；天分星宿，地列山川；气行于地，形丽于天；天有象，地有形。”古人认为，地球上的山形与天上的星体相合，地球上的河岳就是天上的星辰，原非二物：天东有苍龙在九天，谓之苍龙，其下即有东岳；北有玄武为玄天，其下即为北岳；南有朱雀为炎天，其下即为南岳；西有白虎为昊天，其下即为西岳；中有北极为均天，其下即为中岳；天上有天汉银河，地下有长江、黄河；天上有四垣九野，地下即有垣局以造王城，有分土以域九州。人们用帝王、百官和宫室、土地、人物等名称来表示空中星宿，将天空中的星座分为中、东、南、西、北五部分，称作五宫。中央是中宫，包括三垣：上垣太微垣，即星宿、张宿、翼宿和轸宿以北的天区；中垣紫微垣，即北极周围的天区；下垣天市垣，即房宿、心宿、尾宿、箕宿和斗宿等以北的天区。三垣中每垣都有若干颗星作为框架，以"勾勒"出这三个区的大致范围。它们好像是田园围墙，故称"垣"。三垣之中，紫微垣是天空的中心，是天帝居住的地方，因此，人间天子居住的宫殿也叫紫微宫、紫禁城。

明北京城是在元大都的基础上改造扩建而成的。紫禁城不仅位于京城的中心位置，而且还是全城风景最优美的宫苑区。紫禁城周长 3400 余米，占地面积 72 万平方米，建筑面积近 16 万平方米，号称有房屋 9999 间（实际上只有 8707 间）。其规模之巨，占尽了最大的天数，体现了"天子"的权威。气魄之大，建筑之美，风格之堂皇，装饰之豪华，都是中国历史上绝无仅有的。

"天人合一"是中国传统文化的核心，而中国古代都城的规划深受这一思想的影响，往往与天空星象相对照，整个城市的格局也就由此展开。风水结构与宗法、礼制、尊卑有序地结合在一起，左右了整个都城的规划建设，明清北京城就是一个典型的"面南而居""坐北朝南"的都城，都市中轴线统领着整个城市的布局，城市空间极为规整。为了体现风水中北面必须有"镇山"（即靠山）的思想，规划匠师们便在中轴线的北端人工堆砌了一座"镇山"——万岁山（清改"景山"），使整个宫城北面有山可依。与此同时，又按风水理论中"气随水而走，故送脉必有水""凡京都府县，其基阔大……宜以河水辨之。河水之弯曲乃龙气之聚会也"[1]的指点，将故宫的金水河自乾方（西北方——天门）引入，从巽方（东南方——地户）流出，并在武英殿、太和门前凸成"金城环抱"（即冠带形）之势（天安门前的外金水河也向南凸成如是之势）。这种做法既符合中

[1] 吴鼒：《阳宅撮要·总论》，《丛书集成新编》第二十五册。

国风水理论的空间布局原则，也使都城的面貌多姿多彩。

前文已经提及，阴阳学说是中国古代的一种宇宙观和方法论，《周易》一书是这种宇宙观和方法论的集中体现。它对明清北京城规划布局的影响也是非常明显的。

《周易》中的六十四卦，纯阳的乾卦排在第一位。它强调的是阳刚的力量永远处于主导地位，决定着事物的发展。而“九”又是奇数（即阳数）中最大者，被称为“老阳之数”。因此，宫城的布局不仅坐北朝南，而且以“九”这个老阳之数来代表礼制等级中的最高级别。

《易经》上说：“九五，飞龙在天，利见大人。”九为阳爻，五为阳位，阳爻居阳位，显示光明正大，又喻德才兼备，大有作为，造化光辉的前景。所以往往被用来作人君的卦象。唐孔颖达在为《周易·履·象》作正义时曾说:“《象传》载:‘刚中正,履帝位而不疚,光明也。’”又说:“以刚处中，得其正位，位居九五之尊。”进而又解释说：“言九五，阳气盛至于天,故飞龙在天,犹若圣人有龙德,飞腾而居天位。”此后,相沿引申,遂成为天子的代称。

上述两点在北京内城的规划布局上有明显的体现。紫禁城分外朝与内廷两大部分：外朝属阳，因此外朝主殿的布局采用奇数，计有太和殿、中和殿、保和殿；大清门（原为大明门，清顺治元年改此名）、天安门（承天门）、端门、午门和太和门，统称为“三朝五门”之制。内廷宫殿则属阴，因此宫殿布局多用偶数，即“两宫六寝”：乾清宫、坤宁宫（交泰殿是后来加筑的）；“六寝”为东西六座寝宫。在建筑上外朝之殿均用“九开间，五进深”，即面阔 9 间，进深 5 间（乾清宫属阳，也同此），象征“九五之尊”；重檐歇山顶，九条脊，檐角小兽亦为“九”：龙、凤、狮子、天马、海马、狻猊、押鱼、獬豸、斗牛。门扇采用的是“四九”，为 36 扇；门钉是“九九”，为 81 颗。太和殿是外朝的正殿，初建时也是“九五”之数，但在清康熙三十四年（1695 年）重建时，将原九开间改为十一开间，重檐庑殿顶，檐角小兽增至 11 个，成为皇宫中超高级大殿，进一步突出了皇权至上的原则。紫禁城的外朝是处理政事的地方，位于城的南部，位前，属阳，太和、中和、保和三大殿均在此。太和殿位于三大殿的最前，在外朝中可说是阳中之阳；中和殿位居三大殿中间，为阴阳之和，在外朝中可以说是中阳，即阳明；保和殿位于三大殿的最后，在外朝为阳中之阴。三大殿均有“和”字，体现天地阴阳和谐，万物有序、国泰民安，即儒家所谓的“和为贵”。内廷是帝王居住之处，在城的北部，位后属阴，以乾清宫、交泰殿、坤宁宫为主体，后面紧接御花园。内廷东西两侧翼有日精、月华二门，并有东、西各六宫，是后妃们居住的地方。天为阳，地为阴，天地之道，即阴阳之道；天地交泰，乾坤相和，阴阳合和，万物有序，寓意其中。

故宫内的建筑采用的是突出中轴线的布局，主要建筑沿中轴线南北纵深展布，以体现帝王至高无上的权力，显示出庄重威严的气魄；次要建筑则对称地布设在中轴线的两侧。

过午门、神武门，一条南北中轴线又将宫城分为东西阴阳二区。东方是太阳升起的地方，为阳，“五行”中属木，为春，在“生长化收藏”中属“生”，因此在宫城的东部布置了与“阳”有关的建筑物，如东部的某些宫殿为皇太子所居；文华殿原为太子讲学之处；乾隆年间所建的南三所，系皇太子的宫室。西方为阴，“五行”中为金、为秋，在“生长化收藏”中属“收”，所以布置了与“阴”有关的建筑内容，如皇后、皇妃居住的寿安宫、寿康宫、慈宁宫等。这样，东居太子，西栖皇妃，男左女右，阳左阴右。皇城东有太庙，法阳象天；西设社稷坛，法阴象地。据《老子》一书中所说的“君子居则贵左，用兵则贵右”，宫廷朝事大典百官排列，文臣列于左，武将立于右，与此相应，文华殿位左，武英殿位右。太和殿丹陛上左陈日晷以司天，右置嘉量以司地（前者定天文历法，后者为制度量衡）。皆左主天道属阳，右主地道属阴，阴阳相合而成一体。古代建筑匠师们就这样把阴阳宇宙观与宗法礼制巧妙地结合了起来。

古人认为，天上的紫微垣为天帝所居，天空中的亿万颗星都围绕着它旋转。它是整个宇宙的中心。所以明清北京城的四周分别布有天、地、日、月坛，中心是宫城，即“紫禁城”。宫城的中心是太和殿。太和殿的中心又象征着作为宇宙中心的须弥山，故其上有 9 个台阶的须弥座，上面坐着“天子”，他位于一切设计、想象的中心。

外朝的踏跺级数、台基、槛墙的砖皮层也用奇数。如外朝纵向的三大殿（太和、中和、保和），横向的三殿（武英、奉天、文华）的台基均为三重须弥座，称为“三台”。

内廷位于紫禁城的后部，是为阴，因而其布局多用偶数。中轴线上的主要建筑是乾清、坤宁两宫，后来在两宫之间增加了交泰殿，改称后三宫。据《穀梁传 · 桓公十四年》记载 :“甸粟而纳之三宫。”范宁注 :“三宫，三夫人也。”杨士勋疏 :“礼，王后六宫，诸侯夫人三宫也。”因此，明代设计宫殿时绝不敢以诸侯的三宫之制代替皇帝的六宫。从数目中的阴阳来看，一般建筑中槛墙的层数均为奇数，但内廷中的槛墙、台明、山墙、檐墙的宫墙下肩，以至踏跺的层数，多用偶数的布置方法。这种奇特的安排，虽然在宫殿建筑文献中尚未见到记载，但对比同时营建的坛、庙，结合文献中所载的地坛、月坛所用的偶数特例，说明当时在建筑设计中，对奇偶数的运用确有阴阳之分。

紫禁城内宫的名称，多用骈体的对偶之词。在两宫庭院中轴线上是前后排列的重檐庑殿式的乾清宫和坤宁宫，四周以门庑环抱。由于明朝后寝没有沿用汉未央宫、唐大明宫台殿池沼错综布列的布局，而是把宫与苑隔开，使寝宫更加严谨端庄，但是过分的森严刻板损害了后宫的生活气息。为使主要的寝宫（皇后居住的寝宫）增加生活气息，在坤宁宫后布置了宫后苑（后称御花园）。在肇建宫殿时由于宫后苑划为乾、坤两宫的后院，因而宫后苑的正门称为坤宁门（即现在的顺贞门），与乾清宫的正门前后对应，子午相交。

这组宫殿的命名，多取《周易》乾坤之文。这和元朝“取诸乾坤二卦之辞”作为建筑名称的命名方式是相同的。乾、坤是《周易》中的两个卦名。乾之象为天，坤之象为地。内廷中把乾、坤二宫布置在中央，周围以日月星辰拱卫。“乾清”“坤宁”有“天清地宁，统治永久”之意。乾清宫庭院的东门称日精门，西门称为月华门，这既沿用了元大明殿左右的日精、月华门的名称，又移到内廷形成东为日、西为月，前为乾、后为坤的布局。其寓意是“乾坤日月明，四海皆升平”。《周易》中说“天地交泰”，所以，将交泰殿置于乾清、坤宁二宫之间。两侧的宫室称为东西六宫，因《周易》中称卦中的阴爻为六，将其布置在内廷为阴的范围内，与中轴线上阴中之阳的乾清宫恰为刚柔相济。东西共十二宫，象征十二星辰拱卫乾坤，六宫之后为东西五所。据《芜史》载：“千婴门之北并列者则乾东之房五所，百子门之北并列者则乾西之房五所。”五是奇数，为阳。为什么在立宫之后所谓阴中之阳的部位会出现奇数呢？古代阴阳学说认为：善补阳者，当从阴中求阳；善补阴者，当从阳中求阴。在内廷千婴门、百子门北布置了以“乾”命名的乾东、乾西之房，就是阴中求阳。在千婴、百子门北，为了符合千婴、百子之象征，遂将房间数定为奇数五，即东西各为并列的五个同类型的三进院落。东西合在一起为十，称为天干（或十干，即甲、乙、丙、丁、戊、己、庚、辛、壬、癸），仍为偶数。东西六宫合在一起为十二，也符合地支（子、丑、寅、卯、辰、巳、午、未、申、酉、戌、亥）的数目。从而更表达出“天地会合，四季融合，风调雨顺，阴阳交泰”的寓意。

阴阳学说中对事物的总体分析可分为阴阳两面，但是仔细分析还有阳中之阳、阳中之阴、阴中之阳和阴中之阴。从故宫建筑上看，午门、太和殿为阳中之阳，乾清宫和各宫室的前殿则为阴中之阳，它与阳中之阳既有共同之处，又有相异之处。乾清宫的屋顶用重檐庑殿式，殿前、御路、丹墀上陈设日晷、嘉量、室内天花藻井等，与太和殿基本相同，这是阳中之阳与阴中之阳的共同点。但是二者又有区别，如乾清宫前半部台基为须弥座和白石钩栏，而北部则为表砖台基，台基上不用钩栏而用琉璃灯笼砖。一座大殿的前后用两种不同装饰，这是阴中之阳在乾、坤两宫的艺术处理。在古代，阴阳虽是“万物之纲纪”，但是单从阴阳分析，还难以解释事物间的相互关系和变化过程。古人在观察自然中得出一个朴素的唯物概念，认为木、火、土、金、水是构成宇宙万物的基础物质，后来又发展了这种认识，从这五种物质的不同特性，抽象归纳出一切事物的分类方法，推演出事物间的相互联系及其变化，形成了与阴阳说相辅相成的五行说。

北京大学教授于希贤先生一直致力于中国古代风水理论的研究，并有诸多学术成果问世。其中关于《周易》象数与元大都规划布局的研究曾刊载于《故宫博物院院刊》1999 年第 2 期，后又被《新华文摘·历史》（1999 年 9 月）摘要刊登，引起了国内外学界的关注。

愚以为，《周易》学是一门很值得我们学习、探究的学问，特别是它在古代城址选择和城市规划布局中的运用。于希贤先生在这方面已经迈出了长足的一步。为便于与读者共同探讨古都北京在城市规划上的某些问题，现将于希贤先生所著《〈周易〉象数与元大都规划布局》择要摘录于后，谨向于希贤先生致以诚挚的感谢：

> 元大都是中国古都城建史上一个伟大的里程碑，它集中地体现了中国古都的传统文化特色。透过历史的天际线，去考察那些依稀可辨的踪迹，就会发现儒、道、释的文化思想在元大都规划布局中的集中之点——《周易》象数，这是中国传统文化思想在古都的风貌中的精髓所在。
>
> 元大都最初的规划设计者是刘秉忠。刘秉忠（1216—1274 年），元邢州（今河北省邢台）人，字仲晦，初名侃，少时为僧，名子聪，号长春散人。他“于书无所不读，尤邃于《易》及邵氏《经世书》”，邵氏《经世书》即北宋邵雍（字尧夫，谥康节，1011—1077 年）所著推演世事变幻的《皇极经世书》，是其据《易传》关于八卦的原理，用道教的思想提出宇宙构造图式的学术体系，为其代表作。刘秉忠正是用这一套奠基于西周初年的中国传统文化思想和都城结构、政治体制相结合的理念，来影响或指导元朝统治者或自己所从事的事业，即元大都的规划设计。但元大都的

建设尚未全竣，刘秉忠就谢世了。继之而起的是虞集（字伯生，1272—1348年）。《元史》说，虞集“得程、朱氏微旨，著《易诗书论语说》，以发明其义”。他又仿宋邵雍，主修《元经世大典》八百帙。刘秉忠、虞集都推崇邵雍的思想，并以此指导元大都的规划布局。

元大都城呈南北略长的方形，其街道除什刹海、北海和中海附近有斜街之外，基本上是棋盘形。东西南北各有九条大街，呈九经九纬之状。“九九”是《周易》老阳之数，称为极阳数，为最大的天数，只能用于国都的皇天之居所。大街宽25米，胡同宽约6—7米。现在北京城内的不少街道、胡同，仍保留了当年元大都街道的形制。

1.元大都是“法天象地”原则的体现。《析津志辑佚》说：“置居都堂于紫微垣”，“乃望视六部之列外垣者……必中书省、枢密院、御史台、宗正府、刑部，叁伍听之，号称五府。”中书省“其地高爽，古木层荫……规模宏敞壮丽，奠安以新都之位。”这就是李洧孙在《大都赋》中说的“象黄道以启途，施紫极而建庭”。

“紫微”是天上至尊之星，天之枢纽，受众星朝贡，对帝都皇城，意为万众所归，人心所向。

> 海子，大都之中，旧有积水潭，聚西北诸泉水，流行于都城而汇此。汪洋如海，都人因名焉。世祖肇造都邑，壮丽阙庭，而海水镜净，正在皇城之万寿山阴……有云：取象星辰紫宫之后，阁道横贯，天之银汉也。

把积水潭比象于天河云汉，这也是“法天象地”都城布建原则的体现。在《周礼·考工记》中，都城内是没有湖泊水面的，因“法天”银汉天河而将海子纳入于都城。

在皇城之中有“三海”，即神话中的海中三神山，也使皇宫成为佛、道仙境。“蓬莱”、“方壶”、“瀛州”、“广寒殿”、“琼华岛”、“太液池”等都与秦汉以来的神仙故事有关，象征天上仙境。真是“琪树飕飕红鲤跃，衮龙正宴瑶池仙”。“至元二十一年二月，立法轮竿于大内万寿山，高百尺”。而法轮竿是佛教的法器。大内三海已成为佛教的中心地了。

2. 按照《周礼·考工记》的记载，国都为四四方方，每边应有 3 座城门，一共 12 座城门。可是元大都北面只有两座城门，北面正中的一座城门不设，一共只有 11 座城门。

刘秉忠推崇《易》和《皇极经世书》，精于阴阳数术。在元大都城门的确定上必然依阴阳数术的思路而定。元大都的总体布局是“浚三、五之折沟，建十一之通门”。

三、五之积为十五，此为河图纵横十五之象。这也就是按“九宫八卦”的方位来规划元大都城。“立十一之通门”，据元黄文仲在《大都赋》中说：“辟十一门，四达幢幢。盖体元而立像，允合乎五、六天地之中。”邵雍在《皇极经世书》中说：“天一地二，天三地四，天五地六，天七地八，天九地十。参伍以变，错综其数也。如天地之相衔，昼夜之相交也。”也就是一、三、五、七、九为天数阳数，二、四、六、八、十为地数阴数，将阳数的中位数五与阴数的中位数六相加而得到“十一”。这表示的意思是阴阳和谐相交，衍生万物，天地相衔，昼夜更替，天地间的变化尽在其中了。刘秉忠取象于《周易》“天地之数，阳奇阴偶”。邵雍还说：“有地而后有二，有二然后有昼夜，二三以变，错综而成。”

在地理方位上，南方为阳为天，所以取阳数三，开三座城门；北方为阴为地，所以取地数阴数二，开两座城门，以示天地相交，阴阳相合，衍生万物。其中应该特别指出的是元大都北城墙只开两个门。邵雍的《皇极经世书》说：“离南坎北，当阴阳之半为春秋昼夜之门也……阳主赢，故乾（阳）位在南，全用也；阴主虚，故坎（阴）位在北，不全用也……是以天之南全见，而北不全见，东西各半也。”

元大都是以“九宫八卦”的模式来规划布局的。依“九宫八卦”的方位，正北为“坎”位。在方位上“九宫以坎宫始”，“上游息于太一之星而自紫宫也”。“息”即休息，关闭之意。《易·说卦》认为“坎为隐伏”，隐伏之极就是关闭。其方位是“重险，陷也”，所以不开城门也符合中国北方民俗中有严严实实的北面的山墙，以示有牢固的靠山。

3. 朱彝尊说：“元之建国，建元及宫城门之名，多取易乾坤之文。”文王八卦也就是后天八卦。西北为乾（☰），正北为坎（☵），东北为艮（☶），正东为震（☳），东南为巽（☴），正南为离（☲），西南为坤（☷），正西为兑（☱）。

《日下旧闻考》说：“殿曰大明、曰咸宁。门曰文明，曰健德，曰云从，曰顺承，曰安贞，曰厚载，皆取诸乾坤二卦之辞也。”但实际上元大都却是以下列一些城门名称和方位行世的。

（1）健德门，北西门，用乾（☰）卦，取《易》“乾者健也，刚阳之德吉”“阳之性健而形之大者为天”“乾则阳之纯而健之至也”。乾，“刚健中正”，位在西北面。“天行健，君子以自强不息。”因名北西城门为“健德门”。此门是国家军队出征必经之门。于时为初冬。

正北坎（☵），“坎入于陷则凶”。潜藏而不露为吉，正北有山墙则吉，《雪心赋》说：“前有帐幔挂榜作朝，后（北）有屏风坐山护托”，所以元大都正北坎位不开门。

（2）安贞门，北东门为文王八卦位在坎、艮之间。为复卦中讼卦（䷅），取意“乾上坎下，九四：不克讼，复即命，渝，安贞吉”之意，取北东之城门为“安贞门”。《周易》又说：“乃终有庆，安贞之吉，应地无疆。”也是“安贞门”的又一名称来源，于时为晚冬。

（3）光熙门，东北门，艮（☶）卦，取《易》“艮，止也。时止则止，时行则行，动静不失其时，其道光明”之意。取名“光熙门”。也因日光来自东方，此乃天光之象。时间上为初春。

（4）崇仁门，正东门，震（☳）卦。《易》万物出乎震。震东方也。震（☳）在自然界代表雷。《易·象》说：“雷出地奋豫，先王作乐，崇德殷荐之。”先王作乐既崇其声，又取其义，故曰“崇仁”，因取“崇”字。《说卦传》称：“立天道曰阴曰阳；立地道曰柔曰刚；立仁道曰仁曰义。兼三才而两之，故易六画而成卦。”在人伦道德上，震（☳）代表“仁”。“仁”在东，而

"义"在西。这里"崇仁门"和西面的"和义门"，一东一西象征人类社会的心性道德。这里也表明元大都将天（气象、光象）、地（方位）、人（人的仁义礼智信）三者融合于都城意象之中。时间上象征仲春。

（5）齐化门，东南门，巽（☴）卦，《说卦传》称："齐乎巽，巽，东南也。齐也者，万物之洁齐也。"《周易·象上传》又说："巽，中正以观天下……观天之神道而四时不忒，圣人以神道设教而天下服矣。"又说："观乎天文以察时变，观乎人文以化成天下。"这一东南巽门，将以天地自然的德性，教化天下万民。时间上象征晚春。

（6）文明门，南东门。离（☲）卦与巽（☴）卦之间，在复卦中也可以是同人卦（䷌，下离上乾）。《易》说它"文明以健，中正而应"，睿哲文明。大有卦（䷍，下乾上离）说："其德刚健而文明，应乎天而时行。"《周易·象》说它："文明以止，人文也。"因取名"文明门"。时间上为初夏。

（7）丽正门，正南门，离（☲）卦。《序卦》说："离者丽也"，"南方卦名离"，"离丽，古音近"。《易·象》说："离，丽也。日月丽乎天，百谷、草木丽乎土，重明丽乎正，乃化成天下。"《说卦传》："离也者，明也。万物皆相见，南方之卦也。圣人南面而听天下，向明而治，盖取诸此也。"于时为正夏，因此取名"丽正门"。

（8）顺承门，南西门，坤（☷）卦。《易·象》说："全哉，坤元，万物资生乃顺承天，坤，厚载物，德合无疆。含弘光大，品物咸亨。"又说："常西南得朋"，"坤道其顺乎，承天而时行，坤也者地也，万物皆致养焉"。方位在西南，于时为夏末。

（9）平则门，西南门，卦象在坤（☷）与兑（☱）之间，在复卦中近于师卦（䷆），为上坤下兑之象。《易·象》说："平亦谦之意也。"又说："谦不违则也。"因名"平则门"。为政公平明察，平易近民，民必归之。这里西南面的"平则门"与东北面的"齐化门"相对应。时间上代表初秋。

（10）和义门，正西门，兑（☱）卦。"兑者说"，"说万物者，莫说乎泽"。它有恩泽、和睦之义。"滋润万物莫过于水"，这里地近元大都进水口，"兑为口、为泽”。《说卦传》:“和顺于道德而理于义。”《文言传》说:“利物是以和义”,因名。此兑卦为“两泽相滋,互相滋益”之象。象征什刹海、北海、中海入水口。在人伦道德上,西面代表“义”(和义门)与东的“仁”(崇仁门)相对应。时间代表仲秋。

(11)肃清门,西北门,位在兑(☱)、乾(☰)之间。“夫清秋之气肃……凛乎霜”,“万物萧杀和肃清,西北之卦”。原先肃清门附近有“御使台”,也称“霜台”,是司法行刑的衙门。“深秋之气,肃而清,萧杀,万物将藏”,是晚秋之时节。

4.《日下旧闻考》说:“元之建国、建元及宫门之名,多取《易》乾坤之文。”今以实例说明如下:

(1)大明殿和大明门　源于《易》:“大明始终,六位昭成,时乘六龙以御天!”地理方位上在南,表示阳和离位。

(2)厚载门　以《易·象》“地势坤,君子厚德载物”之义以名,表示阴,先天八卦方位在北,为宫殿北方之门。

(3)光天殿　《日下旧闻考》说:“仁宗正位宸极,欲用阴阳家言,即位光天殿,即东宫也。”“光天”在《易》中代表东方。《易·象》说:“艮(☶)止也,时止则止,时行则行,其道光明。”

(4)拱宸殿　为政以德,譬如北辰,居其所而众星拱之。元李洧孙《大都赋》说:“斯人归之,如众星之拱北极,百川之朝东海,因名拱宸殿。”

5.元《析津志》说,元大都“坊名五十,以大衍之数成之”。宋代理学家朱熹说:“大衍之数五十,盖以‘河图’、‘中宫’天五乘地十而得之。大衍之数,其天生地成,或南或北,为水为火,能方能圆,有平有变,按之可为形,指之可为象。”宋邵雍《皇极经世书》说:“易之大衍何数也?圣人之倚数也。天数二十有五合之为五十。”元初以刘秉忠为代表,推行“大衍”之数。推行的新历称为“大衍历”,规划布建的元大都,其坊数亦采用大衍之数。

元大都民间居住区五十坊,加上萧墙之内的五组宫殿建筑,即大明殿、延春阁、兴圣殿、光明殿和居中在琼华岛上的广寒殿(仁智殿),一共形

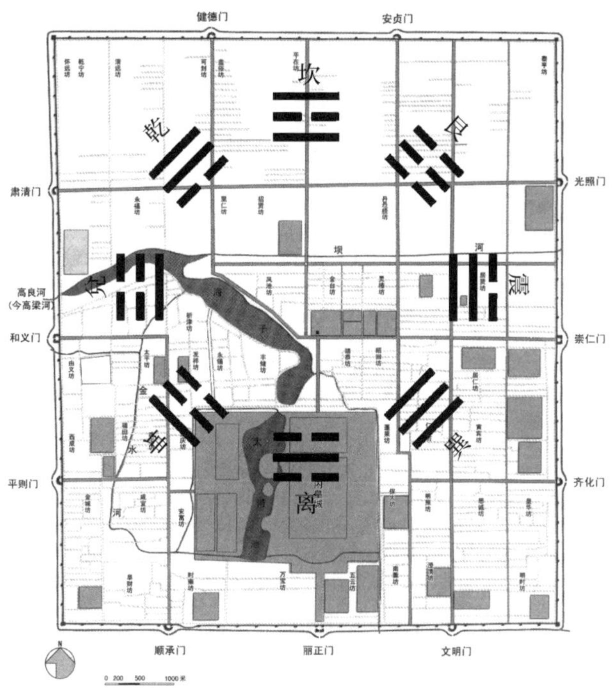


元大都城的城门依文王八卦方位排列

成元大都内的五十五组建筑。这就是“天地之数”。什么是天地之数呢?《易明图辨》说:“天数五，地数五,五位相得而各有合。天数二十有五，地数三十，凡天地之数五十有五。”一谈“大衍之数”，必就涉及“天地之数”,“盖天地之数，为大衍之法所自出”,“大衍之数，出于天地之数”。宫墙之内的五组建筑，呈“五星座”的排列。

总之，元大都浸透了儒、道、佛的思想与文化，其精髓是《周易》象数。《周易》的象数义理经过邵雍的研究将之以“图”的形式表现出来。又经刘秉忠、虞集等在当时的文化思想熏陶下，据《周易》的图形，建成元大都的实体，将《周易》的文化内涵浸透在元大都的城市规划中。

# 第四章

# 北京城的传承和保护

2014 年 2 月，习近平同志在北京市考察工作时指出，历史文化是城市的灵魂，要像爱惜自己的生命一样保护好城市历史文化遗产。北京是世界著名古都，丰富的历史文化遗产是一张金名片，传承、保护好这份宝贵的历史文化遗产是首都的职责，要本着对历史负责、对人民负责的精神，传承历史文脉，处理好城市改造开发和历史文化遗产保护、利用的关系，切实做到在保护中发展、在发展中保护。

建筑，真实地记录下了城市发展的历史，它是城市文化的重要载体。

北京老城实在是不能再拆了!

## 一、北京城郭规制探源

在中国的汉字中，“城”字有两种含义，其一是“城墙”，其二是“城市”。实际上这城市的“城”是由城墙的“城”演化而来的。这是因为城墙实际上已成了城市的一个具体形象。因而，在人们的习惯中，也往往是用“城”来表示城市。

北京的城墙，几经变迁，而作为明清北京城标志的北京城墙却是历史上修筑得最宏伟、最完整，也是最为坚固的。它如同我国的万里长城一样，是劳动人民的智慧结晶、人类历史的文化遗产，其价值无疑是超越国界的。

建筑大师梁思成曾经这样说过：“这个城墙由于劳动的创造，它的工程表现出伟大的集体创造与成功的力量。这环绕北京的城墙，主要为防御而设，但从艺术的观点看来，它是一件气魄雄伟、精神壮丽的杰作。它的朴实无华的结构，单纯壮硕的体形，反映出为解决某种的需要，经由劳动的血汗，劳动的精神与实力，人民集体所成功的技术上的创造，它不只是一堆平凡叠积的砖堆，它是举世无匹的大胆的建筑纪念物，磊拓嵯峨、意味深厚的艺术创造。无论是它壮硕的品质，或是它轩昂的外像，或是那年年历尽风雨甘辛，同北京人民共甘苦的象征意味，总都要引起后人复杂的情感的。”[1]

瑞典美术史家奥斯伍尔德·喜仁龙（Osvald Siren）20 世纪 20 年代初来到北京，在对北京的城墙城门做了实地考察之后，写下了这样一段话：“纵观北京城内巨大的建筑，无一比得上内城墙那样雄伟壮观。初看起来，它们也许不像宫殿、寺庙和店铺牌楼那样赏心悦目，但当你渐渐熟悉这座大城市以后，就会觉得这些城墙是最动人心魄的古迹——幅员广阔，沉稳雄劲，有一种高屋建瓴、睥睨四邻的气派。它那分外古朴、绵延不绝的外观，粗看可能使游人感到单调、乏味，但仔细观察后就会发现，这些城墙无论是在建筑用材还是营造工艺方面，都富于变化，具有历史文献般的价值。城墙单调的灰色表面，由于年深日久而剥蚀损毁……整个城墙仍保持着统一的风格……其变化显得较为迂缓和不大规则。这种缓慢的节奏在接近城门时突然加快，并在城门处达到顶峰：但见双重城楼昂然耸立于绵延的垛墙之上，其中较大的城楼像一座筑于高大城台上的殿阁。城堡般的巨大角楼，成为全部城墙建筑系列的巍峨壮观的终点。”他还说：“墙垣的确是中国城市最基本、最引人注目，而又最坚固耐久的部分。正因为如此，这朴实雄厚的壁垒，宏丽嶙峋的城门楼、箭楼、角楼，乃是整个北京城不可分离的艺术构成部分，是北京一串光彩耀目的瓔珞哩。”[2]

## 1. 中国城墙的文化渊源

“城者，所以自守也。”[3] 城墙，实际是指人们为自身的安全而用以防

---

[1]《梁思成文集》（四），中国建筑工业出版社，1986 年，第 49 页。

[2]〔瑞典〕奥斯伍尔德·喜仁龙著，许永全译，宋惕冰校：《北京的城墙和城门》，北京燕山出版社，1985 年 8 月，第 28 页。

[3]《墨子·七患》。

御的墙垣。当我们在参观西安东郊浐河东岸的半坡遗址时就会发现，这个距今约 6000 年左右的母系氏族公社的村落遗址，现存面积约 5 万平方米，粗略地分有居住区、制陶区和墓葬区。就在居住区的周围还绕有一条宽、深各五六米的壕沟。以后，又陆续在山东章丘县的城子崖遗址中发现有夯土墙；内蒙古赤峰东八家石城遗址发现用石块堆砌、断面呈梯形的墙壁……显然，这些壕沟、夯土墙和石砌的垣墙，都是为了保护自身的安全而用作防御的。因此也可以说，它们是我国最早的城墙。

据林留根等人称，在今连云港藤花落也发现龙山文化时期的一座古城遗址。该城两重内城呈方形，外城是长方形，南北长 435 米，东西宽 325 米，周长 1520 米，并有护城河，内城紧贴外城东南城墙，城内有 3 处高台，台基上有大型的回廊式建筑，且有主次分明的道路系统。据实际情况分析，城墙的墙体由夯土版筑而成[1]。

随着社会生产的不断发展，产生了剩余产品，出现了私有制。城郭沟池便成了保护私有财产的重要手段。《礼记·礼运》篇这样写道："今大道既隐，天下为家……货力为己……城郭沟池以为固。"所以，城郭沟池的出现，完全是社会历史发展的产物。

众所周知，我国是一个历史悠久的文明古国。如果以我国都城的建设而言，最早可以追溯到 4000 年前的夏代。《吕氏春秋》和《淮南子》都记载了"夏鲧作城"的传说。而《吴越春秋》则更具体地说："鲧筑城以卫君，造郭以守民，此城郭之始也。"[2]《世本·作》篇也曾有"鲧作城郭"的记载。1956 年考古工作者在河南省登封县告城镇西约 1000 米的谷地上发现了古城遗址——王城岗遗址。

登封嵩山一带曾是夏王朝初期活动的中心区域，而王城岗遗址的所在地，很可能就是夏王朝初期城垣的遗址。这里两座城堡遗址东西并列，

---

[1] 林留根、周锦屏、高伟、刘原学等：《藤花落遗址聚落考古取得重大收获》，《中国文物报》，2000 年 6 月 25 日。

[2] 史念海：《中国古都和文化》，中华书局，1998 年 7 月，第 1 页。

但破坏严重，可能为正方形。两城修筑的方法相同，都是先挖基础槽，槽口大于底，逐层填土夯筑。夯窝不规则，砾径 4—10 厘米不等，实际就是以河卵石作夯具夯筑而成。夯层 10—20 厘米，也有 6—8 厘米的。夯层间填细砂层，厚 1 厘米，夯土分黄色和棕红色两种，夹杂有零星的红烧土、碎骨、石片、陶片和河卵石等。这是我国首次发现的龙山文化中晚期的城址，也是我国发现的较早的古城遗址之一，为研究我国城垣建筑的起源提供了宝贵的实物资料。而河南省偃师县城西南二里头宫殿遗址则开启了我国宫殿建筑的先河，在中国都城发展史上具有划时代的意义。

1972 年发掘了距今 3500 年的郑州商代前期城址。该城垣东墙长约 1700 米，西墙长约 1870 米，北墙长约 1690 米，南墙长约 1700 米，略呈方形，周长 6960 米，全部以夯土版筑而成：一般夯土层厚 3—20 厘米，每段长约 3.3 米；每层夯土皆密布夯窝，其直径 2—4 厘米，深 1—2 厘米。城墙断面呈梯形，平均底宽约 20 米，顶宽约 5 米。在这里发现了两种版筑方法：中部是层层平筑，内壁近于垂直，且可以看出筑板的痕迹，即每块筑板长约 3 米，板宽 15—20 厘米；梯形的两腰是倾斜夯筑的，称“护城坡”，显然是为了支撑主城墙而设的。横堵的木板，步步加高墙身，表现了筑墙方法的原始性。在城内东北部发现了几处大面积的夯土台基和大型房基，还发现了不少玉簪、铜簪、玉器等，似为商代早期宫殿所在。其周围高峻坚固的城墙就是用来护卫王室贵族，维护其统治的。

殷墟是商代后期的王都，是我国奴隶制发展到全盛时期的政治、经济、军事和文化中心，从盘庚到纣王共二百七十多年，称商都为“大邑商”“天邑商”“商邑”。殷墟位于今京广线上河南安阳市西的小屯村一带，范围 24 平方千米以上，是殷王朝的王宫所在地。

自 1928 年以来，考古工作者对殷墟进行过数十次的调查发掘，虽基本搞清了殷墟的范围和布局，但并未发现城墙，仅有壕沟。从历史的发展看，中国古代的城市大多是先修筑城墙，后形成市区。而在西方，古代的城市大都是先形成市区，后修筑城墙的。

《吕氏春秋》中所说的“古之王者，择天下之中而立国”，就是在自己的封域内选择适中的地点，来营建足资防守的城池。《古今注》说：“城，盛也，盛受国都也。”所以，“立国”之后，便要想尽一切办法，来保护自己作为政权基础和统治中枢的“国”（都城）。

周初是中国古代农业大发展的时代。与此同时，剥削制度也有了很大改变，财富日趋集中，城市开始大量涌现。城郭沟池的防御作用也比以往更为重要。在周以前，城市不多，我国古代城市的大量兴起，主要还是在封建社会时期。

关于城墙的建筑，如前所述，在《周礼·考工记》“匠人营国”一节中有明确的规定。“墙”和“城”的关系，就这样被营国制度确定下来了。诚然，城墙实际上主要是一种军事性防御工程，但是，由于制式观念的影响，它显然同时具有多重功能。对于整个城市来说，它的作用无异于一座房屋的外墙。中国古代观念认为，城是统治者中心形象的扩大，而在城市设计思想中，建城就等于建设一座庞大的建筑物。所以，作为国都的城墙，始终是作为都邑规划和建筑形制不可缺少的组成部分而存在的。明朝时有人对此说得非常清楚：“人君者……设为城郭沟池以守其国，以保其民人。传记谓其制自黄帝始。历代建国，必有高城深隍，上以保障宗社朝廷，下以卫捍百官万姓，其所系甚重，其为功不小。”这就是说“高城深隍”仍和过去一样，是“建国”的首要条件，是“宗社朝廷”的根本保障。

### 2. 城郭的形状及其变化

在甲骨文中，“邑”的字形上面是一个代表城墙的圆圈，下面跪着一个人；而“郭”字是外城，其字形是一个圆圈，上下两座楼。由此可以推知，我国原始的城市平面形状是圆形的。而前面所说的半坡仰韶文化遗址，其居住区便呈不规则的圆形，里面密集地排列着许多房子。如果最初形成的城市，是聚落的扩大和其进一步的发展，那么这些城市的平面仍然保留圆形是极有可能的。因为，向心的圆形是最早表达出“群体”性格的一种意念的体现，修建“防御沟”和城墙的目的是完全相同的，后来的“城”和“沟”也都是连在一起出现的。甚至还可以这样说，在以后的“挖沟工程”中，挖沟和垒城是同时进行的，即将挖出来的土方堆在沟边，土堤式的“城墙”就会同时出现。由此可以推想，半坡遗址中出现的“防御沟”，也可能有原始的城墙与其同时出现。当然，其平面形状也应该是圆形的。

另外，对于“圆形的城市”还可以做这样的理解，即在构筑城墙的时候，在转角的地方并不采取直角，而是以大圆角来转接。这样，在外形上即便是方形或者矩形的城市，似乎也成了“圆形”。在历史上，这种城墙的构筑方式不仅真实存在，而且还使用得非常普遍，尤其是在一些小城的修建中。我们不但可以在古代的图画中看到这种城墙的形式，就是在今日北海和西郊香山红旗村附近的团城，也可以看到这种城墙的模式。

我国现存最古老、最完整的地面城池，便是今江苏省常州市武进县湖圹乡淹城村。这里是周代奄国（又作淹）的都城——奄城。奄城遗址保存完好，有王城、内城和外城三重。城垣土筑。现存残高尚有9—13米。三重城垣外都有护城河。护城河水面宽阔。今宽40—80米，水深4—5米。三重城垣都只存一个旱路城门，而且3个城门都开在同一个方向上，真可谓层层设防，固若金汤。《越绝书》记有：“毗陵县南城，故古淹君地也。东南大冢，淹君子女冢也。去县十八里，吴所葬。”这里对奄城的位置，以及后来被吴所灭的历史都记载得很清楚。人们所见到的古代城郭，特别是都城，其平面形状大多是呈方形，或者呈矩形的，而且在《周礼·考工记》中有明确规定，于是有人便把这解释为是“儒家思想”在城市建设上的一种反映。但是，人们从郑州古代城市的考古发掘中看到，远在孔子诞生之前的商代，城市就已经是大致呈正方形或矩形的了，而正方形或矩形城郭的出现，显然又与夯筑（版筑）技术的产生和发展有着密切的关系。

城市平面形状的变化，究竟是由圆而椭圆，还是由正方形而矩形呢？或者根本不存在这一变化过程？这是需要人们去进一步探索研究的问题。但是，有一点是可以肯定的，这就是《周礼·考工记》中“匠人营国，方九里”的规定，对以后的城市建设有着很大的影响。西汉时期的长安城，隋唐的长安，金、元时期的中都、大都，乃至明朝的北京城等，都是近于矩形的。但是，由于在城址的选择上，建城的地理位置不一定具有合乎建城要求的地形，而合适的地形又不一定处于良好的建城位置，所以，当理想的“方正”模式不可能在业已确定的城址上进行建设的时候，城市就不得不改变成为不规则的形状。如前文所说，建于西安龙首原上的汉长安城，其整个城垣只能说是大体呈正方形。它的南北两边都呈不规则的折线，即北城作“北斗”形，南城作“南斗”形，因而又被称为“斗城”。从表面上看，城墙之所以为“斗形”，是基于“体象乎天地”的设计意图。而事实上，却有两个客观因素制约着“斗城”的产生。其一，北城、西城由于受渭水限制，只好向东北方向曲折而行，用两个“北斗”星座的图案来迁就它；其二，汉长安城是先建“宫”，后筑“城”的，当时长乐、未央二宫对峙于城南，加之正门长安门规模宏大，且向外突出，致使南城垣不得不迁就现状，而形似“南斗”。同样，明北京城的西北角，由于受自然条件（由古高梁河形成的天然湖泊——海子）的制约，而不得不缺一角。所以，有时理想的方正模式往往因受到“外力”而发生“变形”，而这种“变形”是在建城的实际工作中所得的结果，其本身并不是一种预定的城市形制。

古代城市之所以取法于“方正”，不仅源于“天圆地方”的文化理念，还与古代城市必须构筑城墙有关。方形或者矩形的城市平面，在建筑的工程技术上是最方便的。另外一种情形是，作为核心的“内城”是方的，是最早建立的一个“行政或军事”堡垒，“外城”则是根据“内城”

建立起来之后的实际情况再进行建设的。于是，新筑的外城便会出现不规则的外形。“双重的城墙”或者“多重的城墙”，自然构成了一个“双重”的或者“多重”的防御体系，原来的“核心”——内城就倍觉安全，并被确立为“重城制”的城郭。

## 二、北京城郭的规制和变迁

据有关专家研究确定，古人早在公元前1046年就已经在今北京城的西南部（即今广安门一带）建立了燕国。以后，随着历史的发展，城墙亦几经变迁。如今我们在寻迹北京古城墙时，还可以见到金、元、明、清四个朝代的实物，而这也正是我们在研究北京城墙时所必须予以注意的问题。

### 1. 金中都城墙

从北京城历史演进的轨迹中可以看到，金中都城是在辽南京城的基础上扩建而成的，即除北城垣未动之外，东、西、南三面均加以扩大，略呈正方形。其西垣在今广安门以西约2000米处，南起凤凰嘴村，北至蝎子门、马连道、北蜂窝、会城门一带，长约4530米；东垣在今宣武门大街以东，南起陶然亭公园，北至黑窑厂、潘家河沿胡同、魏染胡同、南北柳巷，再北至南翠花街，长约4510米；南垣从今凤凰嘴村的西南角东转经万泉寺、石门村、祖家庄等，至陶然亭公园以南，长约4750米，其南侧有东西延长的水沟，疑即为金中都南护城河的遗迹；北垣在宣武门迤北，东起受水河胡同，西经东西太平街至北蜂窝一带，长约4900米。中都城周长18690米。经钻探证实，金中都城东南角在今永定门火车站西南的四路通，东北角在今宣武门内翠花街，西北角在今军事博物馆南的皇亭子，西南角在今丰台区凤凰嘴村西南角上。

据史书记载，金中都城的扩建工程曾动用了数十万民夫、兵工，“筑城用涿州土，人置一筐，在右手排立定，自涿至燕传递，空筐出，实筐入，人止土一畚，不日成之”。金统治者极力模仿北宋汴梁城的规制，但客观条件又迫使他们只能在旧南京城的基础上进行扩建改造。

金贞祐三年（1215 年），金统治者离开中都以后不久，蒙古军队第三次攻打中都。城市陷落后，皇宫被付之一炬，大火烧了整整一个月。但整个元代还残留着旧时宫室的遗址。明初，金宫遗址犹存。嘉靖筑外城（1554 年）后，遗迹始渐湮灭。

如今，我们还可以在凤凰嘴村一带看到断断续续的土岗，这便是金中都城仅有的遗迹了。值得一提的是，1990 年右安门外玉林小区施工时，发现了金中都城南城垣下的一个水关，距南护城河（今凉水河）70 米。水关遗址全长 43.4 米，通水涵洞长 21.35 米，宽 7.7 米，北入水口宽 11.4 米，南出水口宽 12.8 米，底部过水面距现地面高 5.6 米。水关整体为木石结构，非常牢固。这是迄今为止，我国发现的城垣水关中最大的一个，并于 1995 年被确定为全国重点文物保护单位。现已建成“辽金城垣遗址博物馆”。

### 2. 元大都城墙

元大都城没有因袭金中都旧城，而是在旧城的东北另建新城。新都城的营建始于至元四年（1267 年），城“方六十里，十一门”，呈一南北略长于东西的矩形。实测周长 28600 米，南垣长 6680 米，北垣长 6730 米，东垣长 7590 米，西垣长 7600 米，共 11 门。其东西两垣与今北京内城的东西城墙一致。南垣在今东西长安街南偏一线，北垣在今德胜门、安定门外 5 里，俗称“土城”，至今仍可以见到高达数米的元城墙遗迹。

久居北京的人也许都还记得，今西长安街北侧，也就是今天电报大楼门前不远的地方，曾有一座“双塔庆寿寺”，寺内存有两座砖砌高塔。元代筑城时曾得元世祖谕旨，城墙要绕开双塔 30 步。这就使元城的南墙在双塔庆寿寺南突出一个弧形（1955 年在展宽长安街时双塔被拆除）。

整个大都的城垣均为夯土版筑而成，实测基、高、顶宽之比为 3∶2∶1，基宽 24 米。土城中有“永定柱”（竖柱）和“纴木”（横木），目的是加固城墙。据《析津志》载：“世祖筑城已周，乃于文明门（现东单十字路口偏南处）外向东五里立苇场，收苇以蓑城，每岁收百万，以苇排编，自下砌上，恐致摧塌，累朝因之。”城墙修筑耗资甚多，但“雨坏都城”的问题仍然不断发生，而且终元一代也没有解决。

由于大都城共开有 11 门，南边东起为文明门、丽正门、顺承门；东边北起光熙门、崇仁门、齐化门；西边北起肃清门、和义门、平则门；北边西为健德门、东为安贞门，即南、东、西各三门，北面两门，犹如“三头六臂两足”；城又不镶砖而以苇编蓑城，犹如穿着“荷叶裙”。所以，人们便形象地把它称为“哪吒城”。

大都城西北面的两门（即肃清门、健德门）的基址钻探情况表明，城门的地基夯筑坚实，而城门建筑是被火烧毁的；大量的木炭屑和烧土的堆积层证明，城门建筑很可能是“过梁式”木结构门洞。1969 年为配合某工程建设，拆除西直门箭楼时，发现了和义门瓮城门遗址。门洞内青灰皮上的题记表明，它是元至正十八年（1358 年），即元亡前夕仓促加筑的，甚至连地基都未筑。城门高 22 米，门洞长 9.92 米，宽 4.62 米，内券高 6.68 米，外券高 4.56 米。门砧石上还留有承托门轴的半圆形铁球——“鹅台”，说明当时的砖券技术已经很成熟。这是一种由过梁木结构城门，发展到明清砖券城门的过渡形式。门额上方还有用石箅等做成的、可通水到木质门额的水窝。这可能是防止用火攻城门时用的。这种结构也是前所未见的。城上有三楹三进的地堡式城楼。令人惋惜的是，这一遗迹并没有保存下来。

城的四角都有巨大的角楼。今建国门南侧的观象台，就是元大都东南角楼的旧址。城外部则等距离地建有加强防御的“马面”。其外再绕以又宽又深的护城河，使大都城形成了非常坚固的防御体系。

元大都建成之后，金中都并未因此而放弃，而是以北城、南城相称。当时在春秋两季，大都城（北城）的人常去南城（金中都城）游览。聚居在金中都东北部的居民与大都城来往频繁。在丽正门（今人民英雄纪念碑的位置）与中都城的施仁门（今虎坊桥附近）之间还保留着不少斜街，如现存的铁树斜街、杨梅竹斜街、樱桃斜街等，都是自东北而西南的斜街。这些斜街就是从大都城通向中都城的捷径。金中都城直到明嘉靖、万历年间修筑外城时才日渐湮废，但有不少寺观，如悯忠寺、白云观等仍然被保留下来了。

### 3. 明北京城墙

1368 年 8 月（洪武元年）明将徐达率兵攻下大都。明军进城之后，为便于军事上的防守，遂将北城南缩 5 里，另筑新城。只是这段新筑的北城墙的西段，在穿过旧日海子（今积水潭）最狭窄的地方之后，转向西南，遂成一斜角。从而把积水潭西端的一部分隔在了城外。

新建的北城墙仍然只设两个门，东为安定门，西为德胜门，从而奠定了明北京城的北界。对此，史书记有“洪武（1368—1398 年）初，改大都路为北平府，缩其城之北五里，废东西之北光熙、肃清二门，其九门俱仍旧。大将军徐达命指挥华云龙经理故元都，新筑城垣，南北取径直，东西长一千八百九十丈。又令张焕计度故元皇城，周围一千二百六丈。又令指挥叶国珍计度南城，周围凡五千三百二十八丈。南城，故金时旧基也。改元都安贞门为安定门，健德门为德胜门……创包砖甓，周围四十里。其东南西三面各高三丈有余，上阔二丈；北面高四丈有奇，阔五丈。濠池各深阔不等，深至一丈有奇，阔至十八丈有奇。城门为九，南三门：正南曰丽正，左曰文明，右曰顺承；北二门：左曰安定，右曰德胜；东二门：东南曰齐化，东北曰崇仁；西二门：西南曰平则，西北曰和义。”14 世纪末明朝洪武年间，当北平尚未成为新王朝的京城时，其范围和城墙的情况大抵如此。东、西、南三面的旧土墙已开始用砖包砌。

永乐十七年（1419 年）十一月，展拓南城墙，即从今东西长安街往南展拓到今前三门一线。城楼的大规模修建，是明中叶进行的。正统元年（1436 年），英宗命令安南人太监阮安和都督同知沈清、少保工部尚书吴中，率军数万人，修筑京师九门的城楼，工程进行 4 年，一直到正统四年（1439 年）才完工。此时的城门不仅建筑了城楼，门外还设立了箭楼，月牙城也建起了城楼。各门外立牌楼，城四隅立角楼。此外，又把城壕加深了，并用砖石衬砌两壁。九门的外面，将旧用木桥通渡全部撤去而改为石桥，并设立了水闸。这样整个城墙、壕沟已是规模颇具。碧绿的濠水可自城西北角入，环城而东，历九桥九闸，再从城东南隅经大通桥而流去。原来的城垣，仅外侧有砖皮，正统十年（1445 年），把城垣的内侧也统统用砖包砌了起来。九门的名称除北面的德胜、安定外，南面的丽正、文明、顺承，改为正阳、崇文、宣武，东面的齐化改为朝阳，西面的平则改为阜成；崇仁、和义改为东直、西直。

明北京外城的修建是在嘉靖年间。据《明世宗实录》，远在成化十一年（1475 年），定西侯蒋琬即提出过修筑外城，但未被采纳。至嘉靖三十二年（1553 年），因北边告警，群请增筑北京外城。给事中朱伯辰言:“臣窃见城外居民繁伙，无虑数千万户，四方万国，商旅货贿所集，不宜无以圉之。”都御史毛伯温则言：“古者有城必有郭。城以卫民，郭以卫城，常也。若城外居民尚多，则有重城，凡重地皆然，京师尤重。今城外之民殆倍城中……宜筑外城。包络既广，控制更雄。”后命相度兴工。外城工程于嘉靖四十三年（1564 年）完工。于是，北京城便形成了我国独一无二的“凸”字形城郭。

完工以后的外城，全长 28 里。设门七座：正南为永定门，其东为左安门，其西为右安门；东向为广渠门，西向为广宁门（清道光时改为广安门）。东、西与内城交接的东西转角有两小门，东为东便门，西为西便门。嘉靖四十三年（1564 年）又增修了各门的瓮城。经实测，整个北京城墙的内城东西长约 6650 米，南北长约 5350 米；外城东西长约 7950 米，南北长约 3100 米。

清朝定都北京之后，明代遗留下来的城墙，基本上没有变动，史称“定都京师，宫邑维旧”。只是在城墙倒塌时进行过修缮或对护城河进行疏浚。所以，以后人们见到的北京城郭，基本上还是明朝的样子。

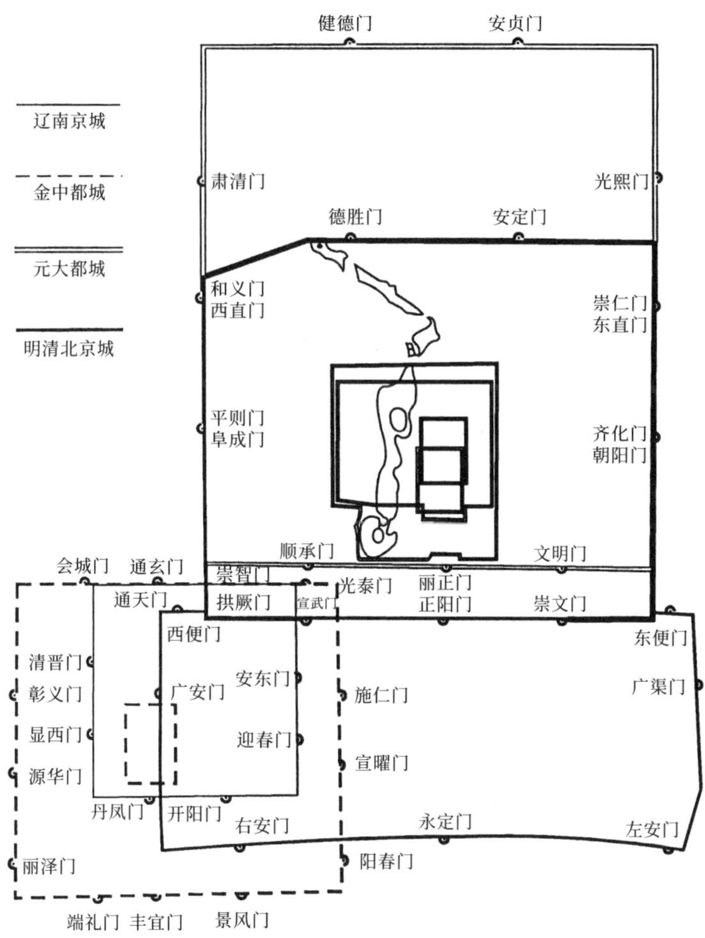


北京城的历史变迁

## 三、北京城郭城门及其特点

《周礼·考工记》中对城墙的高度做了规定："天子之城高九仞，公侯七仞，伯五仞，子男三仞。"[1]

明北京城墙的规制，在《顺天府志·京师志》中是这样记载的："创包砖甓，周围四十里。其东南西三面各高三丈有余，上阔二丈；北面高四丈有奇，阔五丈。濠池各深阔不等，深至一丈有奇，阔至十八丈有奇。城门为九……"又说"下石上砖，共高三丈五尺五寸。堞高五尺八寸，址厚六丈二尺，顶阔五丈。设门九，门楼如之，角楼四，墩台一百七十二，旗炮房九所，堆拨房一百三十五所，储火药房九十六所。雉堞一万一千三十八，炮窗二千一百有八。"[2] 据记载，外城墙高二丈，垛口四尺，基厚二丈，顶收一丈四尺。内外城垛口总数为 207725 个，垛下炮眼 12602 个。

城墙外壁以不同倾度从墙基处挺立。一般来说，内侧壁比外侧壁略微陡峭。城砖层层叠砌，状如梯级。其外壁每隔一定的距离，便附筑一座与城墙同样厚的方形扶垛般的墩台，即马面。从而大大增强了城墙的防御能力。在北垣，所有的墩台大小相同，间距二百多米；其余各垣为 80—90 米。此外，还有与城墙内侧马道相配合的、形体较大的墩台。在内侧则设有供上下城的马道。

城墙顶部平面以大砖海墁，内侧边缘建筑女墙，外侧边缘建垛口。女墙仅是一道简单的砖砌屏障，厚 60 厘米，高 80—90 厘米，上部切面呈半圆形。垛墙比女墙略厚，但高度至少是女墙的两倍，垛高 1.8 米，垛口间距仅 0.5 米。在高于城墙顶部平面的女墙和垛墙的下部，开有一方形洞口。垛墙下部的方洞显然是用于防御的, 女墙下部的方洞则是排水用的。

[1] 古时一仞为 7—8 尺，约合今 1.6—1.8 米。

[2] 明时每尺约合今 0.32 米。

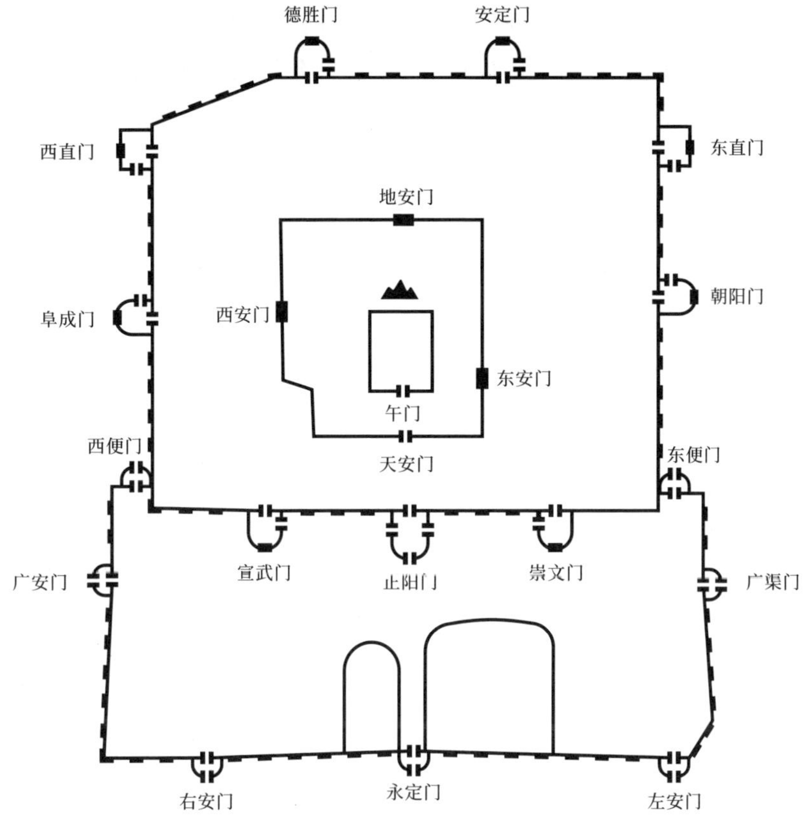


内城周长23.3公里　墩台(马面)173个　东垣长5330米　南6690米　西4910米　北6790米
墙高11—12米　基厚17—20米　顶宽11—12米　雉堞高1.70米　女儿墙高1.0米
城砖规格48×24×12厘米

外城周长14.4公里　东垣长3310　南7854米　西3245米　墙高6米　基厚12米　顶宽10米
雉堞高1.7米　女儿墙高1米

城门是城墙这个防御体系的重要组成部分。如果我们把由城墙围起来的城市，比喻为一个巨人身躯的话，城门就好像巨人的嘴。全城的生活脉搏似乎都集中在城门处。正是它们赋予北京城这个极其复杂的有机体以生命和运动的节奏。譬如，内城南面是北京的门户地带，耸立着正阳门、崇文门、宣武门三座城门。其中正阳门仅供皇帝出入，所以常被称为“国门”，比其他两门要高大得多。与其相隔若干距离的东西两面，耸立着俗称为“哈达门”（或“海岱门”）和“顺承门”的两座城门（即崇文门、宣武门）。

内城各门是根据统一的设计图纸和样式建筑的，仅在体量的大小和细部有所不同。各门最主要的特点是双重城楼，而且是建筑在一个把城墙经过加固、加厚之后所形成的城台之上，为一巨大而壮丽的楼阁式建筑物。整个楼阁三檐两层，每层有围廊，并筑有可供登上城台的马道。它不仅可供徒步或骑马而上，也可供马车运送枪炮弹药。箭楼则是一座形似城堡、显得非常简朴的砖构建筑。它除了两层屋和四层箭窗外，再无别的结构。外城下部便是突出于瓮城弧形墙体之外的城台。

北京内城九门虽然在用途上没有明确分工，但其名称不同，含义不同，细细品味亦颇有趣。

正阳门原名丽正门，明正统年间改称正阳门，取“日者重阳之宗”，“天子当阳”之意，由于其地处正南之中，仅供帝王出入，所以亦称“国门”，俗称前门。帝王治理天下当离不开“文治武安”和“左辅右弼”，所以又将“文明门”改称崇文门，“顺承门”改称宣武门。崇文门原是北运河往来京师的终点站，商船、货船都要在这里接受检查并缴纳税金，所以又有“税关”之称。内城各门原先都打典，以打典作为开关城门的信号。关城门时提前半小时打三次典，打第三次时则以急促的声音催促进出城门的人快走，最后典声一停，城门马上关闭。而崇文门却

正阳门箭楼

挂着口大钟。这是因为出入崇文门的人流、船只特别多，声音嘈杂，而钟声较典洪亮而且传得远，以使人们和船只尽早做好出入城门的准备。这也就是北京“九门八典一口钟”这一典故的由来。崇文门瓮城左首的镇海寺内还卧有一尊造型古朴、直径一米多的铁龟。据传，崇文门护城河桥下有一海眼，以它镇保平安。因此，“崇文铁龟”也遐迩闻名。宣武门瓮城的午炮每日一响，声震京华，京人以此对时辰，所以人称“宣武午炮”。宣武门外的菜市口，常作为囚犯的行刑之所，押送人犯的囚车经常走此门，因此又被称为“死门”。

北垣无中门，仅辟两座旁门。北门历来被视为京师最重要的防御之门。德胜门常作为出兵征战之门，寄语“得胜”二字。清乾隆四十三年（1778年）因天大旱而颗粒无收，年末，清高宗去明陵谒拜，行至德胜门时恰逢天降大雪。高宗大悦，作御诗并立“祈雪”碑碣一通，外有黄琉璃顶碑楼一座，因有“德胜祈雪”之说。安定门则是出兵征战凯旋之门。皇帝每年赴地坛祈祷丰年也出入此门，故又有“丰裕之门”的称谓。京师九门中有八门的瓮城内建有关帝庙。唯安定门建真武庙，风格独具，故有“安定真武”之说。东垣的朝阳门，内九仓之粮皆由此门运至。每逢京师填仓之日，往来粮车络绎不绝。故瓮城的门洞内刻有谷穗一束，人称“朝阳谷穗”。与其遥遥相对的阜成门则是供京师烧火取暖的京西煤车的出入之门。在城门洞北侧墙上便镶嵌着一块刻有“梅花”的石雕，以“梅”喻煤。北风呼号，漫天皆白的时节，人们在取暖之时便会有“阜成梅花报暖春”的感慨。其北面的西直门，则是人人皆知的从玉泉山到皇城的御水车的必经之门，故瓮城门洞中刻有汉白玉水纹石雕一块，京人皆称“西直水纹”。其他还如“东直铁塔”“西直折柳”“左安架松”“右安花畦”“东便游船”“西便群羊”等。其中，值得注意的是“正阳石马”和“地安石鼠”之说。

原来，在正阳门（前门）箭楼与五牌楼之间的路西，西河沿后身的河道中原有一尊石马，高1米多，长约2米（修筑地铁时曾出土）。据说，前几年又曾在地安门桥（后门桥）附近出土一尊石鼠。“鼠”在中国的十二生肖中为“子”，“马”为“午”。在北京城正南正北的子午线上，还真有实物标志，这实在是北京城市建设史上一件很有意思的事。

至于内城九门的色彩和附属设施，《顺天府志·京师志》有这样一段记述：“凡门楼均朱楹丹壁，檐脊均绿琉璃。正阳门东西、崇文门东、宣武门西、朝阳门东、东直门南、德胜门西，各设水关一，均内外三层，每层皆护以铁栅……东便门东、西便门东，水关各一，皆三洞，每洞均有铁栅。东便门西水关一，内外二层，铁栅如之。”现对尚存的几座城门做一简要的叙述。

前门，即正阳门，是北京南城垣的中大门，它位于皇宫的正前方，是北京最重要的城门，俗称“前门”。原城门建筑群包括一个巨大的瓮城，内有空场，其四向各辟一门。北门开在宏伟的城楼之下，面向大明门（后改大清门、中华门），并通过一道长方形的围墙与之相连。南门则辟在箭楼城台的中部，门前是护城河桥和外城的主要大街——前门大街。此门只供皇帝专用，其余的人只能从东西两侧的瓮城门出入。瓮城内宽108米，深85米，围墙基厚20米。它是皇城最外面的庭院，并以墙垣、城门与皇城连接。

前门楼的形制与其他各门相同，但形体要大得多。楼的正面朝南，齐城台平面处宽为50米，最大进深为24米，通高38米。就是说建筑构件的强度和数量均有增加（东西20根暗柱、28根明柱、12根校内柱。外城各门立柱较少，东西便门更少）。墙壁倾斜，基厚约2.5米，三排粗重的柱子支撑着整个屋顶。外部亦有檐二重，顶为歇山式，下层檐是半个倾斜的屋顶，从楼体伸出两檐均覆以耀眼的绿琉璃瓦。楼身宽36.7米，深16.5米；楼高27.3米，通高42米；回廊面阔41米，进深21米。

在正门的两侧原有两座黄顶小庙，东为观音庙，西为关帝庙。院内，树木参差，灰墙环绕，环境宜人。从城楼上俯瞰前门大街，两边点缀着婆娑绿柳和旧式牌楼，是北京最美妙、最诱人的街景。

前门瓮城和箭楼工程与其他八门一样也是明正统四年（1439年）完

正阳门城楼

成的。瓮城又叫月城，俗称城圈，是在城门外侧建筑的圆形或方形小城。这个小城的高度与大城一样，只是墙体稍薄一些。箭楼建在瓮城中间，与大城门楼在一条轴线上。正阳门是皇城正门，箭楼开一个门，但平时紧闭不开，只有当皇帝出入时才开启。瓮城东西两端各开一个门，门上有闸楼。其规格均比其他八门大。

正阳门箭楼为重檐歇山顶，重檐以上是一排箭孔，重檐以下是 3 排箭孔。正面每排 13 个孔，连同侧面的箭孔和采光孔 3 面共计 94 个孔。楼内每排箭孔之间有一层楼板，以供守城士兵活动之用。在高大雄伟的箭楼之下便是宽阔的护城河，河上有石桥。桥分 3 路，两侧为车马人行道。桥南有 5 开间的牌坊一座，结构奇特而崔嵬，色彩华丽，使正阳门显得更绚丽而壮观。因此，前门有“三桥四门五牌坊”的传称。正阳门曾数度遭火焚和重修。1916 年拆除瓮城，又在箭楼上添建了水泥平座护栏和箭窗遮阳，月墙断面上添加了西洋花饰，形成了现在的外观。

西便门，系北京外城西垣的北门。这是一座外形呈长方形的城门楼，抹灰的墙四面有门，既无窗又无廊。屋顶有望兽和脊兽等饰物。城门楼下的城垣以城台形式略予突出，仅设一条马道，贯穿城台的城洞呈方形，其顶部由几块厚重的木板构成，架在嵌于两侧砖墙中的横梁上。平顶城门洞里是高而宽的内券，设有带枢的门，可以自由开合，并可折入墙凹处。整个楼宽 11.2 米，深 5.5 米，楼高 5.2 米，通高 11.2 米，屋架仅一排柱，每面 4 根，附立于墙内，屋梁为 2 根，既无斗拱，也无檐柱，瓮城内较为窄小，仅宽 30 米，深 7.5 米。

箭楼城门洞，从外向里为方形、平顶，由内向外则为拱形；大门也与城门洞中较宽较高的内券相配合，既可严密关闭，也可在开启时丝毫不妨碍出入。城门微突出于瓮城墙垣，上缘施有一道墙头线。城台上即为小城楼，楼两侧为垛口。全楼仅宽 9 米，深 6.4 米，楼高 4.7 米，通高 10.5 米。其结构与门楼相同，也是一排小型柱，砌于砖墙内（正面和背面各有 4 根柱子），正面和侧面开有两层箭窗。

内城东南角楼，位于原东便门的西北侧。这是一座建在城墙外缘的方形台座上、高约 30 米的转角箭楼。据《明英宗实录》载："（正统）四年（1439 年）四月丙午……城西隅立角楼。"角楼沿城墙外缘转角建起，平面呈曲尺形，四面砖垣，重檐歇山顶，两条大脊于转角处相交成十字，灰筒瓦缘剪边绿琉璃，列脊饰兽头。楼体外侧向东向南两阔面和向西、向北两侧面，均辟箭窗（即射孔），计上檐下一排，下檐下三排。阔面每排 14 孔，侧面每排 4 孔，共 144 孔，楼体内侧随主楼各出抱厦，亦相连成转角房，辟二门，一向西，一向南，门上设直棂窗。楼内设立柱 20 根，支撑梁架，设射孔，并铺设楼板三层，以供士兵活动之用。显而易见，它与整个城墙一样是一座军事防御建筑。其规制独特，既是我国现存最大的转角楼，也是北京城唯一幸存的角楼。

德胜门与安定门同为北京城北的重要门户。而德胜门外连居庸关、八达岭，地理位置至为要冲。明清时期出征讨敌或班师回朝，几乎都从此门出入，德胜既有“德政之胜”也有“得胜回朝”的寓意。明朝迁都北京之后，为加强防务，曾于英宗正统初年整修城池。德胜门城楼、箭楼和其他八座城门的防御设施等，同时在正统四年（1439 年）竣工，以后屡有修缮。康熙十八年（1679 年）北京大地震，德胜门震毁；民国初年城门楼、瓮城相继被拆或毁圮，只有箭楼完好地保存了下来。1976 年唐山大地震波及箭楼，北京各方有识之士几经呼吁，最终被允许保留，并于 1980 年进行了大规模修缮，使之得以重放异彩。

德胜门城楼矗立于城台之上，楼体坐南朝北，前楼后厦，重檐歇山顶，灰筒瓦铺顶，绿琉璃剪边，面阔 7 间，进深 2 间，抱厦 5 间，内分 4 层；墙体东西北三面上下设 4 排箭窗，总计 82 孔。城台上沿筑有雉堞和女墙。远眺此楼巍峨而壮观。整个北京城就是由这些高大雄伟的城楼、箭楼、城墙、瓮城等组成的，它显得那样沉稳雄伟、高屋建瓴、睥睨四邻。而城墙每隔一定的距离，便筑有大小不尽相等的墩台。它们的存在不仅使城墙显得格外雄劲而威严，而且使城墙外表变化的节奏变得鲜

整修后的德胜门箭楼

明。双重的城楼昂然耸立于绵延的垛墙之上，其中较大的城楼就像一座筑于高大城台上的殿阁，而城堡般的巨大角楼，则成为全部城墙建筑系列巍峨壮观的终点。如果远眺北京城墙，它们宛如一条连绵不绝的长城，其间点缀着座座傲然挺立的城楼，整个画面如同一幅雄奇壮丽的国画。

## 附录 明北京城城墙遗迹[1]

北京城的兴起始于周代，距今已三千余年。其原始聚落曰蓟。春秋战国时期诸侯割据，蓟为燕侯都城，名满海内。后世或称北京为燕京，皆来源于此。

自秦以后，封建王朝相继建立，历代名都先后崛起。北京后来居上，遂为辽金元明清五朝建都之地。在辽为陪都，号称南京。金朝正式建都，扩展旧城，改为中都，公元1267年元朝始筑大都新城于金中都东北郊外。明朝初年改造大都，先于公元1368年移其北墙至今安定门、德胜门一线。其后五十年，又将南墙外移至今崇文门、正阳门、宣武门一线。东西两墙基址如旧，只是缩减其北段，延长其南端。及至公元1533年，在其南加筑外城。内外两城合成“凸”形。清朝相沿不变，是即今日首都中心之北京旧城。

我国古代营建都城，必有城墙，既利于防卫，又是城市规划的重要组成部分。城内道路系统、功能分区以及建筑布局，无一不为城墙所制约。成书于约公元前5世纪的《周礼·考工记》，谓“国都之营建，九里见方，城墙四面，各有三门。方城之内，纵横干道各九条”。依此格局，又以城市定位面向正南，中轴线纵贯其间，遂有宫廷在前、市场在后，左有太庙、右有社稷坛之总体布局，都城规划的要求，粲然大备。但是，我国封建时代都城的营建，与此最相符合者，只有元朝大都城。明朝改建之后，内城宫阙以及太庙、社稷坛分布一如古制。外城有天坛、先农坛，

---

[1] 本文是侯仁之先生为修复明代北京城西城墙南端遗迹撰写的碑文。

并列于全城中轴线左右两侧，是为历代都城设计的重大发展。西方城市规划专家多高度评价，推为世界城市设计史上一大杰作，且有瑞典学者著有《北京的城墙和城门》一书，流传于世。

随着现代城市的发展，古之城墙已完全失去其固有作用。北京城墙与城楼以其雄阔巍峨的形象与建筑工艺，具有重要历史文物价值，根据古为今用的原则，理应加以保护和利用。遗憾的是，在未及进行细密研究的情况下，竟被拆除。幸而内城正阳门城楼、德胜门箭楼以及东南角楼得以保存。今经维修，已列为首都重点文物保护单位。至于旧城墙残存至今者，唯有崇文门以东与此处各一段。此段城墙原是明朝前期所建西墙最南端，而与后筑之外城西便门相去甚近。两城相接处，上建城楼一座。此段城墙以东，原属旧城西南，地处偏僻，又较低洼，尝有积水曰“太平湖”。现因市区扩建，昔日一隅之地，今且为交通要冲。目前西便门西南古代蓟城旧址及附近莲花池一带，正在进一步开发中，此地将日益显示其交通上的枢纽地位，必须兴建大型立交桥，始能畅通无阻。而这一处明代城墙，近在咫尺，是存是废，必须善加抉择。

北京市人民政府在广泛地听取了人民群众及专家意见之后，决定今昔兼顾，新旧并举，以使古城风貌就地重现于现代化建设之中。为此，特责成西城区人民政府尽力维修，但工事艰难，城上南端原有角楼已不可恢复，仅两城相接处之城楼得以重建，为展现古城墙内部原始结构，维修时有意保留墙体的数处墙心。多年湮没地下的条石墙基与城砖，保存完好，经过清理乃得重见天日。又在墙之东侧加筑台级，以便游人登临。重修墙体高 11.6 米、基宽 19 米、顶宽 15 米，总长 195 米，共用新制砖 13 万块，1988 年 8 月全部竣工。

北京为举世瞩目之历史文化名城，三千多年来都在不断发展中，而城市的总体规划及其主题思想，亦在与日俱进。自社会主义新中国建立迄今，城市建设日新月异。立足于此，环顾四方，更当满怀信心，奋发前进。爱我首都，乐为之记。

## 四、为传承保护北京老城所做的努力

城市是人类所创造的最大、最复杂，但又异乎一般的“人工建筑”，同时它又是一个有生命的机体。它有其诞生、成长、发展、变化，乃至衰亡的规律。它随着某一历史时代的客观条件而诞生和兴起，并为一定的时代服务，而当一个时代过去之后，假如它不产生根本性的蜕变、交替而取得新的生命，那它就会随着时代的流逝而衰亡。

明清北京城可以说是举世公认的城市规划和建设的杰作，是封建时代王城的最高典范。梁思成先生自 20 世纪 40 年代即已进行古建筑保护工作。1945 年他开始研究城市问题，并参与了北京城的文物整理工作。1947 年，他发表了《北平文物必须整理与保存》一文，认为：北平的整个形制既是历史上可贵的孤例，而同时又是艺术上的杰作，城内外许多建筑物又各自是在历史上、建筑史上、艺术史上的至宝。整个故宫自不必说，其他许多文物建筑都是富有历史意义的艺术品，它们综合起来是一个庞大的“历史艺术陈列馆”。我们承袭了祖先留下的这一笔古今中外独一无二的遗产，维护它的责任，是我们这一代人所绝不能推诿的[1]。

新中国的建立，标志着社会主义新时代的开始。古老的北京城也就必然要面临继承和改造的问题。这之所以显得特别突出和必要，是因为旧北京城在空间格局上，是以非凡的艺术手法集中表现封建皇权至高无上的主题思想，它与社会主义时代人民当家做主的主题是完全相悖的，也显然是难以调和的。

北京既已确定为这个新时代的人民的首都，人们也就必然会要求它在全城的规划上充分表现出“人民当家做主”这一主题思想。这样的一种承继和改造，是没有任何一个先例可以作为借鉴的。

[1] 娄舰整理：《梁思成关于北京历史文化名城保护的杰出思想及其贡献——纪念梁思成先生八十五周年华诞》，《城市规划》，1986 年第 6 期，第 18—20 页。

## 1. 保护古都与北平的和平解放

1948 年冬，中国人民解放军先后攻占了昌平、沙河、通县、石景山、丰台、南苑等地。已成围城之势的北平，战云密布，战事一触即发。为了完整地保护古都北平，使文物古迹免遭兵燹，人民的生命财产免受损失，毛泽东一直在为争取和平解放北平而紧张地工作。在秘密谈判的同时，一再电告人民解放军注意保护清华、燕京等校，以及北平的工业设施和故宫等重要文化古迹。同时，中央军委也做好武力解决，又避免破坏文物古迹的准备。

一天，解放军某部政治部主任到清华大学宣讲形势。有学生问："你们将如何攻打北平？你们对保护古都有什么打算？"这位解放军军官坚毅地说："我们随时都可以打下北平，但是为了保护古都文化，为了尽可能减少人民的损失，我们敦促和平谈判解决。万一非打不可，我党中央已严令部队保护文物古迹。我们将坚决执行。"[1]

12 月 17 日，中共中央军委向前线部队发出关于充分注意保护北平工业区及文化古迹的指示，并说："尤其注意与清华、燕京等大学教职员学生联系，和他们共同商量如何在作战时减少损失。"[2] 12 月 18 日晚，一名解放军干部在清华大学政治系主任张奚若带领下，赴清华园访问梁思成，请他绘制北平古建筑地图，以备迫不得已攻城之时保护文物之用。

据梁思成的夫人林洙回忆：有一天晚上，来了两位解放军代表，是清华大学地下党介绍来的。他们带了一张军用地图，来请梁先生在图上标出重要古建筑的所在地。他们说，如果炮击，要尽量避免这些地区遭到破坏。这件事情使梁思成高兴得几乎从椅子上跳了起来。他绝对没有想到，他整天忧虑的怎么样才能够保护北京古建筑的问题，居然是由共产党主动向他提了出来，而且希望他给予帮助。面对张奚若带来的解放

---

[1]《清华园的美好回忆》，《人民日报》，1985 年 12 月 4 日。

[2] 中央档案局编：《中共中央文件选集》，中共中央党校出版社，1986 年 10 月。

军干部，梁思成被感动得热泪盈眶。他说，想不到共产党如此珍视文物，竟做了他原来一直担心而又不敢奢求的大事[1]。梁思成先生后来也回忆道:“清华大学解放的第三天，来了一位干部。他说假使不得已要攻城时，要极力避免破坏文物建筑，让我在地图上注明，并略略讲讲它们的历史、艺术价值。童年读《孟子》‘箪食壶浆，以迎王师’这两句话，那天在我的脑子里具体化。过去，我对共产党完全没有认识。从那时候起，几乎就‘一见倾心’了。”[2]

梁思成和罗哲文等向解放军提供了《全国重要文物建筑简目》，北京城的全面保护被列为这一名单的第一项第一级。

1949 年 1 月 16 日，中央军委给平津前线司令部发出指示："此次攻城必须做出精密计划，力求避免破坏故宫、大学及其他著名而具有重大价值的文化古迹。”“你们对于城区各部分要有精密的调查，要使每一部队的首长完全明了，哪些地方可以攻击，哪些地方不能攻击，绘图立说，人手一份，当作一项纪律去执行。”[3]

北平国民党守将傅作义是抗日爱国将领，在八年抗战时期与八路军有过往来。和平解放北平是大势所趋、人心所向，在大军压境、兵临城下的形势下，傅作义派出代表同中国人民解放军平津前线司令部进行和平谈判。

在谈判过程中，傅作义又于 1949 年 1 月中旬邀集了北平的一些学者、名流进行座谈。著名画家徐悲鸿呼吁："北平是一座闻名于世界的文化古城，这里有许多宏伟的古代建筑，如故宫、天坛、颐和园等，在世界建筑宝库中也是罕见的。我希望傅将军顾全大局，服从民意，使北平免于被炮火摧毁。”历史学家杨人楩说："如果傅将军能为北平免于战火做出贡献，我作为一个历史学家，将来在书写历史时，一定要为将军大

[1] 汪国喻：《忆梁先生二三事》，《梁思成先生诞辰八十五周年纪念文集》，清华大学出版社，1986 年 10 月。

[2] 梁思成：《我为什么这样爱我们的党》，《人民日报》，1957 年 7 月 14 日。

[3] 中央档案局编：《中共中央文件选集》，中共中央党校出版社，1986 年 10 月。

书一笔。”康有为年逾花甲的女儿康同璧亦慷慨陈词：“北平有人类最珍贵的文物古迹，这是无价之宝，绝不能毁于兵燹。”各界的呼吁震撼了傅作义，使他感到一旦古城毁于战火，那他就将成为千古罪人；而实现和平解放，将为人民立功，名垂青史[1]。

傅作义将军的女儿傅冬菊曾说：他（指傅作义）照了很多北京的照片。他很喜欢北京。我跟我爸爸讲过，你再打下去，北京城要毁在你手里，你简直是千古罪人。他后来下决心，冒着三个死：国民党要杀他，他下面的人可能要杀他，共产党里有些人也可能要杀他。他说，我不怕了，我就豁出去了[2]。

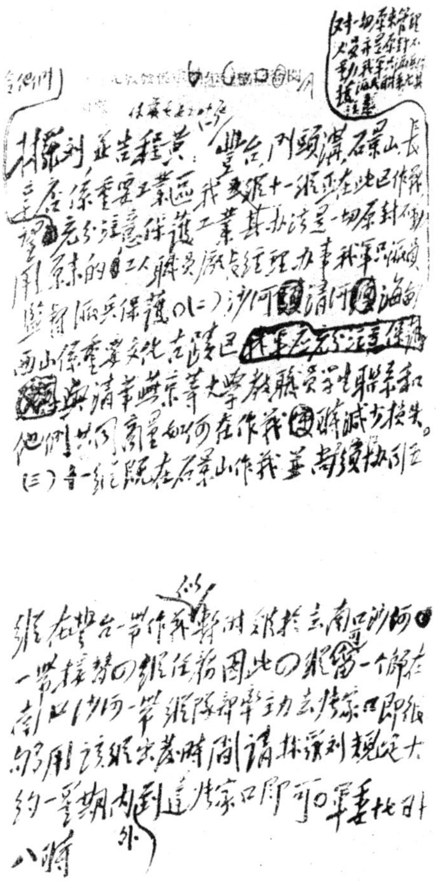

毛泽东起草的保护北平文物的电报

在历史的转折关头，傅作义做出了正确的抉择。北平和平解放了，古都得以完整保存。

1949年1月31日，北平和平解放。9月27日召开的中国人民政治

[1]《当代北京简史》，当代中国出版社，1999年8月，第6页。
[2]《京城文物喜和平》，《北京青年报》，1999年9月22日。

协商会议，通过“将中华人民共和国国都定于北平，北平改名为北京”的决议。10 月 1 日，在整修一新的天安门广场举行的开国大典上，毛泽东宣告了中国历史一个新纪元的开始。

1955 年 9 月 27 日，毛泽东在怀仁堂授予傅作义“一级解放勋章”，并多次称赞他：“你是为人民立了大功的人。”[1]

## 2. 首都行政中心位置的确定

随着人民解放战争的捷报频传，中国共产党领导的人民革命在全国取得胜利已成定局。中国共产党即将成为一个执政党。这时，国都定在什么地方就成为一个至关紧要的问题。

起初，中共中央在遴选新中国首都的时候，曾考虑过许多城市，诸如哈尔滨、西安等。聂荣臻、罗瑞卿、叶剑英等将领认为，北平历史悠久，不应毁于战火，定都北平是首选。北平曾是中国六朝古都，地理位置十分重要。古人曾形容北平：“幽州之地，左环沧海，右拥太行，北枕居庸，南襟河济，诚天府之国。”另外，北平和平解放之后，由于未遭炮火的破坏，整个古城保留了明清时期的整体格局，雄阔而壮美，轩昂大气的城市风貌与共和国新首都的要求相吻合。

1949 年初春，时任东北局城市工作部部长的王稼祥奉命到河北西柏坡参加七届二中全会。毛泽东在与王稼祥的一次谈话时征求他的意见：“我们很快就要取得全国胜利了，我们的政府安在何处，我们的首都选在哪里最合适，我想听听你的意见。”王沉思片刻说：“是不是选在北平？”毛泽东说：“谈谈你的理由。”王稼祥说：“依我看，现在国民党的首都南京虽然自称虎踞龙盘，地势险要，但历史上定都此地的王朝都是短命的。虽然我们不是宿命主义者，但它的缺陷是离沿海太近，我们不能选。西安在历史上曾经辉煌过，但它的缺陷是太偏西，而且经济已经落后，

[1] 陈静:《你是为人民立了大功的人》，载《北京晚报》五色土副刊“抉择”，2009 年 1 月 26 日。

今日中国的经济重心在东南沿海，所以选西安也不合适。”

王稼祥接着说：“我认为最理想的首都是北平。因为北平不仅地理位置很好，而且战略地位十分重要，能扼守连接东北与关内的咽喉地带。同时靠近社会主义苏联和蒙古人民共和国，国界长而无战争之忧。虽然离渤海近，但渤海是山东内海，有辽宁和山东两个半岛拱卫，战略上十分安全，一旦国际有事，不致京都震动。此外北平是几朝古都，从人民群众的心理上看，大家也愿意接受。”毛泽东对王的意见十分赞赏。

1949 年 3 月 13 日，在党的七届二中全会上，毛泽东在报告中宣布：我们希望 4 月或 5 月占领南京，然后在北平召开政治协商会议，成立联合政府，并定都北平。

一个重大的政治抉择就这样确定了[1]。

北京在被确定为中华人民共和国的首都之后，人们便提出了首都行政中心的位置问题，并着手研究首都的城市规划。当时，不仅邀集了一些知名的中国专家参加规划工作，而且还特邀了苏联专家小组来京协助研究北京的城市规划建设问题。

在首都行政中心的位置问题上，当时的苏联专家认为，苏联设计和建筑城市的经验，证明了住宅和行政房屋不能超出现代城市价值的 50% 至 60%，而 40%至 50%的价值是文化与生活用房（包括商店、食堂、学校、医院、电影院、剧院、浴池等）和技术设施（自来水、下水道、电气和电话网、道路、便道、桥梁、河湖、公园、树林等）。而拆毁旧房屋包括居民迁移费用，其价值不超过 25% 至 30%。鉴于在旧城内已经有文化与生活必需的建设和技术设施，如行政中心设在新市区，则要新建这些设施。因此，在旧城区虽有居民拆迁、增加投资的一面，也有节省文化、生活用房和技术设备投资的一面，两相抵消，还是在旧城建房便宜。有

[1] 范瑾主编：《当代中国的北京》（上册），中国社会科学出版社，1989 年，第 38 页。

的苏联专家认为，北京是一座非常美丽的城市，有很美丽的故宫、大学、博物馆、公园、河湖、笔直的大街和若干其他宝贵的建设，已经建立并装饰了几百年的首都，完全没有弃掉的必要。如果再建筑良好的行政房屋来装饰北京的广场和街道，可增强新中国首都的重要性。

有的中国专家认为，北京旧城是我国千年保存下来的财富与艺术宝藏，它具有无比雄壮美丽的规模与近代文明设施，具备作为中华人民共和国首都的条件，自然应以此建设首都中心，这是合理而又经济的打算，可保存并发挥中华民族特有文物的价值，是顺应自然发展趋势的。但是，以建筑学家、清华大学建筑系教授梁思成为代表的一些中国专家认为，北京的整个形制既是历史上可贵的孤例，又是艺术上的杰作。

梁思成说："北京的建筑形体同它的街道区域的秩序都有极大的艺术价值，非常完美。所以北京旧城区是保留着中国古代规划，具有都市计划传统的完整艺术实物。我们在北京城里绝不应以数以百计的，体形不同的，需要占地 6—10 平方千米的新建筑形体来损害这优美的北京城。"

"我们的新建筑，因为根本上生活需要和材料技术与古代不同，其形体必然与古文物建筑极不相同。它们在城中沿街或围绕着天安门广场建造起来，北京就立刻失去了原有的风格，而成为欧洲现在正在避免和力求纠正的街型。无论它们单独本身如何壮美，必因与环境中的文物建筑不调和而成为掺杂凌乱的局面，损害了文物建筑原有的整肃。"

榮臻將軍市長：
北平都市計劃委員會成立之初，我很榮幸地
被聘，忝為委員之一，我就決心盡其棉力，為建設
北平而服務。現在你繼葉前市長之後，出來領導
我們，恕我不忖冒昧，在歡欣擁戴之熱情下，向
我的市長兼主任委員略陳管見。
都市計劃委員會最重要的任務是在有計
劃的分配全市區土地的使用，其次乃以有系統的

梁思成给时任北平市长的聂荣臻的信

“我们这一代对于祖先和子孙都负有保护文物建筑之本身及其环境的责任，不容躲避。”

梁思成认为，北京城规划发展的核心问题，是行政中心区的位置问题。这一问题的解决，关系到北京市今后的发展方向、规划原则，行政中心区位置的确定，也同时决定了北京的旧城改造政策。他主张把首都的行政中心区放在月坛至公主坟之间的地段。其理由：

一是旧城布局系统完整，难以插入庞大的工作中心区，“北京城之所以以艺术文物而著名，就是因为它原是有计划建设起来的壮美城市，而且到现在仍然还很完整地保存着。除却历史价值而外，北京的建筑形体，同它的街道区域的秩序，都有极大的艺术价值，非常完美。所以，北京旧城区是保留着中国古代规制，具有都市计划传统的完整艺术实物。这个特征在世界上是罕贵无比的。今后，我们则应有自觉的责任，有原则性地保护它，永远为人民保护这有历史艺术价值的文物环境。”[1]

二是用地不允许。城区人口密度平均每平方千米为 2.14 万多人，行政中心在城区安排，势必要大量拆迁。初步估计要拆除 13 万间房，迁出 18.2 万人。这样做不仅增加城市的投资，破坏了城区原有环境，而且工作人员只能住在城区，若是远距离进城上班，则会增加交通的复杂性。从历史上看，辽、金、元每次迁移、发展的过程，都因随着发展需要另辟更广阔的新址。明时把内城南移增筑外城，也是如此。

在西郊近旧城建筑政府中心，则可避免上述困难与缺点，做到新旧两全。新区可以有足够的发展余地；可以不与其他区域混杂；建筑形体可以做到使新材料与本土材料相结合，既表现民族传统特征，又表现时代精神，创造中国特有的中轴明显、庄严、整肃，被人民爱护的政府的形象，并有利于合理布置住宅和组织交通。旧区则可以不勉强加杂不适宜的建

---

[1] 梁思成：《关于中央人民政府行政中心区位置的建议》，《梁思成文集》（四），中国建筑工业出版社，1986 年。

筑在环境中，使之成为博物馆及纪念性文物区；旧苑、坛庙改为公园休息区和特殊文娱庆典中心的大广场。其余部分可作为市政府机关、商业服务机构、金融机构，以及学校、文化机关、手工业聚集区。

1950 年 2 月，梁思成与居住在南京、曾留学英国的著名建筑学家陈占祥一起提交了《关于中央人民政府行政中心区位置的建议》，即著名的“梁陈方案”。按此方案，新的行政区设在月坛和公主坟之间，北至动物园，南至莲花池。这一设计根据现代城市规划的基本理论，并汲取了欧洲大城市蔓延滋长，形成庞大组合的教训。它不仅符合按功能分区的城市部署原则，而且更有利于保护规划严整壮美的文化古都。但是，苏联专家以 30 年代初曾有人提出保留莫斯科老城，另建新城的方案，最后由斯大林确定以旧城为中心，径向环形辐射状的城市重建方案为例，否定了“梁陈方案”，而且由中共北京市委根据当时的实际情况确定了以北京旧城为中心，逐步扩建首都的方针。

### 3. 北京城墙存废问题的争议

1983 年，西安市人民在政府的倡导和领导下，整修并维护了古都西安的城墙，疏挖了环城墙的护城河。报道说，建于明代的西安城墙，是迄今我国保存得最完整、规模最宏大的古城之垣。他们不仅要保护好这一中华民族的瑰宝，给子孙后代留下一份宝贵的文化遗产。而且，已把它建成一座环境优美、具有古都风光的大型环城公园。读完此段报道，联想到北京古城，心中不免感到惋惜。

早在 20 世纪 20 年代初，瑞典美术史家奥斯伍尔德·喜仁龙（Osvald Siren）曾怀着对北京城的真挚感情，远渡重洋来到北京，并对北京城墙和城门进行了非常细致的考察。他在 1924 年在伦敦出版的《北京的城墙和城门》一书的序言中这样写道：“我所以撰写这本书，是鉴于北京城门的美，鉴于北京城门在点缀中国首都某些胜景方面所起的特殊作用，鉴于它们对周围古老的建筑、青翠的树木、圮败的城濠等景物的美妙衬托，

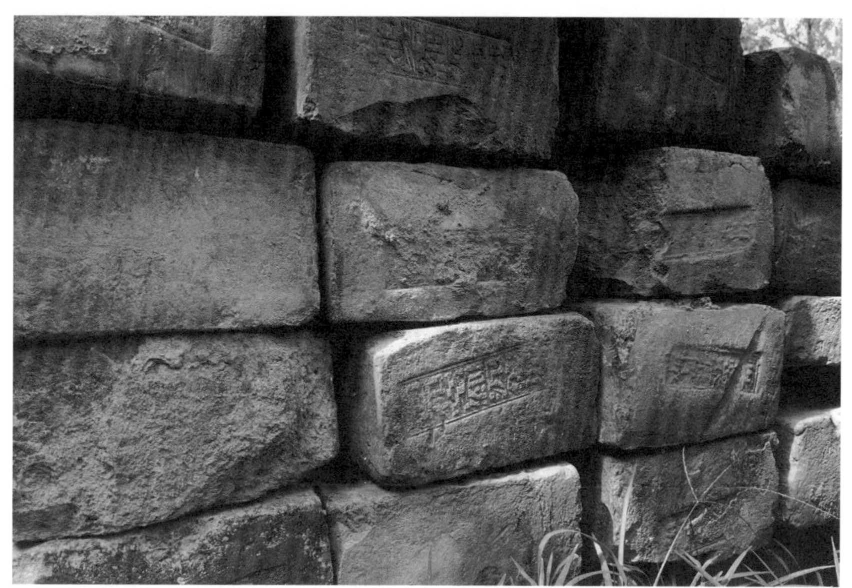
明清北京城城砖

以及它们在建筑上所具有的装饰价值。无论从历史的，还是地理的角度来看，这些城门中仍有一部分可视为北京的界标，它们与毗连的城墙一起，在很大程度上反映了这座伟大城市早期的历史。它们与周围的景物和街道，组成了一幅赏心悦目的、别具一格的优美画图。”[1]

他还说：“远眺城墙，它们宛如一条连绵不绝的长城，其中点缀着座座挺立的城楼。循着通向城头的马道拾级而上，就可以踏上一个趣味盎然、无与伦比的散步场所。在这里，你可以漫步几个钟头，欣赏那目不暇接的奇妙的景致：掩映在万绿丛中、黄色屋顶闪闪发光的故宫和庙宇；覆盖蓝色和绿色琉璃瓦的华美宅邸；带有前廊的朱红色房屋；半掩于百年古树下的灰色矮小平房；横跨有绮丽牌楼的商业繁庶的大街，以及一片片有牧童放羊的开阔场地——城内种种景象，无不尽收眼底。唯

[1]〔瑞典〕奥斯伍尔德·喜仁龙：《北京的城墙和城门》，北京燕山出版社，1985 年 8 月，第 1、29 页。

有洋式或半洋式的新建筑，才敢高耸于这些古墙之上，像一个傲慢的不速之客，破坏了整幅画面的和谐，蔑视着城墙的庇护……而这些建筑的数量正在迅速增加着。”因此，他担心“北京的雄奇壮丽和图画般的美，究竟还能维持多少年？”他断言，这些城门楼和城墙“一旦毁坏，北京的建筑群就将失去它独具一格、极其迷人的特色”[1]。

20 世纪 50 年代，当首都的城市建设加速进行，特别是城市交通日趋发展的时候，城墙的存废问题也就被提到议事日程上来。当时有人认为：城墙是古代防御的工事，现今已完全失去了它应有的作用，并正在日益阻碍和限制着城市交通的发展……但是，当时以梁思成为代表的一些人却认为“它是一件气魄雄伟，精神壮丽的杰作”“它是举世无匹的大胆的建筑纪念物，磊拓嵯峨、意味深厚的艺术创造”[2]。巍峨壮丽、气势雄伟的北京城墙城楼，是古城特有的标志，它与内城的紫禁城、钟鼓楼遥相呼应，形成北京美丽独特的天际线，是北京城不可分割的重要组成部分。在世界各国封建时代的名都大邑中，也是唯一得以完整保留下来的。所以，对它的保护具有世界意义，他极力反对拆除城墙城楼，并做了改造利用的方案，即把宽阔的城墙顶开辟为登高游憩的地方，同时把墙外的护城河加以修葺，注以清流，两岸进行绿化。这样就相当于在北京旧城的周围形成一个具有极大特色的环城立体公园，犹如一条美丽、璀璨的“项链”。他甚至断言，如果拆掉北京城墙，五十年后一定会后悔。

著名历史地理学家侯仁之先生也认为，我国有一条被世界公认为“奇观之一”的万里长城，我们的首都也有保存得比较完整的城墙与城门，同样是工事宏伟的古建筑，显示了古代劳动人民的创造力……

事实上，在北京古代城墙的拆与不拆这一问题上，确实存在着相当大的争议。早在 1953 年 8 月 12 日，中央某领导人在全国财经会议的讲

[1] 同前注。

[2] 梁思成：《关于中央人民政府行政中心区位置的建议》，《梁思成文集》（四），中国建筑工业出版社，1986 年。

话中说，拆除北京城墙这些大问题，是由中央决定，由政府执行的[1]。以彭真为首的北京市委对城墙的态度十分审慎，虽然中央早有拆除城墙的决定，但是考虑到争论很大，问题很复杂，也不需要立即实施，市委决定暂缓行动。凡不是有坍塌等危险的都一律不拆，对那些有价值的文物，则予以保护，并明确指示："城墙虽然拆除，但城门楼要留下，将来可以看出北京城的轮廓。"[2] 1952 年 6 月，国务院文化部也提出了"不赞成拆除北京旧城的报告"，并转交北京市委。然而，北京自 1953 年 12 月起开始拆除外城城墙。几年间，左安门、广渠门城楼及箭楼，广安门城楼及瓮城、西便门的城楼，都相继被拆除。据说，1956 年 6 月 17 日，北京阜成门城楼拆除工程正在进行，时任故宫博物院副院长的单士元来到工地，他站定之后，向着城楼深深地鞠了一躬……之后，扭头就走。有人喊他，他不回头，只背对着城门挥了挥手[3]。事实上，在 1958 年 9 月，北京市做出《关于拆除城墙的决定》，提出：除正阳门城楼、箭楼和鼓楼之外，其余城墙、城楼统统拆掉[4]。以后，经过"大跃进""文化大革命"，北京城墙连同护城河大都被拆除、填平。

值得庆幸的是至今还保留着的正阳门箭楼、德胜门箭楼及其北侧的护城河、内城东南角楼及其正西的一段残墙和内城西城墙南端的一段残迹，它们为这座闻名世界的文化名城保存了一点鲜明的历史色彩。

金代中都城的城墙，在今丰台区的凤凰嘴村一带保留了一段残迹，于 1984 年划为北京市重点文物保护单位。元大都城的城墙，即土城，于 1957 年被划为北京市第一批重点古建文物保护单位，并建成"元大都城垣遗址公园"。明北京内城西城南端遗迹也进行了修复，而崇文门

[1] 瞿宛林：《拆除北京城墙的前前后后》，《北京社会科学》，2005 年第 4 期；《反对党内的资产阶级思想》，《毛泽东选集》第五卷，人民出版社，1977 年 4 月，第 95 页。

[2] 同前注。

[3] 孔雪：《他的脑海里活着一座城》，《新京报》，2016 年 7 月 23 日。

[4] 瞿宛林：《拆除北京城墙的前前后后》，《北京社会科学》，2005 年第 4 期。

北京内城东南角楼

以东的一段，已修成“明北京城墙遗址公园”。当我们在寻迹古城墙，探索北京城址的发展及其变迁的历史时，它们都将为我们提供非常宝贵的实物资料，并促使人们去深省。

### 4. 侯仁之先生论北京城的保护

北京城在侯仁之先生的心目中是一座“圣城”。正因为此，他穷毕生之精力一直在探索、研究北京。对于北京旧城的保护自然也是殚精竭虑的。侯仁之先生认为，一个历史文化名城，必然有其本身的特点，这种特点导致了这个城市独特风貌的形成和发展。北京这个历史文化名城有长达3000多年的发展过程，从最初起（也就是从原始公社的后期起）它所在的地区就是一个南北文化接触的中心，同时又具有地方文化的特色，在全国尚未统一在一个强有力的中央集权的政府之前（即秦始皇统一中国之前），它曾是一个地区性的政治中心（周朝的燕都蓟城），在全国统一的封建国家形成之后，它又从一个接近边防的军事重镇（从秦汉一直到隋唐的蓟镇）上升为全国的政治中心（从辽朝的陪都南京、金朝的政治中心中都，一直到元朝的大都和明清的北京）。北京城的特殊风貌除去继承了过去的若干特点之外，主要还是由于它作为元明清三朝的封建国都而最后形成的，这在它的城市规划和城市建设上表现得最为突出。如果说北京旧城是我国封建时代国都建筑艺术集大成的一座城市，似不为过。直到新中国建立之初，它还被完整地保存下来。从某种意义上来看，整个北京旧城就是一份极为宝贵的历史文化遗产，它拥有无数文物古迹，如辉煌壮丽的宫阙建筑、气势恢宏的庙坛府第、丰美多姿的大小园林，以及不可胜数的亭台楼阁和散在民间的深宅大院等；更可贵的是它在城市的整体布局和结构上已经达到了如此之高的艺术水平，是人类历史上任何封建帝都所不能及的。丹麦著名的建筑和城市规划师瑞斯穆森在其《城市与建筑》一书的第一章，首先讲的就是北京城，其标题是《这座城市，一座殿堂》。而这篇文章的第一句话，他就以无限景仰和赞叹的口吻问道："北京，古老中国的都城，可曾有过一个完整的城市规划的先例，比它更庄严、更辉煌的么？"[1]

北京旧城无可比拟的特殊风貌，正是由于它乃是我国历史上最后出现的一个封建国都而逐渐形成的，因此在规划设计上能够集历代都城建筑艺术之大成，其中最突出的一点就是它的整体性。不幸的是，由于过去对它在规划设计上的这种整体性认识不足，而造成了无可挽救的损失。最突出的一例，就是它那有数百年历史的城墙已被拆除，和城墙共存的巍峨的城楼，除去个别被孤立地保留下来之外，也已不复存在。

早在 20 世纪 20 年代，瑞典艺术史家喜仁龙（Osvald Siren）经过几个月的实地考察，写下了《北京的城墙和城门》一书，在序文里他有如下的一段话：

[1] 根据英文译本，美国麻省理工学院出版社，1969 年版。

> 无论从历史的还是地理的角度来看，这些城门中仍有一大部分可视为北京的界标，它们与毗连的城墙一起，在很大程度上反映了这座伟大城市的早期历史。它们与周围的景物和街道组成了一幅赏心悦目的别具一格的优美画图。[1]

其实，北京城墙的重要性还不仅在于它的艺术价值。在我国的城市发展史上，城墙的建筑和城市的平面设计是有机地联系在一起的。元朝创建大都城，为今日的北京城奠定了基础。它的总体规划，既取法于我国历史上最早出现的关于营建国都的理想设计，又结合了地方上河湖水系分布的特点，首先选定了全城的南北中轴线，并把中轴线的北方顶点（即今钟鼓楼所在之地）确定为全城布局的几何中心，然后再布置宫阙庙坛以及商业市场的相对位置，最后再以全城的几何中心为准，选择适当的基址修建四面城墙。它不仅具有军事防御的功能，而且是构成城市模式的重要因素。这一点在北京旧城的独特风貌上是非常明显的。

数十年来，在首都城市建设的实践中，既有像对待城墙那样处理不当的教训，也有在旧城改造中符合原则的成就，其中最重要的一例就是天安门广场的改造。封建时代的天安门广场，原是有计划地设在皇城正前方的一处宫廷广场，它像宫阙所在的紫禁城一样，正好布置在全城中轴线最重要的部位上。其轮廓呈“T”字形，有宫墙在东西南三面环卫，正北一面则是造型庄严而瑰丽的天安门。门前宽阔的东西横街，号称天街，东端一门叫长安左门，西端一门叫长安右门（现在天安门前的东西长安街就是因此而得名的）。至于正南一面，则是一条比较窄狭的长街，沿中轴线延伸，直到正南门（此正南门在明朝曰大明门，在清朝曰大清门，辛亥革命后改称中华门，后因修建毛主席纪念堂而拆除）。长街两侧的东西宫墙之下，各有通檐连脊的“千步廊”，结构精巧，既冲淡了沿

[1] 根据许永全译，宋惕冰校中译本，北京燕山出版社，1983 年。

长街北上的单调感，同时也更加显示出远在尽头的天安门城楼的巍峨壮丽。这个宫廷广场当初专为举行隆重典礼之用，老百姓严禁涉足。全城设计的主题思想，就集中体现在紫禁城和这座宫廷广场的中心位置上。用文字来说明，它所力求表现的就是封建帝王的“至高无上，唯我独尊”。把这样一个主题思想，通过城市规划的平面设计表现出来，从而达到这样一种艺术高度的，在古今中外的封建国都中可以说是罕有其匹。现在经过改造，新出现的天安门广场已成为社会主义新时代全国人民一心向往的政治活动的中心。而封建时代雄踞全城的紫禁城也就相应地被推到了广场“后院”的次要位置上，成为向人民群众展示伟大艺术创造的博物馆。从这时起，天安门广场在历史形成的基础上继续有所变化，它的位置如旧而景象日新，从而显示出人民首都的一种独特风貌。其间既有继承，又有创新，最根本的一点就是它旧日在设计上的主题思想，已经完全为一个新时代的主题思想所代替，这个新的主题思想就是“人民至上”。它已经充分体现了北京城作为全国政治中心的要求。因此，它所产生的社会效益是无可估量的，它的改造是成功的。

但是，作为全国的文化中心，北京城的规划设计，还有待进一步的考虑和发展。这里再从旧城的改造中举出一个足以影响社会主义首都的独特风貌，并且具有重大社会、经济价值的例子，那就是什刹海及其周围地区进一步开发的问题。

北京今城的建地和现在号称“六海”——什刹海的前海、后海、西海（古积水潭）与旧皇城内的北海、中海、南海（旧称太液池）——这一带湖泊有血肉相连的密切关系。如果没有这一带的原始湖泊（其上游古积水潭的最西部分，也就是德胜门以西的太平湖，现已被填塞；其下游，也就是现在的南海，则是明朝初期人工开凿的），也就不会有北京城现在这样的格局。700 多年前元朝的统治者在金朝旧中都城东北郊外初建大都城，其设计者敢于把这一带天然湖泊和城市的平面设计结合起来，并且紧傍湖泊的东岸确定了全城的南北中轴线，不仅显示了非凡的艺术手法，而且也是极有远见的。现在驻足在北海大石桥上南瞻北望，在全城的心脏部位上，出现了这样一片平远浩瀚、波光粼粼的水面，再加上环湖一带绿树丛中若隐若现的亭台楼阁以及琼华岛上高耸入云的白塔，真是犹如仙境，却在人间。不过应该想到，眼前这一片自然与人工相互映辉的美丽风光，乃是数百年来陆续缔造经营的结果。它原先只是建城之前的那一片原始湖泊的下游，只因被圈入旧日的皇城之内，为了开辟皇家园林，才出现了这样高超的造园艺术。至于这一带原始湖泊的上游，因为被圈在旧日皇城之外，从来没有受到过当权者的重视，因此反而逐渐成为人民群众汇集的地方。这里自然风光明媚，掠过辽阔的湖面遥见西山峰峦，如在城中。随着群众的不断汇聚，此地出现了各种各样人们喜闻乐见的民间游艺，当然也就随之而产生了各种地方风味的茶点小吃以及价廉物美的百货小摊。尽管季节因时序而交替，但民间的汇集终年不歇，如夏有荷花市场，冬有冰床游嬉等。可以说，什刹海及其周围一带，乃是旧日北京城中最富有人民性的地方，只有当年的天桥差可与之相比。但是天桥的自然风光却远不如什刹海。如果看到这一地区长期形成的民间传统，就应该考虑在今天的人民首都，如何把这一地区加以规划和改造，并力求有所创新，结合周围的宋庆龄故居、郭沫若故居以及旧日的醇王府、恭王府和若干名刹古迹，还有附近的钟鼓楼、德胜门箭楼，更重要的是重建的全城进水口处的汇通祠等，把这一切直接或间接地联系在一起，形成一处多功能的历史文化风景区，并进一步发展传统的造园艺术，其结果必将大有助于社会主义首都独特风貌的形成，进而取得目前还难以估计的社会、经济价值。

还有，北京这座历史文化名城在目前的发展形势下面临的一个十分突出的问题，就是建筑上的民族形式如何继承和发展，这也是我国建筑学界正在热烈讨论的一个问题。这个问题之所以突出，就是因为近年来西方的建筑形式，特别是高层建筑物到处涌现，已经引起人们的广泛关注。为此，北京市颁布了分区限制建筑物高度的规定，为的是旧城固有的特殊风貌能够得到应有的保护。这一规定是十分必要的，也是非常及时的。然而这只是问题的一个方面。另一方面，我们也必须看到，为了进行现代化建设，更重要的是要站在创造社会主义新文化的高度来瞻望我国未来建筑的新发展，为此而主动地、有创造性地去吸收外来建筑之长以补我之短。关键的问题在于识别哪些是精华，哪些是糟粕，绝不能一味模仿、生搬硬套，更不能毁我精华而代之以外来的糟粕。现在，举国上下各行业都在建设有中国特色的社会主义的总目标下，在各自的业务范围内，力求有所创新而奋发前进。新中国的建筑学家也必能创造出既有民族特色又符合现代化要求的我国建筑的新形式和新风格，这是所有关心我国历史文化名城发展前途的人们所殷切期待的。

## 5. 天安门广场的继承和扩建

封建时代的天安门广场，是设在皇城正前方的宫廷广场，轮廓呈“T”形，是皇帝举行重要活动的地方。广场北依皇城南墙，正中为天安门（明称承天门）。门前有东西横街，街面敞阔，东西各有一门（东曰长安左门，西曰长安右门，现在的东西长安街即由此而得名）。横街正中向南，与天安门南北取直，开辟了一条狭长的纵街。纵街南端也有一门（明称大明门，清改称大清门，辛亥革命之后改称中华门），出门过棋盘街（也称“天街”）便是正阳门（通称“前门”）。在纵横两街的三门之间，沿着“T”字形广场的边缘，筑有红墙。红墙内侧又建有连檐通脊的千步廊。

明、清时期，封建皇帝利用这一封闭严密的宫廷广场，举行盛大庆典，庶民百姓是严禁入内的。例如皇帝登基，就是在隆重的礼仪中，从天安门上传下诏示，然后公布天下的。还有一些照章例行的事，也在广场上进行，例如国家开科取士，“殿试”之后要“金榜”题名，这金榜照例是从天安门送出长安左门，然后公之于众。只要金榜有名，十年寒窗的士子，从此便“一登龙门，身价百倍”。因此，这长安左门又叫“龙门”。

而每年会把重犯由长安右门押入判明“正法”，这又好似一入虎口，再无生还。因此，这长安右门又叫作“虎门”。因而易见，这样的地方，庶民百姓是难以涉足的。

1949年10月1日，中华人民共和国的开国大典在天安门广场举行。天安门这座凝聚着古代劳动人民智慧和血汗的建筑，也以其特有的巍峨庄严的形象，出现在伟大祖国的国徽上，象征着一个古老文明的新生。但是，当时天安门前的广场，还处在三面红墙的包围之中，面积狭小，视野局促，沉浸在欢乐气氛中的绝大多数人民群众，并不能直接进入这隆重的开国大典的现场上来。于是对天安门广场的继承和改造这一尖锐问题，便被提到了议事日程。20世纪50年代初，北京市委便着手规划设计天安门广场改造扩建工程。1954年华北城市建设展览会上曾征集到10个方案，之后全国1000多名城市建设工作者、建筑师、艺术家，提出了30多个新的方案。尔后归纳、筛选成7种类型。最后，经过反复比较，取长补短，综合成一个方案，经中央批准后付诸实施。这个方案的主要内容是：

天安门广场是一个庄严、雄伟的政治性广场；保留正阳门和箭楼，拆除中华门，其东西两侧分列革命、历史博物馆和人民大会堂，其形制、体量和高度，既取决于建筑物本身的需要，也要与广场的整体性，乃至旧有的古建筑相协调；广场面积初步定为40公顷（东西宽500米，南北长850米），略呈长方形。

1958年8月，中共中央在北戴河召开了政治局扩大会议，会上决定为迎接国庆10周年，扩建天安门广场，建造人民大会堂、历史博物馆和革命博物馆等十大建筑，并由当时的市委书记彭真亲自抓天安门广场的设计和施工。他说，天安门广场是首都的中心、首都人民的集会场所，这次改建、扩建天安门广场，一定要设计好。关于如何设计，彭真向毛泽东同志做了请示，毛泽东指出：要反映出我国历史悠久、地大物博、人口众多的特点。设计指导思想是庄严宏伟，气魄要大，使它成为能容纳100万人集会的世界最大的广场……

改造后的天安门广场

就在中华人民共和国国庆10周年的前夕，古老的天安门经过重修，焕然一新，而三面的红墙连同阻碍交通的东西长安门被彻底拆除。广场西侧是象征人民拥有至高无上的政治权力的人民大会堂，东侧是中国革命博物馆和历史博物馆，连同广场中央先已建成的人民英雄纪念碑，形成了全国各族人民共同向往的政治活动中心。于是一个规模雄伟、气势磅礴的人民广场便呈现在人们面前。

值得注意的是，天安门东西两组建筑长300米、宽174米，与长880米、宽500米的广场配合得很协调。据查，外国广场与周围建筑物高度之比多为1∶2、1∶3、1∶4，我国宫廷广场的比例空间为1∶10，显得比外国广场开阔。这次天安门广场扩建采用的天安门之高与广场长之比为1∶12.9；人民英雄纪念碑之高与广场宽之比为1∶11.5。这样的比例使广场显得更加舒展开阔，气魄宏伟。

与此同时，作为广场两翼的东西长安街，经过改造之后，出现了一平坦浩荡的林荫大道，向东西延展，成为横贯全城的一条新轴线，使北京旧城那条原本象征帝王统治中心的南北旧轴线，失去了对全城独一无二的控制作用，使旧日雄踞全城的紫禁城，在城市的总体格局中，退居到了次要的地位。现在环顾四周，旧日作为宫廷前卫的正阳门和天安门，尽管位置依旧，功能却焕然一新。这两座巍峨的建筑物，已经成为新的人民广场南北边界的标志。人民大会堂和革命历史博物馆分列东西两厢，新老建筑物十分和谐地融合在一起，形成具有极大特色的轮廓线。在这里，通过造型的建筑艺术，可以看到悠久历史文化的延续和发展。

天安门广场宏伟的布局、磅礴的气势、浩瀚而深邃的景象给人留下非常深刻的印象。一位日本朋友在他所著的《向二十一世纪迈进》一文中，曾写下了这样的一段话：

> 站在天安门广场，举目四望，规模宏伟的建筑群是蔚为壮观的。天安门、人民大会堂、毛泽东纪念堂、历史博物馆——这些建筑物尽管建造的年代各不相同，但仔细观察就可以发现它们在结构上有一个共同点，那就是左右对称。若以建筑物的中心线为轴，将左右折叠起来，会完全吻合。这种形式虽然有点单调，但在使人感到庄重、稳定这方面，大概是最好的形式了。

在中华人民共和国国庆10周年前夕，郭沫若写的《颂北京》似乎更能表达对新北京的象征——天安门广场的由衷礼赞：

> 坦坦荡荡，大大方方；巍巍峨峨，正正堂堂；
> 雄雄纠纠，礴礴磅磅；轰轰烈烈，炜炜煌煌。
> 国风浩浩，文彩泱泱；革命壮烈，历史悠长；
> 凤城如海，绿化汪洋；丰碑屹立，极建中央。
> 红旗灿烂，迎风飘扬；五星灼烁，万丈光芒；
> 天安门上，党声皇皇；多快好省，挺起脊梁。

全民团结，济济翔翔；流金铄石，举国腾骧；

和平共处，有纪有纲；东风永畅，天地低昂。

恐怕再也没有什么能比天安门更恰当地体现中国政治、文化中心——北京的政治意义和文化价值的了。它同时也作为“推陈出新、化腐朽为神奇”的杰作载入新中国的城市建设史。

1976年9月9日毛泽东逝世后，党中央做出了建立毛主席纪念堂的决定。纪念堂的选址有过天安门、香山、景山等5个方案。最后定在了人民英雄纪念碑和正阳门之间。来自北京、上海、天津等8省市的10个设计单位和40多位专家、建筑师参与了初步方案的设计工作。后以北京市建筑设计院为主组成规划设计组，完成最终的设计方案。毛主席纪念堂是由44根17.5米高的柱廊相围的正方形建筑，并采用红花岗石的双重台基和汉白玉栏杆，屋顶为具有民族风格的重檐黄琉璃瓦板平顶檐口，其四周由4组群雕和四季常青的松柏围绕，正面面向北广场。在建设纪念堂的同时，又把广场扩大了10公顷，修缮了正阳门，铺设道路广场18万平方米，栽种各种树木13000多株。这就是我们今天所见到的天安门广场的全貌。

地理学家、北京大学自然地理学教授陈传康认为，天安门广场在“经过几番改造之后，内外三座门、门墙、门阙、千步廊、红墙相继拆除，不但破坏了古建筑群的中轴线格式，且由于广场变得过于空旷，天安门及其他庞大建筑物相对高度却大大下降，广场景色过于单调，几类建筑之间非常不协调”[1]。

天安门前原先是较为狭窄，且相对较为封闭的宫廷广场，完全是为帝王统治服务的，其设计意图完全服从于封建帝王的需要，而要把它改造成为体现“人民当家做主”的政治性广场，自然会打破原有的建筑格

[1] 陈传康:《从北京的聚落变迁谈感应及行为地理》,《北京晚报》，1982年2月1日，第3版。

局，包括它们的形制、体量、色彩以及作为历史文化名城所应有的原真性、完整性。

### 6. 周恩来与天安门广场[1]

1949 年 1 月 31 日，北平和平解放。之后被确定为中华人民共和国的首都。已经进驻中南海办公的周恩来，在繁忙的工作中，经常挤出午休时间到天安门广场转一转。他考虑，今后天安门广场要成为全国重大群众活动的场所，因此，要抓紧把这个地方修整好，他在心中谋划着未来广场的整体格局。经过一段时间的调查了解，有了一个初步构想，这就是：改变当时广场南北长、东西窄的格局，将东西两边拓展；南北、东西两边都有建筑，形成四个方向合围形式；保持天安门广场古代建筑风格；为了方便交通，在广场北端、天安门城楼前建一条东西贯通的大道，中部为宽阔的广场，南部也有东西贯通的大道，形成两条大路中夹广场的形式。

周恩来在和北京市领导谈他这个构思的好处时说，第一条，这样做，天安门广场就成为方形，按中国传统以及世界普遍的审美观点，方形广场比较美观；第二条，广场向东西两边扩展后，将成为世界第一大广场，和中国人口众多的国情相适应；第三条，保持广场古代建筑风格，使它在增加现代元素的同时，不失去原有的美观，使广场建筑群落与中国传统建筑风格之间有一种传承关系，同时，也和故宫、新华门，以及当时全北京市总体建筑风格相配；第四条，四面都有建筑，使广场整体显得紧凑、严密，会一扫过去那种空旷、苍凉的感觉，象征四方合聚，中有和气，符合中国人追求吉祥的传统心理；第五条，广场南北各有一条贯通大道，既方便交通，有利于发展生产，举行数万人参加的群众大会时，也便于进出，同时使广场显得有生机有活力。

---

[1] 据林楠《周恩来规划天安门广场》一文编写。原文刊《湘潮》，2014 年第 11 期。

在周恩来的亲自督促下，广场很快就形成了面积44公顷，东西宽500米，南北长880米的雏形。

北京城的中轴线，南起永定门，北至钟鼓楼，长7800米，纵贯北京城的古建筑精品几乎都坐落在这条中轴线上。中轴线不仅是北京城的支撑，而且是北京城美丽之“本”。正因为有这条中轴线，才形成了北京城雄壮、严整、和谐之美。

重新整修和改建天安门广场，必然涉及这个广场与中轴线的关系。如果只考虑天安门广场本身的建筑格局，而不顾及中轴线，必然打破北京城原来的总体建筑格局。在形成广场总体建筑构想后，周恩来即考虑到其构想与北京城中轴线如何协调的问题。

尽管周恩来日理万机，公务繁忙，但只要有一点儿闲暇时间，他就会跑到天安门城楼上去观察、思考，且多次徒步丈量已经拓展的广场，最后形成了天安门小中轴线与北京城大中轴线相合、衔接，而广场小中轴线又自成一体的思路。他的思路是：广场上的天安门城楼正中、国旗、纪念碑、正阳门，乃至前门，要形成一条中轴线，从天安门城楼正中间向南望去，当为一条笔直的线，中轴线上的建筑物高低要错落有致且相配套；两边建筑要对称排列，建筑物的风格要相互协调。

对于纪念碑放在广场的哪个位置，周恩来也进行了一番思量。他决定，国旗旗杆放在广场中轴线上，略靠北端，纪念碑放在广场正中央，纪念碑不能只是一个碑身，要建好碑座，形成相对独立的建筑，与其他建筑物相互协调。周恩来多次谈到这样放的好处：一是纪念碑放在中轴线上，不会破坏广场中轴线的整体美。二是放在广场正中央，广场有了一个中心点，形成与周围建筑物相互照应的格局，使广场建筑群既有中心，又有一种端庄、对称之美。

另外，正阳门是天安门广场南端的建筑。它集正阳门城楼、正阳门箭楼与正阳门瓮城为一体，是一座完整的古代防御建筑体系。有了正阳门建筑体系，整个广场建筑显示着规整、有序、紧凑的美感。

1956 年，北京市准备建地铁。建设方案中提出要把北京内城城墙拆除。拆除内城城墙，就要拆除坐落于内城城墙一线上的正阳门。拆除方案报到周恩来那里，周恩来沉吟良久，没有下笔批准。他叫秘书备好车，亲自乘车在天安门广场绕了好几圈，又绕正阳门几圈，仔细观察了周围地势和正阳门建筑，果断做出指示，地铁建设路线向南偏一偏，错开正阳门地下。

1958 年北京准备搞“十大建筑”时，有人提出，为了使天安门广场更大一些，要向南扩展，把正阳门拆除。许多专家和领导干部也赞成拆除正阳门。北京市委在向中央报送的扩建方案中也提出要拆除正阳门。方案报到毛泽东那里，毛泽东原则上予以批准，但没有就扩建具体问题表态，而是批到周恩来处。

周恩来看后认为不妥，他说，正阳门不能拆，有了正阳门，天安门广场南端才有一个端点建筑，广场整体建筑群才能展现出浑然一体之美来，正阳门本身也有它的建筑美，放在那里，使广场建筑显得完美无缺。如果缺少正阳门这个建筑，广场南端就很空旷，广场整体建筑群也会有失重感。

1958 年 9 月，周恩来部署“国庆工程”。本来，周恩来只是从大的原则和方案上讲的，不涉及具体工程事项，但周恩来破了例。他在讲完其他工程的计划和要求时特意提到，我们扩建天安门广场，不能拆除正阳门城楼和箭楼。正是这个决定，保留下了正阳门的城楼和箭楼。

天安门广场光是有南北两边的建筑物，还不能构成广场建筑格局，呈现出围合形的整体美。重要的是解决广场东西两边有建筑物的问题，以及建成什么样的建筑物的问题。

1954 年第一届全国人大会议之后，中央决定，为了使全国人大有一个开会地点，要建一个万人大会堂（即后来建成的“人民大会堂”）。

1958 年 8 月，周恩来提议，为庆祝中华人民共和国国庆 10 周年，在北京建一批重大建筑工程，展现 10 年来的建设成就。周恩来在和北京市委书记彭真，北京市主管城市建设、规划的副市长万里谈“十大工程”时，都重点谈到人民大会堂的建筑设计问题。经专家们论证，由周恩来拍板，大会堂就建在天安门广场上。不仅如此，革命博物馆和历史博物馆也要建在天安门广场。

按照周恩来的设想，首先要拿出的是天安门广场整体设计方案。他说，“十大建筑”中的四座，即万人大会堂、革命博物馆、历史博物馆、大剧院（一开始设计十大建筑时的项目之一），都要安排在天安门广场之内，其建筑风格也要与广场形成一个密不可分的整体。此前，周恩来和北京市领导们讨论后，天安门广场的大致轮廓已经确定：广场南北长880米、东西宽500米，正好符合黄金分割率。对此，毛泽东表示同意。

当时，专家们分别搞出了几个建筑设计方案。周恩来请北京市规划局把这些方案分析、汇总、对比，优中选优，最终拿出了一个广场四大建筑两两相对的初步方案，即：广场两侧的建筑，东边为国家大剧院、历史博物馆，西边为万人大会堂和革命博物馆，每一边的两座建筑相互协调，而东西两边各两座建筑，又相互对应，形成两两相对分立、朝向于广场正中的人民英雄纪念碑的局面。

当时的天安门广场，相当于五个巴黎协和广场、四个莫斯科红场，是世界上最大的广场。在这样的广场两边设计四座建筑，对于建筑设计师们来说，是难度不小的课题，因为四座建筑如果设计得过小，广场就显得空旷，无法形成恢宏的气势；如果过大，建筑之间又显得拥挤；如果为不使它们显得拥挤而加高，又似乎在天安门广场上树起了两座大山，使天安门城楼、人民英雄纪念碑、前门等建筑显得低矮。这样，不仅使天安门广场整体失去协调之美，高层建筑风格也必然与天安门城楼、故宫等建筑风格相差过远。天安门广场就成了建筑物的堆砌场所，显然不可行。

这个难题最后也是由周恩来解决的。他经过反复思考和现场多次踏勘，最后决定：为突出天安门广场的政治意义，国家大剧院要迁出广场，移到大会堂西面，何时建，另外考虑。东边原定的两个博物馆，周恩来提出：历史和革命史本来就不能截然分开，革命史是历史的一部分，可以只建一个博物馆嘛！由此确定，东边只建一个博物馆——革命历史博物馆。这样，原定的广场建筑，变四为二。这一思路也正契合中国传统的“左祖右社”建筑格局。

1986 年，天安门广场被评为“北京十六景之一”，景观名为“天安丽日”。这个气势磅礴的美丽景观，就是由天安门广场的整体建筑群构成的。

## 7. 北海“金鳌玉蝀桥”的改筑

当你漫步北海大桥，或是驱车途经此地，但见桥的两侧湖面广阔，碧水清莹，顿时觉得心旷神怡。北海的琼华岛上藏式白塔矗立，南海之中水心亭漂浮在水面。古朴别致的团城上，松柏苍郁，掩映着辉煌的殿宇……然而，人们绝不会想到这座横跨北海、中南海的大桥，竟亦经过一番煞费苦心的改筑。

北海大桥原名“金鳌玉蝀桥”，乃禁苑中往来的大道。桥有 9 孔，东西两端有两座牌坊，西为“金鳌”，东为“玉蝀”，因此称“金鳌玉蝀桥”，又名金海桥。

“百尺长虹卧碧波，菰蒲两岸晓烟多。水风吹绿不知暑，日日藕花香里过。”立足桥上南瞻北望，在一片浩瀚的水面上，浮现出亭台楼阁、琼岛玉宇。在这里，古代的园林建筑匠师们把自然与人工的美融合在一起，波光潋滟，犹如人间仙境。桥的西头就是有名的团城，其地原是北海中的一座岛屿，旧称圆坻，也叫瀛洲。团城北连琼华岛，两者的历史都早于北京城，且都是重要的名胜古迹，共同形成了整个皇家园林的风景中心，同时也是北京城最初营建时的设计中心。当时的设计大师们大胆构思，放手利用这一片浩瀚的水面，作为取自大自然的尺度，紧傍它的东岸，则布置了规模宏伟的宫殿建筑。至此，这一片天然的湖泊，也就获得了历代宫苑中所特有的“太液池”的称号。由此可以得知，团城是元明清三代形成的一个重要历史文化遗迹。它与北海、中南海构成了一幅完美和谐的图画，有着很高的历史文化和艺术价值。

桥的布局，充分显示了设计匠师们广阔的眼界、丰富的想象力和非凡的艺术手法，是值得称道的。但是，其结果却使北京城在中央部位上的东西交通完全阻绝。这在封建时代，自然是无须予以考虑的。辛亥革命结束了历时 2000 多年的封建王朝统治，旧日皇家的御苑向人民大众开放了，北海大桥也就变成了东西交通孔道。1949 年之后，随着城市生活的繁荣，这里的交通日渐拥挤，再加上团城的阻隔、牌楼的障碍，旧日为封建统治者所专用，又兼作园林点缀的金鳌玉蝀桥已不能适应现代城市生活的需要。

大桥两端的“金鳌”“玉蝀”两座牌楼虽然金碧辉煌，但纯属点缀，并无实用价值，将其拆除似乎是可以考虑的。但是团城这座具有重要历史文物价值的古建筑却是必须保留的。于是便出来了“华”“梁”两种方案。

“华”即北京建筑界的老前辈华南圭。他的方案是在旧桥以南，中海之内建一座钢筋混凝土的新桥，长约 200 米。东端道路接北长街，西端道路向西北斜向伸出，趋向西安门内大街。旧桥完整保留，专作游览用，即将过境交通与游览交通完全分开。

“梁”即梁思成先生。他的方案是将旧桥如数拆除，在原址建新桥，但须按原桥建石拱桥，与原来周围的园林景观相和谐。桥东道路出桥后即向南再折向东；桥西道路延伸，约在过北京图书馆之后即向北再向西，转弯处皆设花坛。

上述两个方案的争论甚是激烈。

当时的苏联专家则提出了将旧桥降低坡度，同时进行展宽的方案，并提出：为了节省资金，在桥的南侧做成以堤代桥，即在南侧做成一道挡墙。他们认为，北海流入中南海的水量不大，只留 9 孔桥的中孔即可，并将其延长建成新拱券孔，其余各孔均行堵死，但在挡墙外皮仍按原式做成石拱券假孔。这样，从桥南侧看，其外观仍是一座 9 孔石桥，而实际上展宽的部分却是一道实实在在的堤。周恩来总理在详细地听取了各种方案之后，又到实地做了考察。

1954 年 6 月的一天，周恩来冒着酷暑来到团城。他先是环团城走了一圈，然后站立在城墙边上，时而眺望北海的琼华岛，时而又观察来往的车辆，还不断地向身边陪同观察的文物专家、古建筑专家询问有关情况。最后，他把目光移向中南海方向，坚定地说："团城的一砖、一瓦、一树、一石都不能动！把桥面向中南海方向扩展，只须把'金鳌''玉蝀'两个牌坊拆掉就可以了……"

这个决定在当时无疑是惊人而又皆大欢喜的。因为这样便可以利用旧石桥加以扩建，即在保持原有风格的前提下，降低坡度，展宽桥的南侧，并沿南北两边桥栏增建人行道，在解决东西往来交通的同时，又为

改建后的北海大桥

过往游人提供了一个更好的湖上风光的观赏点。东西两端的牌楼虽然拆除了，但是，整座石桥所固有的基本特点，以及它的艺术造型都被保留了下来，而且还有了新的发展，给人以更加舒展、更加壮观的感觉。改造后的北海大桥，既保持了原金鳌玉蝀桥的建筑风格，又把桥面拓宽到34米，桥身加长到220米，中间的车行道为27米，两边的人行道为3.5米；桥身由原来的9孔改为8孔，中间1孔用于通水，其余7孔封堵作为装饰。为安全计又把石栏板改成2米多高的铁栏杆。

我们可以自豪地说，北海大桥的改筑无疑是北京在旧城改建中又一成功的范例，我们可以从中汲取许多有益的启示。只是“金鳌”“玉蝀”两座牌坊在拆移至陶然亭公园后，在“文革”中被当作“四旧”销毁了。

## 8. 北京城生命印记的守望者侯仁之

新中国成立之初，北京城区的铁路客运站有前门站（旧北京站）、东便门站、永定门站、广安门站、西直门站、德胜门站、安定门站、东直门站、朝阳门站、清华园站、西便门站等。但是，主要的客运量却集中在前门站。

随着社会经济的发展，特别是“一五”计划的完成，前门站的客运量有了很大的增长，而原有建设规模已远远不能满足实际的需要。为了尽快改善北京的对外客运交通条件，1958年中央决定新建北京站，站址选在原东便门站之西，并将其列为“庆祝中华人民共和国成立10周年”十大工程之一。

北京站于1958年设计，1959年9月建成通车，前后仅用了10多个月。设计规模为日接发旅客列车数50对，可是，到1987年就已达79对。这大大超过车站原来设计的能力。于是有关部门就开始酝酿建设北京西客站的问题。

北京西客站规划伊始，拟选址在原西便门站以西的莲花池一带。因为在地理位置上正好与北京站东西呼应，而且，这里地势也较为开阔平坦。旧有的莲花池虽已辟为拟建中的公园，但莲花池泉流业已干涸，特别是在开凿新开渠，将工业废水引入莲花池之后，湖水已被严重污染。因之，将其填平建作西客站，既可少占耕地，消弭一处污染危害，也少有因拆迁带来的诸多麻烦。

但是，当侯仁之先生知道了这个规划方案之后，拍案而起，并向有关部门陈述莲花池在北京原始聚落兴起中的重大历史文化价值。他说，这个地方很重要。它和北京城有着血肉相连的关系。从水的供应来讲，一个城市的成长，水是必须解决的问题。北京城的肇始之地——蓟城，它的生命来源水源，就是靠莲花池。莲花池是北京在自己成长过程中的生命印记，如果把它填掉了就等于忘记了自己的生命印记……

正是由于侯仁之先生有一颗保护北京城生命印记的赤诚之心，在他不断的据理力争下，有关领导终于决定修改原有的规划方案，将北京西客站站址向东挪了100米，将莲花池完整地保留了下来。

1993年，北京西客站破土动工。侯仁之先生一直惦记着莲花池，所以在主体建筑基本完工之际，要亲自到工地去看看。可是，这时的侯仁之先生已经是82岁高龄的老人了。他在夫人张玮瑛的陪伴下，一直沿着楼梯爬到了顶层，俯瞰所及，莲花池完整地保留下来了，他的内心自然感到一点欣慰。但是，眼前所看到的莲花池，却又是一个处于干涸状态的湖泊，里面还堆积了许多建筑垃圾，而且丝毫没有将要被整治改造的迹象，这又使老人家感到惆怅。他非常担忧，返回燕园之后，又奋笔疾书写了《莲花池畔再造京门》一文，建议进一步开发莲花池的水源。其中这样写道：

> 1994年7月7日《北京日报》的“图解新闻”版，用“再造京门”四个大字和一幅模型照片，生动地报道了我国目前最大的铁路客运工程——北京西客站。这是一处国际水准的现代化交通枢纽，又体现了富有民族特色的建筑风格。它的建筑面积7倍于现在的北京站而有余。

北京站在东，这新客站在西，因此叫作西客站。这东西两站相去约8千米。结构工程即将于1994年年底完工。展望未来，正如原刊“图解新闻”所指出的：在1997年香港回归祖国后，第一趟悬挂彩旗的京九直达列车将从这里驶出，纵贯华北、华中、华南，直达香港的九龙车站。远景在望，不禁使人心驰神往。这北京西客站选址在莲花池畔，只需进一步开发水源，莲花池上平展如画的水面，必将为这号称“京门”的交通枢纽带来无限风光，同时也将会产生良好的小气候效应。然而，更有意义的是还应当看到，莲花池在北京城的早期发展过程中所产生的重要影响。

能得以保留无疑是件好事情，但若不及时进行修复，莲花池将来的命运仍然是一个未知数。因此，接下来的几年里，侯仁之先生仍然利用各种机会不断呼吁。1998年春，他又在《北京规划建设》上发表了《从莲花池到后门桥——保护古城发展起源、改善城市生态环境》一文，继续宣传恢复莲花池的重要意义。他说：

对于城市的发展，生态环境是至关重要的，在历史文化名城的保护与建设中，要特别重视这一问题。现在一些新的建设虽然不在旧城之内，但与旧城的发展密切相关，应当从全局考虑，慎重处理好发展与保护的关系。我认为，在当前的保护与建设中，尤其应当重视并搞好与北京古城起源及旧城发展关系密切的历史古迹及其环境保护。如果这些历史古迹及其环境不能很好地得到保护，就会失去真正的历史意义的价值。

正是在这样的一个当口上，中共北京市委中心组要进行第六次学习，并邀请侯仁之先生去做报告，介绍北京城市的历史。这真是一个难得的全面阐述自己有关城市发展与古迹保护意见的好机会。

1998 年 4 月 28 日下午，87 岁的侯仁之先生在北京市委做了题为《从莲花池到后门桥》的报告。老人家从北京最初建城——蓟，说到莲花池水是蓟城的生命之源。他说，建城如同筑房，往往会选择在地势相对较高的地方。莲花池东北方不远有一处高地名“蓟丘”。蓟城就建于蓟丘并因此而得名。北魏时期著名地理学家郦道元在他的《水经注》一书中便有相应的记载。但那时，莲花池叫“西湖”，因为它位于蓟城之西。

由于莲花池的存在，使一个古代城市一步步成长，最后扩建为金朝的中都城。这就是北京正式建都的开始。因此可以说，北京城的成长和莲花池的关系至关重要。他殷切希望能够把莲花池尽可能地加以恢复，并且可以把位于它北面的玉渊潭水，沿西三环引下来，注入莲花池，而在引水完成之后有三点值得注意：

第一，作为“京门”的西站附近，应保持开阔的空间，不被占据。

第二，富有历史渊源的自然风光，出现在号称“京门”的一侧，为历史文化名城增光。

第三，如果给予充分的水源，可使人文、交通荟萃之处的西客站的小气候得到改善。

他殷切希望有关部门能够考虑这个问题，使莲花池的历史光彩重新出现在今天。

他在上述的一段话中，曾两次重复“殷切希望”，拳拳之心，诚挚之情，溢于言表。

就在侯仁之先生给中共北京市委中心组做了这个报告之后不久，市委、市政府决定投资修复莲花池，并开辟成为“莲花池公园”。

2000 年 12 月 20 日，莲花池公园举行开园仪式。侯仁之先生应北京市委、市政府的邀请参加了这个仪式，成了这个仪式的“一号嘉宾”。当时的中共北京市委书记贾庆林同志，亲切地握着侯仁之先生的手说：“我是冲着您老人家特地赶来的。”

2002 年 1 月 17 日《北京晨报》载文《都市中有片“鬼楼”》，其中写道:

“原广安门外金中都太液池遗址大约 75 亩的地面上，近年来盖了十七八幢二层小别墅，非常显眼。但这些别墅目前成了长期闲置、外地人寄居、垃圾成片、老鼠乱窜的‘烂尾楼’。”并说：“这种别墅的结构已经过时，根本卖不出去，只能全拆。这么个好地方，是续建，还是拆，是重新规划，还是建成公园，还绿于民？总得有人出来给个说法才对。”我将这篇文章做成剪报寄给了侯师。

就在我给侯师寄出剪报的第三天早晨，侯师给我来电话了。他说：“这是一个很重要的问题，你可以我的名义给市领导写封信反映一下……”

如前所述，在北京早期的城址中，中都城以前的城垣已无迹可寻。金中都城残存城垣是北京城现存最早的城垣。目前丰台区的凤凰嘴村、万泉寺、马连道一带残存的土城，是其最好的代表。1966 年对金中都遗址进行的勘探考证，搞清楚了金中都城的四至、多数城门及宫城位置、部分街道的布局等。1990—1995 年结合西厢工程，开展了对金中都宫殿遗址的考古调查。通过此次调查，基本确定了金中都城应天门、大安门、大安殿等宫殿建筑遗址的大体位置和规模。但是，它们都未在地面保留有可供人们观光、考察的遗迹，仅有一座建于 2003 年的“北京建都纪念阙”。这样，鱼藻池就成了金中都宫城在地面上的唯一遗址了。

有基于此，侯仁之先生决定亲自对鱼藻池遗址做一番实地考察。这时他已是年届 91 岁高龄的老人了。2002 年 5 月 14 日的上午，天气清和，侯先生由夫人张玮瑛推着，在市文物局有关领导的陪同下来到了金中都城鱼藻池遗址。我也应邀来到现场。

金代是北京城市发展史至为重要的时期，关于金中都城的研究也是北京历史文化研究的重要内容。鱼藻池在金中都城宫苑遗址中具有唯一性和不可替代性，这正是其历史文化价值之所在。为了保护鱼藻池遗址的原真性和完整性，侯仁之先生提出建议，把它修建成“鱼藻池公园”。人们殷切期待着。

## 9. 郑孝燮的“匹夫有责，当仁不让”[1]

被人们誉为“名城国粹守护神”的郑孝燮先生1916年生于沈阳。早年他在中央大学建筑系毕业后，于1946年受清华大学建筑系主任梁思成邀请到清华任教。正是在这一时期，他与梁思成先生朝夕相处，梁先生的建筑思想和理论深深地植根于他的脑海中。2001年在清华大学举行的“隆重纪念梁思成教授百岁诞辰”的大会上，他说：“梁思成先生的足迹是一条建筑文脉，而贯穿着这条文脉的脊髓就是民族精神，他认为，民族传统是不会消失的。社会要发展，但它割不断历史文化长河。历史是民族的根基，文化是民族的灵魂，这两者是永远不能丢掉的。”正是这种民族精神鼓舞着郑孝燮，以致在他先后任第三届全国人大代表，第五、第六、第七届全国政协委员，国家文物委员会委员、国家历史文化名城保护专家委员会副主任等职务期间，以“匹夫有责，当仁不让”的气概，为保护我国历史文化遗产做出了卓越的贡献。

仅举两例即可见郑孝燮先生在国家历史文化名城保护工作中的“气概”。

山西平遥古城与云南丽江古城分别体现了汉族文化与少数民族文化。在评议向联合国教科文组织推荐世界文化遗产项目的专家会议上，原本已通过联合国专家考察的山西平遥古城，却莫名其妙地没有出现在申报名单当中。身为国家历史文化名城保护专家委员会副主任委员的郑孝燮拍案而起，对此提出质疑。他与罗哲文、阮仪三等人以个人名义给当时的建设部部长侯杰和国家文物局局长张德勤写信，提出了将山西平遥和云南丽江两座古城同时并重的建议。郑老在建议中科学地分析了两座古城形制的基本历史价值，认为平遥古城体现的是儒家思想体系的汉族文化，形成了讲求方正、对称、中轴、主次及等级关系的城市布局形

[1] 据月明《名城国粹守护神——访著名古建筑保护专家郑孝燮》一文编写，原文刊《中国地产市场》，2001年7月，第14—19页。

制，并突出了晋中的地方民居建筑特色。丽江古城则体现以纳西族为主的少数民族文化，贯穿着元、明、清土司统治体制的关系以及因地制宜、不拘规矩的城市自由布局的形态。可以说，平遥、丽江的古城风貌在全国是古色古香之最。在郑老等几位古建筑专家的极力举荐下，两座古城终于在世界文化遗产当中占据了应有的一席之地。

郑孝燮在任第五届全国政协委员时，曾与其他相关委员一起考察卢沟桥的保护工作。看到一辆辆汽车、拖拉机从这座古老的桥上碾过，他的心都碎了。在随后召开的专门会议上，郑老提出这桥不能再走车了。有人说："桥就是走车的。"郑老严肃地说："过去是走车的，但现在不行！碗是用来吃饭的，难道我们能用故宫里的金碗吃饭吗？"如今，卢沟桥头早已立上了"禁止机动车辆通行"的牌子。每当郑老来到卢沟桥上，都会想起当年的那一幕。他笑着对大家说："这只大金碗只能是看的，而不是用来吃饭的。"郑老多么希望全国人民都懂得"不能用金碗吃饭"的道理啊！

1979年初，北京为了修建立交桥，有关部门准备拆除德胜门箭楼。郑孝燮得知后立即致函中央领导，提出迅速制止拆除德胜门箭楼的"紧急建议"。

陈云副主席：

听说北京即将拆除一座明朝建筑——德胜门箭楼。为此建议，请考虑对这类拆毁古建筑的事，应迅加制止。

（一）北京是个历史悠久的世界名城，风景名胜较多，特别是古建筑更是独具风格。目前除加强保护好城区和郊区的风景名胜外，还需要考虑在整个城区或郊区也能适当保留一些中小型的风景文物。这些中小景物应同北京风景名胜的主体风格取得谐调或有所呼应。德胜门箭楼是现在除前门箭楼外，沿新环路（原城墙址）剩下的唯一的明朝建筑，如果不拆它并加以修整，那就会为新环路及北城一带增添风光景色。

（二）德胜门箭楼位于来自十三陵等风景区公路的尽端，是这条游览路上唯一的、重要的对景。同时它又是南面什刹海的借景，并且是东南面与鼓楼、钟楼遥相呼应的重要景点。不论在新环路上或左近的其他路上，它都可以从不同的角度映入人们的眼帘。在新建的住宅丛中，夹入这一明朝的古建筑，只要空间环境规划好，控制好，就能够锦上添花，一望就是北京风格。从整个北京城市的风景效果来看，保留它与拆掉它大不一样。

（三）拆除这座箭楼，可能是出自交通建设上的需要。但是巴黎的凯旋门并没有因为交通的原因而拆除，这很值得我们参考。风景文物是“资源”，发展旅游事业又非常需要这种“资源”，因此是不宜轻易拆毁的。

（四）破坏风景名胜有两种情况：一是拆或改。二是不拆，但在周围乱建，破坏空间环境，喧宾夺主或杂乱无章，如北京阜内白塔寺（1096年辽代建，1271年元代重修）就是一个教训。国外如日本在这方面是有严格限制的，欧洲有些城市把上百年历史的建筑也列为保护对象，为旅游服务。我们的城市规划、文物保护、园林绿化工作，迫切需要有机配合，共同把风景名胜保护好，并且应由城市规划部门牵头。

（五）像德胜门箭楼的拆留问题，白塔寺附近的规划建设问题，可以请有关单位组织旅游、文物、建筑、园林、交通城市规划等方面的领导、专家、教授谈，听听他们是什么意见。

仅此建议，如有错误请指示。谨致敬礼！

全国政协委员郑孝燮

1979.2.14

当时，德胜门箭楼尚未被列入文物保护单位，却因为郑孝燮先生的信而受到陈云同志的重视，并很快被采纳落实。这就是我们今天看到的德胜门箭楼。

长期的城市规划和文物保护工作，使郑老深刻地认识到城市是一个综合体，体现着一个地方甚至一个国家的历史文化，要想建设有中国特色的城市，必须将城市规划和文物古迹的保护有机地联系起来。郑老认为离开城市规划的安排，孤立地保护文物古迹，或者城市规划工作不把保护文物工作纳入其中，都会导致文物古迹本身及附近环境和空间比例的失调与城市风貌的杂乱。在调查研究的基础上，郑老提出了历史名城个性、特色的三要素，即性格、品格和风格。性格指自然环境造成的历史文化名城的个性特色，品格是在古代“礼制”和“习俗”等影响下的历史文化名城的社会属性，风格则是形式和内容相结合的艺术现象。这三要素分别以自然地理、社会经济、艺术和技术为背景，同时又相互结合，从而形成中国历史文化名城的鲜明而完整的风貌特色。正是基于这种认识，1993 年郑老上书建设部领导，认为应把沿用已久的“旧城改建”的提法改为“旧城改建与保护”。郑老认为：“旧城改建”不是白纸画画，它是有条件的，这就是要合理改建，不能割断历史，破坏反映历史、连接历史的有价值的文物古迹、风景名胜以及相关的环境。这一建议得到了建设部领导的高度重视，也使在城市建设中加强文物保护的观念逐渐得到各方面的认同。

多年的研究与工作实践，郑孝燮先生还感到文物保护不能脱离周围的环境而“独善其身”，否则将造成环境的破坏。经过长期的潜心研究，他郑重提出了“文态环境”这个新概念。他认为，在我国除生态环境保护外，还存在另一种环境保护——城市文态保护。城市的文态环境至关重要，因为它是直接反映国家文明、国家形象的标志。郑老解释说，城市的文态环境就是以建筑整体布局形象为主导而形成的贯穿着“美的秩序”的城市文明环境，文态环境保护的主旨，就是要维护和发扬这种文明。这涉及生态环境、国家经济、对外开放、城市环境风貌、文物与历史地区保护及自然风景保护等一系列问题。

郑老说，中国是一个有着五千年灿烂文明的古国，祖先留下的文化遗产使我们在世界文明中占有重要地位，我们完全应该制定保护历史文化遗产的政策法规。北京作为世界古都已出台了在老城区里划出 25 片保护区的保护方案，以使保护区里的古建筑能保持原有的历史风貌。但这还远远不够。整个北京城的建设，都应适应老城区的历史特点，对建筑高度、色彩、形象以及交通流量实行控制。

郑老特别强调，保护古城本身也有现代化的工作要做，如上下水道、市政工程、消防等。古城的生态环境、文态环境要现代化，但它的风貌应以历史文化氛围为主。现在保护历史文化遗产的矛盾主要是房地产开发，靠行政命令去监督显然不行，必须制定法律法规来制约房地产商的无序开发。

房地产业是我们现代化过程中不可缺少的重要产业，也是城市经济发展的支柱。但是房地产发展必须按照规划来进行，而规划首先要做到合理，不能仅仅因为经济利益而置规划于不顾，郑老举例说，福州的三坊七巷，是一个古老的居住区，白墙黑瓦，天井院落，不仅具有典型的福州民居建筑风格，还有许多名人故居。受利益驱动，现在那里却盖起了高楼大厦，结果三坊七巷遭到了严重破坏。这个教训太深刻了。国家要有一个专门针对现代化过程中城市改造与保护问题而制定的法规或条例。规划虽是龙头，但不是法律执行起来就无法可依。要让各级领导及全体国民都能切实加强对历史文化遗产的保护意识，把保护历史文化遗产作为现代化建设的组成部分而不是将其对立起来。

## 五、北京城区历史文化保护和控制范围规划

新中国成立以来，北京发生了天翻地覆的变化，其城市建设的巨大成就令世人瞩目。展望新的世纪，北京将实现“建设成为具有世界一流水平的现代化国际大都市”的宏伟目标。这无疑是令人鼓舞、让人神往的。实际上，无论是中国人还是外国人，也不管是否曾经来过北京的，都希望了解北京的过去、现在，更关注着它的未来。

1989 年 5 月中旬，来自英国、美国、意大利、联邦德国的城市规划、建筑、文物保护方面的专家和我国的有关专家、学者相聚一堂，共同探讨“如何正确处理历史文化名城的保护与城市现代化建设的关系问题”。中外专家们指出：北京旧城有长达 7.8 千米、纵贯全城的南北中轴线，其完美的空间布局，成就了北京城的独特风貌。大量的历史文化遗迹、特别是像故宫、天坛、颐和园等古建筑群，堪称世界建筑上非凡的杰作。它们是中国的，也是世界的瑰宝。因此，必须保护北京的独特风貌和珍贵的文物古迹。

前文提到的英国规划师 E.N. 培根，这次也应邀到会，并做了精彩的发言。他说，尽管贯穿整个北京城的南北轴线两侧的序列的完整、统一和壮丽，已遭到不可挽回的破坏，但是它在紫禁城内和天坛这组建筑的小天地里仍然存在。这两大杰作中，人与天空的联系给人以无比丰富的感受。水平的正脊加上其尽端和檐口处的装饰，使整个建筑变得错落有致、变化无穷，而连续不断的，带有金属饰物的黄琉璃瓦屋顶，在蔚蓝色天空的映照下，显得更加浓重、辉煌。从景山上俯瞰这一切，南有紫禁城，北有钟鼓楼，视线再越过辽阔的平原，消失在大自然的地平线上，这是无价的遗产。只要有一座现代的摩天大楼闯入人们的视线，就会毁掉这一历史轴线上的辉煌奇迹。

1996 年 7 月下旬，有关部门又组织了“北京应建成怎样的现代化国际城市”专题研讨会，北京大学城市与环境学院教授胡兆量先生在题为《须有超前意识》的发言中指出，国际大都市也会有经济的、政治的、文化的等多方面的内容，而北京首先应该是国际性的文化中心。如果说拥有卢浮宫和凡尔赛宫的巴黎，是西方文化积淀最深厚的国际文化中心，那么北京理应成为积淀东方文化最深厚的国际文化中心。他认为，以“人”为中心继承和开发北京的深厚文化，是保证北京迈向国际化大都市的前提；采用现代化的手段管理、保护、弘扬丰富的文化积淀，是北京城市建设的使命。瑞士苏黎世既是国际金融中心之一，又保留着古朴的城市风貌，值得北京借鉴。他指出："如果缺乏超前意识，一味追求近期经济效益，倒墙拆院，势必会增加日后向'人'为中心转变的困难。"[1]

"文化大革命"期间，北京的城市规划工作受到了很大的冲击，城市规划机构被撤销，城市建设总体规划被暂停执行，城市建设出现了极大混乱。"文化大革命"后期，北京的城市规划工作逐步得到恢复。但受历史条件的影响，许多问题仍然难以解决。1980 年 4 月，中共中央书记处做出关于首都建设方针的四项指示，为首都的城市建设指明了方向，也为城市总体规划修订奠定了思想基础。

1982 年，北京市规划部门在对各项专业规划进行综合及反复讨论修改的基础上，编制完成《北京城市建设总体规划》方案。这是一个拨乱反正、继往开来的规划方案。其基本点是：第一，在城市性质上明确了北京是全国的政治中心和文化中心，强调经济发展要适应和服从城市性质的要求。第二，提出严格控制人口规模的目标，20 年内市总人口规模控制在 1000 万人左右，市区人口规模控制在 400 万人左右。第三，提出了"旧城逐步改建，近郊调整配套，远郊积极发展"的建设方针。第四，在总体规划中突出了环境保护的思想，明确了提高环境质量的目标。第五，确定了北京作为历史文化名城的重要地位，对保留继承和发扬古都风貌提出了更高的要求。第六，明确提出将居住区作为组织居民生活的基本单位，以便更好安排各项设施，方便群众生活。第七，强调城市基础设施不仅要还账，而且要先行。第八，提出了实施规划的五条措施。

1983 年 7 月，中共中央、国务院原则批准了《北京城市建设总体规划》方案，并做了十条重要批复。该批复明确指出这一时期城乡建设的方向，对开创首都城市建设新局面具有十分重要的意义。在这里不妨摘录几段中共中央、国务院批复的《北京城市建设总体规划》方案中有关旧城改建的设想：

[1] 胡兆量：《须有超前意识》，《北京日报》，1996 年 7 月 28 日。

改建旧城，就是要对旧城功能进行调整改组，使其充分体现政治中心和文化中心的需要。要继承和发扬历史文化名城的传统，并且要有所创新，充分体现社会主义首都的新格局、新风貌，并要逐步改变落后面貌，使之现代化。

要继续完成天安门广场和东西长安街改建，安排党中央及国家领导机关、大型文化设施及其他公共建筑，形成庄严、美丽、现代化的中心广场和主要干道。

从五四大街到文津街，要增建一些具有民族特色的文化建筑，形成一条反映北京文化古都风貌和传统建筑艺术的街道。改建琉璃厂，保留和发扬传统文化街的特点。对宣武区牛街一带少数民族聚居地区，改建时要注意体现少数民族的特色。

在原有棋盘式街道格局的基础上，继续采取展宽、打通的办法，增加贯穿旧城南北和东西的通畅道路，改善旧城的交通。

要制订对历史文化名城的保护规划和重点文物的保护规划。对重点文物保护单位，不但要保护其本身，还要保护其周围环境风貌。对标志各历史遗址的变迁和其他有历史意义的遗址，也要有选择地加以保护。

从前门经天安门、故宫三大殿、景山、钟鼓楼，直至北二环，是旧城南北中轴线的主要地段，其景观要着重保护，在其两侧一定范围内，建筑高度严加限制。

划定旧皇城范围内为古建筑重点保护区。其中：在南、北池子以西，长街以东地区，以及景山、北海之间，不准再建筑楼房；除古建筑和质量较好的四合院应予保留外，有计划地逐步辟为绿地。距故宫、景山的围墙 250 米以内地区，一般只准建二、三层以下（高度低于 9 米）的楼房。在 250 米以外的旧皇城范围地区，一般只能建五、六层（高度低于 18 米）的楼房。对比较集中连片重点保护单位，采取成组保护办法。还要保留成片的好四合院街坊，如南锣鼓巷两侧。

整个旧城建筑高度要加以控制。新建房屋的高度，从旧城中心逐渐向四周提高。除了对旧皇城重点保护范围建筑高度的限制以外，其他地区以四、五、六层为主，也可建一部分十几层（低于45米）的楼房。在特定地点的个别建筑还可以再高一些。

在建筑艺术上，要反映出中华民族的历史文化、革命传统和社会主义祖国首都的新风貌。

为了更好地领会中央“批复”的精神，北京市文物保护协会和北京土木建筑学会于1987年11月召开会议讨论“保护首都独特风貌”问题。来自文物、规划、建筑等部门的专家认为：“北京是全国历史文化名城之首，是中国历代都城中，保存最完整、内容最丰富、城市规模最宏大的五朝古都，又是中华人民共和国的首都。它既具有极其珍贵的历史文物价值，又是我们社会主义祖国的政治、文化中心，做好首都独特风貌的保护，具有十分重要的特殊意义。”本人也携论文《维护北京城的整体格局是保护古都独特风貌的基础》参会，并提出：让我们以最大的努力，为我们自己，为我们的祖国和子孙后代，也为世界多保留一点曾经在人类历史上闪烁过晶莹光华的实物，而不遗余力地工作。

20世纪90年代初，根据深化改革、扩大开放及发展社会主义市场经济新形势的需要，在首都规划建设委员会和市政府的领导下，由北京市城市规划设计研究院具体组织，开展了城市总体规划的编制工作。在大量调查研究和编制专业规划的基础上，经过反复研究，论证修改，于1992年底完成了《北京城市总体规划》的编制。

《北京城市总体规划》根据党的十四大和邓小平同志南方谈话精神，提出了社会主义市场经济条件下首都建设的方向，并制定了跨世纪发展的新目标及规划方案。《北京城市总体规划》确定的城市发展基本目标是：到2010年，北京的社会发展和经济、科技的综合能力，达到并在某些方面超过中等发达国家的首都城市水平，为在21世纪中叶建成具有一流水平的现代化国际城市奠定基础。

《北京城市总体规划》进一步明确北京是全国的政治中心和文化中心，是世界著名的古都和现代化国际城市的城市性质，并明确提出了建设全方位对外开放的现代化国际城市的目标。

1993年10月，国务院正式批准了《北京城市总体规划》，并就城市的发展方向与目标、首都经济发展、保护与改善生态环境、保护古都风貌、加快城市基础设施现代化建设等做了8条重要批复，为新时期首都各项建设发展进一步指明了方向。

为了实施《北京城市总体规划》提出的“对历史文化名城保护要形成完整的保护体系”的目标，自1998年以来，北京市先后编制并完成了圆明园地区综合整治规划，市区历史水系保护规划，旧城历史文化保护和控制范围规划，划定25片历史文化保护区四至范围，占地约960公顷。明确了保护与建设控制要求，为进一步深入研究具体保护措施提供了依据。

兹将旧城范围内历史文化保护区的基本情况分述如下：

第一部分包括南长街、北长街、西华门大街。重点保护区范围为：西至中南海，东至故宫和中山公园，北至景山前街及文津街，南至西长安街，占地面积为30.38公顷。

第二部分包括南池子大街、北池子大街、东华门大街。重点保护区范围为：西至故宫筒子河及劳动人民文化宫围墙，东至南河沿及智德巷、银闸胡同等，北至景山前街及五四大街，南至东长安街，占地面积为53.02公顷。建设控制区位于东华门大街重点保护区范围以北，北池子大街重点保护区范围以东，南、北河沿大街以东，东黄城根以西。区内多为成片的新建筑群，占地面积22.31公顷。

第一、第二两部分街区特色基本相同，都是清代以来形成的，是以传统四合院为主的街区，街区内分布着一些重要文物，街道绿化良好，具有传统的街道空间尺度，交通量较少，安静且有居住气息。

第三部分包括景山前街、景山东街、景山后街、景山西街、陟山门街、五四大街、文津街等七个历史文化保护区。其范围东起东黄城根北路、西至北海公园及北医大妇产医院，南至故宫、中南海北边界，北至地安门东大街、地安门西大街，占地100.44公顷。

这一部分是衬托景山、北海、团城、中南海、大高玄殿、北京图书馆等重要文物建筑的“背景”地带，是整个皇城中轴线两侧不可或缺的重要组成部分。景山东街、景山后街、景山西街、陟山门街、地安门内大街是以平房四合院为主的街区。景山前街、五四大街、文津街，是文化旅游街道。

第四部分是什刹海地区。其范围东到地安门外大街，北到鼓楼西大街和二环路，西到新街口北大街、柳荫街，南到地安门西大街、新街口东大街，占地面积195公顷。

这一部分的最大特色是拥有以“三海”（前海、后海、西海）水面和滨湖绿化带构成的自然景观和以传统民居、“银锭观山”等景点视廊构成的人文景观。其中最重要的城市景观标志点有钟鼓楼、德胜门、汇通祠等。

第五部分是南锣鼓巷四合院传统平房保护区。其范围东起交道口南大街，北至鼓楼东大街，西起地安门外大街，南至地安门东大街，占地约83公顷。

其重点保护区范围为：北边以菊儿胡同和前鼓楼苑胡同北侧院落为界，西边以中央实验话剧院宿舍东墙为界，南边以地安门东大街为界，东边以交道口南大街为界。重点保护区的占地面积约为59.22公顷。建设控制区在地安门外大街以东，鼓楼东大街以南地区，占地面积为23.78公顷。

南锣鼓巷地区最早建于元朝，虽然经过数百年的变迁，该地区的街坊格局仍基本上保持着元代“昭回靖恭坊”的鱼骨式道路格局。如今，南锣鼓巷地区仍是北京典型的平房四合院区。区内保存有许多质量较好的名宅古园、山石碑刻、精品四合院和名人故居，是北京市传统街区的精华所在。

第六部分是国子监街。保护范围分为东、西两片，总占地面积62.39公顷。西片北至北二环路，南至方家胡同，西至安定门内大街，东至雍和宫大街，占场约为35.82公顷。东片北至二环路，南至永康胡同，西至雍和宫大街，东至炮局头条，占地约26.57公顷。

这一部分的重点保护区共35.09公顷，以雍和宫大街为界分为东西两片。西片面积约23.22公顷，东片面积约11.87公顷。建设控制区为保护区外围地区，总面积约27.30公顷，其中西片12.60公顷，东片约14.70公顷。这一地区是以传统四合院为主的历史街区。街区内有一些重要的文物古迹，街道绿化良好，仍具有传统的街道尺度，其中的3个国家级文物保护单位对外开放，并形成了该地区文化旅游的特征。

第七部分包括阜成门内大街、西四北头条至八条。其范围东至西四北大街，西至西二环路，北至平安大街，南至阜内大街以南的民康胡同、羊肉胡同，局部南伸至全国政协。

在这一部分之中，阜成门内大街的重点保护区西至阜成门，东至西四，北至宫门口四条及西四北头条，南至阜内大街的南红线，包括白塔寺对面的一块规划预留绿地（占地1.5公顷）。西四北头条至八条的重点保护区为：南至西四北头条，北至西四北八条，西至赵登禹路，东至西四北大街。以上两个保护区共占地71公顷。阜成门内大街的建设控制区和西四北建设控制区面积共约35.7公顷。

阜内大街为文物集中的城市大街，西四北地区为具有中国传统民居风格的平房四合院区。

第八部分是东交民巷。其范围东起崇文门内大街，西到天安门广场东侧，南起前三门大街，北达东长安街，占地面积为62.24公顷。

这一部分的重点保护区范围为：沿东交民巷南侧，由西向东包括原美国使馆旧址、荷兰使馆旧址、花旗银行旧址、东方汇理银行旧址、正金银行旧址、日本公使馆旧址、法国邮政局旧址、圣米厄尔教堂、比利时使馆旧址，以及东交民巷南侧的拟保护建筑群。沿东交民巷北侧，由西向东包括英国使馆旧址、惇亲王府旧址、日本领事馆旧址、意大利使馆旧址、奥地利使馆旧址、国政俱乐部等。东交民巷重点保护区的占地面积共 25.38 公顷。其建设控制区范围内，由于已经建成了许多高层的大体量建筑，考虑现实与可能，把大华路两侧的东单公园、东单体育场、同仁医院、北京医院、北空后勤部，以及沿长安街 60 至 160 米进深的用地划在保护范围以外。

从历史发展的角度看，这一地区是中国近代史的实物见证，从一个侧面反映了中国从封建社会沦为半封建半殖民地社会的历史变迁；从建筑艺术的角度来看，该地区汇集了 20 世纪初西方各国不同风格的建筑，与绿树、灰墙有机结合，形成了老北京城独有的使馆区特色。

第九部分包括琉璃厂东街、琉璃厂西街、大栅栏街。其范围东起前门大街，西至南新华街，北起前门西大街，南至珠市口西街。

在这一部分中，大栅栏重点保护区的范围为：北起廊房头条，南至大齐家胡同，东起珠宝市街，西至煤市街。其中包括大栅栏街、廊房二条、廊房三条、钱市胡同、门框胡同，面积约为 6.88 公顷。琉璃厂东街、琉璃厂西街重点保护区的范围为：琉璃厂东街和琉璃厂西街及其两侧沿街建筑，琉璃厂东街重点保护区的面积约为 1.25 公顷，琉璃厂西街重点保护区的面积约为 1.21 公顷。建设控制区包括：大栅栏重点保护区北侧建设控制区，南起廊房头条，北到前门西后河沿，东起珠宝市街，西至三富胡同（面积约为 3.75 公顷）；大栅栏重点保护区南侧建设控制区，南起掌扇胡同，北至大齐胡同，东起粮食店街，西至煤市街保护区（面积约为 4.66 公顷）；大栅栏和琉璃厂东街之间的建设控制区（占地面积约为 21.51 公顷）；琉璃厂东街周围的建设控制地区（其中北侧的面积约为 3.08 公顷，南侧的面积约为 1.07 公顷）；琉璃厂西街周围的建设控制区（其北侧的面积约为 2.03 公顷，南侧的面积约为 2.05 公顷）。

这一单元的特色为：体现晚清风格，间有大量西洋建筑，以平民的商业、文化、娱乐和生活居住建筑为主的城市地区。

北京旧城传统中轴线跨越整个旧城区，因此，边缘地区同中心地段的风格应有所区别，但在视觉上要有一定的连续性。对于景观走廊，应按照有关的控制规划予以保护，对走廊内及相关范围的建筑高度加以严格控制，保证其通畅、完整。

（1）主要街道。在北京旧城中，平安大街和朝阜大街是两条古迹众多的街道。

平安大街沿街的“点”和“面”，有郭沫若故居、恭王府花园、段祺瑞执政府旧址、西四北头条至八条、地安门西大街、什刹海、景山后街、南锣鼓巷、东四北三条至八条等。平安大街的规划道路红线为70米，目前虽保护了绝大部分文物，但这只是解决旧城区城市交通问题与文物保护问题的过渡性方案。一些文物保护单位的保护范围及建设控制地带位于70米规划道路红线以内，将来按规划的70米道路红线实施时，这一批文物建筑仍将面临问题。沿街的一些新建筑因使用了玻璃幕墙等新型建材，与传统风貌很不协调。街道的空间尺度同沿街建筑高度的比例关系也不协调，某些地段的建筑突破地区限高，影响了街景的整体协调性。

朝阜大街沿街的“点”和“面”，有鲁迅故居、妙应寺白塔、历代帝王庙、广济寺、北海、团城、大高玄殿、中南海、阜内大街、西四北头条至八条、文津街、北长街、陟山门、景山西街、景山前街、北池子、景山东街、五四大街及东四北三条至八条等。这条街的文物保护情况较好，但交通拥堵，沿街商店的立面形式与传统风貌不够协调。某些街段的建筑突破了地区限高，影响了街景的整体协调性，且街后平房区的房屋质量较差。

（2）中轴线。目前正阳门、箭楼、钟楼、鼓楼的保存状况基本良好，仍能体现明清时期的风貌。

（3）景观视廊。景观视廊是指连接旧城区内的古建筑的制高点的视线走廊。它们将城市的各个分散、独立的景点连接成相互联系、相互渗透的网络，保持了传统城市的特色和景观。

北京旧城内的景观视廊主要包括：传统中轴线、“银锭观山”、鼓楼至德胜门、鼓楼至景山、鼓楼至北海白塔、天坛祈年殿至前门箭楼等。就现状而论，因某些建筑突破限高，“银锭观山”受到一定程度的影响。其他视廊保存状况尚属良好。

根据旧城中“点”“线”“面”的分布特点及其历史文化价值，依据旧城整体保护原则，《北京城市总体规划》将旧城区划分为以下三个区域：

（1）核心保护区，即旧城区内“点”“线”“面”集中分布的地区，具体包括传统城市中轴线、部分市级文物保护单位及全部的历史文化保护区，大致范围为：北至二环路、东至王府井大街、西至西黄城根路、南至长安街及前门大街的中心线。该区占地面积约为 20 平方千米。

在上述范围内，要制定保护规划，包括控制性详细规划、控制规划及重点地段的城市设计。该区内以保护为主，原则上不进行较大规模的危旧房改造等建设活动。目前，核心保护区范围内已建成的危改小区有四片（菊儿胡同危改小区、银闸小区、西海北沿、御京花园），部分建成的危改小区有两片（鸦儿胡同、背阴胡同危改小区），已立项但未开工建设的危改区有白米斜街、前马厂、龙头井、草岚子、西四北六条至八条、大红罗厂、四环小区、园丁小区等。

对于上述危改小区，未开工的将不再进行建设，已开工建设的要按历史文化保护区的要求重新审查，修改设计方案。确需建设的房屋及危房翻建，必须按传统历史文化风貌的要求进行设计、施工。新建筑的高度、色彩、材料、形式及风格要同传统形式一致，严格控制该地区内建筑设计的审查。对地区环境要进行综合治理，拆除违法建设，加强对传统建筑的维护，使其恢复原有的历史风貌。

（2）建设控制区，即内城中核心保护区以外的地区，占地面积约 18.2 平方千米。

建设控制区以保护为主，建设为辅。该区建设的重点要放在城市的基础设施及城市公益设施的建设上，要严格控制新建筑的高度，其色彩、材料、形式、体量及风格等方面要同传统形式协调一致。对于该区域内的危旧房改造项目要严格审查，原则上不再批准新的项目。目前建设控制区内已立项的危改区有桃园小区、国英小区、官园小区、东冠英小区、白塔寺小区、丰盛小区、金融街工程、南丰小区、北丰小区、太平桥小区、宏庙小区、西西工程、南闹危改小区、和平里小区、建内小区、朝内小区、黄土岗小区、海运仓小区、东四十条小区。

除上述危改区外，个别因具体情况确需改造的，要经市政府批准立项，并编制控制性详细规划及城市设计，报规划管理部门审批。

（3）外围区。外城中核心保护区以外的地区为外围区，占地面积约24.2平方千米，此范围内，除北半部有一定数量的传统建筑之外，其他大部分地区均为1949年以后集中建设的简易房。房屋的建设施工质量较差，缺乏必要的生活设施，基础设施落后。由于该地区对城市传统风貌的要求与核心保护区相比要略低一些，故有关部门建议将该地区作为旧城的可改造区。改造的重点应放在城市的基础设施建设及危旧房改造方面，以改善该地区居民的生活环境及居住条件。对于此区域中的危改工程，仍可沿用现行办法由区政府审查，市危改办会同有关单位审批立项。建设方案要符合城市总体规划及控制性详细规划的要求，对已审定的设计方案和已开工的危改区可继续进行建设。

当时，可改造区内的危改工程已立项的有四十七片，建成的小区有常青园小区、虎背口小区、法华寺小区、草厂头条七号院、四块玉小区、肉市三院、登莱小区、槐柏树小区、法源寺小区、建功西里等十片，部分建成的有椿树危改小区、南线阁小区、牛街东片、西片等四片。

总之，核心保护区要以保护为主，以环境整治、基础建设的改善为重点，充分体现出历史文化名城的传统风貌。核心保护区保存有较多的历史原物，可以反映出传统地方民俗、民风及传统的城市生活，它是体现历史文脉最突出的地区，外围区则以城市基础设施的建设和一定规模的危旧房改造为主，要处理好与相邻文物及历史文化保护区的关系。在城市风貌上，既要体现时代特色，又要考虑与传统风貌的结合。建设控制区介于两者之间，重点在于处理好现代建筑与传统建筑的关系，与核心保护区及外围区之间的过渡。

但是，中国社会科学院考古研究所前所长徐苹芳先生，在一开始就不赞成在北京旧城划分“历史文化街区保护”的做法。他坚持认为北京旧城是一个在统一的主题下，整体规划设计的成果，绝不可以弄得“四分五裂”。他说：“故宫已被完整地保护下来，并被联合国教科文组织公布为世界文化遗产。但是，北京旧城却因拆毁了北京内外城垣，而被排斥在世界文化遗产之外。”“一个城市的街道布局犹如一个人的身体骨骼，它架构了这个城市的交通脉络，体现了这个城市的风格。”“北京旧城的大街胡同横平竖直，规规整整。如果你乘飞机在北京上空鸟瞰北京城，你将会被宏伟的北京街道胡同的布局所震撼。”他还说：“北京东西向平行的胡同，是总结了宋代以来开放式街巷制街道规划的产物……一座座封闭式四合院向阳背风，院内绿化，安全幽静，互不干扰，很少有噪音，胡同和院落和谐地结合在一起了。所以，明清以来并没有改变北京城的街道系统，充分说明北京的胡同是极具生命力的，它完全可以适应现代城市交通的需要。这似乎是一个奇迹，但也说明北京的胡同在我国城市规划史上是一个成功的杰作。”[1]

在这里值得提出的是，全国政协委员、我国著名的城市规划大师和古建筑专家郑孝燮、罗哲文等人提出了要整体保护皇城，并将这一地区向联合国申报“世界文化遗产”的建议。

他们认为，北京现有联合国教科文组织审定的六项“世界文化遗产”，其中的紫禁城是 1987 年 12 月公布的我国第一批申报的项目之一。然而，在历史上，皇城与紫禁城从来就是分不开的，作为世界文化遗产的紫禁

---

[1] 徐苹芳：《论北京旧城街道的规划及其保护》（历史、考古与社会——中法学术系列讲座），法国远东学院北京中心编印，2002 年 6 月。

城不能独善其身，必须要与其外围环境同时进行保护。从整体上加强对皇城的保护主要是抓住它的历史文态环境（当然也有现代的文态环境）。保护皇城也绝不意味着把皇城的城墙都修复起来，而是要保护皇城内的原有建筑，对新批建筑的用途、高度、形式、色调等要严格限制；已兴建的有损于保护区历史风貌的建筑物，要下决心有计划地予以拆除；对现仍占用文物保护单位的用户，应在规定时间内尽早腾退。

他们的建议不仅引起了全市大多数百姓的强烈反响，也引起了有关部门的高度重视。事实上，有许多保护古都风貌的工作已经在实施之中，如业已建成并对外开放的、以原东皇城墙遗址为基础的“皇城墙遗址公园”，还有以崇文门以东原明北京城内城墙遗迹为基础的“明北京城墙遗址公园”等，都是卓有成效的。

数年前，清华大学的一项“北京旧城保护研究”指出，保护北京的旧城具有重大的历史意义和世界意义。北京市人民政府也已于 2004 年 1 月 16 日向联合国教科文组织世界遗产中心（WHC）做出“整体保护北京旧城”的郑重承诺。同时，WHC 要求中国政府部门继续加强努力，保护好北京的世界遗产项目。

历史辉煌的北京，是中华文明的象征，是世界华人凝聚力的所在，保护好北京旧城及一切遗产，具有伟大的政治意义。文化遗产的意义超过文化的一般意义。因为它还是伟大的资源，具有重要的经济价值。“文化是经济发展的原动力”，这已为近年来世界许多国家、政府及有识之士在理论与实践上一再证明。北京作为历史文化名城，旧城又不同于一般的历史文物，它还是国际、国内、本市多种多样活动的中心，千万人民生活于此，是一个充满活力的大城市。因此，对城市本身具有“保护”和“发展”的双重任务。

该项研究在回顾建国初期梁思成、陈占祥所提的“关于在北京西郊建设新市区行政中心的建议”（即“梁陈方案”）时说，这一问题从来没有正式的结论，甚至讳莫如深。今天时过境迁，在这里无暇议论方案本身的短长，历史发展不可逆转，更不是为该方案翻案。但是，它内在的核心原则，今日仍有阐述的必要。对比中外城市发展的历史实践可以看出，“建国初期，由于种种原因未能认识到这一问题，这只能说是年轻的共和国缺乏城市建设的科学经验”[1]。

北京旧城规划建设最突出的特征是其具有整体性的城市设计理念。北京城作为一个面积极大的单体，其建筑计划延展得如此广阔而深远；其间的建筑群完全是在极有组织、层次分明的控制下，构成的一个无法分割的整体。它从皇宫（紫禁城）至皇城，又从皇城到都城，这一层层通过极具形象的构筑物——城墙向外延展的整体观念，并由城市中轴线上突出的中心建筑群、方城十字街，以及建设位于其间的数以千百计的四合院构成了一个井然有序、互相承应，又交相辉映的平面格局。它有完整的城市历史文化环境，悠久的历史文化内涵，具有整体关联的人文故事，即使是残碑断碣也无不记录了丰富的历史信息。

为此，有人又提出“将旧城内一些行政办公机构适当迁出”，而且“中央国家机关及北京市机关可起带头作用”，以便疏解旧城那早已不堪重负、显得肥大、交通严重堵塞的“身躯”。“万般困难，最后的旧城一定要保住，不能因畏难而退缩，我们要加紧工作，请珍惜这最后的一次机会。”[2]

前不久，中央决定把雄安建设成首都北京的城市副中心，并已着手将北京市政府的有关部门迁入通州。北京中心城区的疏解工作也正有条不紊地进行着。

我们的先人曾经以他们卓越的智慧和辛勤的劳动，为我们创造了举世公认的奇迹，然而，更新的奇迹——既要整体保护北京旧城，为后代留下一份弥足珍贵的历史文化遗产，又要建设现代化国际大都市，还需要我们这一代，乃至几代人的努力。

---

[1] 清华大学：《北京城市总体规划修编（2004—2020 年）专题研究——北京旧城保护研究》（未刊稿）。

[2] 同前注。

我们由“新中国成立以来北京城市规划及旧城改造思路的演变”表可以看出，改革开放之后，北京城市规划开始高度重视对文物古迹、历史文化街区的保护，并且开始强调保护的整体性。然而，在实际的城市建设过程中，由于对旧城改造与历史文化名城改造相互关系认识不统一，城市规划缺乏实施保障，针对旧城保护的规划可操作性不强，特别是以房地产开发为主导的改造模式在巨大的利益诱惑面前，使得从 90 年代开始的危旧房改造沦为大规模的房地产开发和“拆房运动”。

虽然，北京旧城改造受《北京市区中心地区控制性详细规划》的严格限制，《北京城市总体规划（2004—2020）》提出大力发展古都文化旅游和加强对历史风貌的整体保护，然而开发商为了追求高回报率，千方百计地突破规划对建筑高度和建筑容积率的限制[1]，大量的四合院、胡同被拆毁，甚至有些文物保护单位也不能幸免，破坏历史风貌的现象仍然没有得到有效的遏止。

北京是一座拥有 3000 多年历史的文化古都，而明清北京城无疑是中国历史都城的最后结晶。新中国成立之后，北京成为中华人民共和国的首都、全国的政治文化中心，从而进入了一个全新的发展时期。

如前所述，“平津战役”时期，为了保护北京这座历史文化名城免受战火的毁坏，中国共产党竭诚努力争取国民党守将傅作义将军，并最终得以和平解放。当时的北平，虽是满目疮痍，残破不堪，但是作为一座文化古都，保存得尚称完整。然而，令人不解的是，在以后的数十年之中，这座方圆仅 62.5 平方千米的北京城却总是在“旧城改造”“保护古都旧貌”“夺回古都风貌”的呼号声中，不断地被吞噬、被拆毁，而代之以光怪陆离、光芒四射的“玻璃蛋”“玻璃幕墙”，抑或是钢筋水泥的“欧陆风情”。有报道称，“目前北京历史城区范围内的传统遗存，已

[1] 吴良镛：《北京旧城要审慎保护——关于北京市旧城区控制性详细规划的几点意见》，《北京规划建设》，1998 年第 2 期，第 2 页。

附表：新中国成立以来北京城市规划及旧城改造思路的演变

| 时间 | 北京城市规划方案 | 有关旧城保护及改造 |
| --- | --- | --- |
| 1953年底 | 北京总体规划草案 | 将“消费城市变成生产城市”，北京不仅是政治中心，还应是文化、科学、艺术的中心，也应是一个大工业城市。确定把行政中心放在旧城内，利用现有设施进行建设。对于古代遗留下来的建筑物，采取一概否定的态度显然是不对的；一概保留、束缚发展的观点也是极其错误的。 |
| 1958年 | 经过重大修改的北京城市总体规划初步方案 | 一方面要保留和发展合乎人民需要的风格和优点；另一方面必须打破旧城市对我们的限制和束缚，以共产主义的思想与风格进行规划建设，要迅速改变城市面貌。该思路基本上否定了对旧城传统风貌的保护，忽视对传统建筑物的维修与保养，致使许多古建筑和居民平房成为破旧危房。 |
| 1983年 | 北京城市建设总体规划方案 | 旧北京城在城市规划和建设上都有独特的风格和特点，要注意保留、继承和发扬这些独特的风格和特点，还要不断创新。要抓紧制定历史文化名城的保护规划和重点文物保护规划；对重点文物保护单位，不但要保护其本身，还要适当保护其周围环境风貌。 |
| 1992年 | 北京城市总体规划（1991—2010） | 城市现代化建设、社会经济发展，特别是旧城的调整改造，要与历史文化名城保护相结合：北京的发展和建设，既要符合现代化生活和工作的需求，又要保持其历史文化特色。提出了历史文化保护区的概念和保护原则。 |
| 2005年 | 北京城市总体规划（2004—2020） | 重点保护北京市域范围内各个历史时期珍贵的文物古迹、优秀近现代建筑、历史文化保护区、旧城整体和传统风貌特色、风景名胜及其环境，继承和发扬北京优秀的历史文化传统。坚持整体保护、以人为本、积极保护的原则，合理调整旧城功能，防止片面追求经济发展目标，强化文化职能，积极发展文化事业和文化、旅游产业，增强发展活力，促进文化复兴，推动旧城的可持续发展。 |

资料来源：根据《北京城市总体规划（2004—2020）》和《建国以来北京的旧城改造与历史文化名城保护》一文（平永泉：《建国以来北京的旧城改造与历史文化名城保护》，《北京规划建设》，1999年第5期，第8—12页）汇总整理。

不足原面积的1/3”，“2003年的统计显示，北京旧城之内，被列入保护区的胡同有600多条，未被划入保护区的胡同有900多条；2005年国务院批复的《北京城市总体规划》将旧城内的历史文化保护区增至33片，但它们只占旧城总面积的29%。保护区之外，成片成片的胡同、四合院在房地产开发中被夷为平地”[1]。开发金融街时，该地区61条胡同被拆除。而宣武门外“大吉片儿”的被拆除，更是北京胡同记忆里的一大痛点。这片东起粉房玻璃街，西至菜市口胡同，南起南横街，北至骡马市大街，形成于明朝中期的居住区曾有会馆78家，大小胡同街巷30多条，院落300余个。它们被成片拆除是在2005年1月《北京城市总体规划（2004—2020年）》获批之后，而《规划》中明确提出，对北京旧城要进行“整体保护”，“停止大拆大建”，“坚持小规模渐式有机更新”。更为令人痛心的是，“宣南文化”的核心便是会馆，以及在此基础上形成的士子文化[2]。

前些年，我们曾以《珍重古都老北京》为题，感叹前人留给我们的是一座比较完整的历史文化名城、人类宝贵的文化遗产，我们留给后人的又将是什么？这是北京的发展所必须回答，且无法回避的问题，也是中华民族在自身的发展中所必须回答的问题。之后，我们又苦苦地思索着：1949年“平津战役”之后，为了争取和平解放北平，当时的毛泽东和前线指挥部，在紧张的工作中，委派专人与傅作义将军进行秘密谈判，而其中最重要的一条就是，北平是一座闻名世界的文化古城，这里有许多人类最珍贵的文化古迹。这是无价之宝，绝不能毁于兵燹。

其实，早在60多年前，建筑大师梁思成先生在总结了18、19世纪以来欧美的大都市因为工商业无计划、无秩序、无限制的发展形成“摊大饼”的弊病，从而认识到“北京城是一个具有计划性的整体”，“它们

[1] 王军:《抓住北京历史城区保护新机遇》,《瞭望新闻周刊》, 2016年3月21日, 第12期, 第4页。
[2]《回不来的老地名》，《北京晚报》，2016年4月27日，第17版选读，第18版本报调查。

的形体不但美丽，不允许伤毁，而且它们在位置部署上的秩序和整个文物环境，正是这座名城壮美特点之一，也必须在保护之列，不允许随意掺杂不调和的形体，加以破坏”，“北京的建筑形体同它的街道区域的秩序都有极大的艺术价值，非常完美。所以北京旧城区是保留着中国古代规划，具有都市计划传统的完整艺术实物”[1]。因而提出了“保护历史城市另辟新区扩建”这样一个对于城市的发展来说既省钱又具有相对较大自由度，可以避免陷入原有城市的复杂矛盾之中的方案。但是，新中国成立初期，由于种种原因，未能认识到这一问题。

文物是民族历史的不可替代的象征与见证，承载着珍贵的历史信息，一旦被毁就追不回了。

习近平总书记 2014 年视察北京时曾语重心长地说：“历史文化是城市的灵魂，要像爱惜自己的生命一样保护好城市历史文化遗产。北京是世界著名古都，丰富的历史文化遗产是一张金名片，传承保护好这份宝贵的历史文化遗产是首都的职责，要本着对历史负责、对人民负责的精神，传承历史文脉，处理好城市改造开发和历史文化遗产保护利用的关系，切实做到在保护中发展、在发展中保护。”[2]

据报道，“九三学社”北京市委员会在《疏解非首都功能形势下的旧城保护工作》的提案中明确提出：“东城、西城区两区合并，建立北京中央区，以此提升古都保护的全局意识，科学规划北京市中央区疏解工作。”

此前的一份调查数据显示，在 1990—2003 年的 13 年间，北京共拆除胡同 639 条，这是前 40 年的 3.1 倍，另据清华大学统计数据显示，北京旧城传统风貌区面积仅占旧城区面积的 19.82%。

“九三学社”北京市委提出东西城合并，建立北京中央区，并指出“如果在北京疏解非首都功能的工作中不重视古都风貌保护，文化遗产

[1] 梁思成：《梁思成文集》（四），中国建筑工业出版社，1986 年，第 5、9 页。
[2]《新京报》，2016 年 2 月 26 日，A06 特别报道。

保护的形势就可能出现恶化”。而“设立北京中央区对于旧城统一布局有利，既可以在疏解非首都功能工作中提高古都保护的理念，提高工作效率，也可以进一步强化旧城整体保护作为疏解非首都功能工作中的指导思想之一，提升古都保护的全局意识，科学规划北京市中央区疏解工作。”他们还呼吁：“以市委市政府为首的机关、单位迁出旧城，做保护旧城遗产表率。且以后也应当不再在旧城区新建任何大型商业娱乐场所，不再向旧城内新迁入大型党政军机关和高等院校及研究机构。”[1]

而在前不久召开的全国人大、政协“两会”上，全国政协委员、故宫博物院院长单霁翔提交了三个提案：《关于抓住首都功能疏解契机加强历史城区保护的提案》《关于维护北京历史街区文化特色的提案》《关于增加北京历史文化保护区的提案》，其核心都是如何保护好北京历史城区。

目前，北京中心城区的功能正逐渐疏解，新一轮的北京市总体规划也正在修订。愿单霁翔先生的提案能得以采纳，愿北京历史城区仅有的整体格局和文物古迹能得到更好的保存。

对此，人们正拭目以待。

[1]《九三学社：建议东西城合并为北京中央区》，《新京报》，2016 年 1 月 20 日。

# 附表一　中国历代都城一览表

| 朝代 | 公元 | 都城名 | 现址 | 所在流域 | 历史文献依据 |
|---|---|---|---|---|---|
| 夏 | 约前 2070—前 1600 年 | 阳城<br>斟鄩 | 河南登封告城镇<br>河南偃师二里头村 | 伊、洛河谷平原 | 《史记·周本纪》:“自洛汭延于伊汭，居易毋固，其有夏之居。”1959 年考古发掘。 |
| 商 | 前 1600—前 1046 年 | 亳 | 河南郑州 | 黄河中游河谷 | 《汉书·地理志》:“(河南郡偃师）尸乡,殷汤所都。”1983 年,考古发掘报告。 |
| | | 殷（墟） | 河南安阳 | 黄河下游平原 安阳河畔 | 《古本竹书纪年》:“自盘庚徙殷至纣之灭，二百七十三年，更不徙都。” |
| 周 | 前 1046—前 256 年 | 丰镐 | 陕西西安西南 | 沣水河畔（关中平原） | 《毛诗》郑笺:“丰邑在沣水之西,镐京在沣水之东。” |
| | | 雒邑 | 河南洛阳 | 洛水河畔（洛阳盆地） | 《史记·周本纪》 |
| 秦 | 前 221—前 206 年 | 咸阳 | 陕西咸阳 | 渭水河畔（关中平原） | 《史记·秦始皇本纪》:“咸阳故城亦名渭城……秦孝公已下并都此城。” |
| 西汉 | 前 206—公元 25 年 | 栎阳<br>长安 | 陕西西安 | 渭水河畔（关中平原） | 《汉书·高帝纪》:“七年（前200 年）二月，自栎阳徙都长安。” |
| 东汉 | 25—220 年 | 洛阳 | 河南洛阳 | 洛水河畔（洛阳盆地） | 《后汉书·光武帝纪》:“建武元年十月，车驾入洛阳，幸南宫却非殿，遂定都焉。” |
| 西晋 | 265—317 年 | 洛阳 | 河南洛阳 | 洛水河畔（洛阳盆地） | 《晋书·地理志》:“晋仍居魏都(指魏都洛阳)。” |
| | | 长安 | 陕西西安 | 渭水河畔（关中平原） | 《晋书·愍帝纪》：愍帝讳邺，初封秦王。永嘉六年（312 年）为皇太子，登坛告类，建宗庙社稷于长安。建兴元年(313 年)三月即皇帝位，称长安为京都、京师。 |
| 东晋 | 317—420 年 | 建康 | 江苏南京 | 长江下游平原 | 《晋书·元帝纪》:建武元年（317年）即晋王位，改元。立宗庙社稷于建康。大兴元年(318 年)三月即皇帝位，称建康为京师。 |

| 朝代 | 公元 | 都城名 | 现址 | 所在流域 | 历史文献依据 |
| --- | --- | --- | --- | --- | --- |
| 隋 | 581—618 年 | 洛阳（东京）（东都） | 河南洛阳 | 洛水河畔（洛阳盆地） | 《隋书 · 炀帝纪》：“大业元年（605 年）三月丁未，诏尚书令杨素、纳言杨达、将作大匠宇文恺营建东京……徙天下富商大贾数万家于东京。”大业五年（609 年）春正月，改东京为东都。 |
| 唐 | 618—907 年 | 长安 | 陕西西安 | 渭水河畔（关中平原） | 《新唐书 · 高祖纪》：“武德元年（618 年）五月甲子，即皇帝位于太极殿。”仍以长安大兴城为都。 |
|  |  | 洛阳 | 河南洛阳 | 洛阳盆地 | 《旧唐书 · 则天皇后纪》 |
| 北宋 | 960—1127 年 | 汴梁（汴京）（东京） | 河南开封 | 黄河中游平原 | 《宋史 · 地理志》：“东京，汴之开封也。梁为东都，后唐罢，晋复为东京，宋因周之旧为都。” |
| 南宋 | 1127—1279 年 | 临安 | 浙江杭州 | 钱塘江下游平原（杭嘉湖平原） | 《南宋古迹考》：宋行在十三门，《咸淳志》载绍兴二年(1132 年)霖雨城坏。二十八年（1158 年）增筑内城及东南之外城，附于旧城。 |
|  |  | 福州 | 福建福州 | 闽江下游平原 | 《宋史 · 瀛公记》：德佑二年五月立是于福州。 |
| 元 | 1206—1368 年 | 大都 | 和林 | 蒙古鄂尔浑河东 | 《元史 · 地理志》：“太祖十五年，定河北诸郡，建都于此。” |
|  |  |  | 北京 | 永定河洪冲积平原 | 《元史·世祖纪》:至元四年（1267 年）正月“城大都”。至元九年（1272 年）二月,改中都为大都。 |
| 明 | 1368—1644 年 | 北京 | 北京 | 永定河洪冲积平原 | 洪武、建文定都南京《明史 · 成祖纪》：永乐元年（1403 年）正月，“以北平为北京”。永乐十八年（1420 年）九月，诏自明年改北京为京师。 |
| 清 | 1644—1911 年 | 北京 | 北京 | 永定河洪冲积平原 | 《清史稿 · 世祖本纪》：顺治元年（1644 年）六月，“定议建都燕京”。七月,“以迁都祭告上帝、陵庙”。 |

续表

| 朝代 | 公元 | 都城名 | 现址 | 所在流域 | 历史文献依据 |
| --- | --- | --- | --- | --- | --- |
| 中华民国 | 1912—1949 年 | 南京 | 江苏南京 | 长江下游平原 | |
| 中华人民共和国 | 1949— | 北京 | 北京 | 永定河洪冲积平原 | |

## 附表二　北京历代沿革简表

| 时期 | 年代 | 所属行政单位 | 历史名称 | 所在地 |
|---|---|---|---|---|
| 商<br>西周 | 前1600—<br>前771年 | 蓟、燕（晏） | 蓟、燕（晏） | 今北京市西南广安门一带、琉璃河董家林 |
| 春秋 | 前770—<br>前476年 | 前期属蓟，<br>后期属燕 | 蓟 | 今北京市西南广安门一带 |
| 战国 | 前475—<br>前221年 | 燕 | 蓟 | 今北京市西南广安门一带 |
| 秦 | 前221—<br>前206年 | 燕 | 蓟 | 今北京市西南广安门一带 |
| 西汉 | 前205—<br>公元25年 | 燕国、幽州、广阳郡（国） | 蓟 | 今北京市西南广安门一带 |
| 东汉 | 25—220年 | 幽州、<br>广阳郡（国） | 蓟 | 今北京市西南广安门一带 |
| 三国 | 220—265年 | 幽州、燕国 | 蓟 | 今北京市西南广安门一带 |
| 晋 | 265—386年 | 幽州、燕国 | 蓟 | 今北京市西南广安门一带 |
| 北魏、北齐、北周 | 386—581年 | 幽州、燕郡 | 蓟 | 今北京市西南广安门一带 |
| 隋 | 581—618年 | 涿郡 | 蓟 | 今北京市西南广安门一带 |
| 唐 | 618—907年 | 幽州范阳郡 | 蓟 | 今北京市西南广安门一带 |
| 五代<br>（后梁、<br>后唐） | 907—936年 | 幽州范阳郡 | 蓟 | 今北京市西南广安门一带 |
| 辽 | 936—1122年 | 南京道、幽都府<br>燕京道、析津府 | 南京或燕京城内附：幽都县（后改析津县）宛平县 | 今北京市西南广安门一带 |

续表

| 时期 | 年代 | 所属行政单位 | 历史名称 | 所在地 |
|---|---|---|---|---|
| 宋 | 1122—1125 年 | 燕山府 | 燕山府附析津县宛平县 | 今北京市西南广安门一带 |
| 金 | 1125—1215 年 | 中都大兴府 | 中都城内附大兴县宛平县 | 今北京市西南广安门一带 |
| 元 | 1215—1368 年 | 前期称燕京，1264 年改为中都大兴府，1271 年改为大都 | 大都（前称为燕京、大兴府或中都大兴府），城内附大兴县、宛平县 | 安贞门、健德门至今东西长安街南侧一线 |
| 明 | 1368—1644 年 | 1368 年至 1462 年北平府，1463 年至 1644 年北京顺天府，城内附有宛平县和大兴县 | 北平府或北京顺天府，城内附有宛平县和大兴县 | 1371 年将元城北墙内缩 5 里。1553 年在南城外增筑外城，扩至今永定门一线 |
| 清 | 1644—1911 年 | 京师顺天府 | 京师、顺天府，城内附大兴县宛平县 | |
| 中华民国 | 1912—1949 年 | 京兆（1912—1927）北平（1928—1949） | 京兆或北平，城内附：宛平县、大兴县 | |
| 中华人民共和国 | 1949 年— | 北京 | | |

# 附表三　北京中轴线建筑一览

| 建筑名称 | 建成年月 | 建筑型制 | 建筑尺寸 | 建筑物名称的文化涵义 |
|---|---|---|---|---|
| 永定门 | 始建于明嘉靖三十二年(1553)，清乾隆年间修筑箭楼。 | 由城楼、瓮城、箭楼组成。<br>城楼为重檐歇山顶，三滴水楼阁式。(宽24米，深10米) | 城楼通高26米，面阔7间（24米），进深3间（10.5米），灰筒瓦绿剪边。箭楼为单檐歇山顶，正面宽12.8米，箭窗四层，每层7孔。 | 取“天下安定”之意。<br>1950年为通北京环城铁路，将瓮城拆除；1957年为扩充永外交通，城楼被拆除。<br>2004年开始重建城门楼(瓮城、箭楼未建)。 |
| 天桥 | 建于明嘉靖年间。 | 原有一座单孔汉白玉石拱桥。现为近年重建。 |  | 为封建帝王去天坛、先农坛祭祀的重要通道,故名“天桥”。<br>清光绪三十二年（1906）为适应南北交通，遂将桥身降低；1929年为通有轨电车，遂又降为平桥；1934年展筑正阳门至永定门马路时拆除埋于地下。 |
| 正阳门（前门） | 始建于永乐十九年(1421)正统元年（1436）重建。 | 由五牌楼、正阳桥、瓮城、箭楼、城楼组成。城楼为重檐歇山式顶三滴水楼阁式。<br>往北与大清门（大明门、中华门）之间为棋盘街。曾于清乾隆四十年（1775）修葺并加石栏，中铺御路。 | 城楼通高42米，面阔7间，灰筒瓦绿剪边，箭楼通高36米，东南西三面开箭窗。南面四层每层13孔，东西两侧各四层，每层4孔连北厦二孔共86孔（13×4=52 4×4×2=32　1＋1=2）。 | 正阳门位于内城南垣的正中，明初延续元代之名，称“丽正门”，取《周易》:“日月丽于天，百谷、草木丽于土，重明丽乎正，乃化成天下。”<br>正统元年(1436)重建，以“日为众阳之宗”，认为人君之象，更名“正阳门”。因而有“国门”之誉，所以较内城其它八门规格都高大。<br>瓮城在1915年（民国四年）拆除，并由德国人罗斯格·凯尔改建正阳门道路和箭楼，增加了西洋色调和建筑风格。<br>瓮城内原有观音庙（东)、关帝庙(西),于1967年拆除。 |
| 大清门（大明门、中华门)、千步廊 | 始建于明永乐十五年（1417）清乾隆重建。 | 单檐歇山顶、上覆黄琉璃瓦、脊兽，门前置石狮、下马石各一对，后被拆除。 | 门五间，中辟三券门，高度约为16.57米。 | 为皇城正南门，两侧有传说为明朝进士解缙题写的楹联:“日月光天德，山河壮帝居。”千步廊长545米，宽62米，共144间（110+34）。 |

续表

| 建筑名称 | 建成年月 | 建筑型制 | 建筑尺寸 | 建筑物名称的文化涵义 |
| --- | --- | --- | --- | --- |
| 天安门 | 始建于明永乐十五年（1417），清顺治八年（1651）重建 | 重檐歇山顶，上覆黄琉璃瓦、脊兽，门前置石狮、华表各一对。 | 面阔9间，通高33.7米，中辟五券门，进深5间，寓意“九五之尊”。 | 为皇城南垣正中门。门外有外金水桥（五道），意为“承天启运，受命于天”。明嘉靖年间曾称“承天门”。清顺治年改建后改称“天安门”。（“金凤颁诏”，即向全国颁诏）<br>在大清门与天安门之间原有长达545米的“千步廊”（于1915年被拆除）。千步廊外，东侧是“宗人府、兵部、吏部、户部、礼部、工部和鸿胪寺、钦天监”等；西侧是“中军都督府、左军都督府、右军都督府、前军都督府、后军都督府、锦衣卫”等，即所谓的“五部六府”。 |
| 端门 | 始建于明永乐十八年（1420）。 | 重檐歇山顶，上覆黄琉璃瓦，型制与天安门同。 | 建筑结构及风格与天安门相同 | 端门是皇帝至尊的象征，礼仪之门，其中门只有皇帝出行时才开。 |
| 紫禁城 | 始建于永乐四年（1406），十八年（1420）基本建成。 | 占地72万多平方米，屋宇9千余间，建筑面积15万余平方米。墙外有宽52米的护城河（俗称筒子河）。 | | 整座宫城之称“紫禁城”乃与天上的“紫微宫”相对应。分外朝（太和殿、中和殿、保和殿）和内朝（乾清宫、交泰殿、坤宁宫）两大部分，其后则是御花园。 |
| 午门 | 始建于永乐十八年（1420），清顺治四年（1647）重修。 | 重檐庑殿顶，覆黄琉璃瓦。 | 面阔9间，进深5间，以示“九五之尊”，通高38米。<br>城台呈“凹”字形，台高13米，开三个外方内圆的券洞门，东西两侧还辟有小门。 | 午门即古时的阙门。北京紫禁城沿袭了南京故宫午门为宫门正门的建制。“凹”字形城台使之显得更加深邃、森严。明清时常在午门前举行“献俘”仪式或对忤旨大臣进行廷杖。 |
| 太和殿 | 俗称金銮殿，始建于明永乐十八年（1420），康熙时重建。其后为中和殿、保和殿。 | 重檐庑殿顶，覆黄琉璃瓦，面积2377平方米。 | 面阔11间，进深5间，高35米（若加上8米高的三层露台，高43米）。 | 初名奉天殿，嘉靖时曾改皇极殿，清顺治改太和殿，它与中和殿、保和殿一起建在高约8米的三层汉白玉、呈“土”字的台基上，以示“土中”。<br>太和殿垂脊兽多达11个，乃是中国古代宫殿建筑中的孤例，是皇帝登基、庆典、向全国发布政令的地方。 |

续表

| 建筑名称 | 建成年月 | 建筑型制 | 建筑尺寸 | 建筑物名称的文化涵义 |
| --- | --- | --- | --- | --- |
| 中和殿 | 明初称华盖殿，嘉靖时改中极殿，清顺治年改今名，乾隆年重修。 | 单檐四角攒尖，顶平呈四方形，上覆黄琉璃瓦，中置鎏金宝顶。 | 面阔、进深各为3间，通高19米。 | 中和殿是一处为太和殿正式活动做准备的场所，或在去太和殿前在此小憩，接受内阁、礼部及侍卫执事人员等的朝拜。每逢加皇太后徽号和各种大礼前一天，皇帝也在此阅览走奏章和祝辞。 |
| 保和殿 | 始建于明永乐十八年，初名谨身殿，明嘉靖年改称建极殿，清顺治年改今名，乾隆年重修。 | 重檐歇山顶，上覆黄琉璃瓦。 | 面阔9间，进深5间。保和殿后的大石雕，重300吨，雕九龙戏珠。 | 其功能与中和殿类似，明时举行册立皇后、太子典礼之前，皇帝要在此穿戴衮服以示隆重。清代每年除夕在此设宴，招待进京贺年的蒙古王公，也是殿试的所在。 |
| 乾清宫 | 建于明永乐十八年，清嘉庆三年（1798年）重修。 | 重檐庑殿顶，上覆黄琉璃瓦。 | 面阔9间，进深5间，高24米。是后寝最高最大的宫殿。 | 殿中设金漆宝座，上悬“正大光明”匾。是明永乐帝到康熙帝的寝宫。 |
| 交泰殿 | 建于明代，清嘉庆三年重修。 | 四角攒尖顶，平面呈方形，但小于中和殿，上覆黄琉璃瓦。 | 面阔、进深各3间 | 明代这里是皇后的寝宫之一，清代皇帝把它改成行礼殿，凡封皇后，授皇后“册”、“宝”等仪式，和皇后诞辰礼都在此举行。清乾隆十三年（1748年）代表封建皇权的二十五方“宝玺”收藏于此。 |
| 坤宁宫 | 建于明永乐十八年，清顺治十二年（1655年）重建。 |  | 面阔9间，进深5间，通高20.54米。 | 明代这里是皇后的正寝。清代改为祭神场所，东暖阁为皇帝大婚的洞房，康熙、同治、光绪三帝均在此举行婚礼。 |
| 神武门（明称玄武门） | 始建于明永乐十八年（1420），清康熙年重修并改今名。 | 重檐歇山顶，覆黄琉璃瓦。 | 面阔7间，进深3间，高31.6米。 | 玄武为古代北方的太阴之神；此方象水，故又称“水神”，是明皇宫灭火去灾的保护神。 |
| 景山 | 堆于明永乐十八年（1420）。 | 人工堆积的土山，清乾隆时建有富览、辑芳、万春、观妙、周赏五亭。 | 山高45.7米，万春亭高17.4米，总高63.1米。 | 原名万岁山，堆于元延春阁之上，意为“镇山”，清改名景山。 |
| 寿皇殿 | 始建于清乾隆十五年（1750年）。 | 重檐庑殿顶，上覆黄琉璃瓦。 | 面阔9间，进深3间，通高23.92米。 | 殿仿太庙型制，专供皇室先祖影像之地。 |

续表

| 建筑名称 | 建成年月 | 建筑型制 | 建筑尺寸 | 建筑物名称的文化涵义 |
| --- | --- | --- | --- | --- |
| 地安门（明称北安门） | 始建于明永乐十八年（1420），清顺治九年（1652）重修。 | 单檐歇山顶，中开三门为方形洞。 | 面阔7间，通高11.8米，左右两侧原有雁翅楼（二层），民国年间拆除。 | 它与南面的天安门相对应，左为东安门，右为西安门。 |
| 万宁桥（俗称后门桥） | 始建于元代，位居大天寿万宁寺之前（南）。 | 单孔汉白玉石拱桥。 | | 位于大天寿万宁寺和中心阁之南，所以称“万宁桥”。2000年在侯仁之先生的建议下进行了全面重修。 |
| 鼓楼 | 明永乐十八年建，清嘉庆五年（1800）重修。 | 重檐歇山顶，面阔5间，灰筒瓦。 | 木结构拱券式楼阁（外观两层，实为三层），通高46.7米。 | 为明清两代击鼓报时的中心。（旧址为元万宁寺中心阁。） |
| 钟楼 | 明永乐十八年（1420）建，清乾隆九年（1745）重建。 | 灰筒瓦绿剪边，重檐歇山顶，四面开券门。 | 通高47.9米，无梁拱券式。 | |

## 参考文献


[1] 侯仁之：《历史地理学的理论与实践》，上海人民出版社，1979 年。

[2] 侯仁之：《晚晴集》，新世界出版社，2001 年。

[3] 侯仁之主编：《北京历史地图集》，北京燕山出版社，1988 年。

[4] 侯仁之、金涛：《北京史话》，上海人民出版社，1980 年。

[5] 侯仁之：《北京城市历史地理》，北京燕山出版社，2000 年。

[6] 侯仁之：《北平历史地理》，外语教学与研究出版社，2013 年。

[7] 梁思成：《梁思成文集》（四），中国建筑工业出版社，1986 年。

[8]〔瑞典〕奥斯伍尔德·喜仁龙著，许永全译，宋惕冰校：《北京的城墙和城门》，北京燕山出版社，1985 年 8 月。

[9] 李允鉌：《华夏意匠》，中国建筑工业出版社，1985 年。

[10] 王会昌：《中国文化地理》，华中师范大学出版社，1992 年。

[11] 于杰、于光度：《金中都》，北京出版社，1989 年。

[12] 陈高华：《元大都》，北京燕山出版社，1982 年。

[13] 曹子西：《北京通史》，中国书店出版社，1994 年。

[14] 贺业钜：《考工记国营制研究》，中国建筑工业出版社，1986 年。

[15] 贺业钜：《中国古代城市规划丛书》，中国建筑工业出版社，1986 年。

[16] 叶骁军：《中国都城发展史》，陕西人民出版社，1988 年。

[17] 汪国瑜：《建筑——人类生息的环境艺术》，北京大学出版社，1996 年。

[18] 刘敦桢：《中国古代建筑史》，中国建筑工业出版社，1980 年。

[19] 同济大学城市规划教研室：《中国城市建设史》，中国建筑工业出版社，1982 年。

[20] 傅熹年：《中国古代城市规划建筑群布局及建筑设计方法研究》，中国建筑工业出版社，2001 年。

[21] 王鲁民：《中国古典建筑文化探源》，同济大学出版社，1997 年。

[22] 杨宽：《中国古代都城制度史研究》，上海古籍出版社，1993 年。

[23] 董鉴泓：《中国古代城市建设》，中国建筑工业出版社，1988 年。

[24] 于倬云：《紫禁城建筑研究与保护——故宫博物院建院 20 周年回顾》，紫禁城出版社，1995 年。

[25] 赵立瀛、何融：《中国宫廷建筑》，中国建筑工业出版社，1992 年。

[26] 陈江风：《天人合一观念与华夏文化传统》，生活·读书·新知三联书店，1996 年。

[27] 陈江风：《天文崇拜与文化交流》，河南人民出社，1994 年。

[28] 李普国：《“周礼”的经济制度与经济思想》，中州古籍出版社，1987 年。

[29] 闻人军：《考工记导读》，巴蜀书社，1988 年。

[30] 汪德华：《中国古代城市文化思想》，中国城市出版社，1997 年。

[31] 于希贤：《中国古代风水与建筑选址》，河北科技出版社，1996 年。
[32] 刘沛林：《风水——中国人的环境观》，生活·读书·新知三联书店，1995 年。
[33] 唐明邦：《周易评注》，中华书局，1995 年。
[34] 亢亮、亢羽：《风水与城市》，百花文艺出版社，1999 年。
[35] 傅筑夫：《中国经济史论丛》，生活·读书·新知三联书店，1980 年。
[36] 曲英杰：《先秦都城复原研究》，黑龙江人民出版社，1991 年。
[37] 翟严晋：《周易与华夏文明》，上海人民出版社，1998 年。
[38] 史念海：《中国古都和文化》，中华书局，1998 年。
[39] 黄建军：《中国都城选址与规划布局的本土思想研究》，厦门大学出版社，2005 年。
[40] 张先得：《明清北京城垣和城门》，河北教育出版社，2003 年。
[41] 王军：《城记》，生活·读书·新知三联书店，2003 年。
[42] 平永泉：《建国以来北京的旧城改造与历史文化名城保护》，《北京规划建设》，1995 年第 5、6 期。
[43] 柯焕章：《规划首都宏伟蓝图建设现代国际城市》，《北京规划建设》，1999 年第 5 期。
[44] 魏成林：《北京的旧城改造与城市传统风貌保护》，《北京规划建设》，2000 年第 1 期。
[45] 清华大学：《北京城市总体规划修编（2004—2020 年）专题研究——北京旧城保护研究》（未刊稿）。
[46] 中共北京市委党史研究室：《见证北京（1919—2004）》，北京燕山出版社，2004 年。
[47] 王瑞智：《梁陈方案与北京》，辽宁教育出版社，2005 年。
[48] 宫辉力等：《地理学家读北京》，中国地图出版社，2011 年。
[49] 朱祖希：《侯仁之与北京城》，北京工业大学出版社，2015 年。

后记

# 一日为师，终身为父

“北京，是我心中的圣城。”

这是已故历史地理学家、中国科学院院士、北京大学教授侯仁之先生的一句话。

这句话既是他对北京“知之愈深，爱之弥坚”最贴切的感情表达，也是他之所以穷毕生的精力、矢志不渝地去探索北京、研究北京的最大原动力。当然，也可以说是他对北京学术研究成果最充分的肯定。

有人说，如果没有他，人们不可能像现在这样了解北京。于是，常常会有人在称呼“侯仁之”时冠以“北京通”。

有人说，因为有了他，北京的许多古迹得到了留存。于是，又常常会有人把他称为北京历史文化遗迹的“守望者”。

有人说，如果不是他，中国将不知道什么时候才能加入“世界遗产委员会”并开始申报世界遗产。于是，又有人把他誉为“中国申遗第一人”。

但是，作为老师，侯仁之先生在70多年的教学生涯中，像一支坚毅挺拔的红烛，不知照亮了多少求知若渴的年轻的心灵，也不知引导了多少在科学道路上曾经迷茫过的年轻学子。

我只是侯仁之先生芸芸学子中的一个。

1955年7月，我有幸以第一志愿被北京大学地质地理系经济地理专业录取。17岁的我用一个两头带钩的竹扁担，挑着母亲给我准备的行李，怀揣着一块家乡的泥土，风尘仆仆地从浙江省中部的一个小县城来到了北京。

北京，是我日夜向往的首都。

8月25日，当我在前门火车站下车，并随着拥挤的人群慢慢地走出车站时，一座高大雄伟的城门楼和其雄浑厚实的城墙一下子把我震慑住了……啊，这就是北京城！

开学的第一天，按照惯例，地质地理系主任要向全体新同学致“欢迎词”。这天早晨，我便早早地在大饭厅（现在北大的“百年大讲堂”）吃过早饭来到了地学楼101号阶梯教室，和其他新同学一起坐在带有小桌的椅子上静静地等候着。

不一会儿，一位身着青灰色中山装，前额宽阔，戴一副黑框眼镜的老师走上讲台，他站定之后，环顾四周说了一声：“欢迎新同学！”顷刻之间，101教室里便响起了热烈的掌声。

他就是我们地质地理系的主任侯仁之先生。

接着，侯仁之先生便为我们开启了开学之后的第一课——北京。

“我们伟大的祖国，是一个历史悠久的文明古国。我们的首都北京，是历史悠久的文化古都。一座城市，只有当你深入地了解了它的过去，才能更好地理解它的现在，并展望它的将来……”

侯仁之先生从北京的起源、城址的确定，讲到了它的变迁，说到了它在城市规划建设上所取得的辉煌成就。“最后，中国历史上最伟大的时代终于来到了——1949 年 1 月北京解放了。它第一次回到了它的真正的建造者——劳动人民的怀抱。同年 10 月 1 日，伟大的人民领袖毛主席在天安门城楼上，向全世界庄严地宣告了中华人民共和国的成立……”

侯仁之先生那生动、充满激情，又深入浅出的语言，把我深深地吸引住了。我一直是支着耳朵仔细地听着，生怕把其中的哪一句给疏漏了。

这真是我有生以来听过的最好的一堂课，自然也是我心仪已久的一堂课。就这样，“侯仁之”三个字便和“北京城”一起深深地植进了我的心田之中，并影响、引导了我的一生。

侯仁之先生说：“我一生都在研究北京。”

1932 年，当侯仁之先生还是一名中学生的时候，他就已对文化古都北平心怀向往。就在这一年，先生考入了燕京大学历史系，并拜在著名学者顾颉刚、洪业（煨莲）先生的门下。而洪业先生“择校不如投师，投师要投名师”的话让侯仁之醍醐灌顶，如沐春风，并负笈英伦，投奔到了英国利物浦大学历史地理学家达比门下。1949 年夏初，侯仁之先生的论文《北平历史地理》通过答辩，他获得了博士学位。这篇论文就是在达比教授的直接指导下完成的。

《北平历史地理》是中国学者按照现代历史地理学的学科规范，独立完成的第一部系统研究北京的城市历史地理专著。他从城市发展不可或缺的水源问题入手，揭开了北京原始聚落的产生和城址变迁的轨迹，全面论述了自西周直至明清北京城的演进轨迹及其地理特色，并手绘了 45 幅地图，使内容更为直观。这既是侯仁之先生求学历程的总结，也是他以后数十年研究工作的起点。它对侯仁之先生个人的学术发展和其对北京城市历史地理的研究，都具有重要的标志性意义。

1949 年 9 月，侯仁之先生辗转回到祖国，并任教于燕京大学。

侯仁之先生的一生曾经担任过许多职务，但他始终把教员作为自己的本分，而且是第一位的，他的课程“历史上的北京城”也为大家所熟知。开学时他先是给地质地理系的新生讲，后来听的人多了，就给全校的新生讲；再后来，在北京人民广播电台给全市的百姓讲。每一次讲，都是那么充满激情，神采飞扬，深入人心。到了90岁高龄，他也仍然在为大家做有关北京的报告。

20世纪90年代初，侯仁之先生提出了“北京城市规划建设的三个里程碑”的理论：

第一个里程碑是历史上北京城的中心建筑紫禁城。它建成至今已有570多年，代表的是封建王朝统治时期北京城规划建设一大艺术杰作，且已列入“世界文化遗产名录”。

第二个里程碑是新中国成立之后，在北京城的空间结构上，突出地标志着一个新时代已到来的天安门广场的改造。它赋予了具有悠久传统的全城中轴线以崭新的意义。“古为今用，推陈出新”，在文化上显示着承前启后的特殊意义。

第三个里程碑即是奥林匹克公园的建设，突出体现的是21世纪首都的新风貌，标志着北京走向国际大都市的时代已经到来。

这既是侯仁之先生对北京的探索、研究中学术成果的高度升华，也是历史地理研究结合北京城市规划建设的重大成果。

1949年和平解放后的北平，虽然满目疮痍、破败不堪，但却是一座凝聚了我国数千年封建帝都文化的历史古城，是中国历代都城的最后结晶，也是世界历史上规模最大、保存最完整的城建杰作。

明清北京城规划设计的重大成就，就在于它以非凡的手法集中体现出封建帝王“普天之下，唯我独尊”的主题，并通过“城墙”这一建筑形式，从宫城到皇城，从皇城到内城、外城，一层层逐次向外延展，组成一个互相呼应、互相映衬的城市格局。所以，它是一座保留了中国古代都城规划建设规制的完整的艺术实物。这是任何一个其他的封建帝都所不及的。

所以，在北京旧城的保护上，侯仁之先生提出应当从整体出发全面考虑，慎重处理好发展与保护的关系，并为此殚精竭虑，奔走呼号，积极建言。

卢沟桥是因横跨卢沟河（今永定河）而得名的石桥，地处南北往来的交通要冲，建成于金明昌三年（1192 年），距今已有 800 多年的历史。它不仅是北京地区现存最早的联拱石桥，而且还雕刻精美，技艺精湛。

侯仁之先生在 1985 年 7 月的全国政协会议上提出建议，并撰文呼吁“保护卢沟桥刻不容缓”。他的建议被政府采纳，并决定当年 8 月 24 日卢沟桥正式“退役”，不再有机动车运行其上。

20 世纪 90 年代初，为适应城市发展的需要，拟在原西便门火车站以西的莲花池上新建“北京西站”。但是，侯仁之先生却认为，莲花池是北京的肇始之地——蓟城的水源地，是北京在自己成长过程中留下的生命印记……就是在他的呼吁下，有关部门改变了原有的规划建设方案，保留了莲花池，并把它建成为“莲花池公园”。

2001 年 1 月首都某报刊载了一篇题为《都市中有片“鬼楼”》的文章，说的是在 1993 年被列入市级文物保护单位的金鱼藻池，被房地产商开发成为别墅区。侯仁之先生得知之后，便不顾 91 岁高龄，在夫人张玮瑛的陪同下，推着轮椅到现场做了实地考察，并建议有关部门把它开辟为“鱼藻池公园”。这样既可以保留下这处金代的遗址，也可供附近的居民观赏游览。

侯仁之先生认为，严格地讲，元朝大都城规划建设的起点就是海子桥。因为，海子桥的选址决定了全城的中轴线。保护中轴线是保护北京这座历史文化名城的重要内容之一。

侯仁之先生语重心长的话，引起了北京市多位领导的高度重视，并很快将其列为市政府抢险修缮工程。工程竣工之日，侯仁之先生感慨万千，并建议把桥的习惯称呼改回到原名——万宁桥，希望子孙后代万世安宁。

中国作为世界文明古国，不仅山河壮丽、生物类型多样，而且应予以积极保管和保护的对象历历可数。但截止到 1985 年我国正式加入《世界遗产公约》之前，我们既不能享受签约国所应享受的一切权益，更无助于推动这项有益全人类的国际化合作事业。

1984年，侯仁之先生应邀去美国华盛顿康奈尔大学讲学，就在与外国同行的接触交谈中，第一次听到在国际上还存在一个《保护世界文化遗产和自然遗产公约》和“世界遗产委员会”。

这件事给侯仁之先生以很大的震动。

侯仁之先生认为，中国历史文化渊源深厚，符合世界遗产条件的文化和自然遗产也有不少。我们应当放眼世界，更好地保存祖先留给我们的宝贵遗产。因此，侯仁之先生回国后便以全国政协委员的身份起草了一份提案，并特别邀请了中国科学院《人与生物圈》负责人阳含熙、城市规划大师郑孝燮、古建专家罗哲文共同签名。这就是后来的“第六届全国政协提案第663号”（简称“663号提案”）。

1985年4月召开了第六届全国政协第三次会议，该提案获得通过，并呈交全国人大。1985年11月全国人大常委会批准了我国参加《保护世界文化和自然遗产公约》。1985年12月12日，经联合国教科文组织世界遗产委员会批准，我国终于成为该公约的缔约国之一。1987年，我国开启了世界遗产的申报工作，当年12月在世界遗产委员会第十一届全体会议上，中国的故宫、周口店北京猿人遗址、泰山、长城、秦始皇陵（含兵马俑）、敦煌莫高窟等6处文化和自然遗产被列入世界遗产名录。1999年10月29日，中国又当选为“世界遗产委员会”委员。

由此开始直到2014年6月22日，在卡塔尔多哈召开的联合国教科文组织第39届世界委员会议上，中国大运河和中国、哈萨克斯坦、吉尔吉斯斯坦跨国联合申报的“丝绸之路：长安——天山廊道的路网”被列入世界遗产名录。至此，我国的世界遗产总数已达到47项，仅次于意大利，位居世界第二位。每想及此，我们自然不会忘记被人们称为“中国申遗第一人”的侯仁之先生。正是由于他对祖国历史文化和自然遗产的无限热爱，又有着历史地理学家独有的机敏和智慧，才会有如此大的贡献。

侯仁之先生于2013年10月22日，以102岁的高龄驾鹤西去。这是中国地理学界的巨大损失，也是中国申遗和历史文化名城保护工作的巨大损失。对我而言，更是永远地失去了一位可敬可爱的师长。我感到无比的悲痛！

先生曾经这样表达他的心迹：“我不是北京人，可是北京城从我的青年时代起，就已把我引进了一座宏伟瑰丽的科学殿堂。我一直为它深厚的蕴藏和探索不尽的奥秘所吸引着，终于使我对它产生了无限的爱，特别是当我眼看着它从历史的尘埃中卓然兴起，在一个崭新的时代里，使它那悠久而杰出的文化传统重放光芒的时候，我就不仅仅是对它的爱，我情不自禁地要为它欢呼，为它歌唱……”

从侯仁之先生百余年的风雨人生和皇皇巨著中，我们仿佛已经看到了一条波澜壮阔的大河，是如何从岩罅之中的涓涓细流，丛林中的潺潺小溪，在山野之中流淌，并接纳了苍天和大地的雨水泉流，终于逐渐壮大起来的。尽管其间也有过千难万险，迂回曲折，但最终还是冲出了峡谷，成为一条川流不息、奔向大海的大河！

可以相信，侯仁之先生开辟的现代历史地理的科学道路，倾注一生心血研究的北京城市历史地理，将薪火相传，后继有人，发扬光大。

《北京城：中国历代都城的最后结晶》一书，既是作为先生的一名学生对老师的纪念，也希冀在传承先生以往学术成果的基础上有所发展。但是限于作者水平，恐怕也只能是一种愿望，尚祈众多热爱北京、了解北京、研究北京的读者朋友不吝批评赐教。

朱祖希

谨识于虎怡斋

丙申年春月

图书在版编目（CIP）数据

北京城：中国历代都城的最后结晶 / 朱祖希著；北京市西城区文物保护研究所，正阳书局编．— 北京：北京联合出版公司，2018.3（2024.4 重印）
ISBN 978-7-5596-0551-1

Ⅰ.①北… Ⅱ.①朱… ②北… ③正… Ⅲ.①城市史—北京 Ⅳ.① K291

中国版本图书馆 CIP 数据核字（2017）第 137448 号

“正阳文库”得到中共北京市西城区委宣传部、北京市西城区文化委员会大力支持。

北京城：中国历代都城的最后结晶

作　　者：朱祖希
编　　者：正阳书局
出版监制：刘　凯　马春华
选题策划：正阳书局
责任编辑：周　杨　马　旭
图片提供：吴晓平　任　昱
装帧设计：聯合書莊 bjlhcb@sina.com
封面设计：何　睦

---

北京联合出版公司出版
（北京市西城区德外大街83号楼9层　100088）
北京启航东方印刷有限公司印刷　新华书店经销
字数348千字　710毫米×1000毫米　1/16　26.5印张
2018年3月第1版　2024年4月第4次印刷
ISBN 978-7-5596-0551-1
定价：68.00元

---